权威·前沿·原创

皮书系列为
“十二五”“十三五”国家重点图书出版规划项目

2012年
北京社会建设分析报告

ANNUAL REPORT ON ANALYSIS OF BEIJING SOCIETY-BUILDING(2012)

主　编／陆学艺　唐　军　张　荆
副主编／宋国恺　刘金伟　胡建国　李君甫

社会科学文献出版社
SOCIAL SCIENCES ACADEMIC PRESS (CHINA)

图书在版编目(CIP)数据

2012年北京社会建设分析报告/陆学艺，唐军，张荆主编. —北京：社会科学文献出版社，2012.5（2017.9重印）
（社会建设蓝皮书）
ISBN 978-7-5097-3396-7

Ⅰ.①2… Ⅱ.①陆… ②唐… ③张… Ⅲ.①社会发展-研究报告-北京-2012 Ⅳ.①D671

中国版本图书馆CIP数据核字（2012）第091006号

社会建设蓝皮书
2012年北京社会建设分析报告

主　　编／陆学艺　唐　军　张　荆
副 主 编／宋国恺　刘金伟　胡建国　李君甫

出 版 人／谢寿光
项目统筹／邓泳红
责任编辑／崔力为　李舒亚

出　　版／社会科学文献出版社·皮书出版分社（010）59367127
地址：北京市北三环中路甲29号院华龙大厦　邮编：100029
网址：www.ssap.com.cn
发　　行／市场营销中心（010）59367081　59367018
印　　装／北京京华虎彩印刷有限公司

规　　格／开　本：787mm×1092mm　1/16
印　张：22　字　数：377千字
版　　次／2012年5月第1版　2017年9月第2次印刷
书　　号／ISBN 978-7-5097-3396-7
定　　价／69.00元

本书如有印装质量问题，请与读者服务中心（010-59367028）联系

▲版权所有 翻印必究

《2012年北京社会建设分析报告》编撰人员名单

编委会主任 陆学艺

编委会副主任 钱伟量 杨 茹 唐 军 李东松

编委会成员 曹飞廉 丁 云 高 峰 胡建国 鞠春彦 李 升 李东松 李君甫 李晓婷 刘金伟 陆学艺 钱伟量 宋国恺 唐 军 王丽珂 杨桂宏 杨 荣 杨 茹 张 荆 赵丽琴 赵卫华 朱 涛

主　　编 陆学艺 唐 军 张 荆

副 主 编 宋国恺 刘金伟 胡建国 李君甫

撰 稿 人 白素霞 曹飞廉 范 文 嘎日达 何雪梅 洪小良 胡建国 鞠春彦 李 升 刘二伟 刘金伟 马晓燕 石秀印 沈自友 宋贵伦 宋国恺 吴 杰 王丽珂 杨桂宏 杨 荣 尹志刚 岳金柱 张 荆 张学才 赵丽琴 赵卫华 郑广淼 朱 涛

主要编撰者简介

陆学艺 男，江苏无锡人，研究员，博士研究生导师。曾任中国社会学会会长，中国社会科学院社会学研究所所长，第八、第九届全国人民代表大会代表。现任北京工业大学人文社会科学学院院长，中国社会科学院荣誉学部委员，中国农村社会学研究会会长。主要研究领域为社会学理论、社会结构研究和农村发展理论研究。曾就农村实行家庭联产承包责任制、农村改革和发展问题发表了大量的论文、调查报告和著作，主要有《农业发展的黄金时代》、《联产责任制研究》、《当代中国农村与当代农民》、《三农论》、《转型中的中国社会》、《中国社会结构变迁》等。主编了《社会主义初级阶段中的社会学》、《社会学》、《中国社会发展报告》、《中国社会形势分析与预测》、《当代中国社会阶层研究报告》、《当代中国社会流动》和《当代中国社会结构》等著作。曾获国家和省部级奖多次，主持多项国家社会科学基金重大和重点课题研究，包括国家社科重点课题“中国国情丛书——百村经济社会调查”、“中国社会思想史研究”等。

唐　军 男，湖北人，博士，教授、硕士研究生导师。北京工业大学人文社会科学学院副院长，社会学学科部主任兼社会学系主任和社会学研究所所长；中国社会学会理事，北京市社科院社会管理研究中心专家组成员。主要研究方向为社会学理论、发展社会学、劳工研究、家族研究。主持的研究课题有教育部人文社会科学研究项目“村民自治后的家族问题”、法国国家科学研究中心（CNRS）“国际合作计划”（PICS）资助项目“失业工人：欧洲与中国工业省份的调查研究”、北京市教委人文社会科学重点项目“资本再造与身份重构：对改制国企中转岗职工的社会学研究”等；代表性成果有《蛰伏与绵延——当代华北村落家族生长的历程》、《历史上最具影响力的社会学名著20种》以及《仪式性的消减与事件性的加强——当代华北村落家族生长的理性化》（《中国社会科学》）、《对村民自治制度下家族问题的理论反思》（《社会学研究》）、《生存资源剥夺与传统体制依赖：当代中国工人集体行动的逻辑》（《江苏社会科学》）、“Du licenciement au chômage：l'évolution de l'exclusion sociale que les salariés licenciés subissent en Chine aujourd'hui”；*SANTÉ*，*SOCIÉTÉ ET SOLIDARITÉ*。

张　荆　男，北京人，博士，教授、硕士研究生导师。北京工业大学人文社会科学学院社会学学科部副主任、北京经济社会发展研究院人力资源研究中心执行主任。主要研究领域：法社会学、刑事政策学、人力资源管理。主要研究成果：《现代社会的文化冲突与犯罪》、《国家行政效率之本——中日公务员制度比较研究》（合著）、《国际化背景下的首都人才机制研究》（执行主编）、《在日外国人犯罪》（日文版）、《金色的忧虑》（合著）等著作。2005年1月《在日外国人犯罪》一书荣获第六届日本菊田犯罪学奖。主持国家社会科学基金项目“社区矫正制度建设研究”、北京市社会科学基金项目“北京市社区矫正模式研究”、北京市教委重点项目“北京市高校近五年来引进人才的使用情况的社会学研究”、“专业技术人员的收入与社会地位”等。

刘金伟　男，山东枣庄人，博士，副教授、硕士研究生导师。主要研究领域：社会发展与社会管理、社会政策、医学社会学。主要研究成果：《当代中国农村卫生公平问题研究》（专著）、《改革的步伐》（副主编）、《经济与社会协调发展研究》（副主编）、《晋江模式新发展》（参编）、《北京社会建设60年》（参编）、《中国社会进步与可持续发展》（参编）、《推进社会科学研究方法创新的新视角——基于复杂性研究的思考》（论文）、《城乡卫生资源配置的倒三角模式及其原因分析》（论文）、《西方自由主义公平观评述》（论文）、《利用定性资料测量健康分布的公平性》（论文）、《四川省大邑县乡镇卫生院现状调查与分析》（论文）等。

宋国恺　男，甘肃靖远人，博士，副教授、硕士研究生导师。北京工业大学人文社会科学学院社会工作系副主任。主要研究领域：发展社会学、农村社会学、社会结构。主要研究成果：《中国变革：社会学在近代中国兴起的视角》、《从身份农民到职业农民》、《当代中国社会结构》（合著）、《晋江模式新发展》（合著）、《历史上最具影响力的社会学名著20种》（合著）等。主编《新时期新型农民自我教育系列丛书》。主持国家社会科学基金项目“流动人口中自雇佣者社区融合研究”、北京市委组织部优秀人才计划项目“外来流动人口社会融合研究——以建外街道为例”等。“北京市属高等学校人才强教深化计划”中青年骨干人才。

李君甫　男，陕西蓝田人，博士，副教授、硕士研究生导师。北京工业大学人文社会科学学院社会学系副主任。主要研究领域：城乡社会发展、劳动与就业、社会政策、社会项目评估与管理。主要研究成果：《农民的非农就业与职业教育研究》、《中国社会进步与可持续发展》（合著）、《经济与社会协调发展研究——发达地区的经验与教训》（合著）、《中国新农村建设报告》（合著）等。论文有《走向终结的村落——山区人口流失、社会衰微与扶贫政策思考》、《北京住房政策变迁的经验与教训》等。主持“国际计划第二个五年战略规划基线调研”、“中欧天然林管理项目——森林工人再就业培训跟踪研究”、“科技进步与北京住房的社会学研究”、“新农村建设背景下的大学生村官政策研究”等研究项目。

胡建国　男，山东青岛人，博士，北京工业大学人文社会科学学院见习教授、硕士研究生导师、院长助理、社会学系主任。主要研究领域：社会分层与社会流动、劳动社会学、社会建设与管理。主持的研究课题有国家社科基金项目、北京市哲学社会科学规划项目、北京市教育科学“十一五”规划项目等。出版专著两部，在《人民论坛》、《中国党政干部论坛》、《红旗文稿》、《人文杂志》等刊物上发表论文40余篇，多篇被《人大复印报刊资料》等刊物转载，参加《当代中国社会结构》、《晋江模式新发展：中国县域现代化探索》等书的编著。中国社会科学院“当代中国社会结构变迁研究”课题组成员。被北京市人力资源和社会保障局表彰为“北京市博士后杰出英才”。

摘　要

本报告是北京工业大学“北京社会建设分析报告”课题组 2012 年年度分析报告。

本报告主要利用北京市政府和相关部门发布的权威数据和材料，结合课题组成员的观察和调研，全面总结了“十二五”开局之年北京社会建设所取得的主要成就，分析了 2011 年北京社会建设面临的主要问题，结合北京市政府的“十二五”规划，对 2012 年北京未来社会建设的趋势进行了展望，并提出了相应的对策建议。

2011 年以来，北京市围绕保增长、调结构、转方式、控物价、惠民生，认真贯彻中央宏观调控措施，积极应对复杂形势，全力保持经济平稳较快发展。2011 年全市地区生产总值达到 1.6 万亿元，比上年增长 8.1% 以上，人均地区生产总值 80394 元（按年平均汇率折合 12447 美元），已经接近发达国家水平。2011 年全年城镇居民人均可支配收入 32903 元，实际增长 7.2%。农村居民人均纯收入 14736 元，比上年增长 13.6%，实际增长 7.6%，实现了“十二五”规划的良好开局，为推动北京社会建设奠定了良好的经济基础。

2011 年是北京社会建设史上具有里程碑意义的一年。2011 年 12 月《北京市“十二五”时期社会建设规划纲要》发布，北京在就业、教育、医疗、社保、住房、交通、养老、阶层关系、劳动关系、社会管理等社会建设领域取得了重要成就。这些重要成就的取得，是北京市贯彻落实科学发展观的结果，是认真贯彻执行“十二五”社会建设规划纲要的结果。

2011 年，北京社会建设也面临一些问题，如物价上涨问题、居民对公共服务需求的问题、居民收入增长与经济增速同步等问题、保障房的建分管退问题、交通问题、教育问题等。这些问题既涉及社会公平问题，同时也是老百姓最关心的民生问题。如何解决这些问题，北京需要在社会建设方面下工夫，尤其是在发展经济的基础上，更加注重社会建设。同时要努力实现从加强和创新社会管理向全面推进社会建设的重要转变，促进经济社会协调发展。

Abstract

The report is the annual report in 2012 of the group of "Analysis of Beijing Social-building" of the Beijing University of Technology.

This report mainly used the authoritative data released by the Beijing Municipal Government and relevant departments and materials, combined with the observation and research of the group members, summarized the main social-building achievements of the first year of "the 12th Five-year" comprehensively, analyzed the main problem faced by Beijing social-building. Combining with the government's "the 12th Five-year" Plan, we forecasted in the trend of Beijing social-building in the future, and proposed the corresponding countermeasures and suggestions.

Since 2011, encompassing growth maintenance, structure adjustment, mode transference, prices control and people well-being improvement, Beijing conscientiously implements the central government's macro-control measures, actively responds to the complexity of the situation, and maintain stable and rapid economic development. In 2011, the city's GDP reached 1. 6 trillion yuan, an increase of 8. 1% or more over the previous year, and per capita GDP of 80394 yuan (annual average exchange rate of U. S. MYM 12447) is close to the level of developed countries. The annual urban residents per capita disposable income reached 32903 yuan in 2011, a real increase of 7. 2%, and the rural residents per capita net income reached 14736 yuan, an increase of 13. 6% over the previous year, the actual growth of 7. 6%, which achieved a good start in the "12th Five-year" Plan, and laid a sound economic base to promote Beijing's social-building.

2011 is a landmark year in Beijing Social-building history. *Beijing Social-building Plan Outline during "the 12th Five-year" period* released in December 2011 is another big issue in the process of social construction in Beijing. Beijing has made important achievements in the field of employment, education, health care, social security, housing, transportation, pension, class relations, labor relations, social management and other social-building areas. These important achievements are the result of implementation of the scientific concept of development and the "12th Five-year" social-building plan. Standing a new starting point of the social-building, Beijing will take a new attitude and a new look to draw the new blueprint of the social-building.

Of course, in 2011, Beijing social-building also confronted some problems, such as price increasing, residents' demanding for public services, income growth and economic growth synchronization, the security housing problem, transportation, education and other issues. These questions are both the issue of social equity and the livelihood issues the people most concerned about. How to solve these problems, Beijing needs to work hard in terms of social-building, and especially on the basis of economic development pay more attention to social-building. Meanwhile, Beijing should strive to transform from strengthening and innovating the public administration to promote the social-building and coordinate economic and social development.

前　言

本书是中共北京市委社会工作委员会与北京工业大学合作建立的北京社会建设研究院2012年研究成果，是北京社会建设蓝皮书系列的第三本，是对北京市2011年度社会建设工作的回顾与总结，同时也是对2012年北京社会建设前景的展望。

自2010年我们推出第一本北京社会建设蓝皮书以来，总体认为近年来北京更加注重经济社会的协调发展，明显加大了社会建设的力度，社会建设不断取得新成就，北京社会建设正在向积极健康的方向阔步迈进。北京在社会建设方面取得显著成绩的同时，也面临一些突出的问题。因为随着经济社会的发展，人们对就业、养老、教育、医疗卫生、交通住房等最为迫切的基本民生问题，对社会管理问题，对社会事业的发展改革问题等提出了更新更高的要求。

2011年12月《北京市“十二五”时期社会建设规划纲要》出台，对于北京社会建设而言，具有里程碑意义，这是自2007年中共北京市委社会工作委员会、北京市社会建设工作办公室成立，2008年公布《北京市加强社会建设实施纲要》以来，北京社会建设史上的又一大事，也是在总结近几年北京市社会建设经验的基础上出台的全国第一个省（市）级社会建设规划。《规划纲要》的发布标志着北京社会建设站在了新起点上，社会建设新蓝图的绘制从此展开。

2012年，北京社会建设将在2011年良好开局之年的基础上，继续深入推进，继续做好全面推进社会建设这篇大文章，使广大人民共享改革发展的成果，将是我们社会建设蓝皮书系列持续关注的大课题。

本书作者主要来自北京工业大学人文社会科学学院，也有几位来自中国社会科学院、北京市社工委、北京市信访办、北京市社会科学院、北京市行政学院、北京市工商联、大兴区委党校等单位。除总报告之外，各位作者的观点只属于作者本人。

本书的完成离不开北京工业大学党政领导的关心与指导，我们在此表示衷心感谢。北京工业大学科技处及其他相关职能部处对本课题的实施提供了多方支持，我们对此表示诚挚的感谢。北京工业大学人文社会科学学院领导杨茹、钱伟量等多次参加我们的研讨，在此对他们的鼓励和支持也表示衷心感谢。

2012 年度北京社会建设蓝皮书由宋国恺、胡建国、李君甫、刘金伟、朱涛、曹飞廉统稿，由陆学艺、唐军统一修改并定稿。正在北京工业大学人文社会科学学院访问学习的青海民族大学政治学院党总支书记荣增举副教授也参加了部分统稿工作，社会科学文献出版社社长谢寿光及皮书出版中心邓泳红等在协调、编辑等环节做了大量工作，在此一并表示诚挚的谢意。

编　者
2012 年 3 月 26 日

目 录

𝔹Ⅰ 总报告

𝔹Ⅱ 特 稿

𝔹Ⅲ 社会结构篇

BⅣ 社会事业篇

BⅤ 社会管理篇

皮书数据库阅读**使用指南**

CONTENTS

B I General Report

B II Special Contribution

B III Reports on Social Structure

BⅣ Reports on Social Undertaking

BⅤ Reports on Social Management

总 报 告

General Report

B.1

“十二五”开局之年，绘制社会建设新蓝图

——2011 年北京社会建设分析报告

北京工业大学“北京社会建设分析报告”课题组

执笔人：宋国恺

2011 年是北京社会建设很不平常的一年，既是“十二五”规划开局之年，也是《北京市“十二五”时期社会建设规划纲要》发布及实施的第一年，表明北京社会建设站到了新起点，展开了社会建设新蓝图的实施。

一 2011 年社会建设总体形势：“十二五”开局之年新起点

2011 年是落实“十二五”规划的第一年，北京市以科学发展为主题，以加快转变经济发展方式为主线，着力落实“十二五”规划，在开局之年的新起点上，社会建设取得了新成就，促进了经济平稳发展、社会和谐稳定。

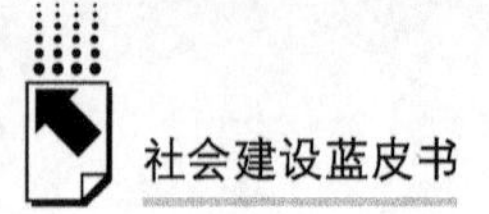

（一）经济增长稳中求进，“十二五”规划开局良好

2011 年以来，北京市围绕保增长、调结构、转方式、控物价、惠民生，认真贯彻中央宏观调控措施，积极应对复杂形势，全力保持经济平稳较快发展；加快推进自主创新和产业结构调整，提升经济增长的质量效益；统筹推进城乡区域建设，促进城市可持续发展；进一步保障和改善民生，保持了经济社会平稳较快发展。2011 年全市地区生产总值超过 1.6 万亿元，比上年增长 8.1% 以上，按 2011 年末常住人口 2018.6 万人计算，北京人均地区生产总值 80394 元（按年平均汇率折合 12447 美元），已经接近发达国家水平。地方公共财政预算收入达到 3006.3 亿元，增长 27.7%；城镇登记失业率为 1.39%，城乡居民收入消费水平增长加快。实现了“十二五”规划的良好开局。

（二）居民收入和消费增长加快，价格涨幅逐步回落

2011 年全年城镇居民人均可支配收入 32903 元，比上年增长 13.2%；扣除价格因素后，实际增长 7.2%。其中，两次提高社保标准、发放生活补贴、个税起征点提高、公交系统调资等是促进居民收入增长的主要因素。城镇居民人均消费性支出 21984 元，比上年增长 10.3%。

农民人均纯收入 14736 元，比上年增长 13.6%；扣除价格因素后，实际增长 7.6%。其中，受农民外出从业人员增加、工资上涨带动，工资性收入增长 19.6%；受社会保障水平提高及惠农政策带动，转移性收入增长 30.8%，是拉动纯收入增长的主要因素。农村居民人均生活消费支出 11078 元，比上年增长 9.6%。

农民人均现金收入增长幅度超过城镇居民收入增幅 0.4 个百分点。

2011 年北京市坚持把稳物价作为首要任务，扭转了物价持续上涨的势头，价格涨幅高位逐步回落。居民消费价格指数涨幅从 8 月份的 6.6% 回落到 12 月的 4.4%，实现了连续四个月的回落。全年居民消费价格比上年上涨 5.6%。尽管如此，高物价压力短时间是无法回避的，因此，当前最重要的是要关注低收入群体，不让这个群体的生活水平下降。

（三）城乡统筹取得新进展，城乡结构更趋合理

统筹城乡发展迈出扎实步伐。2011 年北京市积极落实率先构建城乡一体化

发展格局的目标，着力解决城乡统筹协调发展中的突出问题，城乡接合部建设快速推进，“农转居”人员在城市化过程中逐步成为“有房屋、有资本、有社保、有就业”的新市民。城乡规划建设更加均衡协调，呈现跨越式发展。

北京市于2010年整体启动了城乡接合部50个重点村的改造建设任务以来，全市50个重点村已有47个村启动了搬迁，28个村完成搬迁，19个村正在搬迁。城乡接合部改造工作稳步推进，其中大兴、顺义和房山3个区已全部完成重点村搬迁。朝阳、海淀、丰台和通州4个区的重点村已全部启动搬迁。有30个重点村启动回迁房建设，已建成6个，50个重点村全部启动集体产权制度改革，完成34个，整建制农转居完成6个，安置就业和社会建设等方面正在稳步推进。

朝阳区共有9个重点村，已启动了北皋、北苑、驹子房、长店、姚家园和西店6个村的拆迁腾退工作。北皋、北苑拆迁已全部完成，驹子房、长店和姚家园村已完成99%的腾退任务，西店村非住宅全部腾退完毕，住宅腾退87%。官庄、十八里店和龙爪树3个重点村已于9月上旬开展住宅入户调查，中旬开始了腾退工作。目前，这3个村的各项工作有序开展。

昌平区2011年内完成马连店、七里渠和中滩三个重点村的拆迁任务，同步推进重点村回迁房建设、农民就业、转非安置、社会保障等建设工作。

市城乡接合部建设领导小组要求未启动搬迁的3个村，要按照工作部署，积极创造条件，加快启动搬迁工作。未启动回迁安置房的20个村，要建立工作台账，协调办理手续，做好立项和招投标工作，加快建设进度。

50个重点村的改造建设，是转变发展方式和冲破城乡二元体制结构的一次重要机遇和尝试。

（四）保障和改善民生力度加大，城乡居民共享改革发展成果

2010年北京人均GDP超过10000美元，达到世界中上等发达国家或地区的城市发展水平。尽管2011年将GDP的增速调低为8%，2011年的GDP仍超过1.6万亿元。正是基于这样的发展基础考虑，北京市在2011年加大了投入力度，继续改善和保障民生，让城乡居民共同分享经济发展成果。

1. 年内两次调高“低保”标准，建立与物价联动机制

经市政府批准，北京市从2011年1月1日起城市“低保”标准由家庭月人均430元上调为480元；农村“低保”最低标准由家庭月人均210元上调为300元。

经过半年的运行，从2011年7月1日起，北京市再次调高“低保”标准，城市“低保”标准从家庭月人均480元上调为500元；农村“低保”最低标准从家庭月人均300元上调为340元，与此同时，城市低收入家庭认定标准维持家庭月人均731元不变的情况下，农村低收入家庭认定标准调整为各区县农村“低保”标准的130%。

2011年12月28日，北京市决定从2012年1月1日起再次调高“低保”标准，城市“低保”标准由家庭月人均500元上调为520元；农村“低保”最低标准由家庭月人均340元上调为380元。并且城市低收入家庭认定标准由家庭月均收入731元调整为740元；农村低收入家庭认定标准也上调为740元，实现了城乡低收入家庭认定标准的统一，在全国率先实现了重大突破。此前，北京市朝阳区、海淀区、丰台区实现了城乡低收入家庭认定标准的统一。

2011年，全市城市最低生活保障人数为11.7万人，农村最低生活保障人数为7.5万人。

按照国家发改委等部门的要求，2011年北京已经建立社会救助和保障标准与物价上涨挂钩的联动机制。北京规定，当粮油连续两个月以上同比涨价超40%；或粮油肉蛋菜等涨价造成居民最基本食品支出标准连续3个月同比超15%；或水电气等上涨，造成低保家庭消费性支出超当年低保标准10%时，启动联动机制。

2. 资助低收入特困人员减轻就医负担

为了进一步完善本市社会救助体系，有效减轻城乡低收入特困人员的就医负担，2011年北京市按照《关于深化医药卫生体制改革工作安排的通知》的要求，将资助参加城镇居民基本医疗保险或新型农村合作医疗的范围，由城乡低保人员、农村五保供养人员，扩大到城乡低收入家庭中的重病患者、重残人员和60周岁（含）以上老年人。资助标准城镇无业居民中的重病患者每人每年600元；重残人员每人每年300元；城镇老年人每人每年300元。新型农村合作医疗筹资结构中，个人缴费部分由户籍所在区县财政给予全额资助。救助范围的扩大，一定程度上减轻了低保人员中重病患者、重残人员和老年人的就医负担。

3. 医疗保险待遇水平居全国前列

2011年1~9月，北京市医保基金收入274.0亿元，支出265.9亿元，当期结余8.1亿元。全市医保基金累计结余近200亿元。据统计，截至2011年7月

底，北京市城镇职工基本医疗保险参保人数达到1109.2万人，居民医疗保险参保人员146.9万人，“人人享有基本医疗保障”的目标提前实现。此外，北京市2010年出台了提高就诊报销比例、提高报销封顶线、扩大报销范围等一系列惠民政策和措施，基本医疗保障待遇不断提高，医疗保险药品和诊疗项目报销范围不断扩大和增加。城镇职工参保人员的个人总体负担水平，由“十一五”期间的40%，降低到目前的20%，目前医保待遇水平居全国前列。①

4. 社保“五险”将覆盖所有用人单位

从2011年7月15日起，北京区域内的所有用人单位（法律另有规定的除外）和职工都将参加包括养老保险、基本医疗保险、工伤保险、失业保险和生育保险等“五险”，将逐步实现社会保险制度和人群全覆盖。与此同时，北京市《关于落实社会保险法有关问题的通知》突出平等原则，在京务工的农民工与城镇职工一样参加基本养老和医疗保险，享受同等保险待遇。

5. 加快发展社区照料和居家养老服务

截至2011年底，北京市户籍总人口1277.9万。如果按照2010年底1257.8万人计算，其中，60岁及以上老年人口235万，占总户籍人口的18.7%；80岁及以上老年人口35.1万，占总人口的2.8%。男性老年人口112.8万，女性老年人口122.2万。非农业人口182.3万，农业人口52.7万。当前本市经济社会发展水平和人口老龄化程度，相当于发达国家和地区20世纪80年代中后期水平。

面对日益严峻的人口老龄化形势和老年人口日益增长的养老保障和养老服务需求，2011年北京市加快发展社会养老服务、满足老年人多样化、个性化服务需求，构建老年宜居社会环境氛围，健全老龄工作体制机制。加强应对人口老龄化战略研究，围绕“9064”养老服务格局（90%的老年人居家养老、6%的老年人在社区养老、4%的老年人在机构养老），充分发挥家庭和社区功能，优先发展社会养老服务，培育壮大老龄服务事业和产业，着力构建以居家养老为基础、社区服务为依托、机构养老为补充的社会化养老服务体系。积极实施“九养政策”，富有成效地满足90%的老年人居家养老的社会化服务需求。

6. 增加养老床位和提高床位补贴

目前北京养老机构、床位严重不足，且布局不合理，城区一床难求，远郊区

① 王维维：《本市前9月医保基金结余8.1亿》，2011年10月27日《北京日报》。

县床位空置。2011 年作为“十二五”的开局之年，为满足老龄化社会的养老需求，市民政部门正充分调动资源，加大养老床位的建设。统筹 5.2 亿支持养老社会服务事业发展，养老机构床位总数达到 8.2 万余张。2011 年在昌平区北七家投建 1 万张养老床位，一期工程 2012 年初正式投入使用。同时北京市对普通型和护养型养老机构，政府按照每张床位 8000～16000 元的标准，给予符合条件的养老机构一次性建设资金支持。从 2011 年起，经营养老床位的机构每月收住 1 名老年人获得的补贴资金，也将从过去的 100～200 元，提高为 200～300 元。

（五）加强和创新社会管理，全面推进社会建设

2011 年是北京社会建设史上具有里程碑意义的一年。2011 年是北京市加强和创新社会管理的一年，两个关于社会管理重要文件的出台、社区服务水平的提升，尤其是网格化社会服务管理模式的全面推广，为全面推进社会建设做了大量基础性工作。

1. 出台《意见》和《规划》，社会建设和管理制度化

为深入贯彻落实科学发展观，中共北京市委十届九次全会审议通过了《中共北京市委关于加强和创新社会管理全面推进社会建设的意见》（以下简称《意见》）。《意见》指出，加强和创新社会管理全面推进社会建设的要坚持五个基本原则：坚持以人为本，服务为先；坚持依法办事，发扬民主；坚持改革创新，完善制度；坚持统筹协调，整体推进；坚持广泛动员，共建共享。

《意见》同时提出了十大任务：①着力完善社会管理格局；②着力在创新服务中加强社会管理；③着力实现各类人群服务管理全覆盖；④着力夯实社区服务管理基础；⑤着力创新各类社会组织和经济组织服务管理；⑥着力提高信息网络服务管理水平；⑦着力加强公共安全服务管理；⑧着力创建社会文明环境；⑨着力健全党和政府主导的维护群众权益机制；⑩着力以党建工作创新引领社会服务管理创新。

按照建首善、创一流的要求，加强和创新社会管理，使北京社会建设始终走在全国前列，努力实现“五个更加”的奋斗目标：社会服务更加完善、社会管理更加科学、社会动员更加广泛、社会环境更加文明、社会关系更加和谐。

为了全面部署今后五年首都的社会建设工作，2011 年 12 月 1 日发布了《北京市“十二五”时期社会建设规划纲要》（以下简称《规划》），这是继 2007 年

中共北京市委社会工作委员会（北京市社会建设工作办公室）成立、2008 年公布《北京市加强社会建设实施纲要》以来，北京社会建设的又一件大事。

《规划》首次提出构建北京社会建设“五大体系”的目标，并以此为框架，全面、系统地部署了今后五年首都社会建设工作，即：明确提出构建社会服务、社会管理、社会动员、社会环境、社会关系五大体系，使社会服务更加完善、社会管理更加科学、社会动员更加广泛、社会环境更加文明、社会关系更加和谐。

制定社会建设的评价指标体系是社会建设的迫切要求，也是改变目前重经济建设、轻社会建设局面的重要手段。《规划》围绕五大体系建设，提出了 28 项核心指标。社会服务类包括城镇居民收入、就业、保险、住房、教育、健康、养老等 12 项指标；社会管理类包括社区规范化建设、网格化等 3 项指标；社会参与类包括每万人拥有社会组织、志愿者等 4 项指标；社会环境类包括市民公共行为文明指数、群众安全感指数等 5 项指标；社会关系类包括和谐社区（村镇）创建、基层社会矛盾纠纷调处等 4 项指标。构建五大体系，实现 28 项主要指标，是今后五年首都社会建设的主要任务。

《规划》在总结近几年北京市社会建设经验的基础上，经过系统设计完成的，也是全国第一个省级社会建设规划。

2. 提升社区服务水平，打造“六型”社区

开展社区规范化建设及和谐社区创建活动。2011 年全市新建及已建成“一刻钟社区服务圈”243 个，累计达到 409 个，覆盖了 160 多个街道（地区、镇）的 575 个社区。其中朝阳区最多，有 133 个；其次是丰台区，有 128 个。全市新建改扩建 769 所幼儿园，新增入园名额 3.3 万个。平均每年新增养老床位 1 万张。全市 620 万名社区居民能在步行 15 分钟的范围内，享受到“看单点菜”式的社区服务，一些地区居民还能享受到上门服务、最低折扣服务、“VIP 服务”等特色服务。根据《规划》要求，本市将继续推进“一刻钟社区服务圈”的建设，到“十二五”期末，努力使“一刻钟社区服务圈”覆盖 60% 以上的城市社区，即全市 2700 个城市社区中，有 1620 个社区的居民能享受到 15 分钟的生活便利。服务体系的构建提升了社区服务，为加强社会管理创造了有利条件。

为了创新社区管理体制机制，完善社区服务体系，提升首都和谐社区建设整体水平，北京市 2011 年 9 月召开了社区建设大会，会议提出打造“干净、规范、服务、安全、健康、文化”的“六型社区”。目前，在城区已经建成社区服务站

2552个，配备了专职工作人员8651名，确定了100项基本服务项目，实现了社区服务站与居委会职责的相对分开，确保打造“六型”社区制度化、规范化、持续化。

3. 全面推广网格化社会管理模式，实施精细化管理

自2010年7月北京市社会服务管理创新推进大会召开以来，北京市加快“网格化社会服务管理创新”试点。市委市政府确定在东城、朝阳、顺义区开展网格化社会服务管理的试点，各区县也积极开展这方面的探索，做了大量工作。2011年在试点经验基础上，向全市全面推广网格化社会服务管理创新模式。东城区网格化社会管理创新工作经验全面推广。

网格化工作模式是指，将社区划分为网格，以社会治安综合治理责任制为依托，以现代信息技术手段为载体，以“人、地、物、事、组织”等各类服务管理对象为重点，加强对重点地区、要害部位及危险物品的管控，对矛盾纠纷、安全隐患、城市秩序等社会管理事件的查控，明确网格单元力量配置，组织、协调相关专业执法力量和社会力量，对社会实施精细化管理。

在东城区，区、街、社区挂牌成立社会服务管理综合指挥机构；以社区为基本单元，将每个社区划分为2～5个网格；推动网格管理员、网格助理员、网格警员、网格督导员、网格党支部书记、网格司法力量和网格消防员进网格；实现“人进户、户进房、房进网格、网格进图”，通过动态编码定义网格运行状态，实现动态化管理；建立健全了社区居民、驻区单位广泛参与的“一委三会一站、多元参与共建”的社区治理结构。

朝阳区在城市网格的基础上搭载新的内容，建立了“全模式”社会服务管理系统。在全区建立了统一系统，实现资源整合、业务集成、互联互通；在系统中设置了可单独运行的应急管理、城市管理、综治维稳、安全生产、社会服务、社会事业、社会保障、经济动态、法律司法、党建工作等10个模块，涵盖了人、地、事、物、组织、舆情等各方面内容。

顺义区本着“城乡发展一体化、经济发展多元化、社会管理精细化、党的建设科学化”的要求开展网格化建设，成立了区城乡网格化管理工作领导小组及其办事机构。城区以社区居委会管辖范围划为一个基础网格，农村地区以一个行政村为一个基础网格。启动城区市政市容网格化平台建设。确定了主体工作内容，建立了网格化地理信息系统和信息员队伍。

北京率先依托统一的城市管理以及数字化平台，将城市管理辖区按照一定标准划分成为单元网格，有力推进了社会服务管理的创新，也为全国各地推动社会管理提供了有益借鉴。

（六）加快保障房建设，努力实现"住有所居"的目标

2010 年住房城乡建设部要求全国各省市区完成 1000 万套保障房的开工任务。2011 年底，全国全年城镇保障性住房基本建成 432 万套，新开工建设 1043 万套。

"十二五"期间北京将建设、收购各类保障性住房 100 万套，并将调整供应结构，大力发展公租房，五年将建设 30 万套，占公开配租配售保障房 50 万套的 60%，总投资预计 1500 亿元左右。

为了确保北京市保障性住房建设任务的落实，北京市于 2011 年 6 月 30 日正式成立了保障性住房建设投资中心，市财政直接注资 100 亿元，这是北京有史以来一次性注资最大的国有企业，也是目前全国最大的保障性住房建设投资企业。

2011 年 12 月底，北京开工建设收购保障性住房 23 万套、竣工 10 万套，超额完成年度任务（"两个 60%"——新开工建设、收购保障性住房 20 万套，占全市新开工住宅套数 60% 以上，其中公开配租配售的保障性住房 10 万套中，公租房占 60% 以上）。总投资 1000 亿元（含土地成本，不含土地成本总投资为 567 亿元）。其中政府直接投资的主要是 6 万套公租房，以及竣工保障房项目的相关市政基础设施。完善公共租赁政策，通过摇号方式配租 1 万套公租房。

建设大规模保障房，资金保障是重要条件。截至 2011 年 10 月，北京市财政部门已安排保障性安居工程专项资金 113.97 亿元，包括中央补助专项资金 7.97 亿元，地方政府债券 6 亿元，廉租住房（公共租赁住房）专项资金 100 亿元。年内使得投资中心整体到位资金达到 205 亿元。另外，北京市安排 500 亿元私募债用于保障房建设，目前相关发行主体已基本落实私募债支持项目。同时，政府还在积极争取社保基金进入本市保障房领域；争取发行房地产投资信托基金，为公租房建设获得长期、稳定、低成本的运营资金。

（七）加强社会组织管理，接受群众监督

北京市按照"一口审批、分类管理、政府监督、扶持发展"的原则，推动

社会组织管理创新，加大培育扶持力度，建立健全现代社会组织制度。积极稳妥地推进实施工商经济类、公益慈善类、社会福利类、社会服务类社会组织直接登记政策。2011年北京市社会组织和慈善事业发展取得了重要成就。

截至当年8月31日，全市共登记社会组织7413个，包括三大类——社会团体3289个，民办非企业单位3949个，基金会175个，此外还有备案的社会组织9506个。据统计，全市的社会组织总资产已达到300亿元，工作人员达到12.56万人。2010年以来，本市社会组织围绕扶贫救助、扶老助残、医疗卫生等十大领域积极开展公益活动，全市1867个社会组织开展了2735个项目，组织动员社会组织工作人员、会员和志愿者近50万人，惠及群众近千万人次。2011年，全市共有3892个社会组织申报了4210个公益项目。①

2011年也是首都慈善公益组织联合会提升专业水平，深化服务意识的一年。2011年1月1日至2011年10月31日，首都慈善公益组织联合会联合52家会员单位共募集善款3.6亿元，物资折价0.28亿元，合计3.88亿元。其中助残项目受益14863人次；助学项目受益158047人次，并建立10所希望小学，搭建20个希望阅览室及图书馆；助医项目受益235403人次；助老项目受益99609人次；助困项目受益180297人次；法律援助项目受益416717人次。首都慈善公益事业取得了飞速发展。②

2011年，一系列事件将公众视野聚焦在慈善公共领域，各类慈善组织由于管理问题致使其发展进入低谷期。全社会要求慈善事业公开透明规范运作的压力促使北京市民政部门对包括慈善组织在内的各种社会组织的管理进行反思，要求社会组织向社会公示其服务项目、服务标准、收费情况等，接受社会公众监督。社会组织的这一主动公开透明规范运作的行为，有利于监督管理，增进公众理解与信任，推动各类慈善组织健康运行良性发展。

（八）大力弘扬“北京精神”

为了提高文化自觉，增强文化自信，努力发挥全国文化中心示范作用，2011

---

① 童曙泉：《本市社会组织将公开服务项目、服务标准、收费情况》，2011年10月14日《北京日报》。

② 数据来源：《北京民政》2011年12月第14期。

年11月2日北京市发布了以“爱国、创新、包容、厚德”为主要内容的“北京精神”。“北京精神”的投票阶段于2011年9月16～25日进行，短短10天内，总计有293万名北京市民参与投票。最终，“爱国、创新、包容、厚德”从5条候选表述语中脱颖而出，取得1756938张选票，占投票总数的59.97%，成为北京市民诠释“北京精神”的共识。

“爱国”是北京精神的核心；“创新”是北京精神的精髓；“包容”是北京精神的特征；“厚德”是北京精神的品质。四个关键词体现了城市精神与核心价值的相互协调、城市共性与北京个性的相互兼容、历史底蕴与未来取向的相互统一、城市特色与市民气质的相互融合，反映了北京特有的文化品位和首善特质。

二　2011年社会建设面临的问题

2011年是实施《北京市“十二五”时期社会建设规划纲要》的第一年，尽管开局之年取得了一系列成就，有力地推进了社会建设。但北京在实施社会建设纲要的过程中，也面临一些需要解决的问题。只有恰当解决好这些问题，才能推动北京社会建设迈上一个新台阶。

（一）调低GDP增速，控制CPI涨幅难度很大

在2010年经济增长10.2%的基础上，北京市将2011年GDP的增速调低为8%，2011年经济实际增速为8.1%。这在全国带了个好头，发挥了表率作用。中共北京市委十届十次全会决定把2012年GDP定在8%，低于全国其他省市区，这给北京带来了很大的压力，但这也恰恰反映了北京市政府坚决贯彻中央“稳中求进”的精神，使“保增长、调结构”成为加快转变经济发展方式的重要举措。

与此同时，全年居民消费价格比上年上涨5.6%，涨幅比1～11月回落0.1个百分点。其中，12月份居民消费价格同比上涨4.4%，较上月回落0.2个百分点，已连续四个月回落。12月当月，食品类价格同比上涨10.1%，居住类上涨3.2%，烟酒类上涨3.5%，衣着类上涨3.7%，家庭设备用品及维修服务类上涨4.2%，医疗保健和个人用品类上涨2.4%，交通和通信类上涨1.2%，娱乐教育

文化用品及服务类上涨0.7%。尽管CPI涨势在9月份已得到了初步扭转，并实现了连续四个月的回落，但2012年将居民消费价格指数涨幅定位在4%左右，仍具有挑战性。

（二）实现居民收入增长与经济发展同步的任务很重

《北京市“十二五”时期社会建设规划纲要》明确提出，“十二五”期间要实现居民收入增长与经济发展同步。要求通过完善最低工资和工资指导线制度，促进低收入职工收入增加。完善企业退休人员基本养老金、城乡最低生活保障等社会保障待遇标准正常增长机制。提高居民收入在国民收入分配中的比重，提高劳动报酬在初次分配中的比重，努力实现居民收入增长和经济发展同步、劳动报酬增长和劳动生产率提高同步，实现城镇居民人均可支配收入、农村居民人均纯收入年均增长与经济发展同步。合理调整收入分配制度，缩小城乡、区域、行业收入差距，使城乡居民生活水平不断提升。

2011年年初，北京市确定城乡居民收入实际增长7%左右，低于经济增速1个百分点。这似乎与“十二五”规划提出了居民收入增长和经济发展同步的要求不相吻合。2011年北京市先后出台了一系列政策措施，城乡居民收入名义增长达到近两年最高，但受物价较高影响，实际增长仍低于经济增速。

与此同时，北京市这些年城乡居民收入差距尽管缩小，但其绝对差依然很大。2011年全年城镇居民人均可支配收入32903元，农村居民人均纯收入14736元，城乡居民收入差距为2.23∶1，低于全国的城乡差距，但城乡居民收入绝对差距为18167元。另外，2011年北京市城镇居民人均消费性支出21984元，农村居民人均生活消费支出11078元，其绝对差距为10906元，这为实现“同步”增加了难度。

（三）加大社会服务力度，要实现社会服务与社会管理并重的目标

2011年，在东城、朝阳、顺义区开展网格化社会服务管理的试点基础上，全市全面推广网格化社会服务管理创新模式。作为一种全新的管理模式，网格化社会化管理模式已经引入了最先进的现代科技，构建了一种新型的社会化服务管理信息化支撑体系，极大地提高了社会化服务管理工作的预警性、

主导性和协同性，提升居民安全感，同时也促进了社会稳定，这是社会管理的创新之一。

网格化社会管理创新促进了社会稳定，但同时仍有改进提升的空间。当前网格化的社会化管理，更多的是通过政法委等部门牵头，依靠网格员、配置警力并辅之以高科技的一种管控办法。如东城区网格化社会化管理创新，通过网格收集社情民意信息、化解矛盾纠纷、排除案件、事件、消除各类安全隐患等。强调了管理、控制的一面，还应强调和提高服务的一面。这与“在服务中体现管理、在管理中体现服务”的要求还不相适应，与城乡居民对基本民生的改善、公共服务的需求还有一定的差距。在社会结构深刻变化，利益格局深刻调整的今天，城乡居民对社会服务提出了更高的要求。这意味着在加强和创新社会化管理的同时，更加注重社会服务，加大社会化服务力度，实现社会管理与社会服务并重的目标。

（四）土地出让金减少，住房调控压力增大

“十二五”期间北京市将实现使更多市民住有所居的目标。2010 年以来，房地产市场调控政策密集出台，并在调整后的房地产政策的综合影响下，全国房地产市场价跌量增。2011 年北京市出台了更加严厉的房地产调控政策，限制外地人买房、限制本地人买房的套数、提高第二套住房首付和房贷利率等手段，抑制了房价的非理性增长。

截至 2011 年末，全市商品房施工面积为 12065.4 万平方米，比上年增长 17.1%。其中，住宅施工面积为 7168.1 万平方米，增长 16.1%；全市商品房新开工面积为 4246.1 万平方米，比上年增长 42.8%。其中，住宅新开工面积为 2596.4 万平方米，增长 25.8%；全市商品房竣工面积为 2245.2 万平方米，比上年下降 5.9%。其中，住宅竣工面积为 1316.1 万平方米，下降 12.2%；全市商品房销售面积为 1440 万平方米，比上年下降 12.2%。其中，住宅销售面积为 1035 万平方米，下降 13.9%。从上述数据来看，北京市房地产价格快速增长势头得到了遏制。

另外，2011 年，北京大规模建设保障房步伐显著加快。截至 12 月末，全市政策性住房施工面积为 4084.4 万平方米，比上年增长 46.3%，其中住宅施工面积为 3273.4 万平方米，增长 43.1%。2011 年，全市政策性住房新开工面积为

1726.8 万平方米，比上年增长 59.7%，其中住宅新开工面积为 1388.7 万平方米，增长 49.7%。

同时也出现了另一个问题。2011 年北京市土地收入为 1233.68 亿元，同比下降 6.5%。2012 年，在全市房地产调控政策维持不变的情况下，初步确定土地收入为 900 亿元，比上年减少约 1/4 以上。

在北京市房地产价格快速增长势头得到遏制、土地收入减少的情况下，要警惕住房价格的报复性上涨，2012 年北京市住房调控压力依然很大。

三　2012 年北京社会建设形势及对策

总结“十二五”规划开局之年社会建设的有益经验，有助于在 2012 年更加稳妥地推进社会建设，推动首善之区经济社会协调发展。2012 年北京经济增长将呈现“稳中求进”的态势，其重点在于“求进”，社会建设也将积极向前推进。在新一年，加快建设发展与提升服务管理更好结合、深化改革与促进发展更好结合、发展经济与改善保障民生更好结合，是全面推进社会建设的重要举措。

（一）努力实现从加强和创新社会管理向全面推进社会建设的方向发展

在 2010 年 7 月召开社会服务管理创新推进大会，并制定印发《北京市社会服务管理创新行动方案》的基础上，2011 年北京市委市政府对加强社会建设和创新社会管理作出了一系列重要部署。6 月市委通过了《关于加强和创新社会管理全面推进社会建设的意见》，标志着首都社会建设工作进入了一个新的发展阶段。

2011 年，全市各区县、各单位、各部门按照中央和市委关于加强和创新社会管理工作的要求，狠抓贯彻落实，在加强领导、完善政策、创新体制机制等方面推出了许多有效措施，尤其是网格化社会服务管理全面推广以来，形成了大力加强和创新社会管理的良好氛围，呈现出整体推进、重点突出、特色鲜明、贯彻有力的良好态势。

加强和创新社会管理工作有力促进了北京社会建设。社会管理是社会建设的

重要组成部分。但是，社会管理不能代替社会建设。社会建设还包括民生事业建设、社会事业建设、社会体制改革、基层社区建设、社会组织发展和社会结构调整优化等若干重要方面。2012 年，要在加强和创新社会管理工作取得很大成绩的基础上，要更加重视民生事业、社会事业建设和社会服务产品的提供，加强基层社会治理，发展社会组织，推进社会体制改革，全面推进社会建设，从而实现从加强和创新社会管理向全面推进社会建设的方向转变。

“全面推进社会建设”是 2011 年 6 月北京市委十届九次会议最早提出来的，实践证明是完全正确的。2012 年我们应该在全面推进社会建设方面继续多做工作，在几个重要领域做出成绩来，在全国全面推进社会建设的大潮中起到先导作用。

（二）积极推动社会福利向适度普惠型转变，注重社会保障协调平衡发展

2011 年北京市保障和改善民生的力度不断加大，坚持把改善民生作为首都工作的出发点和落脚点，坚持为群众办实事，采取“折子工程”的办法，集中解决群众普遍关心的问题，让群众得到了更多的实惠。在保持物价水平基本稳定、困难群众帮扶、不断加强就业和社会保障工作、保障性住房建设等方面取得了重要成绩，得到了广大城乡居民的普遍拥护。

北京市正在积极推动社会福利制度向适度普惠型转变、社会保障向人群全覆盖转变，公共服务体系进一步完善，确保首都城乡居民共享改革发展成果。表格 1 显示，北京市最低社会保障发放标准从 2004 年起，逐年持续增长，到 2011 年上半年增长到 480 元/（人・月），下半年上调到 500 元/（人・月），仅次于上海的 505 元/（人・月）。从 2012 年再次上调到 520 元/（人・月），远高于发达地区的广州和西部的成都，是国家标准的两倍还多，排全国之首。2011 年全市地区生产总值达到 1.6 万亿元左右，人均地区生产总值 80394 元（按年平均汇率折合 12447 美元），已经接近发达国家水平。在经济发展的基础上，2012 年，北京市如何更加积极地推动社会福利向适度普惠型转变，实现社会保障协调平衡发展，还有大量工作要做，尤其是要处理好物价上涨对低收入群众基本生活影响的问题。

表 1　北京与全国及部分城市城镇最低生活保障标准比较

单位：元/（人·月）

年　份	2003	2004	2005	2006	2007	2008	2009	2010	2011	2012
全　国	149.0	152.0	156.0	169.6	182.4	205.3	227.8	251.2	—	—
北　京	—	290	300	310	330	390	410	430	480/500	520
上　海	280	290	300	320	350	400	425	450	505	—
广　州	300	300	330	330	330	330	355	398	467	—
成　都	178	210	210	230	245	245	300	300	330	—

资料来源：根据民政部网站公布历年相关数据、北京市民政局相关文件数据整理。

（三）着力解决好各类保障房的分、管、退等问题

2011 年北京市新建收购各类保障房 23 万套、竣工 10 万套，超额完成年度任务。北京的保障性住房建设方面在全国各省市区起到了表率作用。2012 年北京除了继续确保新建收购 16 万套、竣工 7 万套各类保障房计划之外，需要着力解决好保障房的管理问题。

“建房容易管房难”，如何管好已建成的大量保障房，地方政府面临的挑战比建设环节还要大。保障房四个环节：建、分、管、退。其中，“建”还是比较容易的。难在“分、管、退”方面，因为这涉及能否保证分配公平公正，涉及标准设定问题。管理环节是一个长期工程，需要大量人力财力投入；强化保障房后期管理服务，完善退出机制，是对各级政府的巨大考验。另外，加强房屋建设质量管理，确保将保障房建成优质、放心工程，已经成为政府及有关部门面临的新问题。

（四）在城市化过程中要依法确保“农转居”人员的权益

2011 年北京市在统筹城乡发展方面迈出了扎实步伐。2010 年启动的 50 个重点村改造工作，在 2011 年继续推进。全市 50 个重点村已有 47 个村启动了搬迁，28 个村完成搬迁，19 个村正在搬迁。尚未启动的 3 个也着手启动。近两年来，尽管北京市在城乡接合部改造建设过程中总体推进比较顺利，也取得了有益经验，如朝阳大望京模式，这个模式实质是保障了村民持久分享城市化中土地增值的收益，保障了持久的生活问题，但也遇到不少阻力，这些阻力归根结底源自对村民利益还没有得到可持续的保障。

因此，2012 年北京市在积极落实率先构建城乡一体化发展格局的目标，着力解决城乡统筹协调发展中的突出问题，快速推进城乡接合部建设的同时，要依法保障在城市化进程中“农转居”农民的权益，使这些“农转居”农民逐步成为有房屋、有就业、有股本、有社保的新市民，使他们都能安居乐业，融入城市，过有尊严的幸福生活。这是转变发展方式、冲破城乡二元体制结构的要求；是巩固城乡接合部建设成果的要求；是城乡经济社会发展一体化的要求，也是生活稳定和谐的要求。

（五）探索基层治理框架，加强社区建设

2011 年 11 月 8 日北京市公布了《北京市“十二五”时期体制改革规划》（以下简称“规划”）。《规划》提出要探索撤销街道办事处改革试点。加之此前安徽铜陵有关撤销街道办事处改革在媒体上的报道，一时有舆论甚至认为在我国存在了 50 多年的街道办事处，或于“十二五”时期将淡出。

街道办事处本身不是一级政府，而是上一级政府的派出机构，街道办事处过去主要设置在城市，并不覆盖农村地区。街道办事处在过去 50 多年来，在进行社会管理方面做出了重要贡献。如果没有街道这个层级参与社会管理，有可能极大地增加了区级政府社会管理的负担和成本，也难以保障社会的稳定和谐。

表 2　北京市城六区街道、社区、人口分布数

	街道数（个）	社区数（个）	城镇居民人口（万人）	街道、社区平均人数	最大街道特征	最小街道特征
东城区	17	205	91.9	5.4 万人/街道 0.45 万人/社区	和平里街道 19 个社区，约 9.9 万人	朝阳门街道 9 个社区，约 3.8 万人
西城区	15	255	124.3	8.28 万人/街道 0.49 万人/社区	月坛街道 26 个社区，约 12.8 万人	椿树街道 7 个社区，约 3.9 万人
朝阳区	23	364	约 210（总人口为 354.5）	9.13 万人/街道 0.58 万人/社区	望京街道 22 个社区，约 23 万人	首都机场街道 4 个社区，约 2.7 万人
丰台区	16	291	约 132（总人口为 211.2）	8.25 万人/街道 0.45 万人/社区	卢沟桥街道 30 个社区，19.58 万人	南苑街道 9 个社区，2.6 万人
石景山	9	139	58.7	6.52 万人/街道 0.42 万人/社区	八宝山街道 15 个社区，约 10 万人	广宁街道 4 个社区，约 1.4 万人
海淀区	22	591	约 182（总人口为 328.1）	8.27 万人/街道 0.31 万人/社区	万寿路街道 35 个社区，14.8 万人	上地街道 3 个社区，约 1.22 万人

数据来源：《2011 年北京市统计年鉴》，各区、街道网站。

就北京城六区而言，共有街道102个，常住人口超过800万人。人口最多的朝阳区有210万人，最少的石景山也接近60万人。另外，北京市街道人口规模在5万以下的仅有43个，仅占102个街道的42.2%，而5万以上的达59个，占57.8%。也就是说北京市接近60%的街道人口规模庞大，街道本身管理任务非常繁重。

表3　北京市城六区街道、人口分布数

人口规模	≤5万人	5万~10万人	11万~15万人	16万~20万人	≥21万人
街道数量	43个	37个	18个	3个	1个

资料来源：《2011年北京市统计年鉴》，各区、街道网站。

北京市城六区中，人口平均规模最小的街道为东城区，5.4万人，最多的为朝阳区，为9.13万人。社区人口平均为4500~6000不等。其中朝阳区望京街道有22个社区，人口约23万人，是人口最多的街道。最小的街道为海淀区的上地街道有3个社区，约1.22万人。北京市如果撤销街道办事处，就意味着每个区政府要直接管理几十万、上百万的庞大人口，要直接面对139~600多个数量不等的社区，其工作量、复杂程度及管理成本可想而知。

撤销街道办事处出发点是减少管理层级，提高管理效率；减少居委会行政色彩，强化社区自治管理职能。但这需要从实际出发，不能“一刀切”。撤销街道办事处前提是需要有一系列的配套改革，需要推进大部门体制改革，设置综合性行政部门，以减少财政协调成本；调整行政区划和社区地域；完善社区治理结构；培育社区组织；推进公共服务供给等改革。同时考虑到不同城市的城市面积、人口规模的显著差异，需要分类推进。

正在试点探索撤街道的安徽铜陵市，是有70多万人的中等城市。北京市是特大城市，1978年就有871万人，2011年的常住人口为2018.6万人。近10年来，每年新增人口超过60万人。朝阳、海淀两个区的总人口都超过了300万。有的一个街道实际管理人口就有30多万。

北京这样一个特大城市，区以下的基层行政和自治组织如何设置，既要有利于社会建设和社会管理，有利于密切党和政府与居民的关系，有利于提供公共产品和公共服务，有利于社区居民自治功能的充分发挥，也要有利于提高管理效率，降低行政成本。当前北京市新增了数以百万计的城市人口，但街道和居委会

的总量基本没有增加，实际管理人口剧增，工作十分繁忙，多数干部超负荷运转，还常常顾此失彼，这也是社会矛盾和问题多发的原因之一。面对目前基层组织架构不能适应新情况新问题的要求，理应探索新的基层社会治理架构，既要强化社区的自治功能，又要理顺政府与社区的关系，构建充满活力又有秩序的新型社区。所以，当前亟须按照辖区内居住的户籍人口和外来人口的实际情况，本着大小适当、利于科学管理和自治的原则，合理规划街道、社区管辖边界和规模，确定街道办事处的职能职责、机构设置、干部配备、权责关系、财政保障，切实做好社会建设、公共服务和社会管理。同时，要按照北京市“十二五”时期社会建设规划纲要指出的“一分、三定、两目标”的要求，构建社区党建、社区自治、社区服务“三位一体”的工作格局，建设现代社区治理结构和新型社区服务管理体系，不断完善社区服务管理格局。

特　稿

Special Contribution

B.2

努力实现从加强和创新社会管理迈向全面推进社会建设*

——在2012年全市社会建设工作会议上的报告

宋贵伦**

摘　要：2011年是“十二五”开局之年，北京在社会建设领域取得了新成就。2011年《北京市十二五时期社会建设规划纲要》发布，对于北京社会建设而言是具有历史性的意义的一年，标志着北京社会建设站在了新的起点上。2012年，是要求落实若干重点任务的关键之年，要努力实现从加强和创新社会管理向全面推进社会建设的重要转变。

关键词：社会建设　社会管理　规划　转变

* 题目为编者加。

** 宋贵伦，中共北京市委社会工作委员会书记、北京市社会建设工作办公室主任，研究员。

一 2011年主要工作情况

2011年，是中国共产党成立90周年、“十二五”开局之年。年初，胡锦涛总书记等中央领导同志在省部级主要领导干部社会管理及其创新专题研讨班发表了重要讲话；下半年，党中央、国务院印发了《关于加强和创新社会管理的意见》，社会建设迎来难得的发展机遇。在市委市政府正确领导下，全市上下认真贯彻落实党中央部署，紧密结合北京实际，把社会建设摆在更加突出的地位，不断加大工作力度，不断取得新成效，主要表现在以下六个方面。

（一）社会建设统筹规划取得新突破

系统设计社会建设取得新突破。市委市政府认真贯彻中央关于加强和创新社会管理的一系列指示精神，坚持从首都实际出发，以“十二五”开局为契机，深入调研、系统设计、整体规划首都社会建设。年初，刘淇、金龙等市主要领导先后九次深入基层调研社会管理创新，多次召开专题会议研究社会建设工作。在此基础上，市委召开十届九次全会专题研究社会建设工作，审议通过市委《意见》，明确了当前和今后一个时期加强和创新社会管理、全面推进社会建设的十项重点任务；年底，市政府在全国率先出台《规划》，提出了今后五年全市社会建设的主要任务、奋斗目标，基本形成了具有时代特征、中国特色、首都特点的北京社会建设体系框架。《意见》和《规划》的制定实施，标志着首都社会建设进入新的发展阶段。

整体推进社会建设取得新成效。各部门、各区县认真贯彻《意见》和《规划》要求，积极探索实践创新，采取了一系列新举措，取得了一系列新成效，2011年市政府“折子工程”中涉及市委市政府36个部门的24项社会建设任务全部完成。各区县分别召开了区（县）委全会或社会建设大会，制定了实施意见和相关文件，认真抓好贯彻落实，全市上下呈现全面推进社会建设工作的良好局面。

（二）社会管理创新迈出新步伐

网格化社会服务管理试点工作取得新成效。充分发挥北京社会建设体制优势，加强统筹协调，形成工作合力，在解决重点、难点问题上取得了一系列新成效。深入开展调查研究，扎实推进网格化社会服务管理体系建设，东城、朝阳、顺义三个综合试点区积极探索集“人、地、物、事、组织”于一体的网格化社会服务管理体系，积累了丰富经验，发挥了示范带头作用。全国加强和创新社会管理工作座谈会（北京片会）在京召开（与会代表参观指导综合试点，给予了充分肯定）。西城、密云等区县也在社会管理信息化建设方面进行了积极探索。全市社会建设信息化工作取得显著成效。

村庄社区化试点工作取得新成效。总结推广大兴区经验，首批668个村庄全面试行社区化管理，进一步完善了社会服务设施，规范了社会管理，村庄刑事发案率近三年逐年减少，群众安全感指数大幅提升。

各类人群服务管理取得新成效。全面加强流动人口服务管理工作，推动“为流动人口办实事项目”，推广石景山“新居民互助服务站”经验。推广朝阳区经验，各区县“阳光中途之家”建设实现全覆盖，为社区服刑和刑释解教两类重点人群开展教育服务12200多人次，实现了无一重新犯罪，推荐就业率达到100%。认真总结推广牛街经验，民族团结进步创建活动深入开展。在全国率先实施“微博实名制”管理，指导千龙、新浪等12家网站实现了新闻署名管理，努力创建讲诚信、讲文明的网络发展环境。

维护社会稳定工作取得新成效。深入推进“平安北京”建设和“三项重点工作”，公安、城管、工商、文化等部门开展了“双百”整治系列专项行动，推广民警驻区制、站巡制和摩托巡逻新模式，全市街头刑事警情同比下降29.4%。全面加强社会矛盾调处化解工作，不断完善以群众工作统揽信访工作的长效机制，实施重大决策信访评估，开展领导干部大接访活动，实现了信访总量、联名访和集体访数量全面下降的良好态势。制定社会矛盾多元调解体系建设系列文件，各区县法院普遍设置人民调解工作室，346个派出所全部建立治安、民间纠纷联合调解室，新建行业性、专业性人民调解委员会386个，全年各级各类调解力量调解纠纷1.4万多件，成功率达到96.9%。

（三）社会公共服务体系不断完善

民生得到切实保障和改善。完善保障和改善民生的各项制度，认真解决广大人民群众切身利益问题。切实解决广大群众的生产生活困难，帮助20.5万名登

记失业人员实现就业，8.17万农村劳动力实现转移就业，两次调整城乡低保待遇，率先实现了城乡低收入家庭认定标准的统一。推动社会保障制度整合衔接，制定跨省流动就业人员基本养老保险和基本医疗保险关系的转移接续办法，实现市级公费医疗制度与职工医保制度并轨。落实养老（助残）"九养"政策，为老年人和残疾人配备"小帮手"服务器4万多台，提供服务5万余人次。出台"京15条"调控细则，加大保障房建设力度，新建和收购各类保障房23万套、竣工10万套，超额完成年度任务，实现了"稳中有降"的房价调控目标。投入4.9亿元支持改善办园条件，新增入园儿童名额2.8万个。建立预约挂号服务平台，发布"北京人健康指引"，为526万居民建立了电子健康档案。进一步完善食品、药品安全监管体系，全面开展安全风险排查，落实了全员食品安全信用档案制度。

社区基本公共服务体系不断完善。全市34个市级主责部门和各区县，按照"缺什么、补什么"的原则，共投入资金10亿多元，撬动和利用社会资金8亿多元，完成首批645个社区基本公共服务全覆盖试点建设任务。建成409个"一刻钟社区服务圈"示范点，共覆盖160多个街道的575个社区，惠及620万名社区居民。322个社区卫生服务中心全面推广24小时便民服务。

社会公共服务方式不断创新。制定并试行《政府购买社会组织服务项目指南》，围绕社会基本公共服务、社会公益服务、社区便民服务、社会管理服务、社会建设决策研究和信息咨询服务五个方面、40类购买363个服务项目，拉动区县设立配套资金8800万元；探索建立利用福彩公益金购买社会公益服务项目制度，使用福彩公益金购买了101个公益服务项目，进一步激发了社会组织服务社会的创造活力。

（四）基层基础建设全面加强

社区建设不断加强。市委市政府坚持把基层基础建设作为大事来抓，有关部门密切配合，完成了693个城市社区规范化建设任务，完成1700个农村社区服务站的标准化建设。海淀、丰台、顺义、房山等区县多途径解决社区用房问题，全市已有2025个城市社区的办公和服务用房面积达到350平方米，达标率达到74%。城乡接合部50个重点村建设两年任务基本完成，社区建设及时跟进。出台全面加强城乡社区居民委员会建设意见。总结推广东城区社区居民会议常务会经验，在怀柔

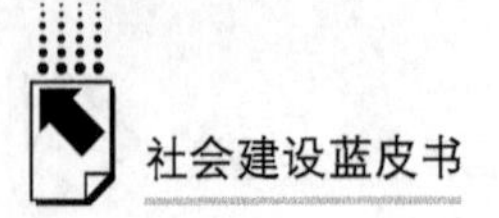

区开展业主大会及业主委员会法人制度试点工作，制定并试行《关于建立村务监督委员会工作的意见》，在全市农村普遍建立了村务监督委员会。着力加强老旧小区综合整治工作。推动社会单位服务设施和地下人防空间向社区居民开放。大力推进和谐社区建设，评选出市级建设和谐社区示范街道 37 个、和谐社区示范点 1003 个。出台《北京市基层公共文化设施服务规范（试行）》和《北京市文化社区指导标准细则（试行）》，全市四级公共文化设施覆盖率达到 98.2%。推进安全社区建设，全市共命名国际安全社区 16 个、全国安全社区 37 个。

社会工作者队伍建设不断加强。制定《首都中长期社会工作专业人才发展规划纲要（2010～2020 年）》，启动“首善之区社会工作人才发展工程”。印发《北京市社区工作者培训办法》，加强社区工作者培训。全市社区工作者具有大专以上学历的达到 70% 以上，平均年龄 41 岁。市政府建立了社区工作者薪酬与所在区县全额拨款事业单位职工（不含教师）工资同步增长机制，房山、顺义区率先实施，昌平区还为社区工作者核销了取暖费。与北京城市学院定向招收 30 名社区工作者攻读社会工作专业在职研究生。共有 7505 人取得了全国社会工作者职业水平资格证书。西城、丰台、房山、通州、怀柔、延庆等区县成立了社会工作者联合会。全市成立各类社会工作事务所 38 家，购买 200 个专业社会工作岗位，实现了“一街一社工”、“一所一督导”的目标。

（五）社会动员机制不断完善

广泛动员公众参与。市委宣传部、首都文明办组织 290 多万干部群众参与评选，提出以“爱国、创新、包容、厚德”为主要内容的“北京精神”，全市上下掀起学习实践热潮。首都文明办等单位组织开展“垃圾减量、垃圾分类、从我做起”主题宣传实践活动，在 1200 个小区开展垃圾分类达标试点工作。志愿服务长效机制不断完善，《北京市志愿者管理办法》得到很好落实。市志愿者联合会团体会员增至 431 家，“志愿北京”信息平台推出七大类 1300 多个项目，成立了北京市应急志愿者总队，共有 24 支近 20 万应急志愿者队伍、20 支专业志愿者组织。深入开展服务民生行动，大力推进社区志愿服务。总结推广了丰台区市民劝导队经验，成立市民劝导队近 1300 多支，劝导队员达 42000 多人。

不断激发社会组织活力。社会组织“枢纽型”工作体系不断完善。全市共认定 22 家市级“枢纽型”社会组织，服务管理覆盖 80% 以上的市级社会组织。

各区县认定110余家“枢纽型”社会组织，初步形成市、区、街三级社会组织“枢纽型”工作网络。市总工会不断完善劳动争议调解联动机制，建立1.2万个劳动争议调解委员会，全年共受理劳动争议案件29608件，调解成功22035件，调解成功率达到76.11%。团市委通过建立“社区青年汇”等形式，实现了全市8000家青少年社团、近百万人次社会领域青年的互联互动。市妇联在全市建立6590个“妇女之家”，并通过“姐妹驿站”、“巧娘工作室”等广泛联系、服务各类妇女群体。市友协、市民交协举办“北京国际民间友好论坛”、在京国际组织新春联谊会，与28个国家的50个民间友好组织进行了交流合作。市文联举办“北京国际青年戏剧节”，市科协组织“科普进社区”等品牌活动，市社科联编辑出版《北京精神50问》、《北京精神大家谈》等通俗读本、举办“周末社区大讲堂”750场，首都慈善公益组织联合会制定《慈善公益组织管理流程指引》，市贸促会成功承办“文博会”、“商帮节”，市红十字会推出“红立方”社区综合服务站，市律师协会、市法学会开通法律咨询服务热线，市工商联、市私个协、北京民办教育协会、市注册会计师协会开展诚信教育活动，市侨联开展“侨心向党”活动，市体育总会、市商联会、市工经联、市建筑业联合会开展行业自律活动，都产生了良好效果。成功举办第二届北京市社会组织公益活动周，首次评选表彰了北京市社会组织公益服务10大品牌。市社会组织孵化中心全年举办30余场次培训咨询。

充分发挥首都优势加强社会建设研究。与上海、广东、大庆、南京、杭州六省市社会工委在京共同举办了“加强社会建设、创新社会管理”年会，共有11个省市的200多位专家学者和相关部门负责人参加。北京市社会建设9个研究基地陆续推出了一系列理论研究成果，各研究基地、“枢纽型”社会组织分别开展了一系列研讨活动，不断加强理论和实践问题研究，不断推动北京社会建设创新发展。

（六）社会领域党建覆盖面不断扩大

不断加强基层党组织建设和流动党员服务管理。市委组织部等部门启动实施了“非公有制企业党建推进工程”，党组织和党的工作向非公企业覆盖延伸力度不断加大。近两年在社会领域建立基层党组织2910个，发展党员15119名，新联系流动党员1.6万余名，培养入党积极分子5万余名。

不断推动社会领域党建工作全覆盖。1249座商务楼宇基本实现“五站合一”

全覆盖。全市各区县141个街道全部成立了社会工作党委；有128个乡镇成立了社会工作党委，其中，丰台、房山、门头沟、通州、平谷等区县在乡镇全部建立了社会工作党委。

积极探索社会组织党建工作机制。市科协、市残联等17家市级“枢纽型”社会组织建立了党建“3+1”机制。以社会领域党建引领社会领域统战工作创新，中央统战部在京召开现场会，宣传推广北京经验。市委组织部、市委社会工委、市委党校坚持培训制度，对部分区县局领导、各街道工委书记及办事处主任和部分社区党组织负责人、“两新”组织党组织负责人进行了系统培训。

深入开展纪念建党90周年活动。认真学习胡锦涛总书记“七一”重要讲话，积极开展纪念中国共产党成立90周年活动。广泛开展社会领域创先争优活动。全市各级党组织和130余万名党员及10余万名群众参与了“向党说句心里话——百万党员寄心语”活动。启动非公有制经济组织党建“五个好”示范点创建活动，已有629家非公有制企业党组织被评为市、区示范点。

总之，过去的一年，我市不仅在系统设计方面实现了历史性突破，而且在整体推进方面迈出了较大步伐。这些成绩的取得，是市委市政府高度重视、正确领导的结果，是全市各部门、各区县共同努力的结果。在此，我代表市社会建设工作领导小组办公室，代表市委社会工委、市社会办，向长期以来高度重视、大力支持、积极参与全市社会建设的各级领导、各位同志表示衷心感谢和崇高敬意！

在看到成绩的同时，我们也清醒地认识到，我们所取得的成绩还是初步的，与党和广大人民群众的要求相比还有不少差距，思想认识还需要进一步深化，体制机制还需要进一步完善，科学化水平和执行能力还需要进一步提高。在我们面前，需要研究解决的重点难点问题还不少。我们要进一步巩固在体制机制、政策体系、工作思路、队伍建设、基层基础等方面所取得的成果，并在今后实践中不断创新发展，要继续保持谦虚谨慎、戒骄戒躁的作风，继续保持良好的精神状态和工作状态，继续保持良好的发展态势，认真做好新的一年各项工作。

二　2012年重点工作任务

2012年，是在新的起点上加强和创新社会管理、全面推进北京社会建设的关

键之年。全市社会建设工作的指导思想是，高举中国特色社会主义伟大旗帜，以邓小平理论和“三个代表”重要思想为指导，深入贯彻落实科学发展观，大力弘扬“北京精神”，牢牢把握“稳中求进”的总基调，紧紧围绕贯彻落实《意见》和《规划》，努力在抓重点、抓协调、抓落实上下工夫、求实效。重点工作如下：

（一）以保障改善民生为重点，进一步完善社会服务体系

不断完善社会基本公共服务体系。完善城乡统一的就业促进政策体系，提高公共就业服务水平，实现城乡新增就业36万人，帮扶城乡8.8万名就业困难群众实现就业。进一步提高社会保障水平，推进社会保障由制度全覆盖向人群全覆盖。做好城乡接合部50个重点村农转居劳动力参保工作，统一城镇居民医疗保险报销有关政策。构建适度普惠型社会福利体系，进一步落实“九养”政策，以养老、助残、救孤、济困为重点，逐步拓展社会福利保障范围，逐步提高市民救助和福利水平。完善公共文化服务体系，实施10项文化惠民工程，着力发展公益性文化事业。

不断完善社区基本公共服务体系。创建1300个社区基本公共服务全覆盖试点，使总量达到2000个，覆盖城市社区的80%左右；新建150个“一刻钟社区服务圈”示范点，使总量达到560个左右，覆盖社区数达到800个左右；继续推进城市社区办公和服务用房建设项目，完成第二批631个建设项目，启动第三批700个建设项目，努力使城市社区办公和服务用房面积全部达到350平方米以上；积极推进城乡接合部、新建小区和流动人口聚居区社区居委会组建和社区服务站建设工作；集中力量加强老旧小区改造，启动全市882栋简易楼改造，实施1500万平方米老旧小区房屋改造工程；完成500个农村社区服务站标准化建设。

不断完善“两新”组织服务体系。进一步完善社会组织登记注册机制，努力提供便捷、规范的服务。充分发挥社会建设专项资金的激励作用，继续向社会组织购买300项社会服务项目。进一步完善社会组织孵化“一中心、多基地”服务网络，不断提高服务水平和能力，积极扶持新社会组织发展。健全“两新”组织服务体系，完善商务楼宇工作站服务管理职能和“五站合一”工作机制。

（二）以改革创新为动力，进一步完善社会管理体制

不断完善社会管理体制。进一步完善社会建设工作领导小组及其办公室工作

体制，加强统筹协调，发挥综合职能，加强分类指导，形成工作合力，加强督促检查，务求工作实效。进一步完善网格化社会服务管理体系，在各区县全面推广试点经验，基本实现网格化社会服务管理体系全覆盖。进一步完善社区“三位一体”工作机制，巩固发展城市社区规范化建设成果，并逐步推动社区规范化建设向城乡接合部和农村社区延伸。大力推进农村社区服务中心（站）建设。进一步完善村庄社区化服务管理体系，完成668个试点村建设任务。进一步完善社会组织“枢纽型”工作体系，基本实现对市级“枢纽型”社会组织服务管理全覆盖，加快区县、街乡两级社会组织“枢纽型”工作体系建设，建立健全“枢纽型”社会组织服务管理网络。

不断完善社会管理模式。加强和改进人口服务管理，推广新居民互助服务站等经验，做好实行居住证制度的相关工作，推进实有人口服务管理全覆盖系统建设。创新互联网新媒体服务管理，巩固发展“微博实名制”管理成果，规范互联网信息传播秩序，发展健康向上的网络文化。建立以组织机构代码和身份证号码等为基础的实名制信息共享平台，加快建设“智慧北京”。实施《北京市社会建设信息化工作“十二五”规划纲要》，加快推进社会建设信息化工作，启动智慧社区（村）和便民服务终端网络等重点项目建设，全面提高社会服务管理精细化水平。深入推进“平安北京”建设，扎实做好“三项重点工作”，切实抓好生产安全、食品安全、药品安全工作，不断健全各级各类应急管理和防灾减灾体系。

（三）以党和政府为主导，进一步完善社会动员机制

进一步完善居民（村民）自治。研究制定村民委员会组织法实施办法和村民委员会选举办法，以新一届社区党组织、社区居委会换届选举为契机，进一步扩大直选比例、优化工作人员结构，不断提高社区自治工作水平。进一步推广社区居民会议常务会、村民监督委员会经验，推广业主大会试点工作经验，加快推进居住区业主大会建设，积极推动社区居委会与业委会互联、服务站与物业服务企业互动，不断推动社区（村）服务管理创新。

进一步提高社会组织自我管理、自主发展能力。引导社会组织建立健全法人治理结构，逐步建立健全现代社会组织制度。建立健全“枢纽型”社会组织新闻发言人制度，及时发布相关信息，提高社会组织正确引导舆论和自觉接受社会监督的能力。加强和创新社区社会组织服务管理，充分发挥社区社会组织在社区

建设中的积极作用。

进一步推动社会责任体系建设。创建一批履行社会责任的先进典型和示范点，不断推动社会责任体系建设，大力推进社会建设共建共享。

进一步加强社会工作者能力建设。加快推进社会工作者队伍规范化建设，制定并试行《北京市社会工作人才培养、管理、评价、使用、激励办法》，成立北京市社会工作者联合会并充分发挥其“枢纽型”社会组织作用，再培育10多家社会工作事务所。实施社区工作者三年培训计划，充分发挥北京社会建设研究基地学科优势，组织编写教材，搞好系统培训，今后每年培训万名社区工作者，3年全部轮训一遍，大力提高社会工作者专业化水平。继续通过定向培养在职硕士研究生、逐步提高待遇等措施，不断提高社区工作者职业化水平。试行购买社会组织管理岗位制度，向市级“枢纽型”社会组织所属社会组织购买300个管理岗位，加快推进社会组织管理队伍建设。

进一步健全志愿服务长效机制。召开北京市志愿者联合会第一次代表大会，完善志愿者组织“枢纽型”工作体系，继续贯彻实施《北京市志愿者管理办法（试行）》，全面启动依托“志愿北京”平台开展志愿者注册登记工作，完善志愿服务项目化管理体系，打造一系列专业化志愿者队伍，不断提高志愿服务的针对性、实效性。

（四）以践行“北京精神”为载体，进一步创建社会文明环境

大力弘扬“北京精神”。在全市社区、社会组织、新经济组织中，广泛开展“践行北京精神、喜迎党的十八大”系列教育实践活动，积极引导广大社会建设工作者把爱国精神落实在服务群众、奉献社会的工作中，把创新精神落实在加强社会建设的实践中，把包容精神落实在构建社会和谐的过程中，把厚德精神落实在创建社会文明和社会诚信的活动中。

深入开展社会文明创建活动。继续深入开展“做文明有礼的北京人”主题宣传实践活动。加快推进社会诚信体系建设，总结推广社会诚信先进典型经验，进一步优化社会信用环境。深入开展“六五”法制宣传教育，开展“法律六进”主题实践活动。

不断完善社会心理服务。探索建立社会心态监测、预警、疏导机制，搞好社会心理研究和咨询服务，有效防范和降低社会风险。成立北京市社会心理工作者

联合会，充分发挥其“枢纽型”社会组织作用，为加强社会心理研究和服务工作搭建平台。

（五）以构建和谐为目标，进一步加强和改进群众工作

进一步健全社会矛盾调解机制。巩固发展已有工作成果，进一步健全群众利益协调机制、群众诉求表达机制、社会矛盾调处机制、社会稳定风险评估机制、社会和谐创建机制。实施深入推进工资集体协商三年行动计划，建立健全工资集体平等协商、正常增长、支付保障机制。健全“大调解”工作机制，完善社会矛盾多元调解体系，加强矛盾纠纷源头预防，制定《北京市重大事项社会稳定风险评估实施细则》等配套性措施，在市、区（县）、街道（乡镇）三级全面建立健全社会稳定风险评估机制，对重大事项和重大决策实现“应评尽评”，从政策源头最大限度预防新生矛盾、减少稳定风险。

着力化解社会矛盾，维护社会稳定。总结推广用群众工作统揽信访工作试点经验，充分发挥社区、社会组织、非公有制经济组织作用，切实维护和保障群众权益。深入开展“十大专项行动”，搞好党的十八大安保工作。着力强化对敌斗争，切实维护首都政治稳定。加大积案化解力度，搞好矛盾预防化解。坚持专群结合，搞好群防群治。严格落实维稳责任，确保各项工作落到实处。

深入开展社会和谐创建活动。深入开展和谐家庭、和谐社区、和谐村镇、和谐企业创建活动，不断促进人际关系、群体关系、劳动关系、邻里关系、家庭关系和谐。深入开展民族团结进步创建、和谐寺观教堂创建活动，加强和完善民族宗教服务管理工作。

（六）以党建创新为引领，进一步完善社会领域党的建设工作机制

努力实现社会领域党建工作全覆盖。深入开展“基层组织建设年”活动，全面加强基层党建工作。进一步完善街道（乡镇）社会工作党委工作机制，健全社区党建区域化工作格局。加强社会组织党的建设，进一步完善“枢纽型”社会组织党建“3+1”工作机制，实现社会组织党组织和党的工作全覆盖。进一步完善商务楼宇“五站合一”工作机制，不断提升商务楼宇服务管理水平。

努力创新社会领域党建工作方式方法。深入开展创先争优活动，实施“领航工程”、“聚力工程”、“先锋工程”，总结宣传一批社会领域党建工作先进典型，全面推进社会领域党建工作。成立街道（乡镇）社会工作党委书记、“枢纽型”社会组织党组织书记、新经济组织党组织书记联合性组织，充分发挥其“枢纽型”社会组织作用，进一步拓展社会领域党建工作平台，提升社会领域党建工作水平。推进非公有制企业党建工程，通过购买管理岗位、选派有党务工作经验的干部到非公有制企业挂职开展党建工作等多种方式，切实加强非公有制经济组织党建工作。

Efforts to Enhance and Innovate the Public Administration Towards a Comprehensive Reform of the Social Building

Song Guilun

Abstract: 2011 is the first year of “the 12th five-year plan”, and Beijing has made new achievements in the field of social-building. “The Outline of Beijing Social-building Plan during the 12th Five-year Period” has released in 2011, which is the historic significance of year in terms of the social-building, as it marks the social-building of Beijing stood on a new starting point. 2012 is a crucial year for the implementation of a number of key tasks and efforts to strengthen and innovate the public administration to comprehensively promote the social-building of an important change.

Key Words: Social-building; Social Management; Planning; Change

社会结构篇

Reports on Social Structure

B.3

北京市流动人口结构、分布及就业状况分析*

嘎日达　洪小良**

摘　要： 本文描述当前北京市流动人口结构、空间分布、就业状况，以及2011年北京市流动人口服务管理方面的主要工作，旨在说明流动人口已经成为首都常住人口的重要组成部分，是服务首都、建设首都不可或缺的重要力量，因此在城市建设规划和提供公共服务方面，必须树立“实有人口”观念，取代以户籍人口规模作为首都城市经济社会发展规划基础的传统观念，并树立“以人为本”的服务理念，切实加强流动人口服务管理工作。

关键词： 流动人口　结构　分布　就业　服务管理

* 本文是北京市人口研究所与北京市流动人口和出租房屋管理委员会办公室合作研究课题的成果之一。本文引用了“市流管办”的调查数据，在此表示感谢。

** 嘎日达，北京市人口研究所（北京行政学院社会学教研部）教授；洪小良，北京市人口研究所（北京行政学院社会学教研部）副教授。

根据北京市2010年第六次全国人口普查，北京市常住人口已达1961.2万人。其中，户籍人口1257.8万人，常住流动人口704.5万人。截至2010年底，在全市流动人口服务管理部门登记的流动人口总数为777.6万人。如考虑在京外国人，来京就医人员，旅馆、宾馆、饭店内入住的来京人员，入境及外地来京旅游、探亲访友、公商务活动人员，以及在京部队，目前北京市非本地户籍的在京人员总量应接近1000万人，全市瞬时人口总量应达到2200万人左右。

本文旨在描述北京市流动人口结构、空间分布、就业状况及变动趋势，以说明流动人口已经成为首都常住人口的重要组成部分，是服务首都、建设首都不可或缺的重要力量，因此在城市建设规划和提供公共服务方面，必须树立“实有人口”观念，取代以户籍人口规模作为首都城市经济社会发展规划基础的传统观念，并树立以人为本的服务理念，切实加强流动人口的服务管理工作。

一　流动人口结构及变动趋势

1. 在京居住时间结构

从在京居住时间看，常住流动人口是全市流动人口的主体。据统计，居住半年以上的流动人口，即常住流动人口占登记流动人口总数的89.9%。其中，在京居住1年以内的常住流动人口占全市登记流动人口总数的19.3%；居住1~2年内的流动人口占登记流动人口总数的16.6%；居住2~3年内的占登记流动人口总数的19.7%；居住3~4年内的占15.5%；居住4~5年内的占9.1%；居住5年以上的占登记流动人口总数的19.8%（见图1）。

流动人口在京平均居住时间呈现逐年增加趋势，家庭户流入比例逐年提高。据统计，2008年流动人口在京平均居住时间为2.45年，2009年为2.98年，2010年增加到3.70年（见图2）。

2005年北京市人口1%抽样调查统计数据显示，2005年流动人口来京时间在一个月到三个月、三个月到一年、一年到三年及三年以上的分别为49.3万人、164.9万人、94.5万人、56.2万人，占该年流动人口总数的13.5%、45.2%、25.9%、15.4%。与此相比，目前全市流动人口中来京时间在一个月到三个月和三个月到一年的短期来京人员绝对值虽然有所增加，但占总数的比重却分别下降了4.4个和12.4个百分点；来京时间在一年到三年和三年以上的长期居住人员

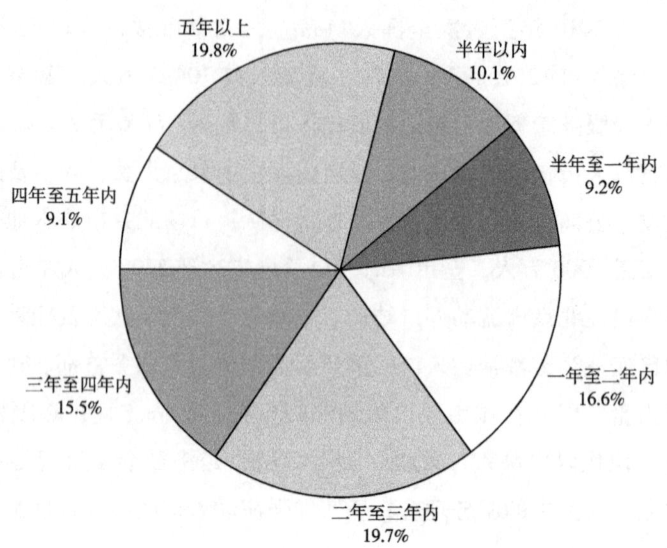

图 1　北京市流动人口在京居住时间构成

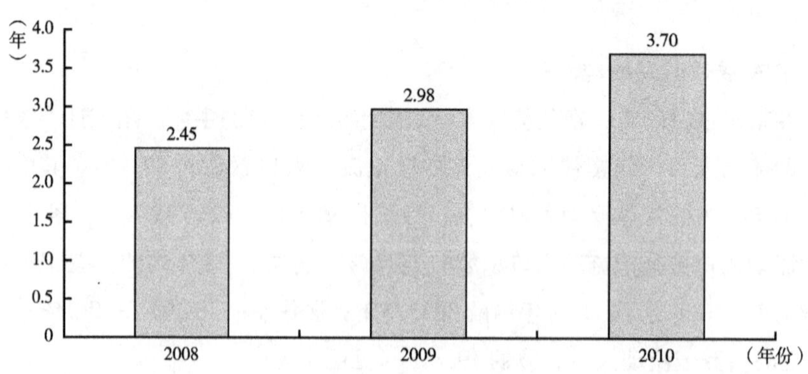

图 2　北京市流动人口平均居住变动情况（2008～2010 年）

不仅绝对值数量分别增加 179.5 万人和 140.9 万人，占总数的比重也分别增长了 7.4 个和 8.5 个百分点。同时，从近三年的发展趋势看，北京市流动人口家庭户流入比例逐年增加，2008～2010 年家庭户流入人口占全市流动人口总数的比例分别为 8.5%、9.3%、9.6%（如图 3），预计今后流动人口家庭户流入比例将进一步提高。从主观愿望看，流动人口长期留居北京的愿望强烈。北京市人口研究所对于在京流动人口生活就业意愿抽样调查显示，49.7% 的被访流动人口对目前的工作很满意或比较满意，38.1% 的被访者满意程度一般，仅有 12.3% 的被访

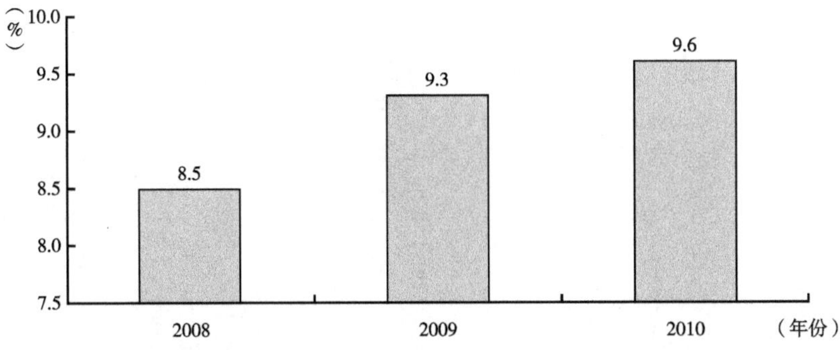

图 3　北京市家庭户流入人数占流动人口总数的比例（2008～2010 年）

者表示不满意或很不满意。工作的满意度带来了对生活水平的正面评价，在回答“您对自己目前的生活水平是否满意”问题时，有 34.2% 的被访者作出了正面回答，表示“一般”的占 45.4%，表示“不满意”的占 20.4%。同时，2006 年北京市流动人口家庭户抽样调查数据还显示，流动人口长期留居北京的愿望较为强烈，在回答“假如现状不变，您是否打算在北京长期居住”的问题时，48% 的被访对象表示了明确的长期留居北京的愿望。

2. 年龄结构

从年龄情况看，劳动适龄人口是流动人口主体，其劳动适龄人口比重明显超过本地劳动适龄人口。全市流动人口中，16 岁以下的有 34.1 万人，占总数的 4%；16～60 岁的有 728.2 万人，占总数的 93.6%；60 岁以上的有 18.6 万人，占总数的 2.4%（见图 4）。在流动人口中，16～60 岁的劳动适龄人口比重占 93.6%，比户籍劳动适龄人口 72.3% 的比重[①]高出 21.3 个百分点。其中，18～45 岁的青壮年流动人口有 632.5 万人，占总数的 81.3%。

在变动趋势上，北京市青壮年流动人口的供给充足。据统计，北京市流动人口年龄结构经历了由 20 世纪 80 年代的 50 岁以上年龄组的中老年人口为主，转变到 90 年代中期以 18～45 岁青壮年年龄组人口急剧增加并占主导，到 2010 年这一年龄组又进一步增加。尤其近 10 年来，18～45 岁青壮年流动人口规模增长迅速，截至 2010 年底，18～45 岁的青壮年流动人口有 632.5 万人，占全市流动人口总数的 81.3%。

① 北京市统计局：《北京统计年鉴 2009》。

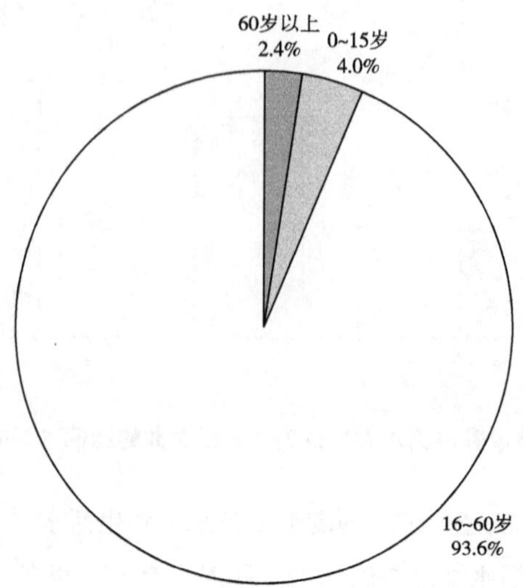

图4　北京市流动人口年龄构成

北京市青壮年流动人口的流入与流动人口就业结构和岗位特点密不可分。绝大多数流动人口就业于劳动密集型制造业和生活服务业，从事简单的、重复性的劳动。这些岗位尽管技术门槛低、职业适应期短，但对从业人员的体力状况、反应程度、操作水平的要求比较高，用工需求以青壮年劳动力为主，从而导致青壮年流动劳动力供给充足。

正是由于大量外来青壮年劳动力的进入，在北京市户籍人口老龄化加快的背景下，劳动年龄人口比重没有下降反而上升。这表明北京市劳动力资源丰富，且劳动年龄人口比例仍处于上升时期。在户籍劳动年龄人口比重逐年下降情况下，从全市劳动年龄人口比例不降反升的特点可以看出，外来流动人口延长了北京的人口红利期，为北京经济提供了持久的黄金发展期。

3. 性别和户籍

从性别结构来看，流动人口中男性数量仍高于女性，但变动趋向均衡（见图5）。2000年流动人口总性别比为150.76，而且各年龄段都表现出了“男多女少”的显著特征。2008年流动人口总性别比降至144，2010年进一步降至130.2。由此可见，流动人口性别比呈现逐年改善的趋势，女性流动人口比例逐步提高。

从户籍情况看，农业户口人数占流动人口总数的近八成。在京流动人口中，农业户口人数占全市流动人口总数的78.2%。

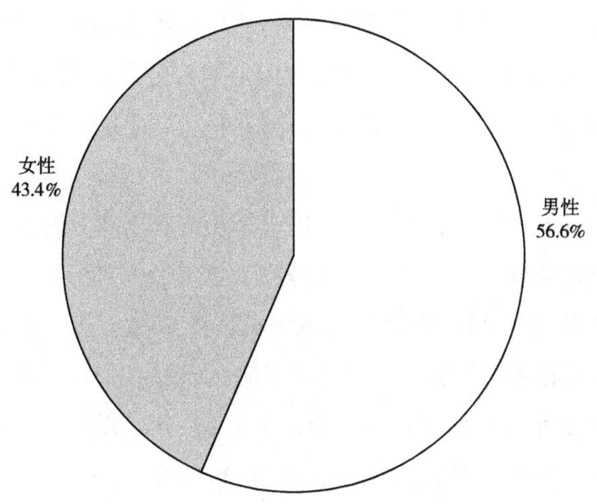

图 5　北京市流动人口性别构成

4. 受教育情况

从受教育程度看，在京流动人口的受教育水平以初中学历最多，约占流动人口总数的 58. 8%；高中学历的占总数的 19. 7%；受过大专以上学历教育的占总数的 13. 5%（见图 6）。总计有 92% 的流动人口完成了九年制义务教育，高于全国平均水平。

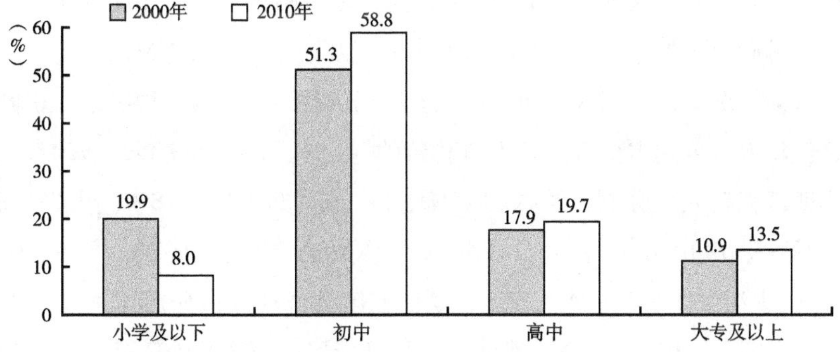

图 6　2000 ~ 2010 年北京市流动人口受教育程度的变动

历史地看，北京市流动人口的受教育程度有显著提高。2000 年流动人口的平均受教育程度为 9. 75 年，到 2010 年底已提高到 10. 13 年。从受教育程度的结构分布看，流动人口中文盲、小学教育程度人口比例快速下降，由2000年的19.9%下降到2010年的8.0%，下降了近12个百分点；而初中、高中和中专、大专及以上教育程度人口比例均呈现上升趋势，分别上升7.5个、1.8个、2.6个百分点。

目前，在京流动人口中，共有大专以上学历人员104.8万人，占流动人口总数的13.5%。从年龄情况看，大专以上学历人员以20~29岁为主，占此类人员总数的57.2%；其次为30~39岁年龄段人员，占28%。但是，农业户籍流动人口的受教育程度明显较低。在农业户籍已就业的流动人口中，初中以下教育程度的占73.1%，高出非农业户籍比例（45.1%）28个百分点；大专以上教育程度的占7.9%，低于非农业户籍比例（33.3%）25.4个百分点。

二　流动人口的空间分布

1. 流动人口主要分布于城市功能拓展区和城市发展新区

目前，首都功能核心区（东城、西城）的流动人口占本市流动人口总数的7.9%；城市功能拓展区（朝阳、海淀、丰台、石景山）共有流动人口438.6万人，占总数的56.4%；城市发展新区（大兴、通州、顺义、昌平、房山）共有流动人口237.1万人，占总数的30.5%；生态涵养发展区（门头沟、怀柔、平谷、密云、延庆）共有流动人口36.4万人，占总数的4.7%（如图7）。此外，亦庄开发区和西客站地区共有流动人口4.2万人，占总数的0.5%。

从区县情况看，朝阳区流动人口最多、延庆县最少。具体情况是：东城、西城两区流动人口分别占全市流动人口总数的3.5%、4.4%。朝阳、海淀、丰台、石景山四区流动人口分别占总数的25%、19.3%、9.4%、2.8%。大兴、通州、顺义、昌平、房山五区流动人口分别占总数的7.9%、6.7%、3%、9.9%、2.9%。门头沟、怀柔、平谷、密云、延庆五区县流动人口分别占总数的0.9%、1.5%、0.6%、1.1%、0.6%。此外，亦庄开发区、西客站地区流动人口分别占总数的0.4%、0.1%。

2. 从变动趋势看，流动人口分布由城市功能核心区和城市功能拓展区向城市发展新区转移

对比2000年全市常住流动人口区域分布和2010年全市流动人口区域分布情

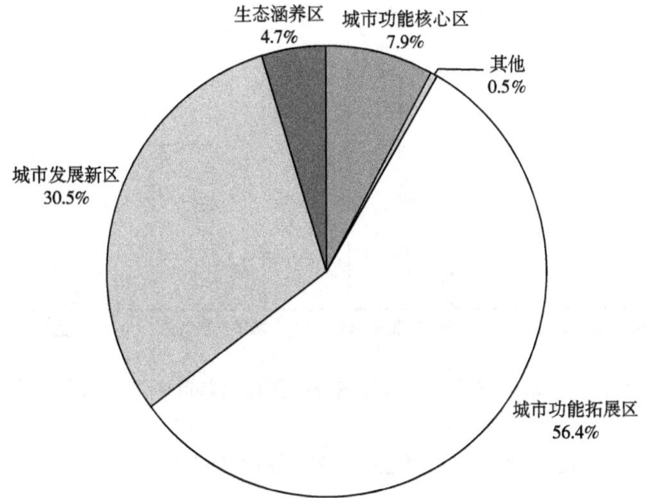

图7　北京市城市功能区流动人口分布

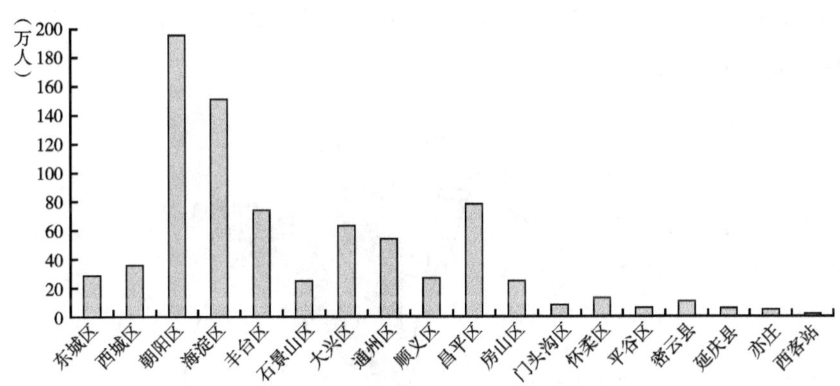

图8　北京市各区县流动人口规模

况（见图9），全市流动人口共增加531.3万人、增长215.7%；其中，城市功能核心区增加了32.3万人、增长112.4%，城市功能拓展区增加了289.1万人、增长187.9%，城市发展新区增加了185.1万人、增长355.8%，生态涵养区增加24.8万人、增长212%。从以上数据可以看出，生态涵养区流动人口增长率与全市平均水平基本持平，城市功能核心区和城市功能拓展区流动人口增长率都低于全市平均水平，城市发展新区流动人口增长率则远远高于全市平均水平，说明流动人口分布呈现由城市功能核心区和城市功能拓展区向城市发展新区转移的趋势。

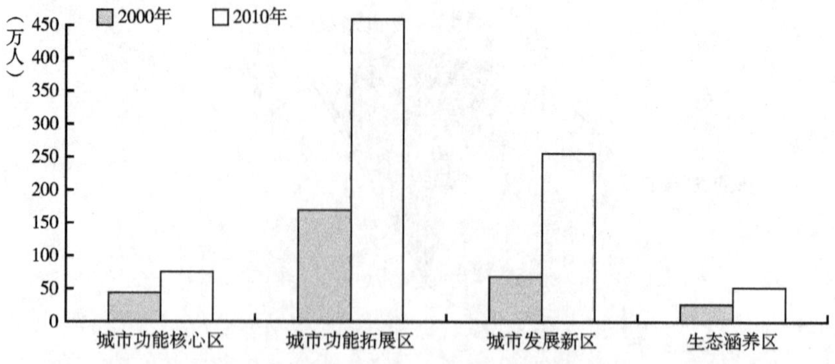

图9　北京市流动人口区域分布变化（2000～2010年）

3. 流动人口以租赁房屋居住为主，自购住房者极少

2011年，流动人口中居住在出租房屋中的有388.7万人，占总数的50%。另外，居住在单位宿舍的有145.7万人，占18.7%；居住在建筑工地等工作场所的有39.1万人，占5%；借住或寄宿的有93.8万人，占12.1%；居住于自购房屋的有45.8万人，占5.9%（如图10）。

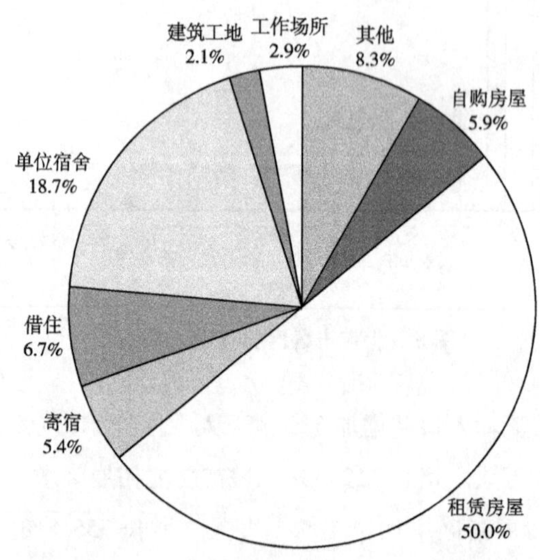

图10　2011年北京市流动人口居住类型构成

全市出租房屋分布与流动人口基本一致，城市功能拓展区和城市发展新区数量多、比重高。截至2010年底，全市共有出租房屋97.4万户，其中，首都功能

核心区共有9.8万户，占全市出租房屋总数的10.1%；城市功能拓展区共有58万户，占总数的59.1%；城市发展新区共有23.2万户，占总数的24%；生态涵养发展区共有6.4万户，占总数的6.7%。城市功能拓展区和城市发展新区出租房屋总量合计为81.2万户，占全市总数的83.1%。

从出租房屋区县分布情况看，朝阳区最多、延庆县最少。具体情况是：东城、西城的出租房屋分别为4万户、5.7万户，占全市出租房屋总数的4.2%、5.9%；朝阳、海淀、丰台、石景山四区分别为30.7万户、14.2万户、10.2万户、1.9万户，占总数的31.8%、14.7%、10.6%、2%；大兴、通州、顺义、昌平、房山五区分别为5.9万户、5.3万户、3.6万户、5.7万户、2.6万户，占总数的6.1%、5.4%、3.8%、5.9%、2.7%；门头沟、怀柔、平谷、密云、延庆五区县分别为1.5万户、1.7万户、0.9万户、1.7万户、0.5万户，占总数的1.6%、1.8%、0.9%、1.7%、0.7%。另外，亦庄开发区有出租房屋0.2万户，占总数的0.2%。

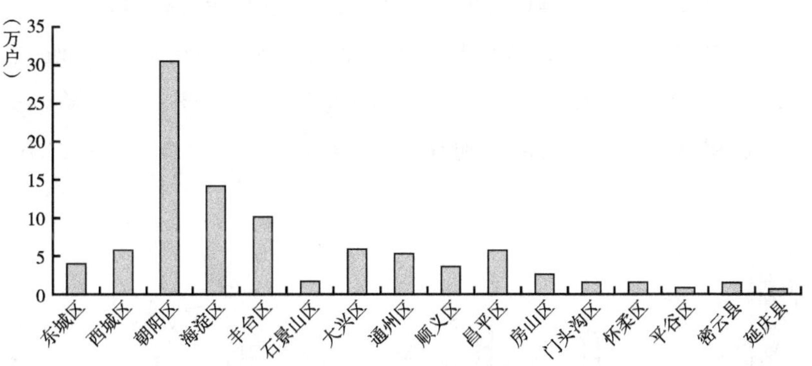

图11　北京市各区县出租房屋数量分布

三　流动人口就业状况

1. 务工是流动人口来京主要原因

在全市流动人口中，来京务工人员约占流动人口总数的88.9%；其他，如学习培训、随迁、经商、投靠等原因，合计占11.1%。

表1 流动人口来京原因构成

单位：%

来京原因	百分比	来京原因	百分比
务　工	88.9	婚　嫁	0.7
学习培训	3.4	务　农	0.5
随　迁	1.9	治病疗养	0.1
经　商	1.8	工作调动	0.0
投靠亲友	1.5	总　数	100
其　他	1.2		

2. 从产业分布看，流动人口在第三产业就业比重最高，并集中就业于建筑制造业、商业和各类服务业

在全市717.1万劳动适龄流动人口中，从事第一产业的有12.9万人，占劳动适龄流动人口的1.8%；从事第二产业的有199.2万人，占27.8%；从事第三产业的有482.9万人，占67.3%；尚未就业的劳动适龄流动人口有22.1万人，占3.1%。在具体行业分布上，从事建筑业的有78.5万人，占流动人口就业总数的11.3%；从事制造业、批发零售业和住宿餐饮业的分别有103.6万人、108.4万人、97.9万人，占14.9%、15.6%、14.1%；从事居民服务业和租赁商务服务业的分别有75.1万人、34.8万人，分别占10.8%、5%。

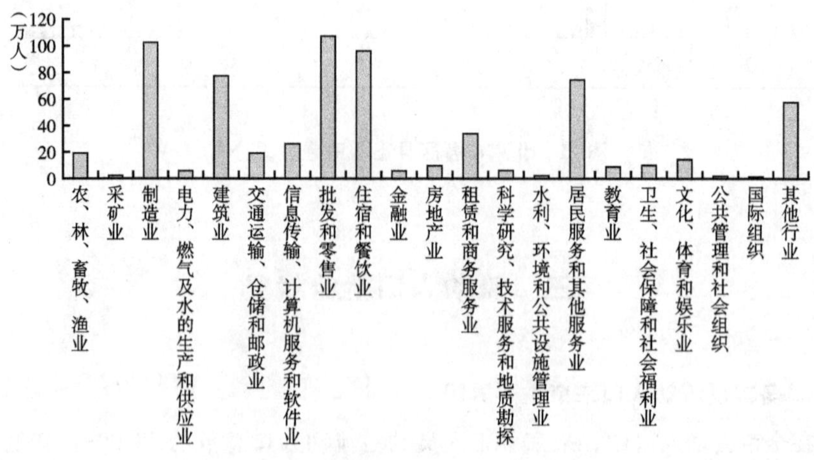

图12 北京市流动人口行业分布

3. 流动人口与户籍人口在就业结构上具有互补性

流动人口和户籍人口的就业结构迥然不同，具有显著的互补性。户籍人口主要就业于知识密集型行业和现代服务业，据统计，在本市公共管理与社会组织，科学研究，技术服务与地质勘探，金融、水利、环境和公共设施管理，教育等五个知识密集型行业中，户籍人口占绝对多数，占这些行业总就业人数的91.1%。相反的，流动人口在上述五个行业中就业人数很少，仅占其从业人员总数的8.9%。

流动人口就业行业主要集中于劳动密集型行业和传统服务业。据统计，流动人口就业人数超过户籍从业人员的行业有五个，它们依次是：居民服务和其他服务业，流动人口占该行业从业人员总数的89.6%；农林牧渔业，流动人口占该行业从业人员总数的85.2%；住宿和餐饮业，流动人口占该行业从业人员总数的71.5%；建筑业，流动人口占该行业从业人员总数的70.4%；批发与零售业，流动人口占该行业从业人员总数的64.4%。流动人口占这五个行业从业人员近七成，达到了66%。

此外，流动人口就业比例较高的行业还有五个，依次是：工业，流动人口占该行业从业人员总数的47%；文化、体育与娱乐业，占从业人员总数的42%；租赁与商务服务业，占从业人员总数的31.4%；信息传输、计算机服务和软件业，占从业人员总数的31.3%；交通运输、仓储和邮政业，占从业人员总数的25.4%。

在以上10个行业就业的流动人口总数超过户籍从业人数，达到总从业人员人数的60%以上。如果考虑本市流动人口中尚有就业状态不明确的252万人大多处于隐性就业、非正规就业或灵活就业状态，那么流动人口在劳动密集型行业和传统服务业就业的比例将更高。

据统计，在北京从事居民生活服务和其他服务的流动人口超过70万人，仅从事家政服务的流动人口就有约10万人，每到春节农民工返乡过年时，北京就会出现家政服务人员严重短缺的现象。事实上，北京城市的正常运转和居民日常生活都已经离不开流动人口，从市民的“米袋子”和“菜篮子”供应，到服装百货批发零售、物流配送、再生资源回收、垃圾清运、家政服务、餐饮住宿，几乎所有与居民生活关联程度高，且最累、最苦、最脏、最险的工作都是流动人口在做。随着居民生活节奏的加快和收入水平的提高，人们越来越需要从烦琐的家

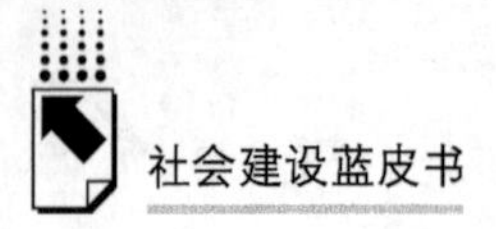

务劳动中解脱出来。同时，城市家庭结构趋于小型化和“空巢”老年人增多，子女无暇照料老人生活，因而家政服务的市场需求日益扩大，在北京从事家政服务的人员几乎全部是流动人口。可以说，流动人口为保障北京城市正常运转、方便居民生活、提升居民生活品质作出了很大贡献。

4. 流动人口是北京城市建设不可或缺的重要力量

改革开放以来，外来农民工对北京城市建设起到举足轻重的作用，各项建筑工程和市政建设顺利推进在很大程度上得益于流动人口的贡献。改革开放以来，特别是2001年北京获得奥运会主办权，北京市城市建设在高标准规划、高速度施工、高质量建设的轨道上快速发展，北京城市面貌日新月异。以农民工为主体的流动人口成为北京市建设工人的主体。近年来，北京市建筑业每年开复工面积超过1亿平方米，生产一线的建筑工人以外地农民工为主，全市的高楼大厦、楼堂馆所、公路铁路、基础设施、机场车站等，主要依靠外地农民工施工建造。2008年奥运会前期是劳务用工高峰期，全市建筑行业从业农民工人员将近百万人。目前本市建筑工地上约有50万外地农民工，这支队伍已成为本市城市建设和城市运行的骨干力量。可以说，北京城市环境的改变、城市基础设施的改善以及城市轨道交通、高速公路的不断延伸，无不凝结着外地农民工辛勤的汗水。

5. 流动人口提升了北京市人力资本竞争力

现代经济增长理论表明，一定区域的经济发展一般要经历劳动密集型即单纯依靠劳动力数量投入促进经济增长阶段，向资本密集型即依靠大规模投资推动经济增长阶段转变，最终走向知识密集型即依靠人才和科技创新推动经济增长阶段。根据本市经济发展现状和产业发展规律判断，首都经济发展已进入由资本密集型向知识密集型迈进的阶段，产业发展的总体方向是高端、高效、高辐射，现代制造业、高新技术产业、金融、科技服务、商务服务等生产性服务业发展将进一步加快，并推动劳动力结构和就业结构的优化升级。

人力资本包括城市劳动者队伍的数量、质量和未来潜力，人力资本竞争力反映一个城市人力资源的丰裕程度及对人才的吸引力、利用力和增值力。从总体上看，流动人口即“外来的”人力资本是本市人力资本竞争力的直接推动力。

北京市流动人口由高、中、低素质的劳动力组成，包括非熟练劳动力、熟练劳动力、高级技术和管理人员、科研人员、各类专业人才和艺术人才。自1999

年，本市陆续出台了《北京市引进人才和办理〈北京市工作居住证〉的暂行办法》、《北京市鼓励留学人员来京创业工作若干规定》和“北京人才绿卡计划”，在不迁户口前提下，为外地在京人才办理“北京市工作居住证”，从而扩大了国内引进和海外引进人才基数。截至2010年底，全市流动人口中受过大专以上教育的104.8万人，占流动人口总数的13.5%，这一比例高出全国平均水平（6.7%）6.8个百分点。全市流动人口中持有“北京市工作居住证”的专业技术人员和管理人才已达7万多人。其中，具有硕士以上学位或高级专业技术职称的2万人左右，海外留学来京人员6000多人。近两年，本市为支持首都金融产业发展，为金融企业引进人才600多人，为中海油、中石化、国家电网集团、神华集团等40余家中央企业办理高层次人才进京400多名。流动人口高端人才分布于本市卫生、教育、科研院所、高新技术企业、首都金融产业、跨国公司地区总部、文化创意产业等领域，有力地满足了首都各项事业对高层次人才的需求。

四　2011年北京市流动人口服务管理工作情况

近年来，北京市积极探索创新流动人口服务管理工作理念和思路，明确提出流动人口服务管理工作“五个转变”的工作理念，即逐步实现由社会控制为主的治安管理型向城市统筹规划、综合管理模式的转变；实现由重管理轻服务向服务管理并重、寓管理于服务之中模式的转变；实现由户籍人口与暂住人口双轨制管理向社会实有人口服务管理模式的转变；实现由职能部门管理为主向以完善社区服务管理体系为主的属地管理模式的转变；实现由政府管理为主向政府依法行政、社区依法自治、基层组织广泛参与的社会化服务管理模式的转变。

2011年北京市流动人口服务管理工作以加强流动人口和出租房屋有序管理为主线，以建立有序管理工作责任制、落实“以房管人、以证管人、以业管人”措施、加强服务管理信息化建设应用、推进人口流动区域协作、强化基层基础工作为重点，深化流动人口服务管理创新，提升流动人口服务管理工作水平，为建设中国特色世界城市营造和谐稳定的社会环境。

一是建立流动人口和出租房屋有序管理责任制。逐级签订流动人口和出租房屋有序管理责任书；建立人口严重倒挂街乡镇重点监测机制；建立有序管理督察

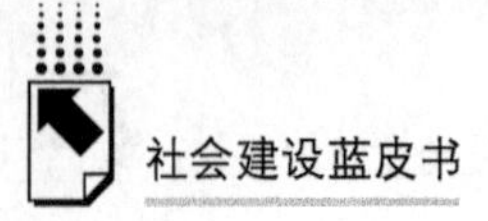

考核工作机制。

二是加强流动人口服务管理信息化建设与应用。加强对流动人口和出租房屋基础数据的统计分析，及时分析掌握本地区流动人口和出租房屋总量、结构变化情况，每月形成流动人口和出租房屋基本情况分析报告，为党委政府研究制定政策和各部门开展流动人口服务管理工作提供数据支持。建立数据信息资源共享应用机制，实现跨部门、跨系统的资源共享，提高流动人口和出租房屋信息综合应用水平。

三是严格落实“以房管人”各项措施。在城市社区，推广流动人口和出租房屋“网格精细化管理”模式。在有条件的产业园区和企业集聚地区及周边，推广职工“集中教育、集中管理、集中服务、集中住宿”的“公寓式集中管理”模式；没有条件建设职工公寓或集体宿舍的，推广实行用工企业与周边村（居）委会签订联管协议，委托村（居）委会组织本地出租房源供企业员工统一租住并纳入村（居）委会管理的“村（居）企联管”模式。在城乡接合部地区，推广由村（居）委会协调，借助市场主体，将一家一户分散出租的房源统一为“集约经营管理”。在流动人口和出租房屋相对集中的社区（村），倡导“同住一个村、共为一个家、爱村如爱家、家和万事兴”的和谐理念，推广由本地居民、出租房主和流动人口共同参与制定村规民约实施自治管理的“契约共治”模式。在流动人口聚居大院、集贸市场等地区，推广“自我管理、自我服务、自我教育”的“互助自管模式”。通过推广出租房屋管理经验模式，实现全市出租房屋规范有序管理。

四是集中整治出租房屋突出问题。依法严格出租房屋管理。围绕出租房屋，特别是群租房屋、地下空间出租中存在的火灾隐患、煤（燃）气中毒隐患、结构安全隐患、治安隐患以及违法生产经营等危害群众利益、扰乱社会秩序的突出问题，开展专项集中整治。

五是流动人口聚居地区管理工作。依托城乡接合部和农村地区中心城镇的“社区化管理”建设，在公共设施建设、居住环境改善、服务管理体制机制调整过程中，同步加强流动人口的服务与管理工作。坚持“滚动排查、滚动整治”，对 2010 年未撤销挂账的市级城乡接合部流动人口重点村继续实施市级挂账整治，确保城乡接合部建设工作顺利开展。

六是组织开展了实施居住证制度立法调研工作，研究发挥居住证制度在人口

管理和城市管理中的功能作用，将居住证制度作为人口管理的基础制度与其他部门行政管理和公共服务政策有效衔接，使居住证成为流动人口劳动就业、务工经商、医疗保险、子女就学、卫生防疫、计划生育、租赁房屋、购车购房等在京工作生活的必备证件。

Analysis on Flowing Population Structure, Distribution and Employment Status in Beijing

Ga Rida　Hong Xiaoliang

Abstract: The article describes the contemporary Beijing flowing population structure, space distribution, employment status, and main work of 2011 Beijing flowing population service and management. The purpose of the article is to instruct that the flowing population have become the main part of the capital resident population and the important power of the capital construction. So from the urban construction planning and public service perspective, we must build the "population in fact" view and "human-being centered" service idea to strengthen the population service management work.

Key Words: Flowing Population; Structure; Distribution; Employment; Service Management

B.4

北京外来农民工就业状况分析

沈自友　白素霞*

摘　要： 随着我国社会经济的发展，农民工日益成为社会建设不可或缺的重要力量。当前，全国进城务工的农民工人数庞大，但由于种种原因，农民工在城镇中的就业状况不尽如人意。随着企业转变经济发展方式，对农民工的需求出现了新的变化。了解当前北京市农民工的就业状况和就业趋势，对于促进农民工的科学就业和合理流动，具有重要的意义。

关键词： 北京　农民工　就业

随着中国城市化进程的加快，大量农村剩余劳动力进城就业，给城市的经济生活带来了活力。国务院研究室课题组《中国农民工调研报告》显示：全国有将近2亿的农民工，其中约六成是新生代农民工，是城市流动人口的主要组成部分。他们中的大多数虽然户籍在农村，但长期在城市就业，在社区生活。北京作为首都和特大城市，外地农民工也不断增加，对城市的经济社会发展做出了重要贡献。全面正确认识北京市农民工就业状况，对农民工的就业进行科学合理引导，保障农民工的各项权利和权益，积极推进农民工与城市居民平等享有城市建设和发展的成果，是构建和谐社会、实现经济社会持续健康发展的长远之计。

农民工是指具有农村户口身份却在城镇务工的劳动者，是中国传统户籍制度下的一种特殊身份标志，是中国工业化进程加快和传统户籍制度严重冲突所产生的客观结果①。农民工也是我国社会主义现代化建设中出现的一个特殊群体，

---

* 沈自友，北京工业大学教师，博士研究生；白素霞，北京工业大学博士研究生。

① 郑功成：《农民工的权益与社会保障》，《中国党政干部论坛》2002年第8期，第22~24页。

总体上可分为两类：一是离土不离乡的农民工，主要是在本乡或本村的乡镇企业或附近的工厂、商店、机关等地方工作，但是住在家里的农民工。二是离土又离乡的农民工，他们在离家较远的工厂、机关、商业及服务部门工作。本文所指的是第二类，即“离土又离乡的农民工”在北京的就业状况。

针对农民工这一群体在北京就业状况、就业特点及趋势走向，笔者所在的课题组在2011年10～12月对北京市人保局、市总工会等相关负责人和多位农民工进行了访谈，收集了相关资料，进而对北京市农民工的就业状况进行分析研究。

一　北京市农民工的现状及特点

近年来，随着北京市经济社会的发展，外来人口规模总量逐年加大。作为外来人口重要构成部分的农民工的数量也不断增多，如图1所示。第六次人口普查显示，2010年，北京市常住人口为1961.2万人，全市常住人口中，外来人口为704.5万人，占常住人口的35.9%，其中农民工有400万人[①]，占外来人口的近60%。据统计，一半以上的农民工分布在加工制造业、建筑业、采掘业及环卫、家政、餐饮等服务业中，来京务工人员已成为首都发展不可缺少的重要力量，其中新生代农民工有250万[②]，占农民工总数的62.5%，并将成为当代中国工人的主体。

北京的农民工主要来自农业大省，多在北京从事二、三产业。由于受自身条件的局限，农民工只能选择北京劳动力市场中需求有缺口、劳动强度大、工作时间长、北京人不愿意干的工作岗位。目前北京市农民工的就业状况呈现以下特点：

---

① 赖臻，新华网，2011年4月21日，http://news.xinhuanet.com/politics/2011-04/21/c_121333401.htm。

② “新生代农民工”，主要是指“80后”、“90后”，这批人目前在外出打工的1.5亿人里占60%，大约1个亿。他们到学龄年龄就上学，上完学以后就进城打工，相对来讲，对农业、农村、土地、农民等不那么熟悉。另一方面，他们渴望进入、融入城市社会，而我们在很多方面还没有完全做好接纳他们的准备。新生代农民工年龄在18岁到25岁，以“三高一低”为特征：受教育程度高，职业期望值高，物质和精神享受要求高，工作耐受力低。

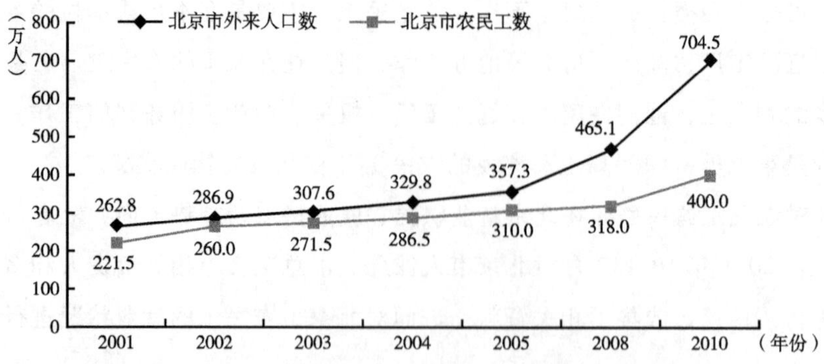

图1　北京市历年外来人口和农民工人数

数据来源：北京市历年外来人口数据来源于历年统计年鉴；北京市农民工 2001～2004 年数据来源于北京统计信息网，http：//www.bjstats.gov.cn/rdht/bxgz/200606/t20060609_ 43926.htm；2005、2008 年数据来源于冯虹、汪昕宇《北京外来农民工供求状况及对策分析》，《中国人力资源开发》2010 年第 7 期，第 77～81 页；2010 年数据来源于新华网，2011 年 4 月 21 日，http：//news.xinhuanet.com/politics/2011－04/21/c_121333401.htm。

（一）农民工主要从事建筑业、餐饮业、批发与零售业以及制造业等行业

农民工在城市的职业分布主要集中在技术含量较低的第二、三产业，例如建筑、装修、商贩、餐饮、保洁等，往往是城市职业中最累、最苦、最脏、收入最低的工作。虽然农民工遍布北京市各个行业，但数量分布很不均匀。赵文敬于2010 年对《北京青年报》报道的农民工从事的行业分析结果表明①，从事建筑行业的占 20.6%，从事运输行业的占 8.7%，从事餐饮行业的占 14.1%，从事卫生行业的占 9.3%，从事其他行业的占 47.3%。从农民工所从事的行业可以看出，他们中的大多数从事着社会经济发展中最基础的工作、最底层的工种，劳动强度大、工作时间长，例如建筑业中的搬运、打地基、房屋搭建，运输业中的煤炭装运、快件运输。这些工种都具有脏、累、险等特点。

① 赵文敬：《农民工形象在大众媒体中的再现》，青年记者网，http：//qnjz.dzwww.com/dcyyj/201104/t20110405_ 6281910.htm。

（二）农民工主要集中在城市功能拓展区和城市发展新区

由于外来农民工在京需要租住房屋，因此就业机会充足且房租相对低廉的区域成了农民工在京就业的首选地区。由以上我们知道北京农民工占外来人口的60%，而外来人口主要集中在城市功能拓展区和城市发展新区，如表1所示。2011年北京统计年鉴显示，北京常住外来人口中近90%分布在城市功能拓展区和城市发展新区，首都功能核心区（东城、西城）共有外来人口54.7万人，占外来人口的7.76%；城市功能拓展区（朝阳、海淀、丰台、石景山）共有常住外来人口379.1万人，占外来人口的53.81%；城市发展新区（大兴、通州、顺义、昌平、房山）共有外来人口240万人，占外来人口的34.07%；生态涵养发展区（门头沟、怀柔、平谷、密云、延庆）共有外来人口30.7万人，占外来人口的4.36%；城市功能拓展区和城市发展新区外来人口总量合计为619.1万人，约占全部外来人口的88%。

表1　2010年北京常住外来人口区域分布

区　　域	常住外来人口人数(万人)	所占比重(%)
首都功能核心区	54.7	7.76
城市功能拓展区	379.1	53.81
城市发展新区	240	34.07
生态涵养发展区	30.7	4.36
北京	704.5	100

数据来源：《2011年北京统计年鉴》。

（三）农民工以青壮年劳动力为主

从年龄构成角度看，北京市农民工的年龄结构特点是以青壮年劳动力为主体。农民工一般是从事体力劳动，因此年龄低、有体力就是他们的一种资本。根据王玲对北京农民工抽样调查①，北京市农民工年龄多数集中在18~30岁，其所占的比例为65%；31~40岁占的比重为22.4%，40岁以上占12.6%。由此也不难看出，新生代农民工已经成为农民工的主体。

① 王玲：《农民工语言认同与语言使用的关系及机制分析》，《北华大学学报（社会科学版）》2010年第3期，第47~52页。

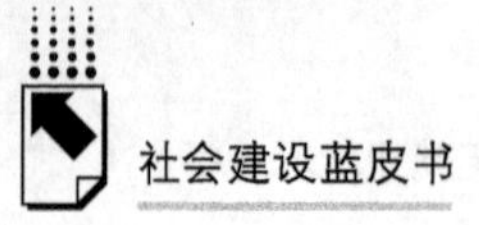

（四）农民工的从业类型多样化，与受教育程度关联较大

北京市农民工所从事的职业与其受教育程度密切相关，受教育程度低的一般主要从事较简单的体力劳动，如购销、回收废品等，如表2所示。受教育程度是小学及以下的，最多的是从事购销工作，占同类人群的近40%；其次是技术含量较低的废旧回收工作。受教育程度为初中的农民工最多的也是从事购销工作，占同类人群的比重为28%，比受教育程度是小学及以下的人群下降了11.7个百分点，并且推销展销人员所占比重大增，占同类人群的6.6%。受教育程度为高中或中专的人群中出现了级别较高的企业负责人，受教育程度为大专和大学本科的出现了技术含量较高的计算机与应用工程技术人员，且比例随教育程度升高而增加。由此可见，农民工受教育程度越高，所从事的工作技术含量越高。

表2　北京市农民工不同受教育程度的职业分布

受教育程度	从业人数最多的前三个职业	占同类人群人数比例(%)
小学及以下	购销人员	39.8
	废旧回收人员	5.6
	装饰装修工	5.2
初中	购销人员	28.1
	装饰装修工	9.9
	推销与展销人员	6.6
高中或中专	购销人员	23.1
	推销与展销人员	12.8
	企业负责人	7.8
大专	推销与展销人员	19.4
	计算机与应用工程技术人员	10.7
	企业负责人	9.7
大学本科	计算机与应用工程技术人员	18.8
	推销与展销人员	15
	企业负责人	10

资料来源：嘎日达：《中国农民工家庭城市融人的困境与对策》，《行政管理改革》2012年第1期，第68~70页。

二　北京市为促进农民工就业所作的努力和取得的成就

（一）农民工的基本权益得到进一步保障

1. 进一步完善社会保险政策，从制度上实现了农民工参加社会保险的全覆盖

为了更好地保护外地农民工的合法权益，北京市 2001 年制定了《北京市农民工养老保险暂行办法》，明确规定“用人单位自招用农民工之日起，就必须为其办理参加养老保险的手续。养老保险费由用人单位和农民工共同缴纳，用人单位为每一位农民工每月缴纳的养老保险费为本市上一年职工月最低工资标准的 19%，农民工本人缴纳的费用是本市上一年职工月工资标准的 7% ~8%。”2004 年印发了《北京市外地农民工参加工伤保险暂行办法》和《北京市外地农民工参加基本医疗保险暂行办法》，要求用人单位必须按照办法要求，为招用的外地农民工办理参加工伤保险和医疗保险手续并缴纳费用，使外地农民工在本市务工期间因事故伤害、患职业病和患大病有关待遇问题得到妥善解决，初步解决了农民工最迫切需要的工伤和医疗保障问题，一定程度上解除了农民工的后顾之忧，调动了农民工的工作积极性，促进了城乡统筹的劳动力市场建设，也有利于实现城乡平等的就业制度。2010 年 4 月 8 日，《人文北京行动计划（2010 ~2012 年）》正式发布，“行动计划”提出，北京将健全失业保险制度和城乡居民最低生活保障制度，落实国家基本养老保险转移办法，完善全市的基本养老保险制度，进一步扩大覆盖范围，将农民工全部纳入基本养老保险制度体系。到 2011 年 6 月底，北京市从制度上实现了农民工参加社会保险的全覆盖。外来农民工参加医疗保险、工伤保险的人数分别达到 191.2 万人和 244.1 万人[①]。自 2012 年起，北京市对农民工医保政策进行了重大调整，农民工医保将与职工医保并轨，实现统一缴费，统一医保待遇，将 150 万稳定就业农民工纳入社保覆盖范围。城镇居民、灵活就业人员以及外地农民工，其生育费用也将纳入医疗保险范围。同

---

① 孙乾、孙雪梅、邓杭：《本市探索优秀农民工落户制度》，2011 年 10 月 12 日《京华时报》。

时，外来农民工失业保险待遇也有望与北京市失业保险政策并轨。

2. 在维护权益方面，逐步建立健全劳动监察、仲裁制度，切实维护农民工合法权益

从2006年起建立了市总工会与市人力社保局、市建委、市公安局四方联合的北京市农民工维权联动机制，专门下发文件明确各自的职责和义务，建立联系会制度，维护了农民工权益，促进了首都社会稳定。多年来，市总工会围绕农民工权益维护问题，开展了丰富的宣传教育活动，帮助农民工掌握涉及自身权益的相关政策、法规，提高依法维权意识和能力。五年来，市总工会法律服务中心共为农民工提供政策及法律咨询20531人次，提供免费案件代理201件。除了帮助农民工提高维权意识，市总工会多年来还积极协助政府有关部门，针对农民工劳动合同签订及履行、工资支付、社会保险参与等情况进行专项检查，有力督促用人单位为农民工签合同、保工资、上保险，在促进劳动关系和谐稳定、维护农民工劳动经济权益方面发挥了积极作用。北京市劳动合同签订率从70%提高到96.1%；通过实施以解决“无拖欠工资问题”为重点的“五无”工程，为25.96万名农民工追发了工资，建筑施工企业工资拖欠问题得到有效遏制①。此外，市总工会还积极采取多种形式的宣传，使农民工认知工会、了解工会，启发农民工依法加入工会的意识、增加入会的内在动力。完善农民工“一次入会、持证接转、全国通用、进出登记”的工会会员会籍管理制度，健全城乡一体的农民工流动会员管理服务工作制度，确保农民工会员流动不流失、失业不失会籍。以农民工较为集中的外地在京施工企业为例，目前建立工会的已达到700家，发展会员达33万人②。

3. 在公共服务方面，率先建成覆盖城乡的民生保障体系

国务院印发了《社区服务体系建设规划（2011～2015年）》，提出到“十二五”期末，基本公共服务项目覆盖到所有社区和社区全体居民，包括流动人口。2012年1月，民政部出台了《关于促进农民工融入城市社区的意见》，首次从国家层面描绘了农民工参与社区生活的“路线图”，为维护农民工合法权益提供了

① 孙乾、孙雪梅、邓杭：《本市探索优秀农民工落户制度》，2011年10月12日《京华时报》。

② 《北京市工会扎实开展农民工权益维护工作》，http：//zhengwu. beijing. gov. cn/gzdt/bmdt/t1154680. htm。

制度依据和保障。这是中央有关部门就农民工融入社区问题下发的第一个专门性政策文件。《人文北京行动计划（2010～2012年）》提出在全国率先建成覆盖城乡的民生保障体系。健全覆盖城乡、功能完善的社会公共服务体系，不断扩大公共服务供给能力；集中力量推进基本公共服务设施体系建设，促进基本公共服务在城乡和区域之间的一体化发展；就业、住房、医疗、教育、交通等领域公共服务设施不断完善，公共服务水平不断提高；调整优化公共服务供给结构和布局，优先发展基本公共服务，城乡公共服务均等化程度显著提高。目前，北京市在41个街道乡镇社区服务中心开展了有针对性的公共服务项目，搭建了综合服务平台，最大限度满足来京务工人员对公共服务的需求；目前，已投入164.4亿元帮助42.9万名来京务工人员子女实现在京就读，有效解决了来京务工人员子女的义务教育问题。①

随着一系列针对农民工的政策措施的出台和实施，北京农民工的基本权益进一步得到保障，增强了农民工对北京的认同感、归属感和责任感，提升了文明素质，共建“人文北京”，共享北京发展成果。

（二）农民工技能培训得到进一步加强

随着经济发展水平的提高和产业结构的升级换代，缺乏劳动技能的农村劳动力实现就业转移的难度越来越大，亟须加强农民工劳动技能培训。加强对农民工队伍的培训，发挥广大农民工的积极性、创造性，鼓励更多的农民工钻研技能、自主成才，是打造具有高素质、高技能和较高管理水平的新时期农民工的重大历史使命，也是提高就业素质、实现稳定就业的重要保障。

对农民工的培训工作，从中央到地方出台了一系列制度文件，包括《国务院办公厅转发农业部等部门2003～2010年全国农民工培训规划的通知》（国办发〔2003〕79号）、《国务院关于解决农民工问题的若干意见》（国发〔2006〕5号）、《国务院办公厅关于进一步做好农民工培训工作的指导意见》（国办发〔2010〕11号）、《北京市关于实施外来农民工职业技能特别培训计划的通知》、《北京市人民政府关于进一步加强职业培训工作的意见》、《关于加强外来农民工

① 孙乾、孙雪梅、邓杭：《本市探索优秀农民工落户制度》，2011年10月12日《京华时报》。

职业技能培训工作有关问题的补充通知》、《北京市人民政府关于实施稳定就业扩大就业六项措施的通知》等一系列文件制度的出台，为农民工技能培训提供了强有力的保障。近年来，北京作为首都，吸引了全国各地农民前来务工。为此，北京市要求各区县局、总（集团）公司及各用人单位将提高农民工就业素质问题纳入本地区、本部门、本单位的发展规划，制定培训工作目标，明确职责和任务，定期进行督促检查，确保农民工技能培训工作落到实处。各用人单位应当组织外来农民工到定点培训机构参加培训，提高他们的就业素质，保障他们的合法权益，并为农民工参加技能培训提供时间、培训资金等方面的支持，为农民工参加培训出具所需的各项申请材料。

1. 加大投入投资力度，积极实施农民工培训工程

2006 年，北京市劳动保障局、市财政局制定了《关于加强外来农民工职业技能培训工作有关问题的通知》（京劳社培发 2006117 号），利用中央财政补助资金建立了“培训、就业、维权”为一体的技能培训补贴制度。自 2006 年 8 月起，在全市广泛开展了外来农民工技能提升培训工作，并取得了一定成效。2007 年，为进一步加强外来农民工职业素质和就业能力的培训工作，适应首都经济持续、稳定、健康发展的需要，北京市又出台了《关于加强外来农民工职业技能培训工作有关问题的补充通知》（京劳社培发 200756 号），规定：被招用后稳定就业超过 6 个月的外来农民工个人，经用人单位同意，可以持单位推荐信和劳动合同，到定点培训机构报名参加技能培训。用人单位组织或农民工个人到定点培训机构参加《中华人民共和国职业分类大典》中尚未规定职业标准的职业（工种）培训，培训时间超过 120 学时、取得“北京市职业技能培训结业证书”的，可以享受每人 400 元的一次性职业培训补贴。针对农民工从业集中的建筑行业，2011 年至 2013 年，市总工会、市住建委、市人保局将合力推进建筑业农民工素质培训工作，培训将瞄准农民工的需求，推出“1 + X”模式。市总工会针对不同行业、工种推出特色培训，提出了“1 + X”模式，即：“1”代表各行业、各工种农民工都应参与培训的公共课程，“X”指针对不同行业、不同工种的农民工开展的专业技能培训①。近五年来，北京市积极开展来京农民工就业帮扶，投

① 郭北溟：《建筑农民工培训将瞄准技能需求针对不同行业、工种推出特色培训》，2011 年 7 月 28 日《劳动午报》。

入1.46亿元支持外来农民工进行职业技能培训，推荐成功就业17万人次。

2. 依托“首都职工素质教育工程”，开展农民工专业技能培训

为帮助农民工全面提高科学文化素质，市总工会以首都职工素质教育平台为依托，启动了“农民工援助行动”专项培训项目。在全市精选数十家培训机构，共同开展农民工培训工作，将基础培训与技能培训、创业培训相结合，内容涉及对农民工的就业指导、权益维护、生产安全常识等多个领域。各培训机构通过教学大纲、配套教材、教学过程、严格考核、质量督导等环节完成不低于20学时的培训工作。此外，专项培训实行实名制管理，依托首都素质教育工程教学管理软件，为农民工建立实名制培训档案，不仅为农民工的继续教育奠定了信息基础，而且有效保证了培训资金使用的安全性和有效性。仅2009年，就完成81150名农民工的培训工作，其中技能培训75050人、创业培训1020人、基础培训5080人；2010年，先后组织相关培训班12期，有871人参加培训，开展免费就业指导12期，定向招聘会12场，达成就业意向800余人次①。北京市各级工会组织还高度重视农民工的安全生产工作，积极组织农民工参加“安康杯”竞赛活动，获得全国先进和北京市先进荣誉的各有4家单位；组织65万名农民工参加安全生产培训，并通过答卷，获得结业证书。

3. 建设农民工技能学习基地，打造农民工素质教育提升平台

自2010年建设以来，北京市已经有82个农民工技能学习基地通过验收。为保障这些基地真正成为农民工素质提升的平台，首都职工素质建设工程推出了农民工辅导员培训活动。截至2011年底，来自农民工技能学习基地的110余名教学管理员、农民工辅导教员分别接受了主题为“来京建设者与首都文明同行”、“职业安全与健康”、“感悟生命珍爱生活”的培训。根据北京市规划，每年将新建100个农民工技能学习基地，并将以资助学费的方式推行“首都青年农民工大学生助推计划”。按照计划，首批招收学员为100名，2012年2月入学，专业方向为建筑工程管理，经过为期两年半的业余学习，成绩合格者可获得北京市总工会职工大学颁发的毕业证书。同时，针对农民工的需求，还将开发专项教材，以此提高农民工的职业技能，增强其就业能力。

---

① 《北京市工会扎实开展农民工权益维护工作》，http://zhengwu.beijing.gov.cn/gzdt/bmdt/t1154680.htm。

4. 加强与政府有关部门及相关社会组织的联合，深入实施“家政服务工程”

针对北京市外来务工人员中的女农民工，市总工会与市商委、市财政局等单位通力合作，在全市实施“家政服务工程”，与相关企业密切协作，按照“统一教学大纲、统一培训考核、统一证书发放、统一学员管理、统一项目标识”等“五统一”的标准做好培训及管理工作，2009 年共培训家政服务人员近 10000 名，学员毕业后均走上了工作岗位；2010 年共完成 1.2 万名家政服务员培训的审验和培训资金的核拨工作。同时积极发挥市家庭服务业促进就业联席会议成员单位作用，指导家政企业开展建会、技能比赛、劳务对接、劳模事迹宣传、工资协商等工作，促进家政行业的规范化。①

北京市通过建立政府、用人单位和个人共同承担，以及社会力量捐助的多元化培训投入机制，取得显著工作实效，有力促进了北京市经济社会的发展。

（三）农民工就业途径得到进一步拓宽

为了促进外来农民工有序流动，发挥职业介绍机构在促进农村劳动力转移就业中的作用，2006 年，北京市制定了《北京市外来农民工职业介绍补贴管理暂行办法》，指出，“外来农民工职业介绍补贴标准按每推荐 1 名外来农民工给予 100 元标准补贴。”五年来，北京在促进农民工就业方面做出了积极努力，有效拓宽了农民工的就业途径。

1. 与外省合作建立劳务输出基地

随着经济社会的发展，沿海产业向中西部地区转移和推进，中国经济的纵深活力凸显，劳动力也不再是单向流动，二三线城市也能给农民工提供相应的工作机会，并且收入可观，生活成本低，“逆流动”的队伍正在壮大。近几年来沿海地区频频上演“用工荒”，一定程度上也是中西部地区与东南沿海“民工争夺战”的结果。② 北京虽然没有出现整体“用工荒”问题，但个别行

---

① 《北京市工会扎实开展农民工权益维护工作》，http://zhengwu.beijing.gov.cn/gzdt/bmdt/t1154680.htm。

② “用工荒”，百度百科，http://baike.baidu.com/view/3278489.htm。

业出现了“用工难”现象，如一线制造业、家政业、餐饮业等①，为了应对这个问题，北京市正与河北等一些传统的劳动输出大省直接进行劳务合作，建立省际劳务协作机制，建成后，将使本市就业工作更为有序。随着机制的完善，北京市还将通过互联网，把北京招聘信息发布到外省市，让外来务工人员在家门口就可以了解到北京的用工信息，使两地实现信息共享。这样，就可以让外来务工人员在本地就可以和北京市用工单位达成一致，甚至网上面试。当这些务工者来京后，就可以直接上岗了。这样也能够减少农民工求职时间和求职成本，也能使其就业稳定性增强。

2011 年，北京市将与相关省份合作，建设 100 个劳务输出基地，并实现劳务输出基地建设常态化。在加强保障重点发展产业劳务供给的同时，还要推动 17 个低端产业从业人员向外转移。一方面要求进京务工人员提高就业能力和职业素质，另一方面也要求用人单位增强岗位的吸引力②。

2. 大力开展职业介绍工作，帮助农民工实现就业

市总工会充分发挥职业介绍服务机构作用，针对农民工的技能特点和就业帮扶需求，每年召开多次专场招聘会，千方百计为农民工创造就业机会；深入区县、社区、企业开展就业援助“送岗位”系列活动，通过“订单式”培训就业一条龙服务，有针对性地帮助农民工实现就业。

（1）“春风行动”成效显著。“春风行动”是由国家人力资源和社会保障部发起、专门为进城农民工提供就业服务的活动。活动主要集中在农民工返京高峰期进行，一般在每年的 2 月份。2010 年“春风行动”期间，市各级区县公共就业服务机构及妇联在各火车站以及六里桥、丽泽桥、赵公口、永定门等 4 个长途汽车站现场办公，对外来务工人员进行就业帮扶。组织已采集岗位信息近 7 万个，信息最主要集中在简单体力工人、餐厅饭店服务人员、技术工人、治安保卫人员、保洁人员等岗位上，其中需求简单体力工人 12000 余名，餐厅饭店服务人员 11000 余名，技术工人 10000 余名，占全部岗位需求的 50%。2011 年，“春风行动”期间，共采集岗位信息约 5.6 万

① 《北京将与劳动力输出大省共建劳务输出基地》，http：//www.cqcb.com/cbnews/instant/2011－02－23/1088507.html。

② 代丽丽：《北京建百个劳务输出基地低端产业人工将外移》，2011 年 2 月 17 日《北京晚报》。

个。其中，具有一定技能和工作经验要求的岗位约为 1.9 万个，约占总岗位数的35%；与民生有关并对技能要求不高的岗位约为 3.7 万个，约占总岗位数的65%左右，主要集中在家政服务员、医疗陪护员、养老助残员及治安保安人员等岗位[①]。

（2）12351 热线把工作送到家。12351 热线的职介服务是市总工会创建服务型工会重要举措之一，打一个电话就能免费找到可靠的工作是其职介服务项目的一大特色。12351 职工服务信息平台把农民工就业帮扶作为重点服务内容，通过信息存档、随时推荐等方式帮助农民寻找工作。同时，12351 职工服务信息平台职介服务项目提供的是双向免费服务，不仅求职者可以拨打电话免费登记寻找工作，用人单位在提供有效证件后，也可在此免费登记招聘人员。据统计[②]，从 2009 年 8 月至今，12351 职工服务热线共接职工来电 13.5 万余个，办结率、满意率均为 100%；12351 职工服务网访问量已达 233 万多人次，12351 关键字点击率在谷歌、百度等搜索引擎排名第一，12351 短信平台自启用以来月均发送量超过 10 万条。

（3）“互助服务卡”让农民工感受家的温暖。2009 年，北京市总工会在全市职工中正式推出“京卡·互助”服务卡，在京务工的农民工也在此次互助服务卡的发放范围之内，并享受同等优惠待遇。凭着这张实名制会员服务卡，工会会员除了可以享受免费非工伤意外及家财损失保险外，还可享受法律咨询、法律援助、职业介绍、婚姻家庭、家政服务、应急救助、职业培训、文体健身、公园游览、图书电影、体检就医、优惠购物等多项免费或优惠服务，为农民工在京稳定就业提供了充足的保障。截至目前，依托“京卡·互助”服务卡开发的免费服务项目有 7 项，优惠服务项目涉及 12 类，涉及 46 家、共 300 余个服务单位。为会员办理“京卡·互助”服务卡近 180 万张[③]。

北京市政府已经努力来管理、改善农民工的生活，这是和“以人为本”的执政理念分不开的。可是，仍然有很多问题亟待解决，这依赖于包括政府

① 《北京2011 年“春风行动”提供岗位 5.6 万个》，http：//news. enorth. com. cn/system/2011/02/22/005874359. shtml。

② 兰洁：《“互助服务卡”服务 19 万工会会员》，2011 年 12 月 22 日《北京晚报》。

③ 代丽丽：《北京建百个劳务输出基地低端产业人工将外移》，2011 年 2 月 17 日《北京晚报》。

在内的社会各界积极参与，积极帮助，让农民工能够更好地适应这个社会，更好地生活。

三　进京农民工就业存在的问题

农民工进城就业，在促进城市繁荣的同时，也给公共卫生、交通、资源、医疗及治安等方面带来压力。虽然，北京市政府在促进农民工就业及权益保障等方面做出了很大的努力，但农民工就业形势依然严峻，农民工的就业环境需要进一步改善，工资待遇和权益维护与其实现稳定就业的需求之间存在较大差距，城市经济发展和产业结构升级对人才的迫切需求与农民工技能素质偏低的矛盾越来越突出。

（一）农民工的就业环境需进一步改善

改善农民工就业环境是我们党执政为民、以人为本思想的充分体现，是农民增收最直接最有效的途径。近年来，农民工的就业环境和生存状况有所改善，但仍存在一些亟待解决的问题①。

1. 就业信息渠道不畅，市场中介行为不够规范

据调查，大部分农民工的就业信息来源途径是非正式的，很多是靠朋友、老乡或亲戚介绍，虽然市总工会开展的“春风行动”在一定程度上解决了信息不对称、就业渠道窄等农民工就业的问题，但是受时间所限，且提供的岗位类型、服务模式又往往不一定能适应农民工的需要，加上一些非法职业中介机构和一些职业中介人以虚假信息骗取农民工钱财，严重损害农民工的合法权益。广州东莞就出现了农民工因被黑中介骗了300元职业介绍费而持刀杀人事件。

2. 城市生活成本增加，难享城市发展成果

近几年，随着城市化的发展，农民工早已成为发展不可或缺的重要力量，他们在城市生活，却不被城市所接纳，也不能享受和城镇居民的同等待遇，工资收

---

① 田慧平、白剑宏：《论农民工就业环境改善问题》，《法制与社会》2009年第2期，第276～277页。

入虽然有所上升，但农民工在城镇的生活成本也在迅速增加，农民工务工收入在扣除住房、子女教育、生活消费等方面支出后所剩不多。如享受不到与城镇居民同等的公共资源和服务，大量额外支出一定程度上会影响农民工流动就业的积极性。

（二）农民工的工资待遇和权益维护与其实现稳定就业的需求之间存在较大差距

随着政府对农民工工资、维权等方面的进一步重视，农民工的工资、福利待遇和劳动权益问题正在得到改观。但必须看到，当前农民工劳动权益得不到保障的问题依然严峻，表现最为突出的问题包括：克扣和拖欠工资，强制加班加点和超时工作，劳动和卫生条件恶劣，不按规定与农民工签订劳动合同等。究其原因，一是农民工法律知识的欠缺，对于《劳动法》、《劳动合同法》、《工会法》以及许多保障农民工合法权益的规章和制度不了解，社会上也没有形成企业和农民工知法、守法、用法的良好氛围。二是劳动监察工作依然较为薄弱，面对庞大的农民工群体，执法部门在人员队伍、执法经费、设施投入等方面不能满足工作需要，也没有形成一套完善的保护劳动者合法权益的工作运行机制。三是农民工为维护自己的合法权益需要花费很大的成本，得不偿失或难得解决的情况时有发生。虽然社会上出现了为农民工讨工资律师免费服务团，市总工会提供的12351热线讨薪服务，相对于有着多样化利益诉求的庞大农民工群体，解决问题的能力仍然有限。当农民工的利益诉求得不到满足，出现一系列因讨薪引发的恶性事件，不仅对农民工就业产生了负面的影响，对于社会稳定也具有极大危害，解决这些问题，仍需付出巨大努力。

（三）城市经济发展、产业结构升级对技能人才的迫切需求与农民工技能素质偏低的矛盾愈益突出

加入WTO后我国经济全球化步伐加快，国际制造业加速向我国转移，产业结构正在经历一个不断升级和梯度转移过程，对技能人才特别是高技能人才的需求剧增。在联合国工业发展组织的排名里，中国的劳动技能仅排在第59位，和制造业大国的地位很不相称，原因是我们缺乏一个高端产业工人的供应结构。一个正常的产业发展的人力资本的结构，应该是一个纺锤形，也就是说高级技工占

35%，中级的占50%，低级的占15%[①]。但我们最大最底层的部分是非技术人才，在技术人才中，45%是中级的，低级的也是40%左右，剩下的才是很少一部分高级技工。这意味着农民工在经过观念和身份的升级之后，立即将进入产业技能的升级，这种升级本身将成为最终逼迫中国产业升级的力量，没有任何力量可以抗拒这种变化[②]。调查显示，北京农民工中多数缺乏专业技术和职业技能，半数以上农民工没有参加过职业技术培训。农民工之所以没有参加职业技能培训，观念意识差、经济困难、培训费用过高是主要原因。作为我国产业大军重要组成部分的农民工，文化素质和技能水平普遍较低，如何做好农民工技能培训以满足产业发展的需要，是一个巨大的挑战。

四　进一步促进来京农民工就业的任务

北京是全国政治、经济、文化中心。这一无与伦比的特性，使北京更具独特魅力，吸引了大量人员从五湖四海拥进北京，以寻求更大的发展空间[③]。由此，北京不得不面对外来移民大量涌入、人口大量增加、环境恶化、交通拥堵、住房紧张等问题，因此，解决好农民工问题对于北京建设世界城市、北京经济社会健康发展具有重要的战略意义。

（一）加强劳动技能培训，提高农民工素质

目前，北京市新生代农民工大约有250万人，他们不再只追求工资待遇，而具有经济权益与精神权益双重诉求，自我维权意识较强；就业、劳动关系、生活状况以及身份认同成为这一群体最为关切的问题。新生代农民工是未来产业工人的主力军，是未来产业发展的巨大人力资源，政府要有效加强对农民工，特别是对新生代农民工的职业教育和技能培训，帮助他们成为技术性和技能型人才。只有提高农民工的素质，使其自身的素质真正成为企业所需要的，对于农民工个人的就业才有帮助，同时要在廉租房政策、保障性住房

---

① 《“用工荒”蔓延国内各大城市，吹响产业转型升级号角》，2011年2月25日《证券日报》。

② 马光远：《东西部农民工争夺战具里程碑意义》，http://jingji.cntv.cn/20110212/103869.shtml。

③ 《北京提前10年突破2020年人口控制规模》，新华网，2011年5月5日。

政策、随迁子女入学、户籍制度改革方面倾斜于有技能的产业工人，帮助他们稳定就业，尽快融入城市，引导他们树立正确的世界观、人生观和价值观，克服自卑心理，培养“城市主人翁”意识和“新市民”理念。为了切实提高农民工的素质，政府应重点做好以下工作：（1）加强劳动技能培训，结合“首都职工素质建设工程”，通过素质工程培训站点、农民工技能学习基地开展以提高技能、增强就业能力为主要内容的专项培训，要通过组织和引导农民工自觉接受就业和创业培训，接受职业技术教育，提高他们的科学技术文化水平，提高就业、创业能力。同时，采取免费培训、赠送教材、提供培训补贴等满足农民工对技能的培训需求。（2）在农民工中开展普法宣传教育，对于新生代农民工，他们具有较强的维权意识，正确引导他们增强法制观念，知法守法，一旦与用人单位发生争议，要学会利用法律、通过合法、理性的手段维护自身的权益。（3）引导农民工全面提高自身素质①。农民工的政治思想、科学文化和生产技能水平，直接关系到产业素质、竞争力和现代化水平，必须把全面提高农民工素质放在重要地位。一方面要开展职业道德和社会公德教育，引导他们爱岗敬业、诚实守信，遵守职业行为准则和社会公共道德。另一方面要开展精神文明创建活动，引导农民工遵守交通规则、爱护公共环境、讲究文明礼貌，培养科学文明健康的生活方式。（4）加强职业规划和职业心理教育。以职业与职业道德、心理健康教育、职业生涯规划为主线，对新生代农民工进行职业道德、心理健康、择业心理准备、择业技巧、职业生涯规划等相关知识培训，减少择业的盲目性，提高就业的稳定性。（5）积极推进学历教育试点。为提升农民工的学历和岗位技能水平，北京市首推“首都青年农民工大学生助推计划”，通过减免学费等方式，提升新生代农民工进行大学学历教育。首批招生100人，面向全市建筑业、服务业等行业的优秀农民工。

（二）逐步消除制度障碍，促进农民工城市融入

2011年10月11日，北京市委书记刘淇在全市“优秀来京务工人员代表座谈会”上强调，新的发展阶段，要把来京务工人员作为北京的新市民，在政治

---

① 《辽宁：关于加强新生代农民工职业技能教育的建议》，中国共青团网，http：//zhuanti. gqt. org. cn，2011年2月9日。

上尊重、生活上关心、工作上支持，努力为广大来京务工群众创造良好的工作生活环境[①]。北京市市长郭金龙也明确表示，首都将积极探索建立优秀农民工在京落户制度，并为符合条件的外地户籍优秀农民工办理在京落户手续。根据规定，在京工作的外地农民工，获得市级表彰，并具有高级技工、高级技师职业资格或评为全国劳模三类条件之一者，根据本人意愿有望在京落户。

在当前首都积极推动保障农民工就业、社保、住房、子女就学等一系列权益的同时，探索建立外来务工人员落户制度，有助于推动首都公共资源的均衡、平等配置；相关落户标准制定是落户制度的关键所在。据报道[②]，到 2009 年底，已有 16 名优秀的农民工获得北京市户口。虽然落户人数少，且条件比较苛刻，但毕竟是一个历史性突破。北京市总工会日前下发《加强和改进劳模工作意见》，要求保障农民工劳模在劳动报酬、子女就学、公共卫生、租购住房及社会保障等方面的合法权益。农民工全国劳模本人及其配偶、子女，可在符合政策的情况下落户。

一系列政策的出台给符合条件的农民工落户带来了希望，既是积极信号，也是时代趋势。允许获得高级职业资格的优秀农民工落户北京，其社会导向意义非常明显。表明户籍的坚冰正在逐步打破。同时，我们也看到，关于农民工落户的探索刚刚开始，北京市要继续完善落户的相关政策，同时，要增加对农民工岗位技能培训投入，引导和鼓励更多的农民工参加培训，不断提升岗位技能水平。对农民工参加职业技能鉴定的大门也应开得大一些，让农民工能够与城镇职工一样，凭借学习钻研获得相应的职业资格，农民工在参加职业资格鉴定上不再有身份障碍，获得高级职业资格的数量与城镇职工相等相近，那么，就有多一些农民工可以获得落户北京的资格。让更多农民工落户首都，成为北京市市民才有可能[③]。农民工市民化的实质是政府要为进城农民提供公共服务。这其中的关键就在于如何使农民工平等地获得政府提供的公共服务。当前，要加快教育、医疗、住房、社会保障体系的改革，改善城市农民工子女的就学条件，降低入学门槛，构建适合农民工特点的医疗、住房及社会保障制度。

---

① 《刘淇、郭金龙出席优秀来京务工人员代表座谈会》，http：//www. gov. cn/gzdt/2011 - 10/12/content_1966794. htm。

② 《农民工落户北京是个突破》，http：//news. qq. com/a/20091222/002043. htm。

③ 张永琪：《农民工落户北京是个突破》，http：//news. qq. com/a/20091222/002043. htm。

（三）加大对农民工自主创业的扶持

在市场经济条件下，就业具有两种基本形式，即雇佣就业和创业就业。创业就业对于雇佣就业来说，有倍增效应。一个人实现成功创业，不仅解决了自身的就业问题，而且还可以创造出数倍于自身的就业机会①。对于新生代农民工，几乎从小就未做过农活，回家务农不切实际，从就业技能和心理预期他们普遍将自己定位于城市。从这个意义上看，新生代农民工应当比老一代农民工有更优越的生活状况和更强烈的权益诉求，他们期望自己的归宿是产业工人，是市民，而不是农民。由于受自身受教育程度的限制，他们不能找到体面的工作，更希望通过创业改变自己的命运。2011 年春节过后农民工返京高峰期间，国际在线（CRI）网站记者在北京西客站采访时，22 岁的河南小伙子曾祥果表示，他在北京一家餐厅打工，此前还去过广东和内蒙古等地，他的梦想是在北京开一家餐馆，像曾祥果这样怀揣创业梦想的新生代农民工不在少数。为此，政府要积极鼓励农民工返乡就地创业，加大对新生代农民工创业的扶持，帮助一批具有创业潜能的农民工实现“创业梦”，这不仅可以解决农民工二代的就业问题，还可以带动就业。政府可以从以下四方面实现对农民工创业的扶持：一是建立健全相关规章制度，为农民工创业提供政策支持和贷款的扶持；二是在创业培训方面对农民工实行有效创业培训，将农民工培训资金列入政府预算；三是放宽创业市场准入，凡是国家法律法规没有明令禁止和限制的行业和领域都不能设置限制条件；四是在降低创业成本方面，对于农民工的新创企业可以规定在一定期限内实行免税政策或者优惠税率。

Analysis on the Employment of Migrant Workers in Beijing

Shen Ziyou　Bai Suxia

Abstract: The migrant workers have played an indispensable role in the social

① 段应璧：《关于农村管理体制改革的思考》，《农业经济问题》2006 年第 1 期，第 5 页。

development as the economy booms in China. The number of migrant workers moving into cities all over China is large. However, their employment is not satisfactory due to many reasons. The enterprises' need for migrant works undergoes new changes as they transform the way of development. An understanding of the current situation and the future trend of migrant workers' employment will be crucial to the promotion of migrant workers' employment scientifically and reasonable transferring.

Key Words: Beijing; Migrant workers; Employment

B.5 北京市非公有制企业劳动关系分析*

吴 杰** 等

摘 要： 改革开放以来，北京市非公有制经济到得了长足发展。目前，北京非公有制企业劳动关系基本状况趋于良好，权益保障有所改善，总体表现趋于和谐，但因薪酬、职业发展等引发的劳动关系问题也日益增加。

关键词： 非公有制企业 劳动关系 社会管理

一 北京市非公有制企业劳动关系和谐构建的意义

改革开放以来，在市委、市政府正确领导下，北京市全面贯彻党中央、国务院关于大力发展非公有制经济的决策部署，非公有制经济从无到有、从小到大，有力地促进了首都经济又好又快发展，特别是在增加财政收入、扩大社会就业、改善人民生活以及实现增长方式转变、促进经济结构调整、增强区域经济综合实力等方面，起到了重要的推动作用。

北京市深入贯彻落实科学发展观，坚持“两个毫不动摇”方针，积极引导非公有制经济健康发展，积极引导非公有制经济人士健康成长（以下简称“两个健康”），紧抓机遇，顺势而为，使北京非公有制经济为有效服务和促进以“人文北京、科技北京、绿色北京”（以下简称“三个北京”）建设为目标的首都经济社会全面发展起到了积极作用。大批非公有制企业积极参与了筹办北京奥运会和国庆60周年庆典等重大活动，在促进首都经济发展的同时，也促进了自身

* 该报告为“北京市非公有制企业劳动关系现状分析及和谐构建课题组”研究成果，课题组成员：柴彬、陈勇、贺淑晶、蒋泽中、李丁、李慧、李民、王文杰、王新春、吴杰、杨通林、张卫江、朱效荣（按拼音排序）。

** 吴杰，北京市委统战部副部长，北京市工商联党组书记、第一副主席。

的发展。以2010为例，全市私营企业达49.65万户，比2005年底的26万户增长了90.96%；注册资本7603.05亿元，比2005年底的3238.5亿元增长134.77%；入库税收实现321.27亿元，比2005年翻了一番。2011年非公有制经济呈现稳健强劲发展势头，1~5月，全市非公有制经济总资产达51978.4亿元，比上年同期增长18.3%；营业收入12450.5亿元，比上年同期增长15.1%；上缴税金515.1亿元，比上年同期增长14.7%；从业人员278.4万，比上年同期增长7.9%。

非公有制企业作为首都经济社会发展的重要助推力量，在扩大社会就业、保障和改善民生、维护社会安定团结等方面做出了突出贡献。

就业是经济发展和社会和谐稳定的晴雨表，北京非公有制企业一直是解决社会就业的主要渠道之一，全市已连续十年就业总量持续增加。据统计，截至2010年底，全市私营企业从业人员316.2万人，同比增长12.5%，比上年新增就业35.1万人，占全市新增就业人口的78.7%。特别是在金融危机来袭、自身发展受到严重冲击的情况下，非公有制企业积极响应市委、市政府“保增长、保民生、保稳定”的号召，用实际行动践行了“不减薪、不减员”的承诺，为首都的和谐稳定作出了重要贡献。

非公有制企业，作为经济的细胞和社会的单元，在加强和创新社会管理方面进行了积极探索，一大批非公有制企业在不断完善内部治理结构，注重提高科学管理水平的同时，培育健康向上的企业文化，努力构建和谐劳动关系，通过为职工提供学习培训平台、维护员工合法权益等途径，注重关爱和尊重企业员工，为建设和谐社会首善之区作出了积极努力。

二　北京市非公有制企业劳动关系状况及分析

对北京市非公有制企业劳动关系的基本现状的描述，是在对北京相关行业中的部分企业进行问卷调查，与企业出资方、管理层和一线工人进行深度访谈，对市、区相关管理部门进行走访和座谈的基础之上进行的分析与判断。

（一）劳动关系基本现状

目前，北京非公有制企业劳动关系的基本状况良好，权益保障有所改善，总体表现趋于和谐。同时，由于劳动争议纠纷增加、企业人工成本增加，企业出资人（以下简称“资方”）和员工抱怨增加，也反映出劳动关系中的矛盾和问题比较突出、不容小视。

1. 就业环境总体趋于良好

——劳动合同签约率有所提高。据2010年统计数据显示，北京地方企业劳动合同签订率比新《劳动合同法》颁布之前提高了两个百分点，达到了96.86%。随着劳动合同签约率的提高，短期合同签约率幅度较小。截止到2010年11月，北京市签订一年期以下劳动合同的人数比新《劳动合同法》颁布之前降低了22个百分点。这个数据说明，各行业职工就业的稳定性有所增强，有利于提高职工的就业质量，对非公有制企业建立稳定劳动关系起到了促进作用。

调研数据显示，目前非公有制企业绝大部分能够做到与员工明确劳动合同契约关系，注意应用劳动管理部门提供的规范合同文本；劳动合同的签订率高达98.1%。而在没有签署劳动合同的1.9%的员工中，70%是“本人不愿意签”，其原因（见表1、表2）。

表1　企业在劳动合同签订的情况

类别		频数	有效百分比(%)
有效	未签订	7	1.9
	已签订	357	98.1
	共　计	364	100.0
丢失	未回答	67	
	共　计	431	

表2　未签劳动合同的主要情况

类别		频数	有效百分比(%)
有效	企业不签	2	20.0
	本人不愿意签	7	70.0
	其他原因	1	10.0
	共计	10	100.0
丢失	未回答	421	
	共　计	431	

——劳动环境条件改善明显。工作环境直接影响员工的工作状态，与管理水平和激励员工的方式直接相关，同时直接影响组织绩效的成长。调查问卷显示，北京市非公企业为员工工作场所提供的各类劳动保护设施设备及相应保护措施比较齐全（见表3），员工对工作环境的满意度较高。

表3　工作场所保护设施

类型＼比例	反馈		有效百分比(%)
	频数	百分比(%)	
防尘防毒设施	122	10.5	28.8
通风设施	335	28.8	79.2
调温、湿度设施	294	25.3	69.5
消防设施	332	28.5	78.5
防辐射设施	62	5.3	14.7
不清楚	19	1.6	4.5
共　计	1164	100.0	275.2

2. 员工对合法权益保障评价较高

新《劳动合同法》明确做出了职工如果在工作单位连续工作满十年，或者连续订立两次固定期限劳动合同，合同到期企业必须续签，或直接签订无限期合同等规定，有力地促进了北京市非公有制企业职工权益的进一步保障。调查数据显示，92.6%的被调查者认为合同中规定的权益实际得到了有效维护。同时，合法权益保障工作仍有改进空间（见表4）。

表4　合同规定的合法权益的维护情况

类别		频数	有效百分比(%)
有效	是	390	92.6
	否	31	7.4
	共　计	421	100.0
丢失	未回答	10	
	共　计	431	

合法权益得到基本保障的结论可由以下数据支撑。即接受调查的员工有90%以上都上了养老、工伤、医疗三险，另有87.5%的员工上了失业保险（见表5）。

表5　企业为员工购买保险情况

类别＼比例	反馈		有效百分比(%)
	频数	百分比(%)	
养　老	398	23.5	97.5
工　伤	385	22.7	94.4
医　疗	399	23.6	97.8
失　业	357	21.1	87.5
其　他	154	9.1	37.7
共　计	1693	100.0	415.0

薪酬始终是劳动关系中最敏感、最核心的部分，也是最容易引起争议的内容。调查结果反映员工对目前薪酬水平调整的期望明显。本次问卷调查数据反映，非公有制企业员工的实际工资水平与期望值或行业总体工资水平之间依然存在一定差距（见表6）。

表6　目前的薪酬状况

类别		频数	百分比(%)	有效百分比(%)
有效	在同行业同类岗平均水平以上	39	9.1	9.1
	与自己目前承担工作内容匹配	148	34.3	34.5
	希望近期能有进一步上调	197	45.7	45.9
	处于同行业平均水平线以下	45	10.4	10.5
	共　计	429	99.5	100.0
丢失	未回答	2	0.5	
	共　计	431	100.0	

同时，在员工薪酬福利与企业效益关系方面，积极评价与消极评价几乎对等。50.1%的员工认为其工资和企业效益同步变动，但仍有29.2%的人表示变动并不明显，19%的人认为基本无关，更有一些人认为只有企业效益不好时的负向变化明显。一般来说，企业薪酬福利不高常常是中低层员工离职的主要原因（见表7）。

调查数据还显示，非公有制企业劳动合同的签订方式中仍有15.3%的劳动者在未经协商的情况下签订了劳动合同，从一个侧面反映了目前企业劳动关系方面存在的欠缺平等沟通、对劳动者尊重不够的现象，由此可能导致劳动者权益受损（见表8）。

表 7　工资福利与企业效益的关系

类别		频数	百分比(%)	有效百分比(%)
有效	同步变动,能从工资福利中体会到企业效益变动	211	49.0	50.1
	基本无关	80	18.6	19.0
	有关联,但变动幅度并不明显	123	28.5	29.2
	企业效益降低时变化明显	7	1.6	1.7
	共　计	421	97.7	100.0
丢失	未回答	10	2.3	
	共　计	431	100.0	

表 8　签订劳动合同的主要方式

类别		频数	百分比(%)	有效百分比(%)
有效	工会指导劳动者签订	83	19.3	19.8
	企业拟定合同并与劳动者协商签订	272	63.1	64.9
	企业拟定,未经协商	64	14.8	15.3
	小　计	419	97.2	100.0
丢失	未回答	12	2.8	
	共　计	431	100.0	

3. 倾向于内部协商方式处理争议

在企业中，企业和员工都非常重视劳动争议或纠纷的处理方式和影响。数据显示，若发生劳动争议，员工在解决方式选择方面更加倾向于内部协商而非依靠外部仲裁或诉诸法律，选择直接与企业协商的比例达 64.5%，希望得到工会调解帮助的比例为 36%，这也表明，无论是员工还是企业，都愿意通过共同协商来解决劳动争议，不激化矛盾。这也从一个侧面反映出，企业也在努力减少劳动纠纷、稳定员工队伍（见表 9）。

表 9　发生劳动争议时通常采用的解决方式

比例 类别	反馈		有效百分比(%)
	频数	百分比(%)	
通过工会组织调解	152	24.6	36.0
直接与企业协商	272	44.1	64.5
自认倒霉	24	3.9	5.7
找监管部门或仲裁机构	96	15.6	22.7
法律诉讼	53	8.6	12.6
其他	20	3.2	4.7
共　计	617	100.0	146.2

（二）劳动关系中存在的主要问题

近年来，北京市非公有制企业在遵守新《劳动合同法》的相关规定，普遍与职工签订规范的用工合同的同时，因薪酬、职业发展等引发的劳动关系问题也日益增加，长此以往，将给北京经济发展和社会稳定带来较大的负面影响。劳动关系中的问题可以归纳为：认识与选择问题、劳资矛盾显性化问题、多方实际压力加大问题和劳动关系协调方式不当等问题。

1. 感性认识与理性选择方面的问题

——劳资双方对政策效应的积极感受不深。新《劳动合同法》实施以来，有关部门在调整劳动关系上做了大量工作，如加强宣传培训工作，加大对重点行业、重点企业的监控力度，推动集体协商和集体合同制度，完善劳动关系隐患预警预测机制等。但从企业调研情况看，资方和员工普遍对政府部门的工作的影响认可程度不高，或表示“不知情”，或认为没有得到有效帮助。由此可见，政府部门对于构建和谐劳动关系所做的努力与实际成效不成正比，没有收到预期的效果。这是一个值得思考的问题。

——企业与员工的理智选择不够。由于对政府政策制定的积极意义认同程度不够，因此政策在实施过程中难以达到预期效果，许多企业反映政府政策超前、给予企业或投资者的适应期过短，因而满足于走形式，对切实落实与员工的合理契约关系主动性不强；另外，个别企业出于侥幸心理和漠视心态，采取规避或消极应对的方式，行为选择方面不够理性。调查显示，能够完全足额缴纳“五险一金”的企业数量不多，一般仅局限于规模较大、知名度较高的企业。同时，由于员工存在认可程度不高问题，一些员工不愿意缴纳保险金中需要自己承担的部分，或要求企业不要代扣自己应缴纳部分，或要求保证自己实际收入维持在扣缴保险金额以前的水平，即要求企业负责本应由员工承担缴纳义务的部分款项。

2. 劳资矛盾表现显性化

——劳动争议案件大幅增加。根据有关部门统计，新《劳动合同法》颁布之后，北京市和全国其他地方一样，劳动争议纠纷大幅增加。这一方面反映了职工依法维权意识增强，另一方面也反映了目前企业管理状况与新《劳动合同法》关于调整劳动关系的制度要求之间存在一定差距。

从北京市劳动争议受理数据上看，2008 年比上年增长了 125%，2009 年比

上年增长了40%。据信访部门的数据统计，2009 年为劳动争议处理数量的拐点，2010 年处理劳动争议纠纷案件有所下降，但仍然明显高于2008 年度数据（见图1）。

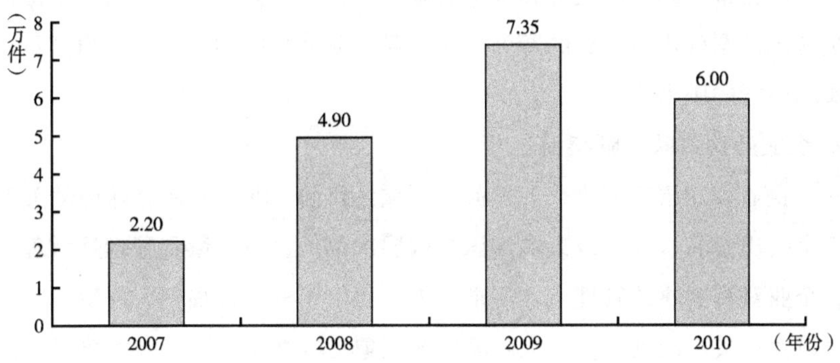

图1　劳动争议发生数量

——工资水平是劳资关系矛盾的焦点。从整体上讲，企业员工工资普遍增长慢，提高幅度低，常常不能与企业生产经营效益挂钩。不少企业虽然效益连年增长，但员工的工资常年不涨或涨幅不高，并未实现同步推进。近年来"民工荒"的大量发生与企业工资低或长期不涨工资密切相关，实际上从反面印证了劳动关系不够和谐。

3. 各方实际压力都有所增加

——企业成本压力增加。调查结果显示，实施新《劳动合同法》以来，企业的人力成本普遍上升，其中社保投入和用于增加的加班费、终止劳动合同时支付补偿金及赔偿金占据主要部分。不同行业、不同规模的企业成本上升幅度在10%～30%。特别是一些规模较小的劳动密集型企业，主要采用低成本、低价格、低档次、低利润的边缘型发展模式，面对突然增加的为员工支付的社保投入，压力明显。

——员工感受压力增加。社会差别待遇使得部分员工感受压力增加。一方面，随着近年来国有大中型企业员工待遇不断增长、北京市居民社会保障程度的不断提高，使以中小规模、劳动密集型为主的非公有制企业员工感受到工资待遇和福利保障的相对落差，使其心理压力增加；另一方面，根据新《劳动合同法》规定，企业为本地员工和外埠员工缴纳的保险不同，使企业部分员工感到待遇不公平，进而产生同工不同酬的心理困扰。

——政府监管压力大。实际工作中，一方面，用人单位违反劳动法律、法规的投诉行为数量递增，政府职能部门无法满足实际工作需要，对举报投诉行为疲于应付，甚至影响到纠纷受理和日常监察工作；另一方面，面对用人单位采取隐瞒违法违规证据等规避执法的行为，法律赋予职能部门的调查取证力度不够，因此，实际监管的压力增加。

4. 企业劳动关系问题突出

——企业人才招聘困难、人才流失严重。目前，非公有制企业劳动关系中存在着三个突出矛盾，即一线人员知识结构层次偏低，对政策和管理规章理解能力较低；企业对高素质的管理人才需求量大，但由于资金、福利、户籍等问题，招聘难度较大；员工流动性大，人才流失的现象比较严重，这在技术含量高的企业尤为明显。

——外地员工对养老保险缴纳制度有抵触情绪。在非公有制企业中，外地来京务工人员比重较大，对缴纳养老保险的个人承担部分态度消极。这与我国目前保险制度建设与保障方面的不完善，以及各地养老保险转移落地情况参差不齐有较大关系。

——企业培训动力不足、专业经验不足。非公有制企业中大都是中小型企业。由于企业规模小，一些企业的人力资源管理意识落后、管理经验不足、管理制度缺失，与企业劳动关系复杂、处理和协调劳动关系工作量加大不相适应。同时，外部能够提供的专业支持不足，导致企业因担心用人留人问题而培训动力不足。

（三）劳动关系现存问题原因分析

造成非公有制企业和谐劳动关系构建所面临问题的原因至少可以归纳为观念、立场、环境、角色缺失等因素，以及企业人力资源管理薄弱等方面的问题。

1. 对发展非公有制经济的观念因素影响

——管理观念不统一。我国在较短的时间内进行了劳动关系市场化改革，但与之相适应的理念和意识还没有完全形成。由于观念滞后和思想认识上的偏差，往往造成政府部门某些同志在处理劳动关系问题上出现两个极端：一方面，有的

认为劳动关系已经市场化，劳资之间的问题应由企业自主解决，政府无需插手，使得其对劳动违法现象查处不力；另一方面，有的认为由于市场自身的缺陷性，政府应加大对劳动力市场的干预力度，于是导致强制性、违背市场规律的一些做法出现，严重影响和谐劳动关系的构建。

——不同所有制经济的观念影响。一些同志尚未走出传统计划经济思维定式，认为国有企业出现劳动关系纠纷，既可以帮助、扶持企业，也可以帮助员工；非公有制企业则自然应该帮助员工，而不宜帮助企业。因此，扶持员工、抑制资方的做法比较明显，产生了人为制造不和谐的现象。

2. 劳动关系构建中的立场因素影响

——劳资矛盾中的立场选择问题。在投资方、管理方、被管理方共同构成的企业经营行为活动中，双方或多方存在不同意见、矛盾和冲突，这是合作中常见的自然现象。但在实践中，由于受以往观念的影响，往往把劳动关系在社会层面的争议上升到阶级立场选择的高度，致使各方矛盾激化，影响其合理有效的解决。

——争议调解部门有“抑强扶弱”的偏差问题。在劳动争议发生或处理过程中，争议调解部门本应对自身的立场有清醒的认识。但在调解工作中，因受阶级观点影响，自觉不自觉地充当了劳动者“代言人”的角色，以“扶弱”的姿态站在与资方的对立面，或曰“安定团结”，或曰“息事宁人”，要求资方“花钱平事”，使公平正义的天平发生倾斜。

3. 劳动关系构建中的环境因素制约

——公平竞争的政策实施环境不充分。虽然颁发了《国务院关于鼓励和引导民间投资健康发展的若干意见》，但在实施中阻力犹在，加之非公有制企业资本规模小、技术水平低、要素禀赋差，难以与国有企业和外资企业平等竞争。所以非公有制企业的劳资关系可能出现相对的“弱资本”与绝对的“弱劳动”并存的现象。这样，企业为了生存，往往把经营成本上升和企业损失转嫁到劳动者身上。

——制度不完善制约着劳动关系的有效协调。目前，我国劳动法制状况仍然存在一些不足，一些地方与新《劳动合同法》相配套的劳动法规尚未建立。特别是与劳动关系制度具有协同性的一些制度安排还不尽合理，技术支撑手段跟不上。在劳动关系中产生的新情况、新问题或无法可依，或难以操作，致使矛盾难以有效化解，如阻碍劳动力自由流动的户籍制度、尚未全面覆盖的社会保障制度等。

企业员工对强制性“三险”的不理解、不领情与目前我国尚不能实现不同地区之间社保关系的顺利转移有直接关系。由于来自农村的员工无法清晰地看到今天所在城市的“三险”与明天所处地域的社会保障之间有何必然联系，造成不安全感。因此，所谓强制性“三险”，不仅难以解决他们未来的后顾之忧，而且直接减少了实际收入。

——社会（中介）组织角色和功能的缺位。最初形成的协调劳动关系的三方机制，有政府的劳动保障部门、工会组织和企业联合会，在协调劳动关系方面，政府强势主导，社会（中介）组织的影响力相对较弱。更为突出的是，最初的协调机制，把代表非公有制企业的工商联（商会）组织排除在外，在一定程度上制约了三方机制作用的有效发挥，而且在很大程度上使资方的诉求被忽视。

在社会（中介）组织功能上，企业联合会更多的是充当了国有大企业代表的角色，在处理国有企业的劳动纠纷中，可以发挥重要作用。但是在非公有制企业，在处理劳动纠纷时，由于没有代表企业资方的社会组织参与，不仅使企业的呼声难于表达，也使某些纠纷调处的结果令一些企业失望，形成新的不和谐因素。

至于工会组织，是非公有制企业职工争取和维护其合法权益的代表。但是在组织的覆盖、工会在非公有制企业中的独立地位、组织作用以及按照《工会法》主动维权等，在资方和劳动者之间还缺乏应有的权威性。

4. 企业与员工处事不当的因素影响

——企业资方管理理念滞后。一些非公有制企业的资方，在市场经济大潮中，科学管理知识不足，劳动法律法规知识匮乏，缺少“以人为本”理念，过多注重追求企业经济效益，忽视企业文化特别是人文关怀等软环境建设。当劳资双方发生冲突时，有的企业表现出不知所措或无可奈何，有的企业还表现出不拼个“鱼死网破”决不罢休的咄咄姿态，致使矛盾冲突表面化，甚至是白热化。

——某些员工处事方式不当。调研发现，在新《劳动合同法》实施的一段时间内，由于法律对企业的约束力明显加大且措施严格，有少数或个别员工钻

企业管理中出现的漏洞，不遵守劳动合同规定，缺乏个体约束。个别人因文化素质低或法律意识淡薄，或不愿意签订合同，拒不缴纳社会保险费中个人应缴部分；或劳动纪律观念淡漠，以至于心存不轨，往往以探家、婚姻、季节性务农等理由随意离职；甚至反咬一口，以种种非正当手段逼迫企业就范，在企业中造成恶劣影响，不仅影响了企业构建和谐劳动关系，也对诚实劳动的职工产生负面影响。

5. 企业在人力资源管理方面存在的问题

——劳动合同管理形式化。一些非公企业缺乏促进劳动合同管理规范化的自觉性。在新《劳动合同法》颁布以前，推行劳动合同制度基本属于政府管理部门的重点工作，企业缺少主动意识。新《劳动合同法》颁布实施后，虽然劳动合同的签订率有了明显提高，然而在个别企业，特别是小型企业中，劳动合同规范化管理仍不到位。法律的明文规定在现实中由于各种原因难以落实，虽然事实劳动关系仍然存在，但还存在用中介方式、劳务合同形式代替劳动合同现象。在那些劳动环境比较艰苦、企业安全保障措施比较差的企业中，资方甚至通过不签订劳动合同的办法来规避新《劳动合同法》规定的其对劳动者应尽的义务，力求减少负担，逃避法律责任。

——工资决定方式单一，不注重员工感受。企业员工的整体收入水平受市场竞争影响，基本由市场调节决定，但企业内部的工资制度、具体工资形式、工资支付方式等多数仍由资方单方面决定，政府部门主张的由劳资双方共同协商确定工资标准的谈判制度，在企业中的推行尚属初级阶段，集体协商谈判机制难以发挥作用。因而，一些企业的资方对员工，尤其是对外来务工人员不依法确定其工资标准，往往参考本地最低工资标准来确定员工的劳动报酬，想尽办法压低员工的工资水平，个别企业甚至变相将员工工资压到法定的最低工资标准之下，工资就低不就高的情况依然存在，忽视了员工对增加薪酬待遇的期望，更谈不上激励机制。

三　构建非公有制企业和谐劳动关系的几点思考

构建和谐劳动关系，需要明确基本指导思想，即从合作互助、和谐共赢的角度思考和构建和谐劳动关系去考虑，同时，借鉴国外成功经验，构建有中国特色的劳动关系类型或模式。

1. 加强劳动关系法律体系建设，加强创新社会管理

社会管理是中国特色社会主义总体布局中社会建设的重要组成部分。北京在加强社会管理创新方面，已经探索出一整套经验并走在了全国前列。但是，在和谐劳动关系特别是非公有制企业和谐劳动关系构建方面，还处在起步阶段。《中共北京市委关于加强和创新社会管理全面推进社会建设的意见》虽然明确提出了“推动企业构建和谐劳动关系”的条款，但是此款却只字未提非公有制企业如何和谐构建。随着非公有制企业劳动关系和谐构建的地位越来越重要，北京应该在加强和创新社会管理中，把非公有制企业和谐劳动关系构建作为重点加以强化，必要时应出台北京和谐劳动关系构建的相关文件，将非公有制企业和谐劳动关系构建的相关政策，做出具体的有可操作性的政策规定。

为进一步加强和创新社会管理，在非公有制企业构建和谐劳动关系，需要充分发挥统一战线服务加强创新社会管理的独特作用。由于统一战线肩负着新的社会阶层的引导和服务工作，在“两个健康”中负有重要使命，可以通过对非公有制经济人士的教育培养，使他们更多承担社会责任，特别是承担起非公有制企业和谐劳动关系构建的责任。可以通过相关的代表人士政治安排、评选中国特色社会主义事业建设者以及非公有制经济人士指标评价体系等项工作，促进他们在企业构建和谐劳动关系中的自觉和自信。

2. 进一步完善构建和谐劳动关系的体制机制

日前，北京已经成立了由人力社保局等相关社会（中介）组织参与的“三方四家”协调劳动关系指导委员会，为构建和谐劳动关系奠定了体制基础。但在具体运作中如何整合资源、合力共赢，还有待实践。总结以往的经验，我们认为“准确定位、明确职责、规范管理、务实高效”是关键，防止“多龙治水”、互相牵扯的弊端发生。一要明确政府部门的模式设计督导与文本格式规范职责。以政府部门督导、行业机构承担的做法，规范行业劳动契约合同格式，制定合理的工资、劳保制度，倡导雇主与员工利益共享，支持代言机构博弈。二要明确独立司法机构依法履行调解和裁决的职责范围。鼓励快速调解，提高调解效率；注意裁决的时效性、针对性和规范性，及时有效地解决问题。三要加强监管部门的契约执行督察职责。以市场监管为主线，监管部门严格履行秩序维护与监察职责。规范员工就业记录备案；监督企业和员工的签约、守约情况；坚决查处违约

行为，维护市场秩序。四要倡导工商联（商会）行业协会建言、企业工会代言、联合工会整合协调，拓宽各方参与构建和谐劳动关系途径。建议由专业机构参与疏理、化解员工心理问题；以沟通协调为主，鼓励纠纷内部调解。

3. 充分发挥社会（中介）组织的作用

在劳资纠纷调解时，权益主张各方往往感觉权益失衡的一个重要原因，是社会（中介）组织或代言机构的实际地位没有确立，作用没有发挥。一旦企业内部发生劳动争议，各方很难借助外部组织或机构代言，实现自身的权益维护，往往被迫选择申请仲裁或法律诉讼的方式。为此，一要加强非公有制企业内部和行业员工工会组建，不仅要扩大企业工会组织的覆盖面，而且要实现企业工会工作的全覆盖。特别要允许企业员工参加行业工会，在个体诉求融入群体诉求方面有所选择，提高理性化维权水平。二要充分发挥各级工会组织及联合工会的作用，协助、指导行业、企业工会建设，协调处理工会内部事宜，引导群体诉求向整体诉求靠拢。三要充分发挥企业联合会和工商联的作用，建立有代表性的企业家（雇主）组织，为其代言，并形成约束和协调机制。四要建立行业内部公益性调解机构，比如可以尝试在工商联系统所属行业商会中建立相关机构，定期开展个案分析、趋势分析工作，开辟网上辅导、在线交流，定向引导，化解纠纷。

4. 广辟财源，借助科技手段提供服务保障

社保基金的来源保证历来为地方政府所重视。目前，由地方财政完全负担可能负担过重，但多数由就业企业负担则不合情理。毕竟企业是营利性经济组织，不应由其承担过多的社会保障性开支。要开辟费用来源新渠道，形成科学合理的来源导向。一可尝试将地方土地开发利用收入与员工社保费用挂钩，为那些从土地和搬迁企业分离出来的员工承担部分社保费——可应用全部和部分承担两种形式。二可调整税费征管模式，以企业吸纳就业结构计算减免、转移的税费额度，计入社保费用来源。三可从优化就业环境，鼓励改善劳保环境和更新科研、生产设备，对提高科研人员比例、技术人才比例的企业给予税费减免，尝试对科技型、环保型、就业型、能源再生或开发型企业员工的社保费用实行地方财政包干。

借助电子信息技术，尽快建立覆盖本地区乃至与全国联网的社会保障系统。通过社会保障系统电子网络的建立，大大增加社保工作的透明度和来自农村和偏远地区企业员工的保障信心。一要提高电子政务管理水平，为非公有制企业员工提供全方位劳动关系法规的宣传解释，使之能够通过网络，及时、全面地了解社保政策法规和相关社保信息。二要借助电子信息手段，完善社保缴费记录，方便缴费查询、资格确认与统计记载。同时，借助网络技术平台，实现信息共享、转移或质证，保证权益实现落到实处。三要对已由某方缴纳费用的群体实施锁定式管理，避免由于行政原因或技术失误造成重复收取或记录缺失，影响跨地域的资格复核与利益保障。

建立网络诚信平台和查询系统，可以形成劳动信用信息共享和权益动态保护，真正实现劳资双方权益的平等。一要建立企业和劳动者诚信管理平台，将工资支付、社会保障等行为纳入企业征信系统。二要建立行业信用保障金制度，保证劳动者报酬及时、足额和按标准发放。三要建立劳动者劳动诚信档案记录，使用人单位聘用新人员时有档可查。四要实施不诚信企业社会公布制度及员工“违规名单”制度，对坚持劳动关系诚信建设的企业和员工给予实际支持。

5. 强化企业管理，建立企业和谐劳动关系约束机制

要在法律法规、政策措施规定的范围内，通过行业规范对企业构建和谐劳动关系提出硬性考核指标，建立相应的指标体系。在企业内部大力倡导社会主义核心价值体系，强化思想政治工作的地位和职能，加强人文关怀和企业文化建设，把非公有制企业党组织、工会组织、共青团组织建设和发挥作用的情况，作为评选企业精神文明单位的重要考察内容。引导非公有制经济人士主动承担社会责任。通过广泛的教育培训，引导他们充分认识在企业内部建立和谐劳动关系的重要性和必要性。要求其善待职工，主动改善员工工作环境和生活条件，积极稳妥解决劳动争议，把构建和谐劳动关系作为企业发展的重要目标，把承担社会责任落在企业发展的实处，以现代人力资源理念引导员工的职业发展。首先，借助外部专业力量与企业内部人员形成多向、有效沟通，破除员工弱势、被动雇佣的思维定式。摒弃员工与投资者或管理者天然对立的传统理念。其次，倡导职业目标设计与实现。从长远发展角度看待当前工作，实现员工个人和企业整体的结合与可持续发展。第三，制订并实施管理者与普通员工素质、技能、发展培训规划。改变传统理念和不良行为习惯，提升员工整体素质。最后，鼓励积极的流动与竞争。促进员工实现自我调整、接受企业及工作过程中的多轮筛选；注意与企业在不同阶段、地域的配置优化；鼓励员工争取或受持企业分红股，实现投资者与劳动者的效益共享。

Analysis on Labor Relations in Non-public Sector Enterprises in Beijing

Wu Jie et al

Abstract: Since the reform and opening up, Beijing non-public economy has developed by leaps and bounds. At present, the basic situation of the labor relations of non-public enterprises tends to be good, and rights protection has improved. Overall performance tends to harmony, but the labor relations problems caused by pay, career development, and etc. are increasing.

Key Words: Non-public Enterprise; Labor Relations; Social Management

B.6

北京市各社会阶层社会矛盾水平调查

郑广淼　范 文　刘二伟*

摘　要：当前，我国正处于经济社会发展的重要战略机遇期和社会矛盾凸显期。社会矛盾在不同时期、不同地域、不同阶层之间呈现出不同的特点。北京市响应中央要求加强社会管理的指示精神，率先对区域内社会矛盾水平开展监测和研究。分析发现不同阶层的社会矛盾水平和构成有较大差别，不同阶层的社会矛盾点不同，利益受损点也存在差异。其中，社会中上阶层利益受损程度最高，但是经济状况有效缓解了社会中上阶层和上层的社会矛盾，而社会上层利益受损后，更倾向于制度内维权。

关键词：社会分层　社会矛盾

一　研究背景

当前，我国正处于经济社会发展的重要战略机遇期和社会矛盾凸显期。自20世纪90年代中期以来，我国群体性事件呈现出事件数量增多、涉及面广、规模不断扩大、参与人数多、行为越发激烈等特点。学者胡鞍钢曾根据政府公开资料统计，1994年后，全国群体性事件呈现出不断增多的趋势，“1995年和1996年增长速度在10%左右，但1997年后迅速加快，1997～2004年的年均增长速度高达25.5%”。这些数据充分反映了20世纪90年代中期以来群体性事件的快速增长态势。

* 郑广淼，北京市信访矛盾分析研究中心副主任；范文，零点集团合伙人，社会事务研究部总监；刘二伟，北京市信访矛盾分析研究中心专题部主任。

为了更好地做好北京市社会矛盾的监测，将社会冲突消弭于萌芽，我们对区域内社会矛盾开展监测，针对不同社会阶层的社会矛盾水平及特点进行了分析，为从源头上预防和化解社会矛盾，完善保障和改善民生的制度安排，加强和创新社会管理提供基本数据和参考资料。

二　概念界定及指标体系介绍

（一）社会矛盾概念和分类

社会矛盾是指社会群体、阶层、组织之间的紧张关系，这种紧张关系通常是由资源占有或利益分配不均以及意识形态、价值观等差异造成的，通常表现为一方对另一方的负面情绪①，并会因负面情绪而采取一定形式的外显行为。社会矛盾在矛盾缓解机制作用不足的情况下，会不断累积，在一定条件下就有可能转变为上访行为、群体事件甚至更严重的事件。

因此在实际测量中我们需要明晰受访社会公众在不同方面的实际利益受损情况。本研究将社会矛盾分为物质性矛盾与价值性矛盾两种。

1．物质性矛盾

物质性矛盾具体指涉社会生活中的直接物质资源冲突，是公众需求与客观现状之间的对立与冲突，是直接性、利益性的冲突。大多是显性矛盾，与民生问题息息相关。

通过二手资料研究分析，得出目前学术领域研究最多、讨论最多的六大民生问题，同时结合特大城市的固有特征，共分为七个二级指标：教育、医疗、住房、治安、就业、社保、市政环境（市政环境问题在北京市表现较为突出，与其他地区和城市相比，北京市的市政环境有自身的特点）。需要说明的是，与资源不足所引发的社会矛盾相比，我们更关注分配不均引发的社会矛盾，因为前者决定于我国正处于社会主义初级阶段的基本国情，短期难以改善，而后者更有可能通过体制改革得到改善，因此，关注分配不均更有现实意义。

---

① 本研究中社会矛盾所表现的负面情绪均来自普通公众，因此本研究的社会矛盾是一种主观社会矛盾。

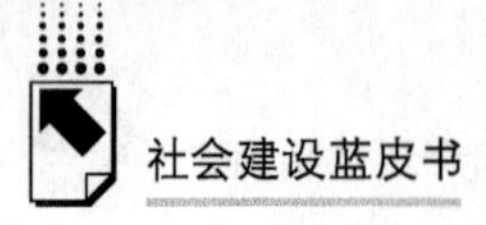

2. 价值性矛盾

价值性矛盾指涉人们对经济社会发展过程中宏观性、体制性以及价值观念的冲突。它可以分为普通大众之间的价值观念冲突，以及普通大众与政府之间的价值观念冲突。后者尤与社会矛盾相关，也更容易引发社会运动等不稳定因素，因此本研究中价值性矛盾只关注后者。具体而言，即关注普通大众对目前我国政府与体制的执政基础的认同程度。

从历史变迁角度来看，我国政府的执政基础先后经历了个人魅力型、意识形态型、经济发展型与制度合理型等四个阶段。

第一阶段：新中国成立初期人们对以毛泽东为首的国家领导人的信任；

第二阶段：20 世纪 50 年代末期至“文化大革命”期间人们对社会主义的态度；

第三阶段：改革开放至 2002 年（标志社会主义市场经济体制基本确立）期间人们对发展物质文化生活的渴望；

第四阶段：2003 年以来人们对社会公平、民主法治等方面的政治渴求。

以上四个阶段体现了执政基础的现代化过程。世界各国的发展也表明只有第四阶段的执政基础才能持久稳定地支持政府与体制的运行。所以，我国只有在继续落实经济体制改革（继承第三阶段的执政基础）的同时，实现行政绩效、民主建设与依法治国等方面的政治体制改革，才能巩固执政基础。换言之，受访对象对这四方面的感知与评价即可成为价值性矛盾的二级指标。

表 1　社会矛盾指数指标体系

一级指标	二级指标	三级指标
价值性矛盾	经济体制改革	贫富分化
		贪污腐败
		物价上涨
	治理绩效	官员职责履行
		政策执行
	民主建设	基层民主
		表达机制
	依法治国	立法健全
		司法不公
		执法不力

续表

一级指标	二级指标	三级指标
物质性矛盾	教育问题	教育费用
		教育公平
	医疗问题	医疗费用
		医疗质量
	住房问题	租房价格
		住房价格
		政策房获取
		物业纠纷
	公共安全	社会治安
		食品安全
		公共交通安全
	劳动就业	职业获取
		收入水平
		劳动保障
	社会保障	养老压力
		医保水平
	市政环境	环境污染
		交通拥堵

注：受制于调查实际操作原因，农民工难以覆盖，因而其工资福利问题不纳入指标体系中；涉及国企改革等诸多历史遗留因素的问题亦不纳入本指标体系中（如部分老年人的工资福利问题）。

（二）权重体系介绍

指标权重的大小体现了该指标对社会矛盾大小的相对重要性，即对总指数影响的强弱程度。本指标体系中，视一级指标对总指数的影响相当，二级指标对一级指标的权重以北京公众关注水平作为指标赋权重值①，三级指标对二级指标的贡献假定为重要性一致。权重越大的指标对总指数的影响越大。各级指标权重如下。

本次调查共针对北京市城乡 2402 位居民展开，覆盖北京市 16 个区县。采用多段随机抽样的方式进行，在北京市最新社区名录的基础上形成本次调查的调查地点以及基本样本构成。

① 依问卷 A62、B3 题（详见问卷）进行计算，即公众认为越需优先解决的则赋权越高。

表 2　北京市“社会矛盾指数”权重体系

一级指标		二级指标		三级指标	
物质性矛盾	0.5	教育问题	0.081571	教育费用	0.040786
				教育公平	0.040786
		医疗问题	0.089601	医疗费用	0.044801
				医疗质量	0.044801
		住房问题	0.086905	租房价格	0.021726
				住房价格	0.021726
				政策房获取	0.021726
				物业纠纷	0.021726
		公共安全	0.061936	社会治安	0.020645
				食品安全	0.020645
				公共交通安全	0.020645
		劳动就业	0.067222	职业获取	0.022407
				收入水平	0.022407
				劳动保障	0.022407
		社会保障	0.066104	养老压力	0.033052
				医保水平	0.033052
		市政环境	0.04666	环境污染	0.02333
				交通拥堵	0.02333
价值性矛盾	0.5	经济体制改革	0.176419	贫富分化	0.058806
				贪污腐败	0.058806
				物价上涨	0.058806
		治理绩效	0.112099	官员职责履行	0.056049
				政策执行	0.056049
		民主建设	0.104711	基层民主	0.052355
				表达机制	0.052355
		依法治国	0.106772	立法健全	0.035591
				司法不公	0.035591
				执法不力	0.035591

表 3　调查执行情况

单位：个

	有效样本数	社区数	村数	每个社区/村样本数
东城区	118	6	—	≤20
西城区	170	9	—	≤20
朝阳区	427	22	—	≤20
丰台区	414	13	—	≤20

续表

	有效样本数	社区数	村数	每个社区/村样本数
石景山区	248	5	—	≤20
海淀区	81	22	—	≤20
房山区	118	4	3	≤20
通州区	139	4	4	≤20
顺义区	39	3	2	≤20
昌平区	146	4	3	≤20
大兴区	124	4	4	≤20
门头沟区	147	1	1	≤20
怀柔区	55	2	1	≤20
平谷区	61	2	1	≤20
密云县	72	2	2	≤20
延庆县	43	1	1	≤20
合　计	2402	104	22	—

本次调查要求受访对象同时满足以下条件：

年龄在25～70周岁，能够清晰进行语言表达的普通居民；至少在北京市居住两年及以上，并在抽取小区居住一年及以上；受访对象本人及家人不在相关行业工作。

访问采用结构式问卷，由零点访问中心的访问员执行。访问采用读录法进行，即由访问员读出问题及选项，由受访对象回答，访问员填写。

三　北京市各阶层社会矛盾评价比较

（一）社会阶层越低，总体矛盾评价越趋激烈

处于同一社会阶层的居民往往具有相类似的日常生活方式与行为方式。而消费社会学认为消费行为是现代社会生活方式的主要表征。因此，通过消费行为划分社会阶层具有现实意义和研究意义。调查结果显示，不同社会阶层的社会矛盾主观评价不同。随着社会阶层的向上流动，总体社会矛盾趋于平缓，而随着社会阶层的向下流动，总体社会矛盾愈发激烈。即，下层的社会矛盾评价最高，而上

层的社会矛盾相对最轻。

以家庭年收入为基础，同时结合家庭房产状况、理财状况、社会资本状况与学历层次，将北京市常住居民划分为五个社会阶层：下层、中下层、中层、中上层和上层①。本次调查的社会分层基本结构如下：下层占 11.8%，中下层占 38.0%，中层占 40.1%，中上层占 8.6%，而上层占 1.6%（见图 1）。

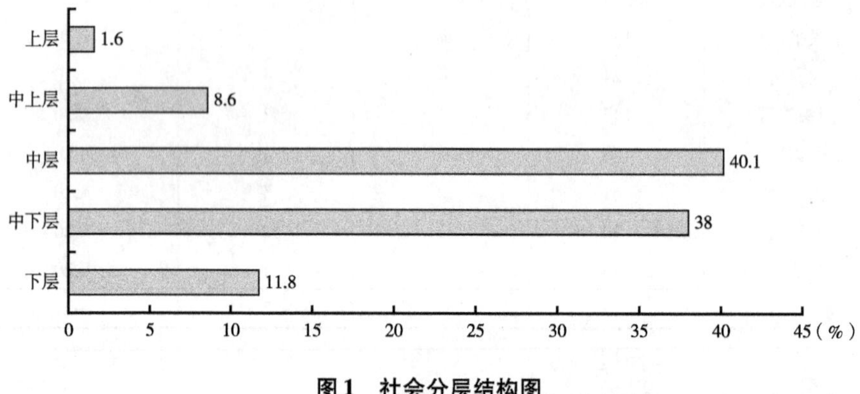

图 1　社会分层结构图

中间阶层和中下阶层作为北京社会结构的主体，其社会矛盾水平与其他阶层相比处于中等水平，意味着北京社会具有一定的稳定性。

尽管总体社会矛盾随着社会阶层向下而越趋激烈，但不同物质性矛盾在不同社会阶层中的激烈程度变化有其特点。

在教育矛盾方面，随着社会阶层向上，矛盾水平呈现反 J 型曲线变化，下层矛盾最突出；在医疗矛盾和劳动就业矛盾方面，随着社会阶层向上，矛盾水平呈现反 N 型曲线，下层矛盾最突出；在住房矛盾方面，随着社会阶层向上，矛盾呈现近 W 型曲线，下层与上层矛盾均比较突出；在公共安全矛盾方面，随着社会阶层向上，矛盾水平呈现阶梯式下降曲线，下层矛盾最突出；在社会保障矛盾方面，随着社会阶层向上，矛盾水平呈现“√”型曲线，上层矛盾最突出；在市政环境矛盾方面，随着社会阶层向上，矛盾水平呈现反对数曲线，上层至中上

① 分层方法沿用零点在 2010 年进行的全国社会分层研究。家庭年收入的 4 个分界点分别为 2 万元、5 万元、15 万元和 50 万元。在此分层基础上根据家庭房产市价、理财资产、社会资本以及学历进行阶层上调，最多上调 1 层。

层矛盾水平相近，但上层矛盾最轻。

可见，不同物质性矛盾在社会阶层中的分布各有特点，下层矛盾并不总是最激烈（见图2、图3）。

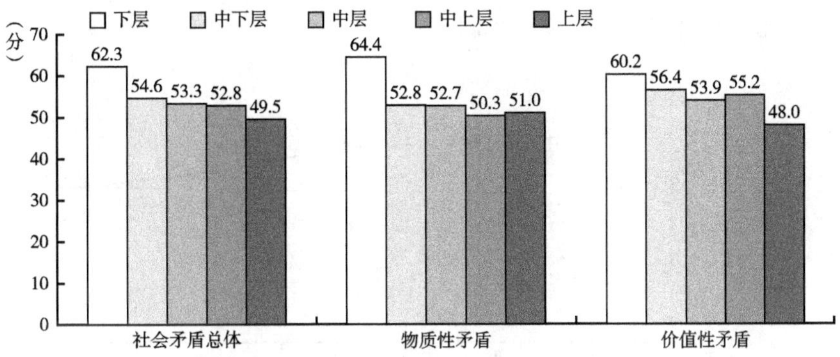

图2　不同社会阶层矛盾主观水平得分

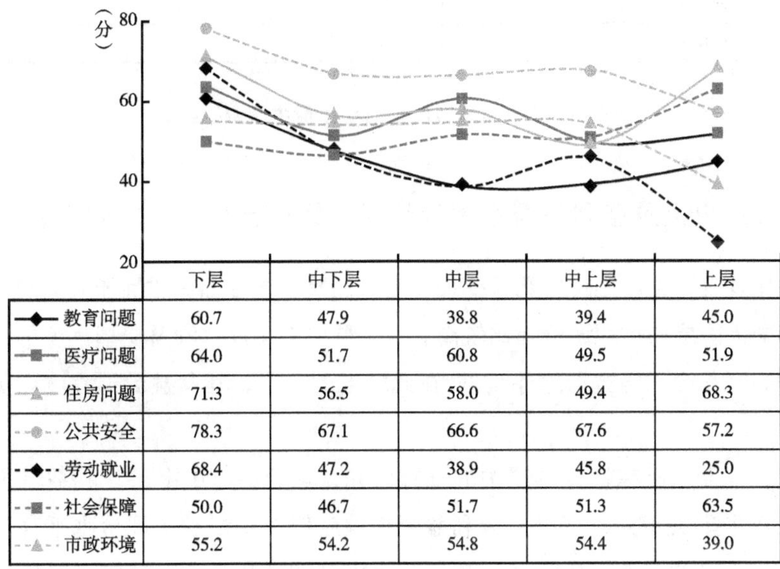

	下层	中下层	中层	中上层	上层
教育问题	60.7	47.9	38.8	39.4	45.0
医疗问题	64.0	51.7	60.8	49.5	51.9
住房问题	71.3	56.5	58.0	49.4	68.3
公共安全	78.3	67.1	66.6	67.6	57.2
劳动就业	68.4	47.2	38.9	45.8	25.0
社会保障	50.0	46.7	51.7	51.3	63.5
市政环境	55.2	54.2	54.8	54.4	39.0

图3　不同社会阶层的物质性矛盾主观水平得分

在价值性矛盾评价方面，不同矛盾随社会阶层变化而变化的趋势也有其特点。

经济体制改革矛盾的水平与阶层等级存在负相关，即越是下层，矛盾越激烈；在治理绩效矛盾方面，中间阶层的矛盾最低，而上下阶层矛盾偏高；在民主建设和依法治国矛盾方面，随着社会阶层向上，矛盾水平呈现波动性下滑，下层矛盾最重，上层矛盾最轻。可见，不同价值性矛盾在社会阶层中的分布同样各有特点，上层矛盾并不总是最低（见图4）。

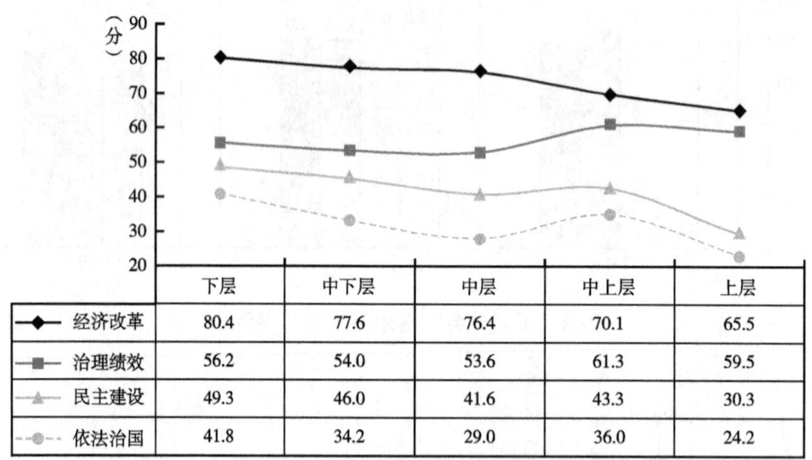

	下层	中下层	中层	中上层	上层
经济改革	80.4	77.6	76.4	70.1	65.5
治理绩效	56.2	54.0	53.6	61.3	59.5
民主建设	49.3	46.0	41.6	43.3	30.3
依法治国	41.8	34.2	29.0	36.0	24.2

图4　不同社会阶层的价值性矛盾主观水平得分

（二）中上阶层利益受损评价最高，经济状况有效缓解矛盾

对比发现，无论是总体利益受损程度，还是不同方面物质性矛盾的利益受损程度，中上阶层的主观评价都比较高。从下层向上至此，利益受损程度的评价普遍在提高（社会保障方面除外），而在此之上的上层，其利益受损程度评价出现下降。

结合社会矛盾在社会阶层中的分布可知，从下层至中上层，利益受损程度与矛盾水平呈负相关，下层人群利益受损程度低而主观矛盾评价水平高。阶层越是向上，日常工作与生活往往越活跃，接触到的社会领域越广，容易遇到更多问题。经济状况在其中起到了重要的调节作用。阶层越是向上，经济状况越好，物质性矛盾各方面遇到的问题所实际造成的损失相对越小。而从中上层至上层，经济状况的力量出现质变，不仅降低不同物质性矛盾受损所实际构成的损失，而且还减少了受损的可能性，丰厚的经济资本往往伴随着同等丰厚的政

治资本、文化资本和社会资本，这些资本在一定程度上能有效解决一些问题（见图5）。

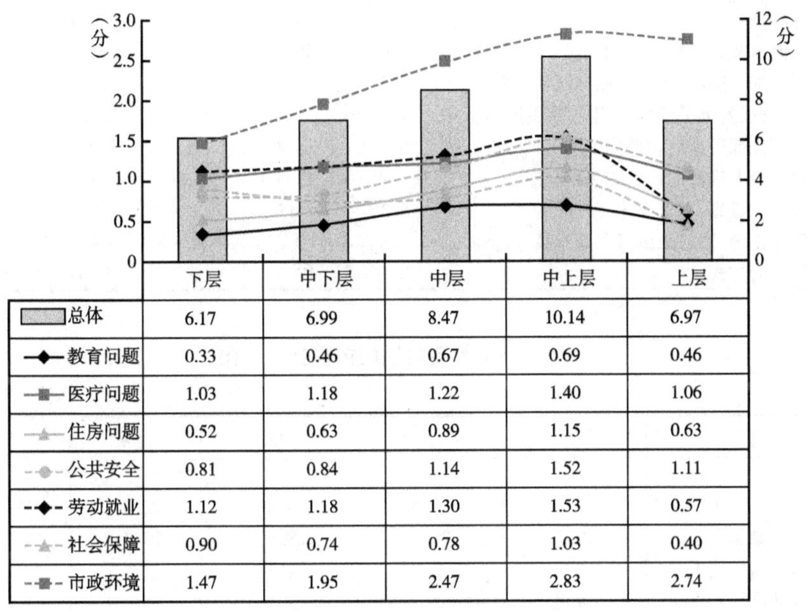

	下层	中下层	中层	中上层	上层
总体	6.17	6.99	8.47	10.14	6.97
教育问题	0.33	0.46	0.67	0.69	0.46
医疗问题	1.03	1.18	1.22	1.40	1.06
住房问题	0.52	0.63	0.89	1.15	0.63
公共安全	0.81	0.84	1.14	1.52	1.11
劳动就业	1.12	1.18	1.30	1.53	0.57
社会保障	0.90	0.74	0.78	1.03	0.40
市政环境	1.47	1.95	2.47	2.83	2.74

图5　不同社会阶层的利益受损程度对比

（三）上层利益受损后更倾向于制度内维权，参与集体行为意愿与下层同样高

不同社会阶层在利益受损后的主动行为选择有差异。下层人群有28.1%不采取任何方式，逆来顺受，比例远高于其他阶层；中下层至中层通过各种渠道诉说抱怨排解不满为主；中上层借助新闻媒体向社会曝光以及参加集体性行动的情况更多；上层人群为了维权，相对更经常向政府机构反映问题，甚至采取司法诉讼。

而身边亲友同事参加集体行为时，上层劝阻的比例更高，超过五成，而对集体行为感到同情的比例偏低，仅两成。与此同时，其参与集体性行动的意愿又强于中下层至中上层，仅次于下层（9.8%），而且其参与并动员他人参与的倾向最突出。

表4　不同社会阶层的主动行为选择

单位：%

	下层	中下层	中层	中上层	上层
自行想办法解决	11.8	9.1	5.3	9.4	11.4
向亲友同事或邻居抱怨问题	30.0	39.7	35.3	20.8	14.3
在网络上抱怨问题，如发帖跟帖写博客等	5.3	8.9	11.5	17.7	14.3
致电、写信或发电子邮件向相关部门投诉等	9.9	11.5	13.4	11.5	17.1
个人到相关部门或信访部门上访	6.1	4.8	7.1	10.9	11.4
上法院或到上级部门控告相关组织或部门	1.9	3.3	4.4	5.7	8.6
向新闻单位曝光，寻求媒体支持	5.3	4.3	5.3	6.3	5.7
参加集体上访、请愿或游行示威等集体行动	1.5	0.6	1.3	4.7	0.0
不采取任何方式	28.1	17.8	16.5	13.0	17.1

表5　不同社会阶层的被动行为倾向

单位：%

	下层	中下层	中层	中上层	上层
劝阻	41.4	48.3	47.9	49.5	51.4
旁观	16.3	11.6	14.4	12.0	17.1
同情但不参加	29.7	29.6	28.4	29.7	20.0
参加但不动员他人	4.9	3.8	4.7	3.1	2.9
参加并动员他人	4.9	3.2	3.1	5.2	5.7
视具体情况而定	1.5	0.5	0.4	0.5	0.0

四　北京市各阶层社会矛盾水平分布情况

（一）下层人群社会矛盾水平及特点

1. 下层人群对劳动保障、政策房、公交安全、贪腐和物价的不满情绪最强

下层人群的社会矛盾主观水平总得分为62.3分，远高于总体水平。其中，物质性矛盾得分为64.4分（见图6），稍高于价值性矛盾，表明下层人群对物质性方面的不满情绪更为显著。

具体来看，物质性矛盾中以公共安全矛盾得分相对最高，达78.3分，其次为住房矛盾（71.3分）和劳动就业矛盾（68.4分）（如图7）。下层人群多从事基层服务类工作和体力劳动，因此劳动保障方面不满情绪高涨——劳动保障矛盾得分为88.9分，远高于其他阶层。同时，政策房获取的矛盾较深，得分为85.7

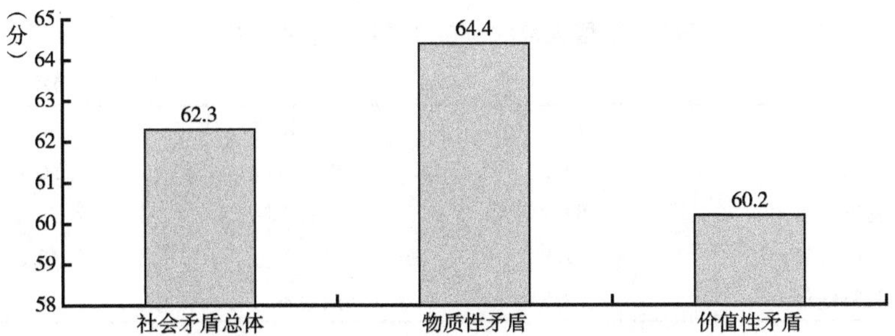

图6　下层人群的社会矛盾主观水平得分

分，是导致住房矛盾高的重要原因。

而在价值性矛盾方面，以经济体制改革类矛盾得分最高，为80.4分，远高于其他方面（见图7）。这主要是由于下层人群收入低，对物价上涨过快的缓解能力低，因而不满情绪较为强烈，得分为87.2分。而且，其对贪污腐败的不满情绪得分也较高，为83.5分（见表7）。

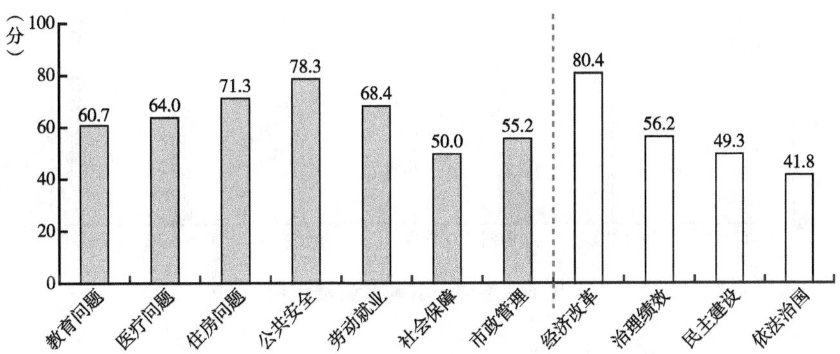

图7　下层人群不同物质性矛盾与价值性矛盾得分

表6　下层人群的物质性矛盾三级指标得分

单位：分

教育收费	56.6	食品安全	75.6
教育公平	64.7	公共交通安全	85.7
医疗收费	51.6	职业获取	55.6
医疗质量	76.5	收入水平	60.6
租房价格	57.1	劳动保障	88.9
住房价格	67.5	养老压力	48.4
政策房资源不足	85.7	医保水平	51.7
物业纠纷	75.0	环境污染	58.8
治安状况	73.7	交通拥堵	51.6

表7　下层人群的价值性矛盾三级指标得分

单位：分

贫富分化	70.5	基层民主	48.0
贪污腐败	83.5	沟通机制	50.6
物价上涨	87.2	立法不周	36.7
官员职责履行	59.9	司法不公	40.5
政策施行	52.5	执法不力	48.1

2. 下层人群医疗与劳动就业受损相对较多，社保亦不理想

对下层人群而言，总体利益受损程度相对较低，除市政环境方面外医疗与劳动就业的利益受损程度相对严重。而公共安全方面的受损程度偏低，低于社会保障方面，后者主要表现为养老保险覆盖率低。

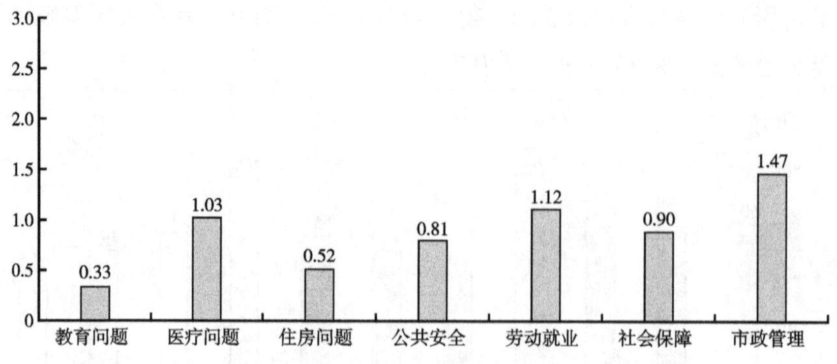

图8　下层人群利益受损程度

下层人群在收入、学历、职业、居住方面都处于非常弱势的地位，实现社会流动的可能性较低。这部分人面临着基本的生存压力，衣食住行成为家庭生活的主要议题，就业压力始终存在，底层的恶性竞争构成了所谓的“非制度化生存”状态。同时，社会保障与劳动保障的力度也与其息息相关。近年来物价的快速上涨对其而言更是雪上加霜。

可以看到，下层人群在多个民生问题上都被侵损着社会应予保障的基本权利，因此让其产生了强烈的不满情绪，并且指向政府、企业等主体。

因此，政府应该保护下层人群的生存状态，改善其在市场中的机遇和地位，尤其是谋生的机会。一方面，只有保障谋生就业的渠道才能让下层人群有不依赖于制度而改善自身的可能性；另一方面，只有保障下层人群的就业环境，才有可

能促成下层与中层及上层在工作生活中的互惠共生。如，中层和上层需要吃早点、洗浴，这需要有相应的劳动力去实现，而下层则可以在其中获取自己所需的资源。如何实现两者的有效衔接，对调解已经形成的社会结构中的对立有好处。

（二）中下层人群社会矛盾水平及特点

1. 中下层人群对物业纠纷、社会治安、食品安全和物价的不满情绪最强

中下层人群的社会矛盾主观水平总得分 54.6 分，稍高于总体水平。其中，价值性矛盾得分为 56.4 分，稍高于物质性矛盾，表明中下层人群对价值性方面的不满情绪更为显著，见图 9。

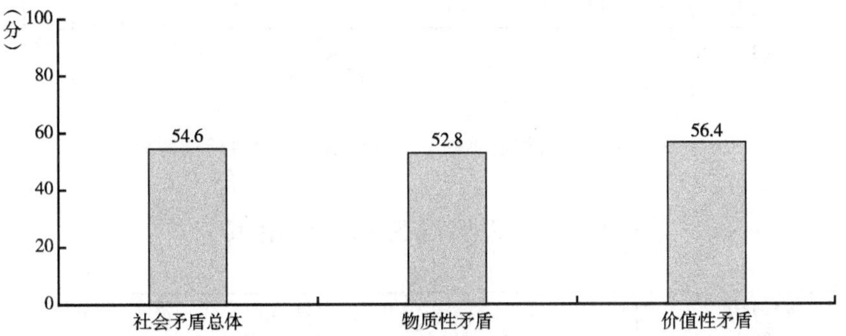

图 9　中下层人群的社会矛盾主观水平得分

具体来看，物质性矛盾中以公共安全矛盾得分相对最高，达 67.1 分，其次为住房矛盾（56.5 分）和市政环境矛盾（54.2 分），见图 10。更进一步说，则是物业纠纷、社会治安和食品安全等三方面的不满最突出（见表 8）。

表 8　中下层人群物质性矛盾三级指标得分

单位：分

教育收费	38.7	食品安全	72.2
教育公平	57.1	公共交通安全	50.0
医疗收费	55.8	职业获取	41.7
医疗质量	47.7	收入水平	42.4
租房价格	45.0	劳动保障	57.6
住房价格	66.7	养老压力	41.2
政策房资源不足	43.8	医保水平	52.2
物业纠纷	70.8	环境污染	58.6
治安状况	79.0	交通拥堵	49.7

而在价值性矛盾方面，以经济体制改革类矛盾得分最高，为77.6分，远高于其他方面。这主要是由于中下层人群收入低，对物价上涨问题更敏感，矛盾得分为86.1分（见图10、表9）。

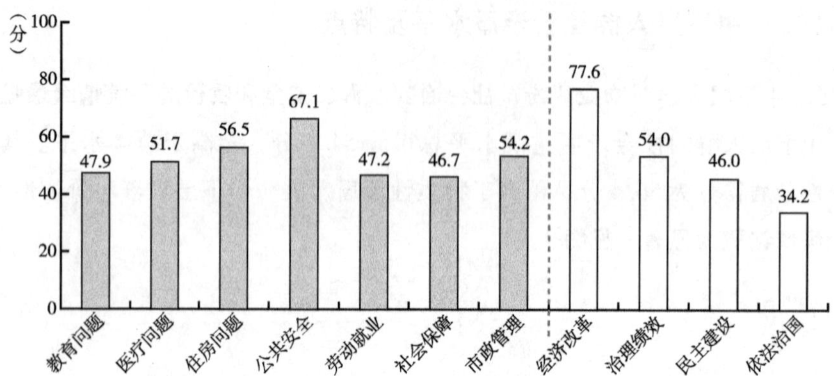

图10　中下层人群的不同物质性矛盾与价值性矛盾得分

表9　中下层人群价值性矛盾三级指标得分

单位：分

贫富分化	69.3	基层民主	47.1
贪污腐败	77.4	沟通机制	44.9
物价上涨	86.1	立法不周	29.7
官员职责履行	58.1	司法不公	33.6
政策施行	50.0	执法不力	39.4

2. 中下层遭遇对市政环境的矛盾评级突出

对中下层人群而言，市政环境总体利益受损程度较高，是问题最突出的方面。同时，医疗问题与劳动就业问题也较多。公共安全方面，受损程度居于第四位，高于社会保障。

外来务工人员是中下层人群的主要组成部分。他们在学历和技能上未必拥有优势，但在户籍、收入上却比较弱势。他们往往是个体工商户群体中的一般个体户、商业服务业员工群体中的一般人员、产业工人群体中的一般人员。

从居住地来看，他们往往生活在城乡接合部或者老城区的老旧小区，大城市的交通病、环境病直接损害其切身利益。为了争取社会流动的机会和所需的资源，中下层人群依然挣扎在大城市之中。同时，社会治安、食品安全、公共交通

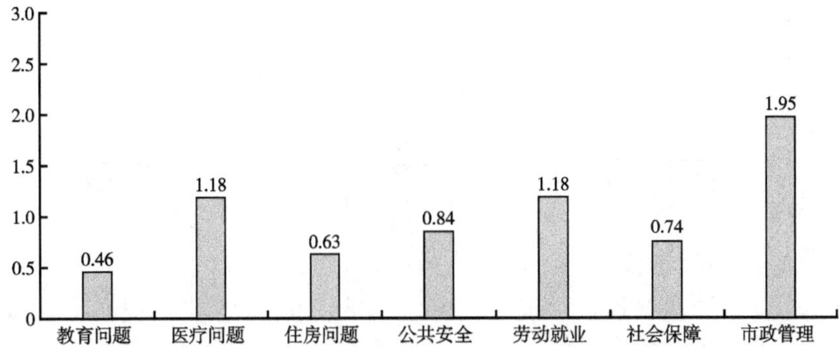

图 11　中下层人群的利益受损程度

安全等公共安全问题造成了中下层人群强烈的矛盾情绪。物价的快速上涨所带来的压力也让其不满。对此，抱怨宣泄乃至网络传播是中下层人群表达诉求的主要渠道，因为其文化水平间接制约了其维权，而只能停留在抱怨之上。

由此推知，对中下层人群而言，稳定有序、不排外的城市环境是其工作和生活的迫切所需。要改变现状，更多地需要改变下层人群政治权益的缺失以及制度设计上的不公。下层人群已经开始认识到这一点，所以其价值性矛盾水平已经超过物质性矛盾水平。

因此，现行以户籍制度为基础的社会资源分配体系亟须调整，为外来人群提供良好的社会环境以及应有的社会保障，是通畅其向上流动渠道的有效措施。

（三）中层人群具体分析

1. 中层医疗矛盾上升，对治安、食品安全与物价的不满突出

中层人群的社会矛盾主观水平总得分 53.3 分，与总体水平基本持平。其中，价值性矛盾得分为 53.9 分，稍高于物质性矛盾，但差异不大，表明中层人群对物质性问题和价值性方面的不满较接近，见图 12。

具体来看，物质性矛盾中以公共安全矛盾得分相对最高，达 66.6 分，其次为医疗矛盾（60.8 分）和住房矛盾（58 分）（见图 13）。可见，中层人群的医疗矛盾上升，而劳动就业矛盾明显下降。而进一步来看，治安与食品安全仍是中层矛盾最突出、最激烈的两方面。同时，对医疗质量、医保水平等方面的不满也相对较高（见表 10）。

而在价值性矛盾方面，以经济体制改革类矛盾得分最高，为 76.4 分，远高

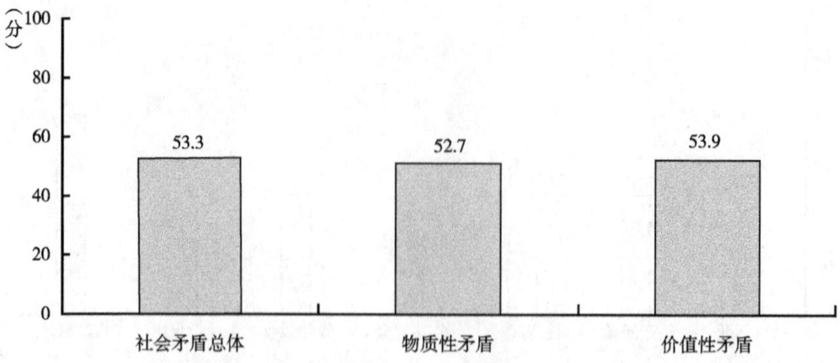

图 12　中层人群的社会矛盾主观水平得分

于其他方面。而治理绩效、民主建设、依法治国等三个方面的矛盾得分梯度明显，反映出中层人群的价值性矛盾分布鲜明，政治需求清晰（见图 13）。

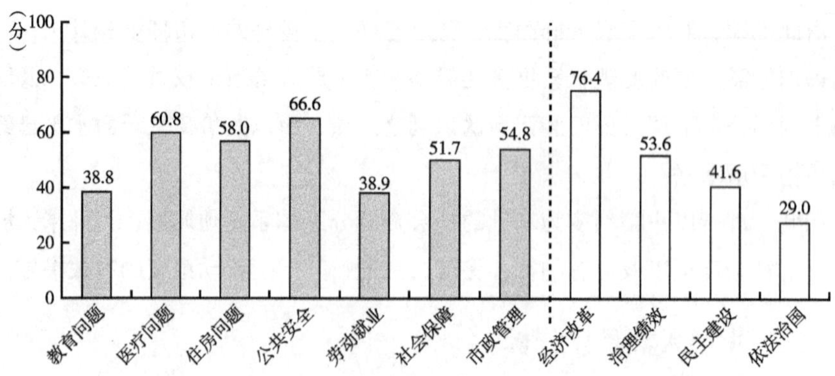

图 13　中层人群的不同物质性矛盾与价值性矛盾得分

表 10　中层人群的物质性矛盾三级指标得分

单位：分

教育收费	40.7	食品安全	74.7
教育公平	36.8	公共交通安全	51.0
医疗收费	58.4	职业获取	31.1
医疗质量	63.2	收入水平	38.7
租房价格	49.7	劳动保障	46.9
住房价格	67.4	养老压力	34.2
政策房资源不足	50.0	医保水平	69.2
物业纠纷	64.7	环境污染	59.4
治安状况	74.0	交通拥堵	50.3

表 11　中层人群的价值性矛盾三级指标得分

单位：分

贫富分化	63.1	基层民主	43.8
贪污腐败	79.0	沟通机制	39.4
物价上涨	87.1	立法不周	26.7
官员职责履行	59.5	司法不公	27.9
政策施行	47.8	执法不力	32.5

2. 中层在多个方面的主观受损较普遍，差异性不明显

对中层人群而言，市政环境总体利益受损程度仍然较高，是问题最突出的方面。而医疗、公共安全和劳动就业方面的利益受损程度相对比较接近，反映出中层人群切身问题的集中性。同时，教育、住房和社保等方面的受损也不低。

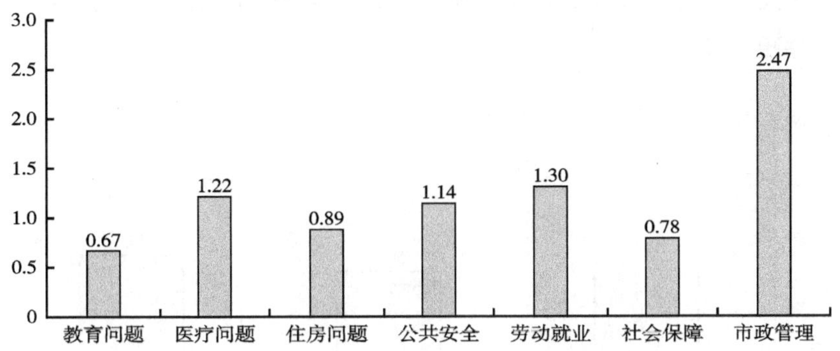

图 14　中层人群的利益受损程度

中产阶级是维护社会稳定的中流砥柱，这已为国际社会的经验所证明。庞大的中产阶级是现代社会的特征，可以缓冲社会转型的冲突，维持社会的运行。在认识到中产阶级社会功能的同时，也需要关注其生存状态，了解其内部的社会矛盾状况。

本次调查中的中层人群多为都市白领，学历偏高，家庭生活基本迈入小康，目前主要居住在城市基本功能区之中。中层人群在一定程度上可以看做是社会的缩影，同时经历着多个社会问题与压力，切身利益在多个方面不能得到较好的保障。

中层人群对于物价上涨过快的问题强烈不满，主要出于对未来生活压力的预期。医疗费用与医疗质量问题也成为困扰中层人群的另一突出原因，反映出这部分家庭仍不完全具备承受就诊住院压力的能力。而治安与食品方面的安全隐患也增加了中层人群的焦虑，不满情绪较突出。

对此，中层人群大多只是口头抱怨和在网上抱怨，反应较为平和，体现出中产阶级“社会缓冲器”的特点。尽管如此，中层人群采取信访表达诉求的情况明显多于下层人群和中下层人群。政府与社会各界应该多关注社会中层的生存状态，使其更好地发挥社会缓冲器的功能。

（四）中上层人群社会矛盾的水平和特点

1. 中上层人群公共安全矛盾评价突出，住房与医保也存在较大不满

中上层人群的社会矛盾主观水平总得分 52.8 分，稍低于总体水平。其中，价值性矛盾得分为 55.2 分，高于物质性矛盾，表明中上层人群对价值性方面的不满情绪更为显著。

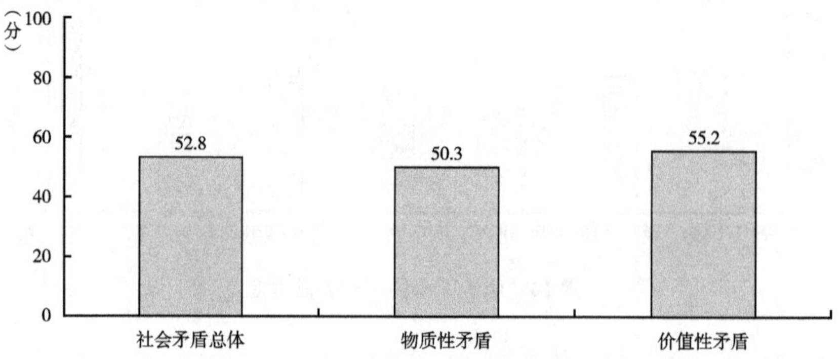

图 15　中上层人群的社会矛盾主观水平得分

具体来看，中上层人群的矛盾突出地表现为公共安全矛盾，物质性矛盾中以公共安全矛盾得分相对最高，达 67.6 分。进一步看，治安与公共交通安全最突出、最激烈。同时，对食品安全、房价、物业纠纷和医保水平等方面的不满也相对较高。

在价值性矛盾方面，以经济体制改革类矛盾得分最高，为 70.1 分，高于其他方面。而治理绩效、民主建设、依法治国等三个方面的矛盾得分梯度明显，反映出中上层人群的关注焦点以经济体制改革和治理绩效为主。进一步看，对物价

上涨的不满与对贪污腐败的不满接近，表明中上层关注贪腐问题的程度比中层与下层的更高。

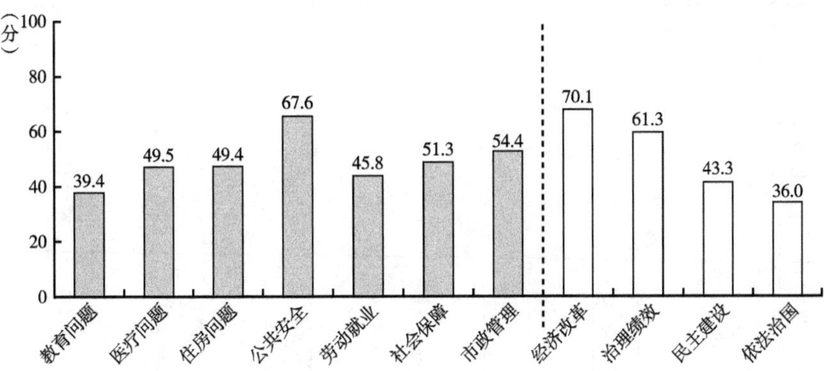

图 16　中上层人群的不同物质性矛盾与价值性矛盾得分

表 12　中上层人群的物质性矛盾三级指标得分

单位：分

教育收费	35.9	食品安全	64.1
教育公平	42.9	公共交通安全	68.8
医疗收费	46.1	职业获取	46.7
医疗质量	52.9	收入水平	40.7
租房价格	37.8	劳动保障	50.0
住房价格	61.7	养老压力	39.4
政策房资源不足	33.3	医保水平	63.2
物业纠纷	64.7	环境污染	56.2
治安状况	70.0	交通拥堵	52.7

表 13　中上层人群的价值性矛盾三级指标得分

单位：分

贫富分化	55.1	基层民主	42.9
贪污腐败	76.1	沟通机制	43.8
物价上涨	79.0	立法不周	30.0
官员职责履行	63.1	司法不公	39.9
政策施行	59.6	执法不力	38.3

2. 中上层遭遇教育问题较少，其他方面受损均较严重

对中上层人群而言，市政环境总体利益受损程度较高，集中体现在堵车

造成迟到现象。相比之下，教育问题较少。而在医疗、公共安全和劳动就业方面，利益受损程度均较高。如医生开药多、医院治愈率偏低、购买问题食品、公共交通给身体带来不适等。工资增长过慢、无偿加班等问题的提及率高。

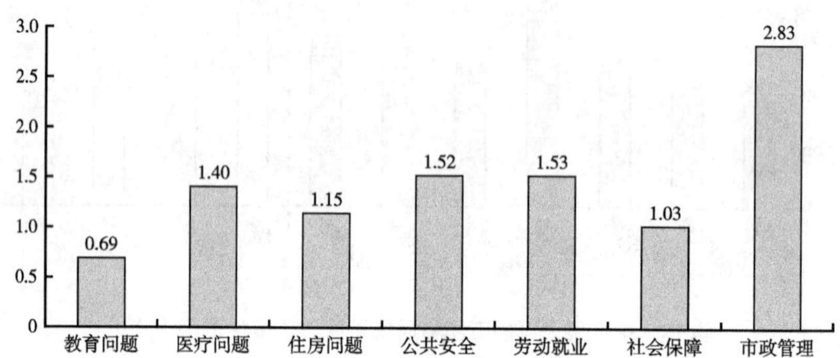

图 17　中上层人群利益受损程度

中上层人群具有更为年轻化的特点，同时受教育程度高。中上层接近精英群体，家庭经济条件良好，已经能够掌握较多的社会资源，对民生问题的不满情绪相对较少，价值性矛盾也相对平缓。他们对社会问题的关注更多地在于公共安全和社会保障方面，对于控制房价、满足住房需求也有呼声。

高知化增加了中上层人群对自身权益的重视，对利益受损的提及情况相对较高，除了教育以外，各方面都存在较高的利益受损。虽然有经济因素的缓冲，其不满情绪未激化，但其表达利益诉求的方式却较为激烈，向媒体曝光、参加集体维权做法相对为中上层人群采纳得更多。这反映出中上层人群积极维权的心态，同时也需看到这个群体有在公众中成为意见领袖的潜在可能性。

中上层人群不是矛盾激烈的群体，但其表达不满情绪和维护利益的方式却容易产生较大的烈度。

（五）上层人群社会矛盾的水平和特点

1. 上层人群住房矛盾与社会保障矛盾评价最为突出，对贪腐尤为不满

上层人群的社会矛盾主观水平总得分 49.5 分，低于总体水平。其中，物质

性矛盾得分为51.0分，高于价值性矛盾，表明上层人群对民生问题的不满情绪相对更为显著。

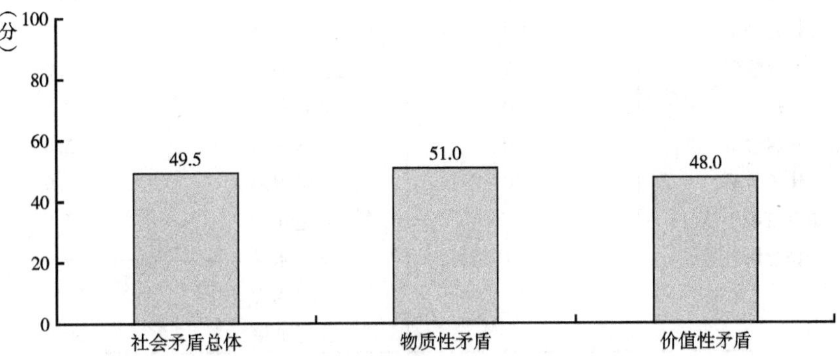

图18　上层人群的社会矛盾主观水平得分

具体来看，物质性矛盾中以住房矛盾和社会保障矛盾得分相对最高，分别为68.3分和63.5分。而公共安全方面退居第三，其不满主要集中在社会治安和食品安全方面，得分较高。另外，收入水平矛盾也较为激烈，得分为75.0分。

而在价值性矛盾方面，以经济体制改革类矛盾得分最高，为65.5分，治理绩效次之，为59.5分。民主建设、依法治国等方面的矛盾得分较低，表明矛盾相对平缓。进一步来看，贪污腐败问题（82.8分）引发的不满情绪首次超过物价上涨（75.9分），是上层人群最反感的方面。

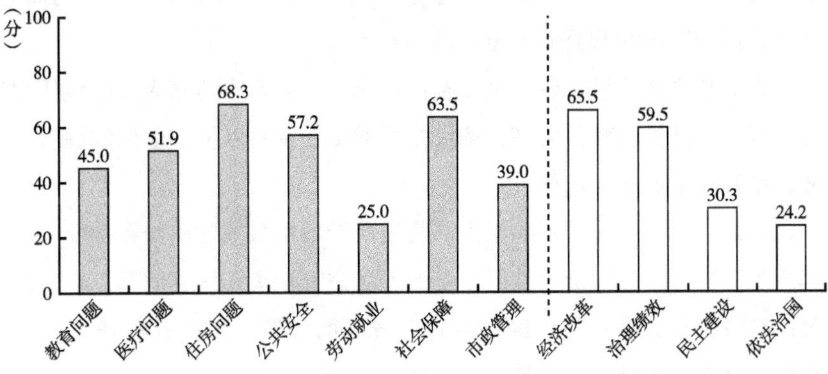

图19　上层人群的不同物质性矛盾与价值性矛盾得分

表 14　上层人群物质性矛盾三级指标得分

单位：分

教育收费	40.0	治安状况	80.0
教育公平	50.0	食品安全	91.7
医疗收费	53.8	公共交通安全	0.0
医疗质量	50.0	职业获取	0.0
租房价格	50.0	收入水平	75.0
住房价格	70.0	劳动保障	0.0
政策房资源不足*	—	养老压力	76.9
物业纠纷	66.7	医保水平	50.0
		环境污染	38.9
		交通拥堵	39.1

* 上层人群基本不具备申请政策房的资格，因此相应指标无样本填答。

表 15　上层人群价值性矛盾三级指标得分

单位：分

贫富分化	37.9	基层民主	27.3
贪污腐败	82.8	沟通机制	33.3
物价上涨	75.9	立法不周	29.6
官员职责履行	62.5	司法不公	19.0
政策施行	56.5	执法不力	23.8

2. 上层人群在市政环境方面受损最突出，噪声问题是重点

对上层人群而言，市政环境总体利益受损程度远高于其他物质性矛盾方面，突出表现为对噪声骚扰的抱怨更多，这也体现出上层人群对生活品质的高要求。而在其他方面，以医疗和公共安全问题相对稍多。

上层人群是富裕阶层，收入高，资产丰厚，既包括本地富人，也包括大量新富群体。同时，其受教育程度高，绝大多数学历在本科以上。他们掌握着大量社会资源，是社会上的精英群体。

对他们而言，社会矛盾不甚激烈。物质性矛盾中只有住房与社会保障两大范畴让其产生不满情绪，而价值性矛盾中的不满焦点聚集在贪腐问题。强大的经济实力足以解决其在衣食住行、医疗教育等方面的问题，因此其利益受损相对较少。最影响其工作生活的是北京的市政环境、交通拥堵与环境污染。

尽管矛盾的深度与广度都不大，但矛盾烈度却不小。上层人群善于用各种制

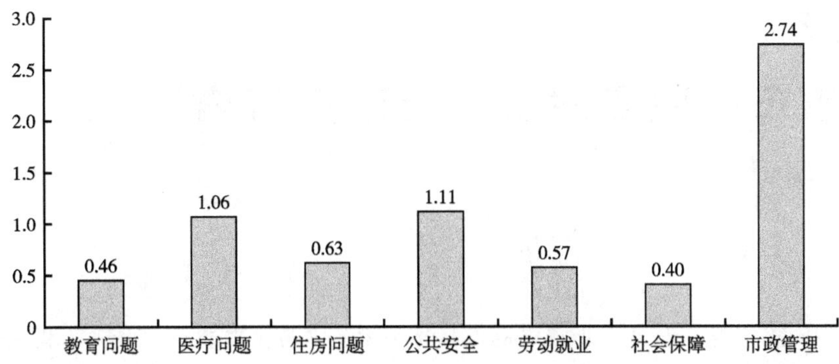

图 20　上层人群的利益受损程度

度化的手段来保障自身权益，信访、法律诉讼等方式被较多地使用。更值得注意的，其参加集体行动的意愿与下层人群同样突出，并且愿意在集体行动中充当动员者角色。

由此观之，这部分既得利益者在坚决维护自身权益时有可能造成较大的社会影响。

Analysis on Social Contradictions of Various Social Strata

Zheng Guangmiao　Fan Wen　Liu Erwei

Abstract: This article did the empirical analysis on the paradoxical situation, characteristics, behavior orientation of various social strata in Beijing. The analysis found that social contradictions will increase in intensity with the decline of social class position, and the composition of the different sectors of social contradictions is also different between the different sectors of the social contradictions, of which the upper middle class interests is damaged most seriously, but the economic situation effectively alleviate social contradictions of the upper middle class and upper class. The upper class is more inclined to maintain the rights within the system.

Key Words : Social Strata; Social Contradiction; Social Order

B.7

北京市农民专业合作社研究报告[*]

曹飞廉[**]

摘　要：本文以北京市延庆县为个案，从历史与现状、特点、模式和成效四个方面对北京市农民专业合作社的发展进行细致阐述，并对其在发展中面临的问题进行分析以提出相应的政策建议。认为农民专业合作社不仅是一个经济组织，更是一个社会组织，已逐渐成为新农村建设中的主体，社会建设领域中的重要载体。

关键词：农民　专业合作社　社会组织　社会建设

在中国的工业化、城市化与现代化进程中，农业现代化是其中非常重要的议题。就中国发展现代农业的路径来看，是在尊重和保护农民的家庭土地承包经营权的基础上，鼓励土地向专业农户集中、发展规模经营和集约经营，使他们成为发展现代农业的主体。① 对于这样一种农业现代化发展模式能否持续，有学者提出两个判断：第一，中国农业将呈现大量小规模兼业农户与少数专业农户长期并存，市场化、商品化和专业化的农业与口粮农业长期并存的局面；第二，在农村土地承包经营权流转、发展适度规模经营的问题上，决策层将继续保持现行的较有弹性的、软约束的政策举措。② 作为中国农业现代化重要载体的农民专业合作

---

* 本报告的撰写得到北京市农委体改处侯书江处长、北京市委农工委研究室调研员副主任王东先生；延庆县社工委谷建英副书记乔延妍女士；延庆县农村合作经济经营管理站贾春媚站长，宋刚副站长、孙威女士；绿菜园专业合作社理事长赵玉忠先生以及延伸养鸭专业合作社刘少先女士的大力支持与协助，在此一并表示感谢。

** 曹飞廉，北京工业大学社会学系讲师，博士。

① 张晓山、苑鹏：《合作经济理论与中国农民合作社的实践》，首都经济贸易大学出版社，2010，第2页。

② 张晓山、苑鹏：《合作经济理论与中国农民合作社的实践》，首都经济贸易大学出版社，2010，第3页。

社正是在这样一种背景下出现的。截至2010年底，全国在工商部门登记的农民专业合作社37.91万家，出资额4545.77亿元（其中货币出资额3676.31亿元、非货币出资额869.46亿元），工商登记成员数715.57万户，实有成员数2900万户。

一　北京市农民专业合作社发展状况

就北京市而言，截至2011年底，全市工商登记注册的农民专业合作社达到4972个，其中：种植业3026个，养殖业1015个。合作社在册成员13万名，辐射带动农户达到46万户，占全市从事一产农户总数的近70%。从事同类农产品生产的合作社成员农户比非成员农户收入提高20%左右。总体而言，北京市农民专业合作社发展呈现以下特点：（1）合作社的规范化水平不断提高。几年来，北京市不断依法推进合作社的规范化管理工作，多数区县制定了统一的合作社规范管理制度，取得明显成效，郊区已经涌现出一大批产权结构清晰、分配制度规范、管理制度健全、实行民主管理的合作社。（2）合作社发展与区域主导产业、特色产业紧密结合。各区县紧密围绕本地区的主导产业和特色产业，培育出一大批产业基础牢固、产品特色突出、带动能力较强的合作社。（3）合作社产业融合成为发展趋势。在发展都市型现代农业进程中，合作社正在成为促进一二三产相互融合的重要载体。目前，全市融合三次产业的合作社达到826家，占全市合作社总数的18.8%，其中从事农产品加工、储藏、销售的达到108家。通过产业融合，延长了产业链条，提高了经济效益。（4）合作社的品牌意识和质量安全意识逐步增强。合作社开始树立以市场为导向、以经济效益为核心的经营理念，产品品牌和质量安全意识进一步增强。目前，全市已有248个合作社注册了自己的产品商标，有386个合作社通过了各类农产品质量认证。（5）合作社内部的资金互助机制不断创新。通州区于家务乡果村蔬菜专业合作社率先实践了合作社内部资金互助试点，有效解决了成员生产资金短缺的问题。目前合作社内部资金互助试点工作已扩展到4个区县，累计达到35家。

此外，北京市作为中国经济较为发达地区已经出现了建立合作社联合社、农产品行业协会，发展合作社之间以及合作社与公司之间横向合作的趋势。北京市已分别成立奶业、板栗联合社，以及果品、奶业、出口菜、谷物等农产品行业协会，有效地整合合作社的分散资源，提升合作社整体竞争实力。

笔者将以延庆县为个案，从历史与现状、特点、发展模式和成效这四个方面对北京市农民专业合作社进行分析。

二　北京市延庆县农民专业合作社发展状况

延庆县下辖15个乡镇，376个行政村，443个自然村。在全县28.6万人口中，农民还占到60%，即在28.6万的常住人口中约有17万多人口是农业户。农业比例占到13%左右。笔者结合对延庆县两个农民专业合作社（绿菜园专业合作社和延仲养鸭专业合作社）的访谈与考察，对北京市农民专业合作社的发展状况与问题进行描述、分析，并提出一些思考。

（一）历史与现状

自2007年《农民专业合作社法》颁布后，延庆县就成为北京市级农民专业合作组织规范化管理试点单位。县里成立了由县委副书记任组长，县委常委、组织部部长、主管农业副县长任副组长，13个相关部门领导为成员的农民专业合作组织领导小组。领导小组下设办公室，办公室主要负责农民专业合作组织规范化管理、经营发展、组织培训、项目申报、政策落实、调查统计等工作，各乡镇切实把发展农民专业合作组织作为增加农民收入的重要工作平台。村委会把农民专业合作组织与新农村建设结合起来，在全县上下形成了强大的推进合力，有效地促进了农民专业合作组织的发展。

2008年初，由县委、县政府和组织部、农委、农经站等相关部门出台了《关于加快农民专业合作组织的实施意见》《关于扶持农民专业合作组织的实施细则》《关于加强农民专业合作组织制度化建设的通知》和《农民专业合作组织规范化管理试点方案》四个政策性文件。文件的出台，明确了全县的农民专业合作组织发展的总的指导思想、工作方向；制定了规范化管理农民专业合作组织发展的各项规章制度；出台了县内扶持、鼓励农民专业合作组织发展的财政政策，加大了全县开展此项工作的力度。

全县举办了6期培训班，对农民专业合作组织负责人、村支部书记、村委会

主任、村民代表等1000余人进行了培训，培训内容不但涉及《农民专业合作社法》，而且也包含县里出台的文件精神以及怎样组建农民专业合作社等操作性强的知识。使广大干部群众既提高了对合作社的认知水平，增强了入社积极性，又掌握了规范化操作的基本技能。

为了贯彻县内“以典型带动规范，以规范促进发展”的工作方针，由市、县决定选取市、县两级规范化管理试点26个，进行精心培育，重点帮扶，依法指导，以此树立典型，带动全县农民专业合作组织工作的开展。

为了加大政府对农民专业合作社的扶持、引导和服务的力度，把农民专业合作社依法规范化、管理好和发展好，找到政府服务农民的切入点，切实做到带动农民增收致富，2009年9月成立了“延庆县农民专业合作社服务中心”。该中心隶属县农经站，由三个职能科室组成。主要职责是：负责研究拟定农民专业合作社发展规划；指导农民专业合作社组建和规范化管理；落实农民专业合作社扶持、奖励政策；搭建农民专业合作社网络服务平台，提供科技、生产、产品营销、宣传等信息服务。2009年在农民专业合作社服务中心的扶持、指导、服务下，全县共有农民专业合作社416家，成员入社总数18875户，占全县一产就业人数的71%，实现销售总收入23823万元，盈余4510万元。

在农民专业合作社中，按行业划分：种植业168家，占总数的40.4%；养殖业223家，占总数的53.6%；林业4家，占总数的1%；渔业2家，占总数的0.4%；服务业4家，占总数的1%；其他行业15家，占总数的3.6%。按服务内容划分：产加销一体化服务311家，占总数的74.8%；购买服务为主的14家，占总数的3.4%；仓储服务为主的1家，占总数的0.2%；运销服务为主的18家，占总数的4.3%；加工服务为主的2家，占总数的0.5%；技术信息服务为主的18家，占总数的4.3%；其他服务的52家，占总数的12.5%。其中，2009年销售收入在1000万以上的有6家，在500万~1000万元之间的有2家，在100万~500万元之间的有20家，在50万~100万元之间的有17家，在50万元以下的有131家。

2009年，康庄镇小丰营村绿菜园蔬菜专业合作社获得农业部2010年农业标准化实施项目（基础设施以及销售网点等建设）扶持资金20万元，此项目是自《农民专业合作社法》实施以来，延庆县首次获得农业部示范项目。

（二）特点

1. 与农村商业银行联合，小额贷款入社

为了解决农民专业合作社资金短缺、难以扩大生产的实际困难，延庆县农村商业银行与部分农民专业合作社建立了小额信用贷款、小额联保贷款两种机制。此种做法扩大了成员的生产能力，增强了农民专业合作社的生产规模，给合作社增添了勃勃生机。

2009年依托市农业担保公司，为康庄镇西红寺种植合作社达成80万元的贷款意向，经统计现有8个乡镇的26家合作社有不同额度的贷款意向。

2. 与村经济合作社资产进行有机结合

延庆县康庄镇小丰营村是全县有名的蔬菜专业村，村经济合作社有占地面积4万平方米、建筑面积6600平方米、净资产600多万元的八达岭蔬菜市场，现已决定以入股投资的形式加入北京绿菜园蔬菜专业合作社，成为合作社的法人股，参与合作社的盈余分配，增强合作社的销售能力。

3. 与涉农部门的国有资产进行有机结合

县果品中心是县属事业单位，他们利用闲置的保鲜库为全县农民专业合作社免费贮藏果品100多吨，使县果品专业合作社提高经济效益50多万元。即使国有资产得到了有效的使用，又扶持了当地农民专业合作社的发展，富裕了当地农民。

（三）模式

1. 龙头企业带动型

以农业企业为龙头，带动合作社农业技术的更新以及农产品的销售，最终达到农民专业合作社的发展与成员的增收。如延庆县阔利达养殖专业合作社在北京阔利达实业集团公司带动下成立，从事奶牛养殖、信息咨询、业务指导、技术培训、拓展销售渠道等，在集团的带动下合作社专门成立运输车队，将奶源定时、定量运送到伊利、蒙牛等大公司，有效地解决了卖奶难问题。同时合作社积极与农村商业银行联合，建立了小额信用贷款、小额联保贷款两种机制，增强了合作社发展动力。

2. 依托能人带动型

发挥“能人”效应，借助能人的资源与能力，带动合作社的发展与壮大。

如延仲养鸭专业合作社法人刘少先，被评为全国三八红旗手、双学双比女能手、全国农民青年创业致富带头人等。《农民专业合作社法》出台后，积极响应政策，将养鸭协会改为合作社，依托“资金、技术、销售”三项服务，发展扶持养鸭户，提高农户收入。

3. 依托产业带动型

依托全县的主导、优势产业，建立农民专业合作社，使合作社的发展与该县的大农业紧密结合起来。绿菜园蔬菜专业合作社以蔬菜产业为依托，将净资产600多万元的八达岭蔬菜市场，加入到专业合作社。通过合作社，以订单为保障，形成产供销一体化，有效实现小生产与大市场的对接，让农民得到了实惠，带动农民增收致富。

4. 土地流转规模型

土地流转是近几年来深化农村经济体制改革的一项，把合作社的建设与土地流转有效结合起来，实现了两项改革的双赢。百物生中药材产销专业合作社通过村委将1114亩土地流转到合作社。流转出来的土地进行统一布局，建184栋设施大棚，统一种植蔬菜和花卉。2009年实现1000万元收入，户均98000元。

5. 农产品加工型

延长农产品的生产链条，增加农产品的附加值是合作社担负的另一项服务功能。八达岭绿美农产品专业合作社以市场为导向，采取以“合作社+农户”模式进行农副产品加工，主要开发生产小杂粮、蛋类、干菜、干果等五大类土特产品，其加工产品“夏都”牌为北京市著名商标。

这几种模式也并非彼此完全独立，而是相互交错，比如绿菜园蔬菜专业合作社就同时是依托能人和产业带动的，又如绿富隆蔬菜产销合作社就是依靠龙头产业和能人共同带动的。从对农经站相关工作人员的访谈以及考察中可以发现，依托能人和村集体产业发展起来的合作社最符合合作社“带领农民共同致富”的发展理念。

（四）成效

1. 体系建设与农民增收

经过几年的努力，五个体系建设初步形成。一是组织体系建设。完善了合作社的内部组织机构，根据各自实际情况和工作需要设立了内部机构和工作人员。比如大庄科乡的北京莲花山蜂产品产销专业合作社设立了办公室、财务部、生产销售部、技术开发部及培训部等。二是制度体系建设。建立健全了“三会”（即理事会、监事会、成员代表大会）为基础的民主控制制度，规范完善了章程、财务制度、内部规章制度等，特别是建立了紧密型的牵扯各方经济利益的6:4的利益分配制度，实行了“社务、财务”公开为主的公开制度。三是服务体系建设。规范化管理后的农民专业合作社都建起了实实在在的服务体系。规范化后的合作社都建起统一采购、统一技术、统一品质、统一销售等实实在在的服务体系。如技术服务，延庆延仲养鸭专业合作社长期聘请中国农大教授为技术顾问，进行实地指导服务养鸭户。四是管理体系建设。规范入社程序，明确成员身份，明晰产权，规范成员的生产行为。五是市场体系建设。开拓了稳定的销售渠道，打开了良好的营销市场。北京绿菜园蔬菜专业合作社在原来小丰营蔬菜协会基础上，经过“会改社”工作，进行重新登记，依靠“合作社”这一新型组织解决了多年来申请“独立蔬菜出口权”的老大难问题，2011 年该合作社带动小丰营蔬菜市场共销售各类蔬菜 3.05 亿公斤，交易额达 3.18 亿元，带动农户 3600 余户，成员平均户收入 3 万余元，比非成员农户高 10%，比非菜农收入高 20%。又如，北京延柏大柏老聚八方奶牛合作社，2008 年率先在全县农民专业合作社中实现了盈余返还，共分配盈余 59585 元，其中按投资股分配 29792 元，按交易量返还分配 29793 元，成员全年户均纯收入 26000 元，比非合作社社员的户均纯收入 22000 元增加了 4000 元，增长了 18%，提高了农民收入，调动了农民参加合作社的积极性，同时也提高了合作社的凝聚力和带动能力。

2. 农民组织化程度的增强

从延庆县的合作组织的发展形势看，农民的组织意识在不断加强，不再像过去那样完全依靠政府的帮助来发展，而是积极主动寻找致富路，2008 年统计调查的合作组织中有 286 个是农民自己组建起来的，占到了总数的 85%。此外，2008 年所有者权益中农民成员出资额比上一年增长了 6.4 倍。

由此显示，农民参与专业合作社发展的意识在不断加强，能够主动出资参与合作社的经营，把自己的利益和专业合作社的利益紧密结合起来，真正实现了农民与专业合作社的利益共享、风险共担。合作社还能够积极发挥内部的教育、培训功能，培育和增强了农民的市场观念和民主意识，锻炼了农民在科技推广、组

织管理、市场营销以及民主决策等多方面的能力。

3. 促进了主导产业的形成，增强了农产品竞争力

延庆县通过农民专业合作组织以订单农业、基地农业、品牌农业等形式促进了当地主导产业的发展，提升了农产品的市场竞争力。如绿富隆蔬菜产销专业合作社利用获得的北京市著名商标“绿富隆”，通过1300亩的奥运特供蔬菜基地带动全县5个乡镇、10个蔬菜村、5600亩蔬菜产业发展，使全县蔬菜不仅在品质上提升了一个新的台阶，而且形成了具有延庆特色的有机蔬菜主导产业，成为2008年北京奥运会蔬菜供应商。

4. 通过“农超对接”活动，拓宽销售渠道。

农超对接是适应农产品生产基地化、规模化、标准化、商品化的现代重要流通模式，绿富隆蔬菜产销合作社把全县合作社的蔬菜统一组织起来，与京客隆商业集团股份有限公司合作，签订年万吨无公害蔬菜进超市协议。仅2009年6～10月，合作社有3219.5吨蔬菜进入京客隆超市，交易额65.2万元，净利润18万元，此协议的签订为全县蔬菜产业开辟了销售渠道，有效地解决了小农户与大市场的对接，增加了利润，提高了菜农收入。

三　北京市农民专业合作社在发展中面临的问题

1. 注册数量多，参与登记的农户数量少

从工商部门登记注册的情况看，合作社的数量呈现出快速增长的势头，但每个农民专业合作社履行登记注册手续的社员数量平均只有20个，仅占辐射带动农户总数的14%。其原因，一是按照《农民专业合作社法》的规定，5个以上农户就可以注册登记农民专业合作社，登记注册门槛较低。二是部分农民专业合作社怕注册手续麻烦，虽然名义上加入合作社的社员较多，但只有少数人进行登记。三是部分合作社，特别是龙头企业和大户领办的合作社，为了少数人的利益，在成立合作社时，将合作社成员分为骨干社员和普通社员，并且只为骨干社员办理注册登记手续。

2. 合作社内部利益联结还不紧密，管理制度尚不健全

按照法律规定，合作社应当为每个成员建立账户，但在实际中，有些合作社内部财务管理制度不健全，导致产权不清，利益联结比较松散。另外，有些合作社存在民主管理制度不健全，财务核算不规范、不公开，重大事项未进行民主表决，少数人说了算等问题。

3. 一产领域合作为主，合作社产品进入市场的整体实力依然薄弱

北京市农民专业合作社的合作领域仍以种植、养殖为主。据统计，在全市注册的合作社中，种植和养殖类的合作社占到注册合作社总数的81.1%。这些合作社除少量具备加工和销售能力外，多数仍处在生产领域的合作，进入市场的能力依然很弱并且深受加工企业的排挤。这样进而导致合作组织盈余少，实现二次返还难。

4. 金融服务农民专业合作社过程中存在的问题

尽管北京市各级政府加大了对农民专业合作社的扶持力度，多种农村金融机构增加了农民专业合作社的融资渠道。但从总体上看，同农民专业合作社的实际金融需求相比，北京乃至全国的农村金融的供给仍然严重不足。

农民专业合作社虽然已依法在工商部门注册成立，但它不同于公司等企业法人，不具有企业法人的特征，农民专业合作社的特殊法人地位难以获得金融机构的认可。《农民专业合作社法》实施后，农民专业合作社的市场主体尽管得到法律的确认，也在法律上承认了其承贷主体地位，但多数金融机构对此类法人性质心存疑虑，特别是借款主体的不确定性更是增加了金融机构的贷款风险。而商业银行的利润导向使得其不愿对风险比较大的农民专业合作社进行放贷。从访谈资料来看，延庆的合作社多也是通过理事长或农户个人获得金融机构贷款的。

另外，由于合作社成立时间都较短，内部管理还不规范，各项制度还不健全，没能按照规范化管理要求做，影响到了合作社筹措资金的能力。

许多富裕农户不愿意加入合作社，多数合作社的起步资金为10万元。农业担保公司通常只愿意为农户担保，但不愿意为合作社担保。农村金融服务的薄弱成为合作社发展的一大障碍。

5. 人才困境

大部分的合作组织由农民自发组成，负责人也是农民，他们普遍掌握的业务知识少、适应市场的能力不强、经营管理的能力弱，综合能力不高，对合作社的发展壮大存在一定的制约性。

四　政策建议与思考

结合北京市农民专业合作社发展现状，可以从以下方面推进合作社的发展。

一是重点鼓励引导和支持发展社员入股型的农民专业合作社。有条件的农民专业合作社应当学习通州区农民专业合作社的经验，开展内部资金互助，通过资金互助进一步加强成员之间的利益联系。

二是要加强民主管理，严格依法行使表决权和附加表决权，防止出现一股独大，妨碍合作社的民主管理、民主决策。

三是探索由政府支持合作社资金，由合作社利用政府资金、自筹资金以股份合作制的方式，通过新建或参股，甚至赎买等多种方式，支持鼓励合作社建立自己的后续生产车间，延长产业链，实现产加销一体化经营。

张晓山、苑鹏从农业经济学的视角对农村专业合作社在转型中国与新农村建设中所扮演的角色归纳出了几点认识。

第一，合作社是市场经济的产物，它的发展与市场经济的发达程度密切相关。在中国的发达地区，如北京等地，农业和农村经济已由自给、半自给的自然经济向商品经济、市场经济转化，农民生产经营活动各个环节的商品化、市场化的程度大大提高。合作社主要是以从事该种农产品生产为主业的、达到一定生产规模和商品量的专业农户的联合，这类组织都有较高的门槛，并不欢迎小规模的以农业为辅业的兼业农户。

第二，如果要提升农产品的市场竞争力、占领市场份额，则要打出品牌，制定和实施与国际接轨的质量标准，对初级农产品进行粗加工和精加工，而这却是一家一户或仅起中介作用的专业技术协会无法做到的，必须由经济实体型的专业合作社来承担。扶持以农产品生产和营销专业户为主体（合作社的所有权、控制权和收益权主要由农产品生产和营销专业户拥有）的农民专业合作社才是真正扶持农业、真正扶持农民。

第三，合作社不是单纯的经济组织，是具有一定社会功能的特殊经济组织，合作社是社员提高素质、学习民主、学习诚信的学校。在合作社发展壮大的过程中，通过合作社的联合，将为建立政府、企业和农民之间协商对话的平等伙伴关系奠定基础。①

通过对延庆农民专业合作社的考察，笔者认为上述三点都切中了合作社发展

① 张晓山、苑鹏：《合作经济理论与中国农民合作社的实践》，首都经济贸易大学出版社，2010，第 292 ~ 304 页。

的要害，合作社在本质上即是“具有一定社会功能的特殊经济组织”，这就意味着它同时也是社会组织（实际上如今的许多合作社原本就是从社团协会转化而来），合作社除了承担经济职能以外，还需承担社会职能。在延庆三个多月的调研，我们不断提出的一个问题就是“新农村建设谁做主”？政府主导的建设方案、建设形式、建设内容是否真正是农民愿意接受的？政府投入大量的资金建设，农民是否真正满意？新农村建设，资源配置的权力集中在“条条”部门，比如市县的农委、公路局等；而“块块”部门，如县政府、乡镇政府，往往无法支配资源的调配。① 合作社的发展为缓解这些难题提供了一个较好的突破口。因为合作社发展的意义不仅在于让农民增收致富，更为重要的是培育了村民的民主协商与公共事务参与意识，并在这一过程中产生新型乡村能人，整合乡村的精英和人才资源带领村民共同致富。从访谈中发现，村官在合作社中获得学习与成长的机会的同时还在合作社的成长发展过程中发挥了很大的作用；又如，部分具有远见卓识的合作社领导者在考察了台湾农会后，提出可借鉴“台湾”经验通过政府注资的方式来解决合作社融资困难的问题等。

农民可以借助合作社这一平台，对政府主导的方案提出自己的观点和想法；新农村建设资源在政府的“条”与“块”的配置中产生的低效和无效的状况也能得到改善；到达整合农村社区中各种有利资源的目标。

2004 年，党的十六届四中全会提出了“社会建设”概念，把正在进行的与经济建设相对应的社会领域建设作了概括，统称为“社会建设”。2007 年，党的“十七大”报告将“社会建设”单列一节，使中国社会主义建设的总体布局由原来的经济建设、政治建设、文化建设的“三位一体”，变成了包括社会建设在内的“四位一体”，并写进了新修改的党章总纲中。由此，社会建设由理论走向实践，开创了中国社会主义现代化建设的新领域。②

农民专业合作社不仅已逐渐成为新农村建设中的一个主体，更是社会建设领域中的重要载体，在提高农业组织化程度、带领农民建设现代农业中发挥着越来越重要的作用，将来一定会成为推动中国农业现代化以及农村地区社会建设的主要力量，而合作社成员的民主、法制和参与意识也必将在合作社的发展中萌

① 参见本书总报告。

② 陆学艺等主编《2010 年北京社会建设分析报告》，社会科学文献出版社，2010，第 2 页。

生、发展与成熟，成为中国从传统农耕社会向现代的工业社会转型中的新型农业工作者。

Report on Beijing Farmers' Specialized Cooperation

Cao Feilian

Abstract: This article elaborated the farmers' professional cooperatives of Yanqing County, Beijing from the history and present situation, characteristics, patterns and effectiveness and analyzed the problems faced by Beijing farmers' professional cooperatives in development. In addition to proposing appropriate policy recommendations, the author put forward that the farmers' professional cooperative is not only an economic organization but a social organization as well. It has gradually become a mainstay in the new rural construction and is an important carrier in the field of social-building.

Key Words: Farmers Professional Cooperative; Social Organization; Social-building

B.8

走向世界城市的北京城乡关系变化

李 升*

摘 要：2011 年北京在城乡关系调整方面做出的最重要决策便是对城乡接合部的开发建设，在积极推进城乡一体化的同时，做出了彻底消灭"城中村"的规划，这些决策无疑体现了北京为建设世界城市的决心。然而，从北京城市的发展和世界城市建设的研究出发，就不能忽视城乡接合部对于城市空间发展和内部居民生活的功能性存在的意义。因此，北京城乡接合部的开发建设应是一个需要多方面考虑的"稳中求进"的过程。

关键词：城乡接合部 世界城市 稳中求进

一 引言："消灭城中村"以走向"世界城市"

2011 年的北京在城乡关系调整方面迎来了一个新时期，其中最为引人注目的便是关于"城中村"的整治。北京市发改委网站公布的《北京市"十二五"时期城乡市容环境建设规划》表明，北京计划于 2015 年前基本消灭"城中村"。《规划》还说明在 2006～2010 年的 5 年间，北京市已经对 171 个"城中村"进行了综合整治，截至 2011 年北京还有 100 余个城中村①。从以往的治理可以看出，北京整治"城中村"采取的是"由内向外"的原则，即从城市的二环路向五环路依次推进，而基本目标则是按《规划》中要求的那样，在"十二五"时期基本消灭"城中村"等影响市民生活的"脏乱差"现象，实现有序的城市规划，同时深化开展全市城乡接合部地区整治，并加大郊区农村市容环境整治力度。此

---

* 李升，博士，北京工业大学人文学院社会学系讲师。

① 《2015 年前拟消灭"城中村"》，2011 年 11 月 5 日《新京报》。

外，北京市政府还下达文件，对北京市城乡接合部地区的50个重点村实施整建制农转居，由此推进北京的城乡一体化进程①。

这些政策的提出无疑是指出北京市城乡接合部的发展方向，而城乡接合部的发展则是体现一个城市的城乡关系变动的重要内容，甚至可以说是体现一个国家或地区现代化水平的重要内容，对于北京的社会建设来说，便是北京实现现代化并走向世界城市的重要指标。城乡关系调整要解决的问题，是如何使城市和农村在结构及功能上形成一种协调互助、效益互补的关系。在这一方面，北京市关于城乡接合部的整治不仅是城市化发展的必然要求，更是北京达到世界城市目标的重要手段。《北京城市总体规划（2004~2020年）》就提出了北京城市发展目标的定位，第一步是构建现代国际城市的基本构架，第二步是到2020年全面建成现代化国际城市，第三步是到2050年成为世界城市。另外，2008年北京成功举办奥运会之后，2009年正式提出了建设世界城市的战略目标。在这样的为建成世界城市的总体规划中，对“城中村”的整治、“城乡一体化”的实现等也提出了很高的要求，因此，在世界城市建设与城乡关系调整方面，两者在对城市空间的要求上同时聚焦了北京的城乡接合部。

城乡接合部在建设世界城市过程中的重要意义不仅体现在城市化由城市中心向边缘的空间扩展方面，更体现在是吸纳移民（外来人口）的重要区域。有关世界城市的理论和一些发达国家的世界城市事例告诉我们，世界城市建设必然是一个吸纳国内外移民的过程，而世界城市则必然是移民占据重要力量的“全球缩影”。不同于西方社会体制的中国，城乡接合部可以说处在城乡二元体制冲突的前沿，而在目标指向世界城市建设的北京，则更加体现出世界城市建设与区域社会协调发展之间的关联。因此，本文所要探讨的问题是：从社会学的视角出发，探讨在建设世界城市的同时该何如兼顾城市中区域社会的协调发展？在北京走向世界城市建设的进程中，作为体现城乡关系结构特征的“城乡接合部”究竟何以存在？城乡接合部在城市空间结构方面具有怎样的功能并如何使其有序发展？

---

① 《北京市人民政府关于城乡接合部地区50个重点村整建制农转居有关工作的意见》，京政发［2011］55号，北京市人民政府，2011年9月19日。

二　“生存的窘境”：北京城乡接合部的存在与发展

1. 北京城乡接合部概况

城乡接合部一般包含以下部分：第一是与城市建成区毗连，兼具城市与乡村的某些功能与特点，但在行政上不属于城区街道管辖，而属于郊区乡（镇）管辖的地区；第二是虽已列入城区街道管辖，但在城市基础设施、人口密度方面还不及城区，是与郊区乡村交叉的地区；第三是郊区乡村中由于某些特殊原因，如建在郊区的农副产品供应地、旅游区、住宅小区、大中专院校等而与城区有特别密切联系的地区。城乡接合部是一个极具中国特色的城市空间扩张概念，它集中了中国城市化过程中的诸多矛盾与问题。随着这一地带边缘性特征越来越突出，已成为我国社会各种矛盾冲突的交会地带和敏感地区，成为城市发展、城乡统筹和城乡一体化不能回避的一个节点①。

按照规划，北京市城乡接合部地区是指城市中心区的边缘地带以及新城所辖除城市中心区以外的农村地区。根据有关资料提供的数据，北京城乡接合部地区共有行政村1178个，农业户籍人口102.2万人，土地252.3万亩，其中成为城中村的有259个，农业户籍人口28.3万人，土地有44.4万亩②，而我们最为关注的、也是近几年北京所重点整治的则是这些所谓的“城中村”地区。之所以这些地区往往成为人们关注的焦点，主要是在这些城市空间居住的大部分是外来人口。因此，在对待北京城乡接合部，尤其是那些“城中村”的发展问题上，就需要将居住在其中的“特殊人群”加以考虑。根据北京市2010年第六次全国人口普查数据公报，北京市全市常住人口为1961.2万人，同2000年第五次全国人口普查相比，十年增加了604.3万人，增长44.5%。平均每年增加60.4万人，年平均增长率是3.8%。全市常住人口中，外省市来京人员是704.5万人，占常住人口的35.9%。

从图1可以看出改革开放以后北京外来人口不断增加的趋势，而这些外来人口的居住空间主要位于城市的近郊地区，也就是北京的城乡接合部地区。从图2

① 姚永玲：《北京市城乡接合部管理研究》，中国人民大学出版社，2010。

② 张新、王修达、王东：《关于城乡接合部地区综合管理体制改革的调研报告》，《北京农业职业学院学报》第23卷，2009年第1期。

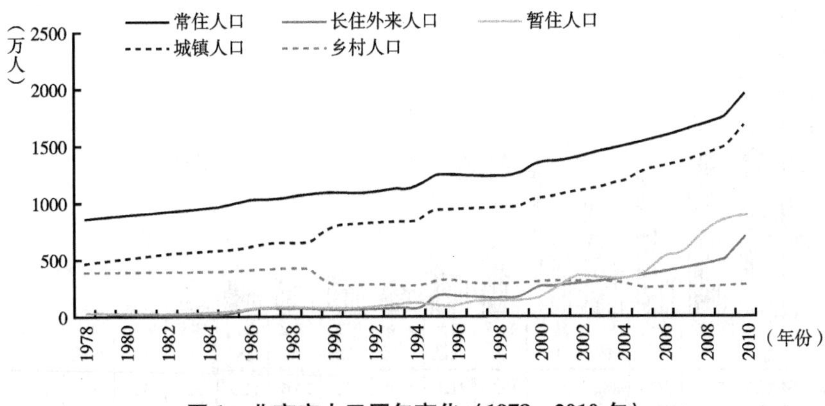

图1　北京市人口历年变化（1978～2010年）

资料来源：《北京市统计年鉴2011》。

可以看出，北京的朝阳、海淀和丰台区成为外来人口的最主要集中地区，这些地区也是北京的快速城市化不断扩张的主要地区，其一方面临近城市的核心经济发展区，另一方面也是北京的城乡接合部主要集中的地区。经济发展的优越条件固然是吸引外来人口的主要原因，但以居住为主的廉价“地租”也是他们最初能够居住在此的重要因素。

大量外来人口的进入，使得城市近郊的很多城乡接合部的行政村开始出租他们的老房屋以赚取租金，外来人口则依靠这些廉价的租房在北京暂居一角。初期来京的外来人口会呈现聚居状态，他们主要集中在北京城乡农贸市场，可以在不需要城市户口的情况下获得暂时的工作。相关调查和研究表明，北京城乡接合部的外来人口主要以租用住房或者是搭建的棚户为居住场所①。随着外来人口的不断聚集以及城市的不断发展，北京的这些城乡接合部便成为难以管理的外来人口的聚集区，由于其生存环境无法与城市中心城区相比，因此形成我们所说的“城中村”。20世纪80年代以来，浙江温州的商人不断涌入北京丰台区南苑乡大红门，在这里租房经商，以从事服装加工为主的职业而逐渐形成“浙江村”；另外还有北京魏公村的“新疆村”、位于京昌高速与四环东北向的“河南村”、位于西五道口的“安徽村”、位于北京规划区北五环的“福建村”等。

① 刘海泳、顾朝林：《北京流动人口聚落的形态、结构与功能》，《地理科学》，1999，第19卷，1999年第6期。

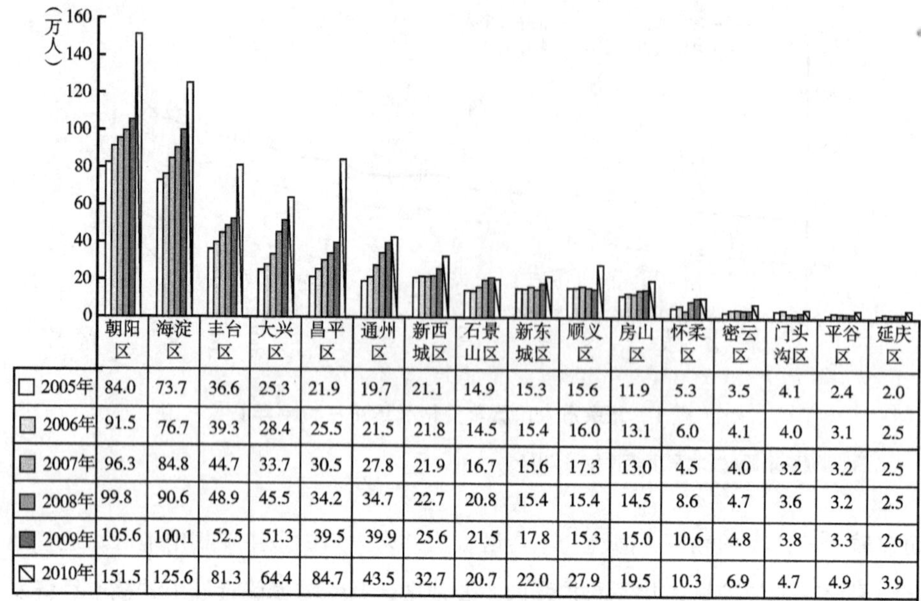

	朝阳区	海淀区	丰台区	大兴区	昌平区	通州区	新西城区	石景山区	新东城区	顺义区	房山区	怀柔区	密云区	门头沟区	平谷区	延庆区
2005年	84.0	73.7	36.6	25.3	21.9	19.7	21.1	14.9	15.3	15.6	11.9	5.3	3.5	4.1	2.4	2.0
2006年	91.5	76.7	39.3	28.4	25.5	21.5	21.8	14.5	15.4	16.0	13.1	6.0	4.1	4.0	3.1	2.5
2007年	96.3	84.8	44.7	33.7	30.5	27.8	21.9	16.7	15.6	17.3	13.0	4.5	4.0	3.2	3.2	2.5
2008年	99.8	90.6	48.9	45.5	34.2	34.7	22.7	20.8	15.4	15.4	14.5	8.6	4.7	3.6	3.2	2.5
2009年	105.6	100.1	52.5	51.3	39.5	39.9	25.6	21.5	17.8	15.3	15.0	10.6	4.8	3.8	3.3	2.6
2010年	151.5	125.6	81.3	64.4	84.7	43.5	32.7	20.7	22.0	27.9	19.5	10.3	6.9	4.7	4.9	3.9

图2　北京市各区县外来人口总量变化（2005～2010年）

图标根据《北京区域统计年鉴（2010）》和《北京区域统计年鉴（2011）》绘制。

所以能够形成“城中村”，除了城乡接合部“地租”的廉价以外，还有一个重要原因便是很多外来人口都是通过亲缘或地缘关系而流动到北京，这也成为他们在初期能够在北京站稳脚跟的关键因素，因此便在北京的城乡接合部地区形成了规模越来越大的外来人口聚集区。当然，除了这些具有地方性特色的城中村之外，很多众城中村则是多外来人口的“杂居”状态。这些城中村所具有的共同特征就是由于原先当地人的迁移而将住房出租给外来人口，使得这里成为不能有效管理的地区，随之而来的生活环境问题、地区治安问题①等成为政府亟待解决的问题。因此，北京市在对城乡关系的调整方面，重点整治的也就是这些处于城乡接合部的“城中村”地区。

如果从移民的角度来看北京的外来人口，除了来自国内的外来人口以外，近几年外籍来华人口也在不断增加，这些外籍外来人口的居住与生活，与北京市的

① 有学者认为“城中村”的形成会造成区域性“失范”，进而使得这些地区的城市犯罪率高发（张荆：《影响中国犯罪率攀升的六大关系研究》，《中国人民公安大学学报（社会科学版）》2011年第5期）。

城市化发展和对城乡接合部的开发建设是紧密地联系在一起的。根据不完全统计，现在居住在北京的外国人大约有 20 万人，而很多外国人则也形成了不同国别的生活圈。居住在望京地区的韩国人有 6 万之多，已经形成了具有韩国特色的“韩国村”，如果从地域文化的角度来看，这和“浙江村”等城中村有着相似的形态（细看外国人生活的居住区和来自国内的大量外来人口的聚集区的话，不难看出城乡接合部地区便成为了国内移民和国外移民的集中所在。）

从北京城市规划和发展的情况来看，北京城区的北部地区成了外籍外来人口的主要居住区，随着外籍人口的不断增多，北部地区的城乡接合部的开发建设也与南部地区有所不同。由于其生活方式的多样性和国际性，在这些地区的空间开发建设也体现出了国际化的特点，高档商务办公楼、大型购物以及休闲消费场所不断涌现，在对临近的城乡接合部地区形成巨大经济牵引力的同时，也形成了昂贵的“地租”空间。由此，城市的不同区域通过对不同移民的接纳，形成了不同的城乡接合部发展特点，对于北京来说，便是形成了南北不同的外来人口居住区。

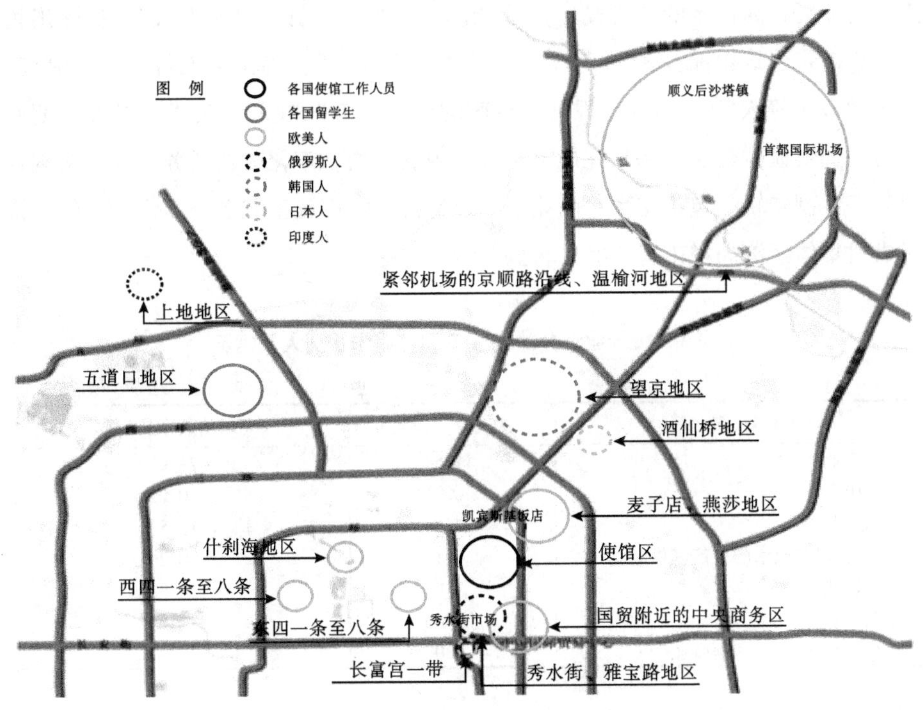

图 3　外国人在北京的分布

资料来源：黄永明：《外国人在北京的分布》，《中国国家地理》2008 年第 8 期。

2. 政府关于城乡接合部建设的具体措施

尽管北京关于城乡接合部的开发建设有政府主导式和开发商主导式等多种模式，但针对于其中居住的那些外来人口或当地的村民来说，在管理方面传统的“以籍管人”的方式始终是决定其居民生存的根本所在。在建设世界城市并不断吸纳外来移民的过程中，这样的管理方式给城市现代化设置了一道阻碍。因此，在北京城乡接合部的开发建设方面，不仅需要考虑区域空间的重建问题，更需要考虑如何吸纳外来移民的政策问题。下面我们以北京市丰台区的具体措施和方法为例，分析北京市关于城乡接合部的政策实施的情况。

北京市丰台区地处北京城区的南部，是北京重要的城乡接合部地区。丰台区的面积是 305.87 平方公里，在 2011 年时有常住人口 216 万，流动人口 86 万。从前文的说明也可以看出，丰台区是北京市外来人口和“城中村”较为集中的地区。对于城乡接合部的建设以及对外来人口的管理方面，丰台区在 2010 年也提出了一些措施来进行地区管理：“十二五”期间，丰台三环至五环之间的高污染、高能耗、高耗水的“三高”产业全部要淘汰，实现“以业管人”；拆除出租大院、违章建筑以减少流动人口，实现“以房管人”；将积极推行居住证制度，实现“以证管人”①。另外，根据丰台区的“十二五”规划，在“十二五”期间丰台将加快撤村建居，基本完成丰台五环内农村的城市化改造任务，同步实现社会管理体制转轨，包括花乡、南苑乡、卢沟桥乡等都属于城乡一体化的范围，推进农村集体经济向城市现代经济转型升级。

表 1　按行业划分的法人单位和期末从业人员情况

单位：%

行业类型(丰台区)	法人单位构成	期末从业人员构成
第二产业	11.54	21.07
采矿业	0.01	0.01
制造业	7.58	11.82
电力、燃气及水的生产和供应业	0.10	0.26
建筑业	3.85	8.98
第三产业	88.46	78.93
交通运输、仓储和邮政业	3.00	20.97

① 《北京丰台区将推进居住证制度　流动人口享市民待遇》，2011 年 1 月 13 日《京华时报》，http：//www.chinanews.com/gn/2011/01－13/2784091.shtml。

续表

行业类型(丰台区)	法人单位构成	期末从业人员构成
信息传输、计算机服务和软件业	3.18	2.02
批发和零售业	37.14	10.55
住宿和餐饮业	3.96	3.74
金融业	0.20	1.79
房地产业	3.34	3.68
租赁和商务服务业	14.93	16.93
科学研究、技术服务和地质勘察业	9.93	7.28
水利、环境和公共设施管理业	0.49	1.78
居民服务和其他服务业	4.93	1.88
教育业	1.92	3.23
卫生、社会保障和社会福利业	0.70	1.81
文化、体育和娱乐业	2.91	1.18
公共管理和社会组织	1.84	2.09
合　计	100	100

数据来源：丰台区统计局调查队，2010年2月7日发布，丰台统计信息网专题数据。

尽管丰台区在响应北京的世界城市建设规划，在产业结构调整方面做出了很大的努力，不过核心的问题依然是城乡接合部的空间结构调整以及对外来人口的管理，可以说丰台区近些年来仍不断致力于对区内的外来人口以及“城中村”的治理。另外，除了对“城中村”的改造，对于区内的地下生活空间也加大了整理力度。2011年7月18日，作为丰台区地下空间综合整治工作试点，“三环新城”地下空间综合整治开始启动，历时7个月整治得以完成，其中的26处1582间非法使用地下空间全部清退，2000多名租户搬出了地下出租屋，而在未来的三年，丰台区将整治476处地下空间涉及10万的租户①，这也是和北京市的对于地下空间整治的三年规划相一致的。

丰台区诸多政策的实施取得了一定成果，在建造北京世界城市的都市景观方面做出了重要的贡献，但在庞大的外来人口管理方面，我们或许还应该做些更加

① 《三环新城2000租户搬离地下出租屋》，2012年2月28日《新京报》。

深入的思考。如“浙江村”[①] 经过多年的发展，外貌焕然一新，其形成的集群效应和产业分工也不容忽视，吸引了越来越多的外来人口，这里也成为丰台区经济发展的重点区域。从表1关于行业单位和从业人员的构成情况不难看出，作为第三产业的“交通运输、仓储和邮政业”、“批发和零售业”以及“租赁和商务服务业”的比重最高，而这样的结果也是大量外来人口的涌入以及他们形成的产业链条所形成的。

三　城乡接合部结构功能分析

1. “迁移地带”与“社会空间”

美国芝加哥学派代表人物帕克在关注当年大量涌入芝加哥的移民现象时，便提出了“边缘人”概念。认为“边缘人”是处于两个社会和两种文化的边缘，而移民都属于边缘人，无论是跨国移民，还是国内农村进入城市的移民[②]。作为城市外来人口的这些“边缘人”是城市适应与同化之间的过渡，他们居住的“移民社区”也往往位于城市的边缘地带，这在伯吉斯的“同心圆模型”中被称为过渡区的“迁移地带”（Zone in Transition）。随着在这样的“迁移地带”中的相似人群越聚越多，他们便会通过不断的生活实践建构起相互联系的社会关系网络，这样的社会关系也是由生产关系决定的，或者说是由整个城市的生产方式的产业链条所决定的，由此，他们便建构起属于自身的“社会空间”[③]。西方国家一些大城市的发展说明了这些“社会空间”存在的功能性意义，这是在急速城市化与产业化过程中的大量外来移民形成的生活空间，他们不仅为城市的全球化发展注入了巨大的人力资本，也为城市的空间消费和产业化发展起到

---

① “浙江村”的发展：20世纪80年代中期浙江温州的一些商人开始在南苑乡马村一带租房并经营服装加工以及销售，随后而来的浙江人越来越多，到90年代中期据称已突破10万人，主要是聚集在大红门地区，形成“浙江村”。由于治安和环境等造成的问题出现，1995年政府对“浙江村”进行清理整顿，不过效果甚微。随着集群效应的出现，服装行业的配料、加工、运输和销售体系逐渐完善，贸易越做越大，产品不仅辐射全国，还远销海外。当年的“浙江村”开始变为“大红门服装商贸区”，而且定期举办“大红门国际服装文化节”，可以说这里为北京的国际化发展起到了重要的推动作用。

② 夏建中：《城市社会学》，中国人民大学出版社，2010，第61页。

③ Lefebvre Henri，1991，*The production of Space*，translated by Donald Nicholson-smith，Oxford，UK；Cambridge，Blackwell，1991.

了重要的助推作用，尽管他们只是居住在处于城市边缘的生活环境相对较差的地区。

在城市化和产业化飞速发展的北京，同样吸纳了大量的外来人口进入城市，作为临时的居住场所，他们聚集在北京的城乡接合部地区，这里成为北京的“迁移地带”。随着那些依靠亲缘或地缘关系进入北京的外来人口不断聚集，他们在城乡接合部地区逐渐建构起属于他们的“社会空间”，生产关系和生活关系开始紧密地联系在一起，像北京的“浙江村”便是这样的都市空间。“浙江村”的外来人口开始居住在城市边缘的未开发的城乡接合部地区，依靠关系不断聚集，随着产业链条的形成和日常生活的完善，内部建构起一种独立的秩序和规范①。尽管那些外来人口形成的“社会空间”与城市周边的其他空间相对隔离，但这些居住在北京城乡接合部的外来人员却在一定程度上促进了城市的社会流动，并促进了城市的产业化和全球化的进程。

2. 世界城市中的“全球化区域”

“世界城市”（world city）概念的明确使用是在20世纪初期的西欧，后来由弗里德曼等人进行了充分的论证，他在世界体系论基础上提出关于世界城市的重要假设②：世界体系整合的方式（形态、强度和对空间的支配）将会决定性影响世界城市的经济、社会、政治与空间的结构以及将经历的城市化过程。后来弗里德曼又将这一假设进一步细化，其中关于世界城市的空间区域的论述主要表现为：世界城市与世界经济整合的结果将会带来新的劳动分工在城市中的空间结构转化；国际资本的集中和积累将会引起大量的国内移民与国际移民流入世界城市，并由此形成城市阶级和空间的两极化。在弗里德曼提出的世界城市系统的顶端的三大城市“纽约、伦敦和东京”后来在萨森那里成为了“全球城市”（global city），萨森提出全球城市是在资本、人、物、信息等的全球化背景下形成的重要产物，其重要的结果之一就是造成了世界城市的社会与空间的两极化③。萨森认为在世界城市不断发展的城市社会中，处于高度专业技术以及管理

---

① 王春光：《社会流动和社会重构——京城“浙江村”研究》，浙江人民出版社，1995。

② Friedmann John，Wolf Goetz，1982，“World city formation：an agenda for research and avtion”，Graduate School of Architecture and Urban Planning，University of California，Los Angeles.

③ Sassen Saskia，*The Global City*：*New York*，*London*，*Tokyo*，Princeton：Princeton University Press，1991.

职位的高收入层和作为资本劳动力的移民以及低收入劳动者阶层两者都在不断增加，并在城市空间中不断聚集，形成一种两极化的“沙漏型”社会结构。这样的世界城市发展的空间结果就是城市空间不断碎片化，区域空间之间的社会距离被不断拉大，隔离与移民的问题不断加剧。索亚①在关于全球城市区域的研究中提出，尽管全球城市比单个中心城市区域更大而且区域内、市区与郊区的界限已不清晰，但全球城市区域对城市内的社会分层模式和人们的日常社会生活都会产生重要影响，对于大量移民涌入城市中而形成的贫富两极在经济、社会和空间上的差距会越来越大，由此造成城市区域的治理危机。

可以看出，西方国家在世界城市的建设过程中，也出现了由于“中心化”和“郊区化”而引发的城市治理危机。不过也要看出，世界城市建设过程中的资本和移民的大量涌入是必经阶段，这是因为在全球化浪潮的影响下，生产和消费等的资本运转已经被纳入到世界体系之中，是产业化和经济的全球化所带来的必然结果。可以说，尽管大量移民在世界城市的边缘集中，形成全球化下的城市空间极化区域，但是这对于资本的全球化下跌的运转以及作为推动城市发展的巨大能量的效果，我们是不能忽视的。

2006 年《财富》公布的世界 500 强企业所在最多城市排名中，北京仅次于东京、巴黎、纽约和伦敦这些世界城市，位列第五大城市，尽管我们说在当时弗里德曼的世界城市系统中北京只是处于体系中的第三等级（较小的世界城市），但在已过去了近四分之一世纪的今天，北京城市的整体发展已是世界有目共睹。全球化背景下的国际化发展使得北京在世界体系中的“结点”作用越来越明显，在对整个世界体系格局也发挥着重大的影响力。毫无疑问，北京的城市发展已越来越倾向于向世界城市的第一等级或者向“全球城市”迈进。在这样的世界城市建设过程中出现的社会问题也是不能忽视的，尤其是在西方社会的世界城市中出现的区域社会的差距化、社会与空间的两极化问题在现在的北京也逐渐开始显露。随着资本经济的不断集中与积累，北京出现了大量的国内移民和国际移民，他们的不断地空间区域集中开始形成城市在区域社会中的差别化（例如“韩国村”和“浙江村”的形成等）。无论是国外还是国内的外来人口，他们中的大部

① 爱德华·索亚：《区域城市化与城市——区域的治理危机》，见任远、陈向明、Dieter Lapple 主编《全球城市：区域的时代》，复旦大学出版社。

分还是居住在城市的边缘地区，或者说就是北京的城乡接合部地区，他们的到来也在进一步推动着这些地区的开发建设。

四　小结

通过对北京市的城乡接合部的实际说明和理论分析，不难看出，尽管现今的北京城乡接合部地区还存在一些问题，对于北京的世界城市建设还需要进一步开发和建设，但是却不能忽视其作为一种“功能性存在”的生存空间的意义。因此，我们说北京的社会建设，尤其是城乡接合部的建设，也必然是一条“稳中求进”的发展之路。对于北京城乡接合部在走向世界城市建设的过程中的发展问题，将从以下几个方面提出尝试性结论。

首先，北京的城乡接合部的开发建设不仅仅涉及城市外在人文景观，更涉及居住于其中的主体居民构成问题。一方面，由于中国的农民太多，无法像发达国家的现代化进程那样，通过城市化把农村多余的劳动力转移出来，更不可能在短时期有足够多的城市来改变农村人口的生存空间，而在像北京这样的大城市，城市的城乡接合部地区便成了农民逐步进入城市的过渡地区，通过户籍政策的调整和土地的流转使用，这里成为农民实现“市民化”的场所。另一方面，大量的外来人口在北京城乡接合部地区聚集，“城中村”的形成就是他们社会空间的外在表象，由于城乡接合部地区的“地租”的廉价，使得外来人口可以在北京获得能够生存的都市一隅。

其次，北京的城乡接合部在接纳外来人口的城市空间结构上，具有一定的功能性作用。城乡接合部不仅是外来人口的城市“迁移地带”，更是他们建构社会空间的可能性场所，而这些外来人口则是处于城市产业链上的必要组成部分。他们通过社会关系的不断建构，从而形成独立的社会空间，这意味北京城乡接合部的开发建设不能只是一味地驱赶“蚁族”和“鼠族”（地下空间）的过程，而应该更关注大量外来人口的到来所形成的社会性问题。西方城市从 20 世纪初期开始对“贫民窟”的整治也并不是一味“清理”，而是考虑住房和福利等贫民主体的多方面问题才有所进展。因此，北京城乡接合部的发展不仅仅是涉及外在城市空间的结构，更是涉及生存其中的居民主体问题，其建设过程必然涉及收入分配、居住政策以及相关生活福利等诸多事项，否则只能是消灭了一些“城中村”

便又发展了一些“城中村”。

最后，城乡接合部是位于全球化的空间结构转换之中的，是建设世界城市的“全球化区域”。一方面，城市通过城乡接合部的开发建设，为大量的国外移民和产业资本的流动形成空间条件，使得北京在走向世界城市建设过程中不断完善全球化的经济产业链条。另一方面，则是通过接纳国内的大量外来人口形成城市的空间极化，这样的空间极化在全球化的结构转换中具有一定的能动作用，不断激发流动者的能量并促进社会流动，进一步促进城市在全球化浪潮中的不断发展。因此，北京在走向世界城市的过程中，其城乡接合部的发展也必定是一个“稳中求进”的过程。

Analysis of Beijing Rural-urban Continuum Development to the World City

Li Sheng

Abstract: The most important strategy made in 2011 for coordinating the relationship between city and village is to develop the “rural-urban continuum”, the strategy carried forward the progress of “integration of urban and rural areas”, and wiped completely out the “urban village” at the meantime. All this decision made is to promote Beijing to be a world-city. However, when we look into the development of Beijing and the research for world city construction, we could not ignore the significance of the functional existence of the rural-urban continuum has for the city space development and the live of residents. Hereinafter, the development and construction of rural-urban continuum of Beijing should be a process progressing while maintaining stability and combined with several elements.

Key Words: Rural-urban Continuum; World City; Progress while Maintaining Stability

社会事业篇

Reports on Social Undertaking

B.9

变革中的高校管理与教师状态

——基于北京地区18所高校的调查

石秀印 张 荆*

摘 要：通过对北京18所高校的调查，分析当前高校的管理状况与高校教师状况。当前高校管理依然行政化严重，教师收入和地位偏低；人事管理企业化，高校教师生活工作压力加大。这些因素使高校教师偏离了教学和科研，背离了高等教育的目标。只有将高校教师真正纳入国家的治理体系和分配体系之内，去除高校过度行政化的倾向，提高高校教师待遇，改善高校教师的地位，按照高等教育自身的规律办事，才能改变目前我国高等教育面临的困境。

关键词：变革 高校管理 教师状态

* 石秀印，中国社会科学院社会学研究所研究员；张荆，北京工业大学人文社会科学学院教授。

《中华人民共和国国民经济和社会发展第十二个五年规划纲要》《国家中长期教育改革和发展规划纲要（2010～2020年）》均提出了高等院校建设的目标：建成“高水平的高等学校”，“达到或接近世界一流大学水平”。对于高等学校发展的方向，则强调要“以提高质量为核心”，“培养高素质的人才”，“促进科技创新”，建设创新性国家。这些文件也提出了改革和加强高校管理、调动教师高涨的教学与科研积极性的重要意义。

本文考察北京市高校当前的管理状况和高校教师的状况，分析管理状况和教师状况对国家目标实现的影响，针对相关问题提出社会建设的对策建议。

本次研究采用了定性与定量相结合的实证性调研方法①。（1）个案深度访谈。在北京地区访谈教育主管部门、高校负责人、高校教师（教授、副教授、讲师）100人。（2）召开座谈会。在两所市属大学召开座谈会4场，其中教师座谈会两场，人事管理部门负责人座谈会两场。（3）问卷调查。根据北京地区高校的规模和人数数据，采用立意集中抽样方法，在11所市属院校②、7所部属院校③计划问卷调查1583人，实际调查（有效问卷）1647人。（4）收集文献和文件资料。除此之外还使用了此前由课题组成员承担的“科技人员收入和积极性调查”的大规模问卷资料。

一　宏观管理行政化色彩较强，高校教师收入少、地位低

战国时期有一个关于知识分子管理的有名案例。秦国人冯驩听说齐国的孟尝君招贤纳士，就慕名而来。孟尝君把他安排到馆驿，好生招待。然而，他“弹

① 本课题为北京教委专款项目：北京市专业科技人员的收入分配与激励机制研究，课题编号0140005466004。

② 这11所市属院校是：北京工业大学、首都师范大学、首都医科大学、首都经贸大学、北京信息科技大学、北京工商大学、北方工业大学、北京石油化工学院、北京建筑工程学院、北京农业学院、北京第二外国语学院。

③ 这7所部属院校是：清华大学、北京师范大学、中国人民大学、北京航空航天大学、北方交通大学、北京理工大学、中国农业大学。

其剑而歌曰：长铗归来兮，食无鱼！主人不顾兮，竟何如？贤士远游兮，徒奔趋。”孟尝君遂令迁之上舍，使人以鱼待之。吃过了鱼，他“仍弹铗而歌曰：长铗归来兮，出无车！主人不知兮，长嗟吁。贤士远游兮，闻名誉。”孟尝君遂与之车马。

这则案例表明的是，知识分子希望得到良好的待遇。是否有鱼吃、是否给车坐，对于知识分子来说不单单是物质上是否优厚，而是还被赋予地位和尊严。冯驩们想的是，用人者是否在人格上看得起自己，是否尊重自己？在地位上是否平等相待？对于自己的要求是否积极和令人满意地回应？只有平等、尊重、回应，才有“士为知己者死”。到了近代和现代，平等、尊重与来自西方的平等、民主、人的尊严等融合到一起，成为知识分子源远流长、根深蒂固、本性难移的价值导向。即所谓“富贵不能淫，威武不能屈”。

本调查发现，高校管理近些年进行了很多改革，但是行政化色彩依然相当浓厚，在近期内甚或有所增强。这一倾向与高校教师所持有的价值观难以匹配，以致影响了他们教学和科研的积极性。

所谓行政化，指的是由行政机构和行政领导直接决定与高校和教师相关的各项事务，分配与教师权利相关的各类资源。高校教师处于“被决定”、“被分配”、“给多少得多少”之行政附属地位。

行政化的形态和结果主要表现在两个方面：（1）行政权力差距。行政人员掌握行政权力，支配和管理教师，教师少有民主和参与权。（2）资源分配差距。行政人员以行政权力分配资源，自身所得到的资源多于教师，其中也包括工资水平和津贴福利。这两个层面的共同结果是高校教师与行政人员相比的低地位。

行政化表现在两个层面，一是宏观层面，即政府及其主管部门对于高等院校的行政化管理；二是微观层面，即高校内部行政部门对于高校教师的行政化管理。调查发现，宏观管理的行政化对于高校管理和高校教师具有十分明显的影响。一位教授在座谈会中说，高校教师问题的来源“主要在社会，而不是学校。”

（一）宏观政策的行政化色彩浓厚，高校教师收入偏低

高校教师在座谈会和访谈中认为，政府是社会财富的分配者，高等院校是政府分配的对象，近些年政府的分配导向存在偏差，造成了高校和高校教师的收入

过低。

行政机关对高等院校采取了与行政机构不同的财政政策。对行政机构实行全额拨款，对高等院校则实行差额拨款。国家只保正式教师的基本工资，尽管在收入结构中设计了绩效工资，但却依靠学校和教师到市场中去赚取。另一方面，鉴于教育作为民生之本，为国家和社会培养人才，所以国家又严格控制教育的市场价格。这决定了高等学校赚不到多少钱，绩效工资和福利津贴得不到应有的保障。对于公务员，政府财政则同时保证其基本工资、绩效工资、福利津贴乃至高额奖金。这种政策的一个实际后果，就是一些教师只能得到基本工资，与公务员的收入形成明显的差距。

本次调查的数据显示，北京高校不兼任行政职务的正高级职称者 2010 年的年收入平均为 11.2 万元，副高级职称平均为 7.5 万元，中级职称为 6.0 万元，初级职称为 4.7 万元。而在京中央国家机关正厅局级干部 2009 年的年收入平均为 12.7 万元，副厅局级 10.4 万元，正处级 9.2 万元，副处级 7.4 万元，正科级 7.2 万元，副科级 7.0 万元，办事员 6.6 万元。相比较而言，2010 年北京市正教授的收入处于 2009 年中央国家机关正厅局级和副厅局级之间，副教授的收入处于正处级和副处级之间但基本与副处级相同，讲师的收入既低于正科级也低于副科级，助教的收入则明显低于办事员。总体上说，北京市教师的收入总体上低于中央机关的公务员，而且职称越低与公务员的差距越大。还应该注意到，北京市公务员的工资水平高于中央国家机关，所调查的北京市高校教师的收入时间段是 2010 年，而中央国家机关的时间段是 2009 年。如果考虑到这些因素，高校教师与公务员之间的工资差距更大。

行政化管理造成的另一个政策后果是“教育倒挂”。高校教师反映，大学老师属于社会上的高学历群体，中青年教师基本都是博士。可是与公务员相比，教育的投入和产出不成比例，高智力劳动的价值得不到应有体现。2009 年，北京市在岗职工的平均工资是 58140 元，教育部门作为高学历集中的群体，在岗职工的平均工资却只有 58009 元，还略低于北京市的平均水平①。

① 这个工资的计算办法是：职工年平均工资 =（在岗职工工资总额 + 不在岗职工生活费）/（在岗职工年平均人数 + 不在岗职工年平均人数）。因为不在岗职工的生活费是很低的，由此会拉低职工平均工资水平，因此，北京在岗职工的平均工资要高于 50415 元。

（二）宏观制度的行政性意志明显，高校教师的综合待遇偏低

北京某大学的教师们在座谈会上说，政策是政府定的，政府干部不允许自己的收入比教授低，只能比教授高。北京市政府部门早就实行了“三、五、八、一”的工资制度，处级干部月薪五六千元，局级干部月薪八九千元。可是，制度规定的高校副教授的工资只有三、四千元，一般教授的工资只有五千元左右。根据传统的职级对等，同等的专业技术职务比行政职务每月少几千元。

当前北京市的普教教师的收入在向公务员靠近，普教教师比高校教师的收入高，而普教教师的收入水平目前又比公务员低。一些教师提出，为什么教育水平和工作复杂性更高的高校教师，却不能得到公务员待遇呢？有的教师举出日本、中国香港、中国台湾的例子，那里高校教师的工资等值于或高于公务员，为什么我们却做不到呢？

教师们说，《教师法》规定，教师的平均工资水平应当不低于或者高于国家公务员的平均工资水平，并逐步提高。《国家中长期教育改革和发展规划纲要（2010～2020年）》重申了这一条文。但是，这样的规定并未能切实落实，目前也没有相应的举措。据中国人事科学研究院院长吴江的报告，中国的公务员平均年薪比事业单位人员平均年薪高出一万元。①

另外，北京市政府部门还在分房子，有的是福利性的，有的是廉价的。高校却不能自己建房子。政府部门的科员分到一个两居室，目前的市场价即有二三百万元。学校的一个名教授无论收入还是住房都不如政府的一个处长。政府部门的一个小官员就能对大学校长指指点点，校长却显得低三下四。

（三）宏观分配的行政化区隔明显，高校教师缺乏尊严

因为宏观管理的行政化和分配的差别化，高校教师地位偏低，身份寒酸，缺乏尊严感。

一位教授在座谈时说，如今的大学教师“斯文扫地了”。高校教师的收入水平低于公务员，也低于主流的社会群体，享受不到师道尊严，失去了传道授业解惑的体面。一个博士毕业到高校工作，一个月的工资也就是3000多元，在北京

---

① 2010年11月15日《新京报》。

的三环之内租个一居室都不够。消费窘迫、吃住简单，比不上所教的学生，身份寒酸，在学生面前抬不起头。教师们说，“教授要是一个月只拿四千来块钱，还说他社会地位高，有体面有尊严，那是不可能的。”

二　微观管理的行政性加强，高校教师的权力、地位、收入偏低

（一）权力向行政部门集中，学术处于受控地位

教师们反映，高校治理结构的行政化倾向相当浓厚，近些年有增强的趋向。一是行政部门独掌权力，教学人员缺乏民主管理和参与的权利；二是权力在行政体系中向高层集中，关键的人事权和财权都掌握在校级领导手里。教授在高校学术领域是有身份、有地位的人，然而实际上却是被行政性管理、控制，被低眼相看的群体。

教授们觉得最不能接受的是学术事务由行政决定。“学术上的事谁官大谁说了算，违背了科学”。谁能晋升教授，“领导说你行你就行，不行也行；说你不行，你行也不行”。一位教授说：“我们大学有六个正副校长，每个校长的权都很大，管一条线、管各个学院的学术和科研业务。他懂吗？凭什么他说了算呢，这没有道理。”

（二）资源由行政部门垄断，教授需求拜行政人员

行政控制在一些院校变成了对教学和科研资源的垄断，资源的下拨和分配变相成为“恩赐”、“恩准”，教授们得到教学和科研条件在某种程度上变成了“求批”、“求拨”、“求签字”。教师们的事情往往需要向领导求情，甚至送礼。“一到评职称了，那送礼一点不比病人给大夫送礼少”，“起码得混个脸熟，才能递材料”。某位教授申请下来一个实验室，然而哪个部门都不按照规定给他落实，他不能不为房间、设备和电线布线等到各个行政部门去“求情、送礼、说好话”，到头来很多事情还是自己亲自动手。教授们对低三下四地求拜领导、搞关系既感到失去尊严，又觉得烦心。教授们认为，这样的体制既伤害了自己的尊严，又浪费了宝贵的备课和科研时间。“我最讨厌去搞关系。评职称了，你按照

规定和程序来，我不够条件那就拉倒。我到这个水平了就评教授。我就全心全意地奔我的专业去了。可是，做不到。”

市属高校的教师反映，市属院校的官僚气氛比部属院校更为浓厚。其原因之一是部属院校的教师能在学校外拿到较多的课题，而市属院校的教师更多地依赖北京市下拨给学校的经费。北京市给高校下拨的经费有的比教育部下拨给部属院校的多，但是北京市属院校教师得到的不一定多，行政部门把部分经费截留了。

（三）公共资源被行政领导占用，教师较少得到机会

在行政治校的格局下，学校的资源集中到行政负责人和行政部门手中，由他们制定规则、操刀分配。分配的结局，在一些院校是行政人员特别是行政领导占用和占有了很多公共资源，一般教师、包括教授难于得到分配的机会。在调查中，教师们将单位资源分配不公概括为以下 8 个方面：

（1）将大量经费用于政绩工程。修大楼、换设备、搞美化，“领导能看到，媒体能登报”，而不提高教师的收入。“有了大楼，没有大师”；“不培养教授，去乱挖教授”。

（2）自己给自己提高工资等级。行政部门和行政领导人给自己的岗位确定较高的工资等级，确定很高的行政职务津贴，给教师岗位确定较低的工资等级。

（3）行政人员挤占教师的职称名额。行政人员不具备专业条件也能当教授，比专职教师的水平低却能抢先当上教授。某些学校的党委书记不搞教学，没有专业文章发表，也当上了教授。某些学校的校长刚从行政部门调来，没有学术经历、学术积累和学术成果，却很快比 20 年教龄的教师先当上了教授。他们严重挤占了国家控制的十分有限的职称名额。一位老教师说，我在学校兢兢业业干了 20 多年，成果按说并不少，但是到现在没有评上教授，新来的党委书记没有专业，没有教过学，却理所当然地变成了教授。

（4）在行政部门担任行政职务，有教学职称而不从事教学，却拿着教学系列的较高工资。

（5）以行政职务兼教授，既得到行政职位的好处，又得到教授职称的好处，并且对行政职务与教学职务的资源互相串换。

（6）行政部门掌握校内科研经费，自己给自己设置和批准课题，自己给自己进行成果验收。行政人员手中的课题比教学人员和科研人员还多。一位教授说，国家规定了课题费如何开支，学校让老师们必须执行，自己却不执行。

（7）在教学经费、科研经费的分拨中搞权钱交易，从承担者那里得到各种返还（回扣）。

（8）行政人员搞小金库，用其中的经费吃饭、旅游、住高档宾馆。

问卷数据表明，高等学校内行政人员的工资水平明显高于教学人员。以是否兼任行政职务为例，同样具有教授职称，担任或兼任行政职务者 2010 年的年工资性收入平均为 13.6 万元，不担任行政职务者则只有 11.2 万元，后者比前者少 2.4 万元。同样具有副教授职称，担任或兼任行政职务者平均为 10.1 万元，不担任行政职务者则只有 7.6 万元，后者比前者少 2.5 万元。

就从所承担课题中得到的收入而言，有行政职务的教师的数额显著高于不担任行政职务的“纯教师”。不担任行政职务的教授，2010 年课题收入平均为 15719 元，担任行政职务的教授则为 34174 元，担任行政职务者的课题收入是不担任者的 2.2 倍。不担任行政职务的副教授，2010 年课题收入平均为 5636 元；担任行政职务的教授则为 7042 元，后者比前者高出 1400 多元。

所兼任的行政职务越高，从课题中得到的收入数额就越多。其中，兼任科级职务的教师年收入平均为 6359 元，而兼任处级职务者为 11250 元，后者接近前者的 2 倍。

问卷数据还表明，高校的教学人员的工资水平与教辅人员基本持平，即一般行政人员拿到了从事高度复杂工作的教师的工资。

概括起来，学校治理的行政化给教师带来了两类不良后果：一是学术对权力的屈从、教师对行政的屈从；二是资源分配的不平等，机会获取的不公平。共同作用是让教师感受到专业和知识的低价值，教学和科研的少意义。

三　人事管理走向企业化，教师被置于高压力之下

调查发现，近些年的高校管理正在走向企业化。企业化是指高校移植了市场经营的企业的管理方式。高校管理的企业化突出表现为人力资源管理的企业化，包括聘任制度（解聘/辞聘）、绩效考核制度、职务晋升制度、绩效工资和奖励

制度等。这些制度一般都与个人收入挂钩，例如学校津贴、课时费或超课时费、带研究生补贴、论文和专著补贴、教学奖等。

实行企业化管理制度的目的，从学校的角度是调动教师的积极性，施加引力和压力，提高教师乃至学校的教学和科研绩效。然而，高校是高知识、高智力行业，具有与企业的不同特点，高校教师的工作性质不同于企业的操作工人，也不同于企业的工艺和产品研发人员，诸多的简单性移植给教师带来了不良后果。

（一）管理制度实行高指标，教师成为“疲惫之师”

教师是高等学校的“一线生产人员”，所有的教学和科研任务都必须由他们完成。国家赋予高校的各项任务、学校从市场中取得收入的任务，最终都落实到教师身上。近些年来，高校管理的企业化让每个教师负担的工作量大大增加，很多教师已经达到了严重超负荷的程度。

教师任务量的激增主要由三个指标体现出来。

（1）任务类别。各高校对教师的考核项目五花八门，类型众多。其中主要包括本科生教学、带研究生、发表论著、主持课题、参加课题、到校经费、获奖获证等。这些考核项目的类别之间和方向之间都存在质的差异，每个教师的任务都具有多元化特征，而每个教师都必须完成全部考核指标。教师的总时间和总精力不但必须在各类任务中分配，还不得不在不同性质的工作之间不间断地穿梭转换。教师几乎每天都要做几件不同性质的事情，带来了心理和精神的损耗。一位教授说：“把教学搞得很好应该就是好教师吧？不是，还要做课题、发文章，杂七杂八。你没有这些怎么评职称啊，年终考核你的业绩的时候这是一条啊，所以你还得想办法。所以我很累，累就累在这里，不是全部精力用在教学上，很多用在杂事上。”“如果要把这些事情都做好，我一天二十四小时就别想睡觉。”

（2）任务细目。每个任务类别中还分为若干个细目。仅就本科生教学而言，一位教师往往承担两门以上的课，每门课又有多个班次（“多个头”）。一位教师称自己本学期有 6 门课，其中 4 门课是两个头，每个头两节课，每个星期一共要上 20 节课。“我备课要写 6 个不同的教案，同样一个教案，在这个教室讲了又到那个教室再重复一遍，这还不算判作业，给学生答疑。”

（3）任务总量。各个考核项目的任务量加到一起，实际上是一个很大的数字。一位教师在调查者面前拿出笔来详细计算，结果去年承担和完成了 600 多学时的教学工作量。按每个学期20周计算，每周的教学工作量为15个，这还不包括承担的课题和写文章。

庞大的任务量导致教师的日工作时间超长，远远超过了国家的法定工作时间。一位副教授说，“我从早晨到学校来，一待就是一天，晚上有时12点以后回家”。一位教授说：“发觉我是越来越忙，从来没有在（夜里）三点前睡过觉。”

问卷调查的结果表明，教授中每天工作低于8小时的仅有5.6%，每天工作8~11.9个小时的为67.9%，每天工作12~15.9个小时的为24.3%，有2.2%的人甚至在16个小时以上。副教授中每天工作低于8小时的仅为10.7%，每天工作8~11.9个小时的为77.3%，每天工作12~15.9个小时的为11.3%，有0.7%的人日工作时间在16个小时以上（参见图1）。

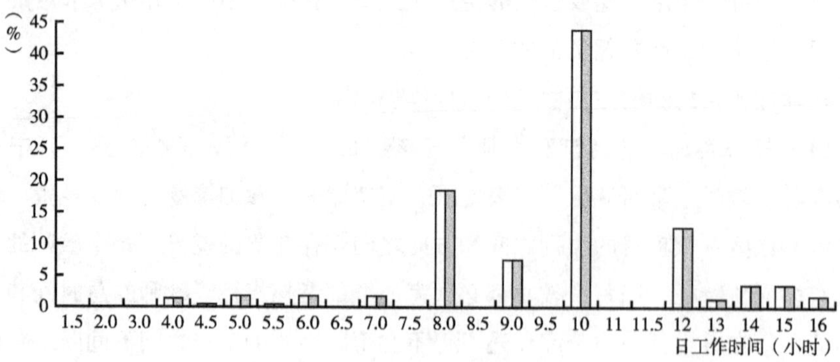

图1　教授的日工作时间

总体而言，绝大多数教师的日工作时间超过10个小时。相比较而言，职称越高日工作时间越长。如果从岗位来看，专任教师的工作时间明显高于其他人员，75.9%的非教师岗位人员工作时间在8小时及以下（参见表1）。

表1　教师的日工作时间

单位：%

	8小时以下	8~11.9小时	12~15.9小时	16小时以上
正高级	5.6	67.9	24.3	2.2
副高级	10.7	77.3	11.3	0.7
中　级	11.3	78.7	9.2	0.8
初　级	9.7	85.8	3.5	0.9

很多教师的工作连轴转，没有休息日。问卷调查数据表明，教授中周工作时间在5天以下的仅为1.2%，5～5.9天也仅为24.0%，每周工作6天以上的高达74.9%，其中工作7天（每天都工作）的高达36.3%。如果以每天10小时计算，那么教授的周工作时间大约为70小时（见图2）。这样的工作时间实际上大大超过了被认为是“超长工时”的农民工。

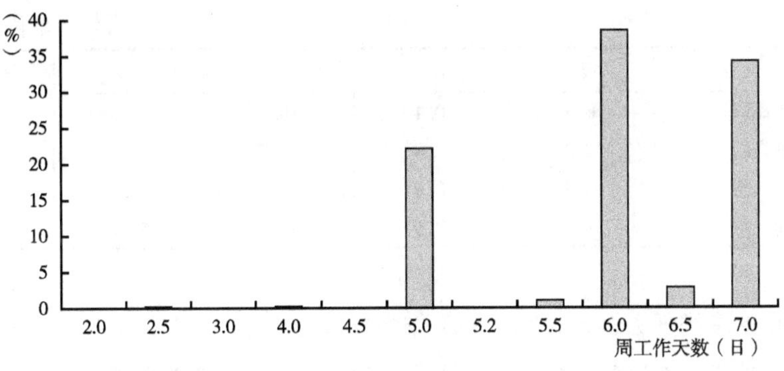

图2　教授的周工作日

总体而言，绝大多数教师的周工作时间超过6天。相比较而言，职称越高周工作时间越长（见表2）。如果从岗位不同看，专任教师的工作时间明显高于行政人员和教辅人员。

表2　教师的周工作日

单位：%

	5天以下	5～5.9天	6～6.9天	7天
正高级	1.2	24.0	38.6	36.3
副高级	3.9	43.4	35.4	17.2
中　级	6.0	55.1	29.6	9.3
初　级	6.3	76.6	17.2	

以一位教授为例：“我没有休息日的概念，在我脑子里没有星期六、星期天。我这边要准备上课，那边又要总结，另一边又要准备带新的研究生，所以整个人就连轴转起来。只有出差的时候在路途上算是休息，参加学术会议的时候稍微轻松一点。”“平常类似探亲访友或者类似旅游的这种事情根本没有。”

企业化管理诸多的考核指标和每个指标的数量要求对教师施加了沉重压力。教授中感到压力“很大”的人数比例在一半以上（54.5%），而感到压力“非常大”的人数超过了1/3（34.1%）。比较不同职称的教师发现，职称越高，工作压力越大（见表3）。

表3　教师的工作压力

单位：%

	很小	较小	一般	较大	非常大
正高级	0.4	0.4	10.8	54.5	34.1
副高级	0.2	0.8	17.7	52.4	28.8
中　级	0.2	0.9	24.1	53.8	21.1
初　级	1.8	2.8	32.1	54.1	9.2

繁重的多类任务、超长时间的工作和沉重的工作压力导致教师的身体和精力耗散，令他们少有时间和精力去深入思考教学内容，改善教学方法，也少有时间和精力去思考科研内容，提出新的理论和新的方法。

（1）身体透支。教师们如此表述自己的身体状况：“说实话，我是用超负荷工作量来完成考核量，挣挂钩的那些钱”；“我知道是在透支生命，该有的病我都有，什么高血压、高血脂、高血糖、脂肪肝、糖尿病、颈椎病、胃病、肾病，出差必须带很大一个药盒”；“现在是用身体换钱，老了再用钱换身体。”

（2）精神倦怠。“工作压力那么大，我觉得是在疲于奔命”，“每天都在精神紧张中过，到了晚上失眠，天亮了还睡不着觉，怕上课迟到，怕教学事故，怕发不出文章来。一个人出了教学事故，整个系里面都要受牵连，然后整个系奖金全下去了，你能不怕？注意力集中不起来，什么都做不好”。“一天的课下来很烦啊，心情很烦躁，你让我写文章，收集数据，搞创新，我有那个心没那个精气神，你说说，心里不安宁还能写出东西吗？”“新课的系数是1.3，很多时候是准备不足，没有时间钻研，积累资料，提高质量”。

（3）精力耗散。总量一定的精力被分散在超长的时间段内，分散在多样的工作任务上，每个时间的精力都被“摊薄”了。一位学院负责人说：“老师们有的混课时，他形式上给你上60个，实际上上不到那么多。”一位教师说，“一天忙下来之后，你感觉不到自己有什么成就感；一年忙下来之后，觉得没日没夜，

却没做成什么像模像样的大事。你发现自己总在忙忙碌碌，却说不出来在忙什么。这导致了我这几年科研上没做什么，真的没什么成就，教学上倒是上了一堆课。”

在某高校座谈会上，两个女教师不约而同地提到，自己是从教学岗位转到了行政岗位上：原来是副教授，现在担任学院的办公室主任。她们原来教机械制图，机械制图的教学必须布置大量的作业，每份作业做得千差万别，每个错误之处都要标出。由于课多、班多、学生多，判作业每次都到深夜。不但疲惫不堪，还担心出事故，不是睡不着觉就是做噩梦，梦见迟到了、出错了。而到了行政岗位下，一下子显得松快了。

高校管理的企业化还包括灵活用工（使用兼职教师、人事代理、劳务派遣工）等形式，这些措施也带来了积极性调动等问题，尚待以后进行研究。

（二）管理制度违背专业和学术规律，学术遭到扭曲

一些管理制度本意是促进教学质量的提高、科研创新成果的出现和水平的提升。但是因为制度本身的问题，导致的结果却偏离了这些实质内容，走向了形式主义。

由于行政部门不具备相应的专业知识，所制定的规章和标准往往侧重于对外在可见行为的衡量和控制，而较少涉及内在和质量；由于行政部门不具备相关专业知识，其执行和实施过程也就侧重于对外在可见行为的考察和纪录，较少对内在品质进行评估。例如，对于教学侧重考察课时数量，对于科研侧重考核发表科研成果的数量和所发表刊物的等级，至于教学的质量、科研成果的创新性则被忽视。各种考核指标作为必须完成的任务，给教师施加了压力，迫使教师不得不偏离实质。

（三）管理制度成为权力手段，教师们“被寻租”

高校的企业化管理制度往往由行政部门单方面决定。例如，人事处制定绩效考核规章制度和奖励惩罚标准，并具体实施和执行；科技处制定学校课题申请的规章制度和科技奖的标准，并具体分配课题和进行评估。教学人员不能参加制度的制定，也不能加入制度的运作程序，基本处于“被规章”、“被决定”的位置。

这些规章制度和执行过程有时候并不符合学术的发展规律，在一定程度上体现的是行政部门的意图和意志，甚至是行政部门的人员表现自己的权力的方式，即迫使教学人员来“拜”、来“求”。

在座谈中，教师们认为行政部门在“寻租”。“组织评估和评奖部门的人有权力，你要这个奖，你得找我吧?”“这些个奖项，可以说是腐败的温床。你知道吗？我要想拿奖给点钱就行，拿一等奖给他（评委）多少钱，二等奖给多少钱。这都是有规格的。有的老师整天待在实验室里，几年才写出一篇论文，他不可能拿到奖。可是别人拿点钱、吃个饭就能得奖”。“大家现在所有的精力都放在哪儿？大家都在请客吃饭，在酒桌上”。

四　管理行政化使教师偏离或远离了教学与科研

高校管理的行政化不止对于行政人员和学校工作造成了不利影响，而且严重地影响了教师的思想和工作，突出地表现为教师的“三奔、一荒”。

（一）奔钱

（1）因为收入低而“奔钱”。一些教师因为国家给的工资低，学校给的绩效工资同样低，为了弥补差距、补贴家用、应对物价高涨，寻找各种机会在本职工作之外去挣钱。

一位教授诉说自己的“价值选择两难”说：“人在江湖，身不由己。作为教授，我有学术追求，有教授的尊严，不屑于去做那些鸡零狗碎的破事。可是，你不做，在这个环境下就很难办，没准连教授也当不成”。

（2）因为地位低而“奔钱”。一些教师因为“干工资”标准低于公务员，收入水平明显低于政府机关的公务员和国有大企业专业技术人员，为了能在社会上抬起头来，就通过“奔钱”来弥补地位差距。“尽管国家给的收入不多，但是我并不比主流群体收入低”。教师们说，“这些年比过去十年忙多了，这是为了活得更好，为了社会体面。”

（3）为后顾之忧而“奔钱”。一些教授尽管有绩效收入和个人经营收入，少数教授的这些收入尽管较高，当前消费的压力不大，但是对退休后的生活却有强烈的“后顾之忧”。他们说：退休后收入肯定会大大降低。一是退休费因为

国家给的在职工资低于公务员，所以退休后依然低于公务员；二是在职收入中的很大部分不做退休费基数计算，包括校内工资、绩效收入和课题收入、个人兼职等收入统统不再有；三是退休费依据在职工资计算，退休后在职时的工资不再随在职人员的上涨而变化，因而越是退休早数额就越低。这些，都会导致退休后收入不稳定，生存不安全，生活不体面。预期到这样的未来困境，他们只好未雨绸缪，在职时多多攒钱。

教师们说，“安居才能乐业，有了住所，有了根，才能安心吧。”

“奔钱”的方式可说是各显神通，“鱼有鱼道，虾有虾道”。有些教师既在外兼职又对外承担课题。有的开办公司，有的到电视台配音，有的兼职当律师，有的拍摄影视片，至于各处讲课则是普遍现象。

“奔钱”让一些教师将本职教学变成了副业。有的教师兼职时大卖力气，回到教研室喊头疼、打瞌睡。某学校一位教师整天在外兼职，而对于在校内所承担的教学任务，常常是在临上课前找一个烟盒，在背面草草列个提纲，上课讲两个小时了事。

（二）奔官

“奔官”是教师们向行政位置转行，争相担任行政职务。因为行政部门掌握了学校的机会和资源，纯教学的教授们缺乏影响力，对能否申请到资源缺乏确定性，一些教授就争取当处长，甚至当科长。“当官有用，创新和教学好没用”；“当教授又当处长，机会就多”；“当官在学术上有损失，但总比被别人支配要强”；“荒废了学术，这是不得已而为之”。

一些高校出现了教授去竞聘处长甚至副处长的情况。教师中对此有“校长一走廊，处长一礼堂，科长一操场”的形容，即高校内的行政职务过多，以及教学人员向行政人员转变。

（三）奔项目

一位教师总结自己的观察说：“在大学里当官有用，做课题有用，创新和教学好没用”。“所以，一些老师热衷于拉项目，干实惠的，不愿意开会、干杂事”。

教授们有资历和条件拿课题。然而，对于如何拿课题，却是“各有高招，有什么使什么”。一位教授的观察是“说是申请，其实是拉。拉课题说穿了，就是沟通权力，经营圈子，搞个人交易”。高校的课题大部分来自行政部门，一些教授频繁地“跑部进局”，送礼品、搞招待；还有就是进入评审委员会，各个评委彼此关照和串换。这位教授说：“大家都不讲学术了，真是为国家的科研担心”。

（四）荒学术

一位学院负责人说：“很多老师写的文章没有连续性，去年写那个方面的文章，今年写另一个领域。你要他写文章，他想起来什么就写什么，找到什么资料就写什么，要说进行学术积累是不可能的”。

一位教师说：“我喜欢一个东西，本来可以做10年、20年，拿出一个货真价实的、认为好的东西给学校、给国家。可是现在没有机会这样做，不用10年，一年达不到规定的文章数量，绩效就没了。”“为什么钱学森说中国产生不了诺贝尔奖、大的科学家？你没有给人时间去产生这些东西，让他天天想着同样的东西。我可能要做五年才发表一篇文章，但是我每年都得绩效考核，我就得把这五年的工作分成每年都得有文章，每一篇都不会太好、不会太大，你也没有心思和精力去憋一篇大的。那些诺贝尔奖的获得者们，哪个不是持续多少年、甚至一辈子的工作呀，我们这里能做到吗？”

一位副教授说：“学校考核教师，每年必须有多少课题，写多少篇文章。我每天想的都是这些指标，忙着到处找课题，四处找刊物。你必须完成这些任务呀！从良心说质量很重要，但是指标都把人压死了，质量就往后靠靠吧。”

一位“海归”指出，回到国内看到了不少学术造假，胡编乱造。“我回来后，一个月几千块钱根本就不够。一天到晚，你的生活是非常艰难的。所以大家都要去搞项目，写论文，不管真假，然后评职称。”“一个新思考、新理论需要很长时间，酝酿不出来能行吗，抄吧”；“逼着你造假，并不是你自己愿意造假，被逼无奈啊。”教师们自有苦水：“并不是教师想造假，而是教师活得没办法，他才造假”。

一些将精力和时间集中于教学和科研的教授说，自己“教学凭良心”。“教机械制图，备课、教课的水分很大，灵活性很大，全靠良心，要是凑合也能凑合。”

五　对策：将高校教师真正纳入国家的治理体系和分配体系之内

调查表明，此前和当前的高等院校改革并未取得实质性的突破。由行政部门发起、由行政部门设计、由行政部门执行的高校改革，让高等院校的行政化倾向有增无减。“行政化”未能有效激发起高等院校的科研和教学活力，反而让高等院校的管理和教师的工作显得混乱无序。

应该重新审视此前和正在进行的高等院校改革乃至事业单位改革的方向，切实遵循高校管理和高校教师积极性调动的基本规律，纠正愈演愈烈的过度行政化，以保证国家目标在高等院校的切实实现。

（一）充分崇尚知识，尊重教师，信任知识分子

应该崇尚知识。要让教师重视教学，应该让其所教的知识具有足够的社会价值；要让教师在科研中创新，让创新的科学知识、科学技术具有足够的社会价值。在三大社会价值——权力、金钱、知识中，知识的价值应该具有相对独立性，其价值量起码不低于其他两种价值。而价值的尺度和衡量，一是收入，二是声望，三是自主权。只有如此，教师的行为才有足够的价值推动力。

应该信任教师。过去在极“左”思想下，存在对高校教师的不信任，认为知识分子是西方敌对势力推行“和平演变”的力量，教授们“在政治上靠不住”，“容易被反动势力利用”，“进行颜色革命”。所以，十分警惕“教授治校”，利用行政和秘密手段控制。其实，当代的高校教师都是党和国家培养的新一代甚至新二代知识分子，与1949年前的旧政府和旧官僚没有任何经济和思想的关联。当代高校教师无论在体制上还是思想上，都附在执政党和国家的“皮”上。在思想和立场上，他们关心天下，关心苍生，关心国家，关心长治久安，追求社会的发展与和谐。知识分子的智力和智慧，使他们很少可能被“别有用心”者利用；所出现的某些言论，基本是对所看到问题的善意指出和善意希望；所出现的某些抱怨，基本是对所经历的不公平待遇现状和期望公平对待的表达。很多高校教师都表示，知识分子对国家的耿耿忠心和善意期望不应该被误读。越是误解，越是不信任，他们越是感到不被当成“自己人”，就越容易形成隔

阂。不信任是在将知识分子“向外推”，信任是调动高校教师工作积极性的必要前提。

应该尊重教师。“教师是天底下最高尚的职业”。要让教师做高尚的教学和科研工作，应该先让教师在人格上尊严、高尚起来。尊重的重要标志是平等，平等的主要内容是权利和身份的平等，收入和待遇的对等。一些政府主办的会议将教授的座次安排在科员之后，表现了权力的傲慢和对知识的不尊重。应该给予充分的平等和尊重，让知识和教师的价值得到足够的体现，高校教师的积极性才能真正高涨起来，“大师”才能出现。

（二）改革高等学校的治理模式，让教师广泛参与学校决策

尊重教师、信任知识分子的真正做法是让教师充分参与学校的各项决策。要让教师积极从事教学和科研活动，应该首先让教师发自内心地感受到教学、科研是自己的事情，而不是异己的、外部的压力，不是另一个群体布置和强加给自己的任务。教师们能够像管理自己的事务那样参加对高校事务的管理，能够根据自己的意志对其施加能动的影响，才能在内心接受这样的活动，积极从事并投入时间和精力。教师们能够根据科学规律和管理规律自主地支配教学和科研过程，对所产生的成果具有主体感，才能产生持续的工作动力。

崇尚知识的切实体现是以科学知识管理学校，以专业人员管理专业事务。应改善和完善党委领导下的校长负责制，让高校管理走向科学化。高校管理应以科学的管理理论为基础，采用科学的管理制度和方法，避免简单的行政倾向。校长和党委书记都应是高等学校管理专家，而不仅仅是某一学科的专家或仅仅是行政官员。建立公立高校校长的资格证书制度，只有考取了资格证书才能担任校长，党委书记应该参照执行。对中层行政职务应进行岗位资格考试。高校的各级行政负责人每年应至少接受总时间一个月的科学管理培训。

应由教授委员会（或教师委员会）决定学术事务，参与和监督政策的执行。高等学校校长和党委书记的任命应该征求教授委员会的意见，并有试用期。学校的学术事务（教学事务、科研事务）和相关人事事务应该以教授委员会为主进行决策，包括专业和课程设置、专业职务设置、教师招聘和录用、专业职务聘任、专业人员考核、校内各类科研项目的设定和评审、学术奖项的设定和评选等。在学术领域，教授委员会应该成为决策机构，决定政策和规章制度；行政机

构应该成为执行部门，根据规章制度具体执行和落实，教授委员会对此进行监督。

教职工代表大会参与学校重大行政事项的决策，对重要相关事项行使决策权。这包括校内的干部制度、资金使用、工资制度、福利制度、住房保障制度等。行政部门起草相关制度，征求教代会意见应成为必经的程序。应设立政策制定与修改的听证会制度、说明会制度、咨询会制度，由学校工会负责组织和运行。关涉教师切身利益的事项应该由教职工代表大会投票通过。应明确学校工会的职工利益代表职能和权利维护职能，以工会为主建立起教职工申诉机制和人事纠纷调解机制。

设置和改进制度模式、决策程序，实现党委、校长、教授委员会、教职工代表大会的合理配置和有机衔接。各个权力机构的决策和运行，都应该有其他权力机构的制度嵌入；各项重要事务的决定，都应该同时或相继由各个权力机构参与。由此，实现对学校共同事务的广泛性、多层面社会协商。例如，党委对于重要事项的决定，应该作为必经程序由校长、教授委员会、教职工代表大会参加意见。教授委员会对于学术事务的决定，应该作为必经程序由党委、校长、教职工代表大会参加意见。应该实行和完善多方参加的委员会制度，例如教授委员会的代表（党员）担任学校的党委委员，教授委员会的代表担任学校管理委员会的委员，党员教授作为党委的代表担任教授委员会的委员，教代会内设置教学、行政、教辅等代表团组。

设置微观领域的民主管理和广泛参与制度，保护最基层教师的利益。例如，课题组长应向课题组成员报告经费开支。

（三）对公立高校的教师实行公务员待遇，收入达到社会中上水平

高校教师应该得到公平的收入。“公平的收入”是与其人力资源品质和专业贡献相匹配的收入水平。教授们说，“知识分子的收入不算很低，但是不公”。“不解决公平问题，就不能解决积极性问题”。一个职业群体的收入水平应该与所承担社会功能的重要程度相适应。

高校教师对于收入是否公平所持的重要标准是公务员。每个人的心中都有一杆秤。只要高校教师的收入低于公务员和其他主流群体，就会感到不平衡、不公平。一是被认为是轻视、不尊重；二是感到多劳不多得，窝火、不尽力；三是感

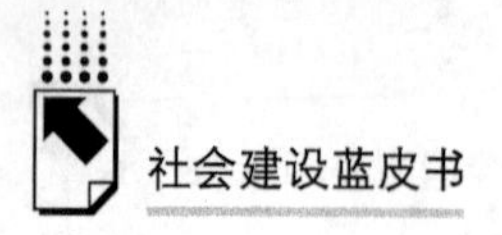

到寒酸，不体面，没热情。

高校教师应该得到平等的收入。“平等的收入”的含义之一是等值于公务员。国家公务人员应该与包括高校教师在内的广大知识分子成为一家人，“同灶吃饭”，而不应该“分灶用餐”。

这些年，行政部门在公立高校教师收入政策上显示出两个“左右摇摆”。第一个摇摆是：一方面，规定包括高等院校在内的公益事业单位的收入与政府机关公务员的收入脱钩，制定不同的收入分配和工资体系，变相降低事业单位人员的收入待遇；另一方面，当高校教师出现不满、工作受到影响时又拨付款项弥补他们的差距，同时抑制公务员的工资上涨。第二个摇摆是：一方面，“开口子”让高校教师利用知识和技术去市场上赚钱，以弥补与行政机关公务员之间的落差；另一方面，对高校的教育收费进行限制，对科研经费的劳务部分严加限制。这些改革方向的盲目性和政策制定的混乱性，不仅搞乱了高校教师的思想，而且也让公务员队伍对收入不满。

公立高校教师工资体系的改革方向应该是与政府机关公务员的工资体系挂钩，通过科学测算、多方评估和民主参与程序，确定高校教师不同专业职称等级与行政部门公务员不同职务等级之间的对应关系，既让高校教师感到公平和满意，也让公务员群体感到公平和满意。同时，对两者实行捆绑性调整，无论公务员还是高校教师，只要一方调整，另一方也同步、同比例地调整。

迄今为止，德国、法国、日本以及我国台湾、香港，高等学校教师都属于公务员序列。在香港，高校教授的收入等级对等于特区政府的部长。德国对公立高校各个级别的教师和政府机关各个级别的公务员的工资数额都作出了科学而清晰的规定，让这两个系列的公务人员的收入保持了良好的平等。国外的一个基本经验是，将高校教师与公务员剥离，实行职位、待遇的差异化，无论对于教学、科研，还是对于政治稳定、社会和谐都无好处。

应建立统一性的工资制度，使不同院校相同职位的教师的收入基本相同。同一个学校的各个院系，同样级别的教授，其工资（国家资金、学校资金）应基本相同。北京市属各高校之间、市属高校与部属高校之间，同样级别教师的收入应该基本拉平。我国台湾省所实行的就是这样的统一性工资制度。

高校教师应该得到社会中上水平的收入。这是制定高校教师工资政策与其他主流群体关系的一个基本原则。首先，高校教授的收入应该达到让他们相对满意

的水平。只有在这样的水平上，他们才能心情舒畅，内心宁静，积极向上，踏实工作。其次，高等学校教师的收入应该达到社会的中上等水平。这样，他们在相对温饱和小康的基础上，才能衣食不愁，心无旁骛，安心教学科研，进入“没有经济压力的心灵自由”。让高校教师的收入水平处于全社会的中上位置，是各个国家的普遍政策。

高等学校教师的收入水平应该跟得上经济与社会的发展，跟得上高收入人群的收入增长速度，及时并合理地分享到发展成果。

高等学校教师的收入应该相对稳定，退休后也能维持体面的生活。这样，他们就能既没有后顾之忧也没有前顾之忧，从而保持持续的学术兴趣和积极的心态。而且，高校教师与某些其他行业的退休人员相比，很多人在退休后依然兢兢业业地为国家培养人才，献身科学研究。对高校教师的退休费实行与在岗教师的联动制度。一旦在职教师的工资标准提高，退休教师的退休费用也同步提高。

（四）高等学校教师享有较高水平的福利保障，切实做到安居乐业

高等教育应该坚持其公益性质，由公共财政予以足够支持。过度的市场化已经给高校和教师、给国家和民族造成了诸多不利后果，这些后果随时间的发展越来越明显。

高校教师必然面对学校外的消费市场，其收入的变动往往难于同市场的变动相一致，其收入的增加很容易被市场的力量和运作所吞噬。应该对教师提供合理的市场保护，给他们构建一个防波堤以缓解市场的冲击。为此，应该为教师提供最起码的甚至相对充分的福利，包括住房、医疗、子女教育和老人赡养。

无论是日本、中国台湾，还是香港，国家或公立高校都为教师提供住房（低租金或低价格）。这些国家或地区的高校管理者认为，根据教师职业的特点和工作积极性形成的特点，无论如何都应该解决他们的住房问题。我们应该给新进入高校的年轻教师提供免费的或低租金的宿舍，让年轻教师安居乐业。地方政府应该出台针对高校年轻教师的特殊政策，提供特殊的廉租房。应该允许高校出资为本校教师建设廉租房或周转房。

高校的幼儿园、附属小学、附属中学应该为本校教职工子女提供足够的入学名额，降低学费。高校的医院应该进一步改善医疗条件，为本校教师提供高质量、低价格和方便性的医疗服务。

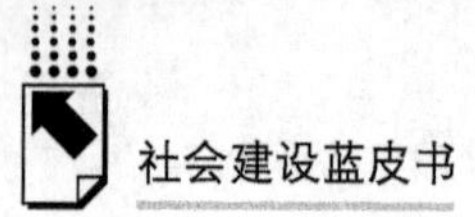

Colleges and Universities Teachers Status in the Process of Changing

—Based on a survey of 18 colleges and universities in Beijing

Shi xiuyin　Zhang jing

Abstract: By the survey of 18 colleges and universities in Beijing, the author analyzed the current status of the university's management and the status of the university teachers. The university management is facing the serious administratization, low income and status of teachers, personnel management enterprisation, and university teachers life and work pressure increasing problems. These factors make the university teachers to deviate from the teaching and research and depart from the goal of higher education. Only university teachers truly incorporated into the national governance system and the distribution system to remove the tendency of colleges and universities excessive administratization and improve the treatment and status of college teachers in accordance with the law of higher education act. The difficulties of our higher education faced can be changed.

Key Words: Changes; University Management; Teacher status

B.10

住房状况对高校教师心态影响的调查分析*

赵卫华**

摘　要： 本文基于北京市高校教师的调查，了解住房状况对其心态的影响。分析发现：①高校教师居住水平基本处于北京市平均水平；②住房获得的方式不同对生活成本有重要影响；③住房是教师最烦恼的事情之一；④有无住房对教师工作满意度有影响。总起来看，部分高校教师面临着较大的住房压力，这影响着他们对教育工作的投入，也影响了他们的工作满意度和生活满意度。

关键词： 住房　高校教师　社会心态

2008 年以来，中国大中城市房价暴涨，两年之内翻了一番多。高涨的房价完全把工薪阶层抛在了住房市场之外。高校教师作为一个高教育水平的群体，却不是一个高收入群体。在北京，教育行业的平均工资还稍低于北京市的平均工资。作为一个工薪阶层，他们是没有能力通过市场化的方式购买住房的，但是，另一方面，1997 年住房货币化改革以后，很多高校都把教师的住房问题推向了市场。房价在涨，房租也在涨，在居住成本高昂的北京，房子对人的心态会产生很大影响。本文即要通过对调查数据的分析，讨论住房对高校教师心态产生的影响。

---

* 本文数据来自“北京市专业科技人员的收入分配及激励”课题组（北京市教委课题）的调查数据，本次调查采用随机抽样的方式，在北京市先随机抽取了 18 个高校，在这些高校中又随机抽取了 1696 份样本，对教师进行了问卷调查。

** 赵卫华，博士，北京工业大学人文学院社会学系副教授。

一　高校教师住房状况

1. 高校教师居住水平处于北京市平均水平

从本次调查看，在北京高校教师中，21%的人没有住房，16.6%的人拥有两套以上住房，其他拥有一套。

表1　您家总共有几套房子

套数	频率	百分比(%)	有效百分比	累计百分比(%)
0	346	20.4	20.8	20.8
1	1037	61.2	62.6	83.4
2	258	15.2	15.6	99.0
3	13	0.7	0.8	99.8
4	2	0.1	0.1	99.9
5	2	0.1	0.1	100.0
合计	1658	97.7	100.0	

从居住面积看，高校教师的平均居住面积是82.86平方米，人均居住面积（建筑面积）是28.79平方米，略低于2011年社会蓝皮书发布的北京市的数据(28.81平方米)。高校教师的居住条件相当于北京市的平均水平。

但是，由于北京是个大都市，住房市场化以后，很多人买的房子距离单位太远，由于上班、孩子上学等原因，不得不租住房子。所以，虽然住房拥有率很高，但租住房子的比例也很高。从现在居住的状况来看，居住在自有住房者的比例只有57.6%，租住公房的占23.7%，租住私房的占11.9%，两者合计达到35.6%。

表2　您现在居住的房子属于以下哪类

	频率	百分比(%)	有效百分比(%)	累计百分比(%)
租住公房	395	23.3	23.7	23.7
租住私房	198	11.7	11.9	35.6
自有住房	960	56.6	57.6	93.2
其　他	114	6.7	6.8	100.0
合　计	1667	98.4	100.0	
缺　失	28	1.6		
合　计	1695	100.0		

2. 住房获得的方式不同，对生活成本有重要影响

从房子的来源看，只有27.5%的人获得了房改房，21.8%的人获得了经济适用房，4.5%的人购买了“两限”房。如果把房改房、经济适用房、“两限”房作为福利房，由于一部分人既有房改房，也有经济适用房，实际上获得福利房的比例占调查样本的比例只有39.6%，其余60%则是通过市场或者单位（如有的高校以集体购买大批商品房，然后按照各种条件分给教职工）的方式获得住房。

表3 住房获得方式

单位：%

住房类型	样本量	百分比
C18a 房改房	356	27.5
C18b 经适用房	282	21.8
C18c“两限”房	58	4.5
C18d 一般商品房	629	48.6
C18e 高级公寓	5	0.4
C18f 别墅	6	0.5
C18g 小产权房	33	2.5
C18h 自建房	13	1.0
C18i 其他	63	4.9
	1445	111.7

从住房支出水平看，高校教师家庭平均居住支出是13557元，人均居住支出是4572元。其中，有无福利房在住房支出上有显著差别。拥有福利房者，其家庭年平均居住支出9063元，人均支出是3014元，而没有福利房者年平均的居住支出是16480元，人均支出是5595元，两者差别非常大。本次调查中，25.9%的家庭有住房贷款，其中既有有福利分房的家庭，也有以购房自住的家庭，后者占较大比例。这些有住房贷款的家庭，住房支出的压力就会大大增加。如果把还贷支出也包括进来，平均来看，有无福利分房住房其家庭住房支出差额则接近11000元。

从支出比重看，平均来看，高校教师的住房支出比重（不包括还贷支出）是12.11%。但是有无福利分房，其支出比重也有很大区别，有福利房者，其居住支出（包括物业、取暖、房租、水、电、煤气）占总支出的比重只有 8.5%，而没有福利房者，其居住支出占总支出的比重 14.5%。

表 4　有福利分房者和无福利分房者的住房支出状况

是否有福利房		居住支出包括物业、取暖、房租、水、电、煤气	居住及还贷支出	人均居住支出	居住支出占总支出的比重
没有	均值	16480.0905	31079.5344	5595.2028	0.1445
	N	916	928	904	914
	标准差	68846.41270	83730.85749	15972.95460	0.16137
有	均值	9063.4074	20142.3513	3013.7912	0.0853
	N	596	599	593	595
	标准差	12104.82239	49142.75960	4082.32682	0.09601
总计	均值	13557.2104	26788.8198	4572.1759	0.1211
	N	1512	1527	1497	1509
	标准差	54235.39785	72344.00603	12733.79083	0.14225

另外，有房子者和没有房子者在住房支出方面有显著的差别。没有住房者家庭住房支出是 17926 元，人均支出是 7098 元，有房者家庭住房总支出平均是 12337 元，家庭人均住房支出是 3886 元。无房者的居住支出大大高于有房者的居住支出。从比重上看，有房者居住支出占总支出的比重是 9.26%，没有住房者的居住支出占总支出的比重则高达 22.4%，居住支出的比重非常高。

表 5　有房和无房者在住房支出方面的差别

是否有房子		C23c 住房支出包括物业、取暖、房租、水、电、煤气	人均居住支出	住房支出占总支出的比重
没有	均值	17926.3353	7097.6524	0.2235
	N	328	318	327
	标准差	29430.47323	10351.94738	0.19448
有	均值	12337.3953	3885.5579	0.0926
	N	1181	1175	1179
	标准差	59324.49264	13241.73961	0.10802
总计	均值	13551.3563	4570.3826	0.1210
	N	1509	1493	1505
	标准差	54290.40861	12745.89076	0.14223

二　有无住房对教师心态的影响

在北京这样一个居住成本高昂的城市，住房既是最重要的生活必需品，又是能够带来巨大利润的投资品。住房不但对人们的生活而且也对人的心态产生了很大的影响。下面着重分析有无住房对教师心态的影响。

1. 住房是教师们最烦恼的事之一

在调查中，有一道题目是选择生活中最烦恼的三件事并排序，调查结果具体如下表。最烦恼的三件事总体来看，第一是收入低（57%）；第二是住房问题，包括买不起房子（31%）、住房条件差（29%）、工作单位离家太远（23%）、自费租房（12%）；第三是子女入学入托（24%）；第四是养老问题（23%）。

表 6　最烦恼的三件事

单位：%

类别	子女入托、上学难	自费租房	收入太低	工作单位离家太远	看病不方便	住房条件差	身体状况不佳	夫妻不和	父母年迈多病	无人料理家务	买不起房子	其他
样本量	402	205	959	388	289	485	310	52	390	328	530	165
百分比	24	12	57	23	17	29	18	3	23	19	31	10

表 7　有无住房与最烦恼的事的影响

	您生活中最烦恼的三件事												合计
	子女入托、上学难	自费租房	收入太低	工作单位离家太远	看病不方便	住房条件差	身体状况不佳	夫妻不和	父母年迈多病	无人料理家务	买不起房子	其他	
没有	17	41	80	17	1	34	6	3	2	5	137	7	350
	4.9%	11.7%	22.9%	4.9%	0.3%	9.7%	1.7%	0.9%	0.6%	1.4%	39.1%	2.0%	100.0%
有	192	19	330	159	45	113	83	18	96	49	88	55	1247
	15.4%	1.5%	26.5%	12.8%	3.6%	9.1%	6.7%	1.4%	7.7%	3.9%	7.1%	4.4%	100.0%
合计	209	60	410	176	46	147	89	21	98	54	225	62	1597
	13.1%	3.8%	25.7%	11.0%	2.9%	9.2%	5.6%	1.3%	6.1%	3.4%	14.1%	3.9%	100.0%

从调查来看，有房者和无房者关注的问题不同，两者有显著的差异。有房子最烦恼的事排在前三的分别是收入太低（26.5%）、工作单位离家太远（12.8%）、子女入托上学难（15.4%），而没有住房者最烦恼的事排在前三的分别是买不起房子（39.1%）、收入太低（22.9%）、自费租房（11.7%）。

有无住房会对人们的生活和心态产生很大的影响。作为最烦恼的事之一，住房对教师心态会产生怎样影响呢？这里心态是指教师对工作、生活的一些看法和感受。这类感受性的指标包括以下几个：一是对工作方面的感受，如对收入的满意度、对工作的满意度；二是对生活的满意度。有无住房对教师工作和生活的满意度有很大影响。

2. 有无住房对教师工作满意度的影响

从教师对薪酬的满意度来看，卡方检验显示（本文的检验都是使用该检验，不再特别注明），有没有住房对薪酬的满意度有非常显著的差异。其中有住房的满意率高于没有住房者，而在不太满意和很不满意的方面的比例则低于没有住房者。

表8　有无住房对单位提供的薪酬（包括工资、岗位、奖金及其他收入）的满意程度影响

是否有房子	您对单位提供的薪酬(包括工资、岗位、奖金及其他收入)的满意程度					合计
	非常满意	比较满意	一般	不太满意	很不满意	
没有	2 0.6%	29 8.3%	110 31.3%	124 35.3%	86 24.5%	351 100.0%
有	15 1.1%	185 14.1%	492 37.4%	386 29.4%	237 18.0%	1315 100.0%
合计	17 1.0%	214 12.8%	602 36.1%	510 30.6%	323 19.4%	1666 100.0%

对薪酬的满意度低，与高校的收入分配体制有很大关系。高校并不是一个高收入行业。从北京市历年发布的工资水平数据看，在北京各行业中，教育行业的收入平均是略低于全市平均工资水平的，如2009年北京市在岗职工的平均工资是58140元，教育部门在岗职工的平均工资是58009，略低于北京市的平均水平①。一

① 这个工资的计算办法是：职工年平均工资＝（在岗职工工资总额＋不在岗职工生活费）/（在岗职工年平均人数＋不在岗职工年平均人数）。因为不在岗职工的生活费是很低的，由此会拉低职工平均工资水平，因此，北京在岗职工的平均工资要高于50415元。

个博士毕业到高校工作，一个月的工资就是三千多元，在北京的三环之内租个一居室都不够。这对于一个受了22年正规教育的人来说，投入产出非常不成比例。高校教师特别是青年教师收入不高，工作压力大、生活压力，已经成为一个很普遍的问题。

从调查来看，很多教师认为工资并不能反映其努力工作的程度，这种观点在有住房者和没有住房者之间也有很显著的差别。有住房者认为努力工作的程度在工资中没有反应的比例比没有住房者还要低，两者的差别是显著的。

表9　有无住房对工资与努力工作之间关系判断的影响

是否有房子	C7 您努力工作的程度在工资中有明显的反映吗？					合计
	一定有	可能有	不一定	没有	完全没有	
没有	21 5.9%	94 26.3%	86 24.1%	114 31.9%	42 11.8%	357 100.0%
有	94 7.1%	287 21.8%	342 26.0%	488 37.1%	106 8.0%	1317 100.0%
合计	115 6.9%	381 22.8%	428 25.6%	602 36.0%	148 8.8%	1674 100.0%

但是，从工资与个人价值体现的关系，有住房者却有更高比例的人认为工资能体现个人价值，而没有住房者认为能体现个人价值的比例要低一些，认为不能体现自己价值的比例要高。因此，我们可以认为对于没有住房者，他们在工作中的价值感要稍低一些。

表10　有无住房对工资与个人价值关系判断的影响

是否有房子	C8 您觉得目前的工资能体现您个人价值吗？					合计
	完全能	能	一般	不太能	完全不能	
没有	1 0.3%	13 3.7%	136 38.2%	141 39.6%	65 18.3%	356 100.0%
有	9 0.7%	99 7.5%	559 42.4%	444 33.7%	207 15.7%	1318 100.0%
合计	10 0.6%	112 6.7%	695 41.5%	585 34.9%	272 16.2%	1674 100.0%

对收入高低的感觉一方面与生活需要有关，另一方面也是在社会比较中产生的，从调查来看，教师从总体上对收入不满意的比例比较高，从单位内部、

单位之间以及教育行业与其他行业之间的差距来看，这种不满意率是渐次升高的。

从单位内部看，40.3%的人认为单位内部不同专业技术人员的收入差距非常大和大。只有不到13%的人认为单位内部收入差距小。在这一点上，有房者和无房者并没有显著的区别。

表11　有无住房对单位内专业技术人员收入差距判断的影响

是否有房子	C12 您认为你们单位专业技术人员之间的收入差距					合计
	非常大	大	一般	小	非常小	
没有	37 10.5%	99 28.2%	174 49.6%	31 8.8%	10 2.8%	351 100.0%
有	131 10.1%	398 30.7%	597 46.0%	144 11.1%	28 2.2%	1298 100.0%
合计	168 10.2%	497 30.1%	771 46.8%	175 10.6%	38 2.3%	1649 100.0%

从单位领导和专业技术人员之间的收入差距看，有53.7%的人认为单位领导与专业技术人员之间的收入差距大。在这个问题的判断上，有房者和无房者并没有显著的区别。

表12　有无住房对单位领导与专业技术人员之间收入差距判断的影响

是否有房子	C13 您认为你们单位领导与专业技术人员之间收入差距					合计
	非常大	大	一般	小	非常小	
没有	59 17.3%	121 35.4%	150 43.9%	10 2.9%	2 0.6%	342 100.0%
有	247 19.5%	438 34.6%	514 40.6%	51 4.0%	17 1.3%	1267 100.0%
合计	306 19.0%	559 34.7%	664 41.3%	61 3.8%	19 1.2%	1609 100.0%

从对收入的满意度来看，总体上对单位内部收入差距不满意的比例是33%，但是就有无住房这个不同群体的态度来看，虽然有所差别，但是在统计上并不具有显著性，所以可以说有无住房对个人对单位内部收入差别的判断并没有影响。

表 13　有无住房对单位内收入满意度的影响

是否有房子	C9 与单位内部的专业技术人员比较，您对您的收入是否满意					合计
	非常满意	比较满意	一般	不满意	非常不满意	
没有	2 0.6%	38 10.8%	204 57.8%	91 25.8%	18 5.1%	353 100.0%
有	15 1.1%	202 15.4%	658 50.0%	355 27.0%	85 6.5%	1315 100.0%
合计	17 1.0%	240 14.4%	862 51.7%	446 26.7%	103 6.2%	1668 100.0%

对单位之间收入差距不满意的比例是 56%，也就是说有一半以上的人对本单位收入不满意，有房或者无房者对单位之间收入差距的感觉并没有差别，如表 14。

表 14　有无住房对同行业收入满意度的影响

是否有房子	C10 与同行业不同单位的专业技术人员相比，您对您的收入是否满意					合计
	非常满意	比较满意	一般	不满意	非常不满意	
没有	2 0.6%	28 7.9%	124 34.8%	140 39.3%	62 17.4%	356 100.0%
有	8 0.6%	130 9.9%	444 33.8%	520 39.6%	210 16.0%	1312 100.0%
合计	10 0.6%	158 9.5%	568 34.1%	660 39.6%	272 16.3%	1668 100.0%

表 15　有无住房对不同行业收入满意度的影响

是否有房子	与其他行业的专业技术人员相比，您对您的收入是否满意					合计
	非常满意	比较满意	一般	不满意	非常不满意	
没有	0 0.0%	17 4.8%	93 26.1%	142 39.9%	104 29.2%	356 100.0%
有	5 0.4%	105 8.0%	442 33.8%	538 41.1%	219 16.7%	1309 100.0%
合计	5 0.3%	122 7.3%	535 32.1%	680 40.8%	323 19.4%	1665 100.0%

对高校与其他行业的收入差距感到不满意的比例是非常高的，总体上，与其他行业的专业技术人员相比，对收入感到不满意者的比例达到 60.2%。就有房

子和没有房子者的情况来看，两者在这个问题的感觉上有很显著的差别。没有住房者感到不满意和非常不满意的比例合计是69.1%，比有房者（57.8%）高出11.3个百分点。说明无房者对高校收入不满意更多。

对于工资收入和生活的关系，总体上看，认为工资只能维持基本生活开支或者很困难的比例达到40.1%，但有房者和没有房者有显著的区别，无房者这一比例达到60.5%，特别是感到日子过得非常困难的比例达到7.6%。

表16　有无住房对工资与生活关系看法的影响

是否有房子	以下关于工资与生活的关系，哪个最接近您的实际情况						合计
	因为工资很高，自己的生活过的非常富裕	我的工资除维持基本生活外，有一定的节余	我不太确定两者之间有什么关系	我的工资只能维持最基本的生活开支	因为我的工资太低，日子过得非常困难	其他	
没有	0 0.0%	100 28.0%	31 8.7%	189 52.9%	27 7.6%	10 2.8%	357 100.0%
有	13 1.0%	675 51.7%	152 11.6%	424 32.5%	27 2.1%	15 1.1%	1306 100.0%
合计	13 0.8%	775 46.6%	183 11.0%	613 36.9%	54 3.2%	25 1.5%	1663 100.0%

对于现有薪酬体系的激励作用，只有13.7%的人认为激励作用较大，35%的人认为薪酬的激励作用比较小或者很小。在这个问题上，有房者和无房者有显著差别，无房者认为薪酬激励作用比较小或者非常小的比例达到44.1%。

表17　有无住房对薪酬与激励关系看法的影响

是否有房子	您认为您所在单位现有的薪酬体系对专业技术人员的激励作用					合计
	非常大	比较大	一般	比较小	非常小	
没有	4 1.1%	28 8.0%	165 46.9%	83 23.6%	72 20.5%	352 100.0%
有	18 1.4%	177 13.6%	686 52.6%	233 17.9%	191 14.6%	1305 100.0%
合计	22 1.3%	205 12.4%	851 51.4%	316 19.1%	263 15.9%	1657 100.0%

从教师对现有工作的满意度来看，总体上对现在的工作感到非常满意和满意的比例是33.3%，即只有1/3的人感到满意，感到不太满意或者很不满意的比例也比较低，有16.2%，50.4%的人感觉一般。但有房者和无房者在这个问题上有显著差异。没有房者感到不太满意或者很不满意的比例较高一些，达22.6%。

表18　有无住房对现在工作满意程度的影响

是否有房子	D11 您对现在工作的满意程度					合计
	非常满意	满意	一般	不太满意	很不满意	
没有	3 0.9%	92 26.4%	175 50.1%	59 16.9%	20 5.7%	349 100.0%
有	11 0.8%	447 34.1%	661 50.5%	152 11.6%	38 2.9%	1309 100.0%
合计	14 0.8%	539 32.5%	836 50.4%	211 12.7%	58 3.5%	1658 100.0%

3. 有无住房对生活满意度的影响

从对生活的感受看，有47%的人对目前的生活感到非常满意或比较满意，到不太满意和很不满意的比例是26.8%。但是有房者和没有房者在这个问题上有显著差异，没有房者中有42%的人感到不太满意或者很不满意。

表19　有无住房对生活满意度的影响

是否有房子	D14 总体来看，您对目前的生活满意度？					合计
	非常满意	比较满意	说不清楚	不太满意	很不满意	
没有	4 1.1%	102 29.1%	97 27.7%	113 32.3%	34 9.7%	350 100.0%
有	24 1.8%	649 49.6%	338 25.8%	252 19.3%	46 3.5%	1309 100.0%
合计	28 1.7%	751 45.3%	435 26.2%	365 22.0%	80 4.8%	1659 100.0%

在影响自己生活满意度的第一位因素中，有42%的人认为收入水平是影响生活满意度的第一位的因素，其次是消费水平，两者合计约占45%，也就是有将近一半的教师认为影响自己生活满意度的第一位因素还是经济因素。在这一点

上，有房者和无房者有显著差异。在无房者中，认为影响生活满意度的第一位因素是收入水平和消费水平的比例合计是56.5%。

表20　有无住房对影响生活满意度因素的判断的影响

是否有房子	D15a 影响您目前生活满意度第一位的因素							合计
	收入水平	消费水平	健康状况	人际关系	工作成就感	家庭关系	其他	
没有	193 54.5%	7 2.0%	53 15.0%	8 2.3%	63 17.8%	22 6.2%	8 2.3%	354 100.0%
有	495 38.6%	35 2.7%	349 27.2%	31 2.4%	217 16.9%	121 9.4%	35 2.7%	1283 100.0%
有	688 42.0%	42 2.6%	402 24.6%	39 2.4%	280 17.1%	143 8.7%	43 2.6%	1637 100.0%

进一步分析，从收入水平与生活满意度的关系来看，总体上约47.2%的人认为收入水平与生活满意度关系很大。有房者和无房者在这个问题上也有显著差别，约60%的无房者认为收入水平与生活满意度的关系很大。

表21　有无住房对收入水平与生活满意度关系判断的影响

是否有房子	您认为收入水平与您的生活满意度有关系吗?					合计
	关系很大	有些关系	不太清楚	关系不大	没有关系	
没有	212 59.7%	117 33.0%	11 3.1%	13 3.7%	2 0.6%	355 100.0%
有	573 43.8%	590 45.1%	56 4.3%	81 6.2%	8 0.6%	1308 100.0%
合计	785 47.2%	707 42.5%	67 4.0%	94 5.7%	10 0.6%	1663 100.0%

表22　有无住房对消费与生活满意度关系判断的影响

是否有房子	您认为消费与您的生活满意度有关系吗?					合计
	关系很大	有些关系	不太清楚	关系不大	没有关系	
没有	123 34.6%	168 47.3%	24 6.8%	39 11.0%	1 0.3%	355 100.0%
有	304 23.3%	707 54.1%	95 7.3%	187 14.3%	14 1.1%	1307 100.0%
合计	427 25.7%	875 52.6%	119 7.2%	226 13.6%	15 0.9%	1662 100.0%

在消费与生活满意度关系上，只有25.7%的人认为消费与生活满意度的关系很大。在这个问题，有房者与无房者也有很显著的区别，无房者中认为消费与生活满意度的关系很大的比例要高一些，达到34.6%。

从幸福感来看，虽然高校教师对收入消费等有诸多不满意，但是这个群体的幸福感还是比较高的，总体上有54.4%的人自己非常幸福或者比较幸福，只有8.3%的人认为自己不太幸福或者很不幸福。但是有房者和无房者有显著差别，无房者中感到非常幸福或者比较幸福的比例是41.2%，感到不太幸福和很不幸福的比例达16.1%，高于有房者（6.2%）约10个百分点。

表23　有无住房对幸福感的影响

是否有房子	总体来看，您认为自己幸福吗？					合计
	非常幸福	比较幸福	一般	不太幸福	很不幸福	
没有	13 3.7%	133 37.5%	152 42.8%	46 13.0%	11 3.1%	355 100.0%
有	64 4.9%	698 53.2%	469 35.7%	66 5.0%	16 1.2%	1313 100.0%
合计	77 4.6%	831 49.8%	621 37.2%	112 6.7%	27 1.6%	1668 100.0%

从工作意向看，在高校教师中，如有可能会离开现在单位的比例总体上是36.3%，但是有房者和无房者有显著差别，有房者中可能离开单位的比例是46.8%，比无房者高出11.3个百分点。

表24　有无住房对离职意愿的影响

是否有房子	D19 如果有可能，您是否会离开现在的单位？		合计
	会	不会	
没有	156 46.8%	177 53.2%	333 100.0%
有	422 33.5%	838 66.5%	1260 100.0%
合计	578 36.3%	1015 63.7%	1593 100.0%

总之，高校教师作为一个高学历群体，多数人的生活需求得到了满足，但是很多人仍然有生活之忧，收入低是相当一部分教师的现状。在收入不高的情况

下，住房市场化对教师的生活、工作和心态都产生了非常大的影响。过去教师的低收入是与福利分房体制相适应的。教师住房市场化使得居住成本大幅度上升，而教师的收入却没有明显的增加，而且略低于全市平均水平，这对于教师的工作、生活产生了很大影响。对于那些没有获得福利房的人来说，住房的压力使得他们不但对现在的收入水平不满意，也对教育工作本身难以全身心投入，并大大影响了他们的工作满意度和生活满意度。

Analysis of Housing Influences on the University Teacher' Social Mentality

Zhao Weihua

Abstract: This article analyzes how the housing conditions influence the university teacher's social mentality. The data used was collected by the project of the University Teacher Investigation in Beijing. There are several finding here. (1) The housing of the university is on the average level of Beijing. (2) The living cost is different for the people who get the house in a different way. (3) The housing is the teachers' most worry. (4) The housing condition influences the teachers' satisfaction in their work. In a word, a lot of university teachers have heavy burden of housing, which influences their devotion to their work, and also influences their work and life satisfaction.

Key Words: Housing; University Teacher; Social Mentality

B.11

北京市城市高龄老人生活状况、社区托老及社会养老需求与对策探索*

——基于西城区高龄老人家庭的调查

尹志刚**

摘　要： 依据对北京城市80岁以上高龄老人生活状况、社区托老和社会养老需求的第一手调查数据，描述高龄老人家庭的生活困难，对居家养老、社区为老服务、社区托老以及社会养老的需求和建议，建构城市养老模式，探索应对城市人口老龄化的对策。

关键词： 城市高龄老人生活　社区托老和服务　社会机构养老　城市养老模型

北京市人民政府办公厅文件转发《市民政局市残联关于北京市市民居家养老（助残）服务（“九养”）办法的通知》① 规定：建立城乡社区（村）托老（残）所。争取用3年左右时间将托老（残）所基本覆盖至全市城乡社区（村）。

生活自理的老人和残疾人主要选择居家方式养老，未来社区托老（残）所主要收养对象是生活自理有轻微障碍、半自理且家庭无力承担照料的老人。因此，摸清高龄老人的生活及家庭照料状况，以及这一人群选择社区托老（残）的意愿及托养需求，是设计和建设社区托老（残）所的基础性数据依据。

* 本课题由西城区民政局立项，西城区老龄工作办公室、北京市人口研究所合作，共同组织本次调查。尹志刚教授主持课题研究并撰写调查报告。本文是调查报告的节选，由于篇幅所限，删除了高龄老人的人口及家庭生活状况部分。

** 尹志刚，北京市人口研究所副所长、北京市人口发展研究中心教授，主要研究方向：人口问题和人口政策。

① 京政办发〔2009〕104号。资料来源：首都之窗，2009年12月16日。

本次调查的对象是西城区中龄和高龄老人家庭。具体限制性条件是：被访家庭老年夫妇中要有一人超过70岁。采取入户调查方法，时间为2010年7月。调查抽样方案是：在原西城区的全部七个街道中，每个街道随机抽取10个社区，每个社区抽取30户（西长安街每个社区抽取20户），共调查了2000个家庭。被调查家庭的抽样方法是：在社区老年人口台账中每隔10户抽取1户符合调查条件的家庭。问卷全部回收，合格问卷为1991份。

本报告研究80岁以上高龄老人的生活状况及社区托（养）老和社会养老需求，共635户。报告依据调查数据撰写。

一　被访高龄老人日常生活状况

（一）被访老人的婚姻状况

表1　被访老人的婚姻状况——占填答总人数（N=795）

单位：%，人

	有配偶		丧偶		离婚		未婚		合计	
	人数	占比	人数	占比	人数	占比	人数	占比	人数	占比
男　　性	170	21.4	122	15.3	3	0.4	2	0.3	297	37.4
女　　性	170	21.4	318	40.0	5	0.6	5	0.6	498	62.6
两 者 差	0	0	-196	-24.7	-2	-0.2	-3	-0.3	-201	-25.2
两者合计	340	42.8	440	55.3	8	1.0	7	0.9	795	100.0

表2　被访老人的婚姻状况——分别占男女性别组人数
（男性297人，女性498人）

单位：人，%

	有配偶	丧偶	离婚	未婚	合计
男性	170	122	3	2	297
	57.2	41.1	1.0	0.7	100.0
女性	170	318	5	5	498
	34.1	63.9	1.0	1.0	100.0

被访老人的婚姻共有795人填答。其中，有配偶者340人，男性和女性各170人，占填答人数的21.4%（下同）；丧偶440人，男性122人（15.3%），女

性318人（40.0%），男性比女性少196人，低24.7%；离婚8人，男性3人（0.4%），女性5人（0.6%），男性比女性少2人，低0.2%；未婚7人，男性2人（0.3%），女性5人（0.6%），男性比女性少3人（低0.1%）。

分性别组看，差别最大的，一是有配偶家庭，男性和女性分别为57.2%和34.1%，男性比女性高23.1%；二是丧偶家庭，分别为41.1%和63.9%，女性比男性高22.8%。

高龄老人的婚姻状况对他们的生活和养老风险影响极大。被访家庭有配偶的340户，占42.8%。夫妇双全家庭可以相互照料、关爱，养老风险大大降低。离婚、丧偶和未婚共455户，占57.2%。其中，男性127户，占15.8%，女性328户，占41.3%。这类家庭的老人没有配偶陪伴和照料，养老风险增大。如果子女不与老人一起生活，就形成高龄空巢一人家庭，养老风险极大。

（二）被访老人的健康和生活自理状况

表3　被访老人的身体健康状况

单位：人，%

	人数		占性别组		占总人数		合计	
	男性	女性	男性	女性	男性	女性	人数	占总人数
健　康	47	61	15.9	12.2	5.9	7.7	108	13.6
一　般	138	191	46.8	38.1	17.3	24.0	329	41.3
体　弱	31	85	10.5	17.0	3.9	10.7	116	14.6
一般疾病	48	109	16.3	21.8	6.0	13.7	157	19.7
严重疾病	31	55	10.5	11.0	3.9	6.9	86	10.8
合　计	295	501	100.0	100.0	37.1	62.9	796	100.0

被访高龄老年人的健康状况主要有两个特点：一是总体不容乐观，体弱者116人，占选择总人次的14.6%，一般疾病者157人，占19.7%，严重疾病者86人，占10.8%，三项共359人，占45.1%。二是从性别组比较看，女性健康状况比男性差。其中，健康者组，男性比女性高3.7%；一般组，男性比女性高8.7%；体弱组，男性比女性低6.5%；一般疾病组，男性比女性低5.5%；严重疾病组，男性比女性低0.5%。

风险除去经济收入外，身体健康程度是另一个关键因素。身体好，可以劳动和自理，需要他人照料、护理的货币和劳务支出就少，反之就大。而照料和护理的货币、特别是人力是养老最稀缺的资源。此外，身体不好，医疗支出就大，势必影响老人的生活和生命质量。

表4　被访老人的生活自理状况

单位：人，%

	人数		占性别组		占总人数		合计	
	男性	女性	男性	女性	男性	女性	人数	占填答总人数
生活自理	180	263	61.6	52.7	22.8	33.2	443	56.0
生活半自理	97	202	33.2	40.5	12.3	25.5	299	37.8
生活不能自理	15	34	5.1	6.8	1.9	4.3	49	6.2
合　计	292	499	100.0	100.0	36.9	63.1	791	100.0

生活自理（失能）程度是衡量老人身体健康程度和养老风险最重要的指标，总体不容乐观。在填答的791人中，生活自理者443人，占56.0%；半自理者299人，占37.8%；不能自理者49人，占6.2%。半自理和不自理者共计348人，占44.0%。这部分老人将给家庭和社会带来诸多养老困难和风险。从性别组看，由于男性比女性的年龄结构低，女性比男性的自理程度要低。自理组女性比男性低13.1%，半自理组低16.5%，不自理组低3.0%。夫妻生活都能自理的家庭，可以通过夫妻相互照料和社区服务，实现居家养老。夫妻一方半自理的家庭，通过配偶及其他家人照料，加上社区服务，也可以实现居家养老或社区托老。夫妻都不能自理的家庭，势必要入住养老院、护理院等社会养老机构。

（三）被访老人与子女生活居住状况

子女是否与父母共同居住和生活，是影响高龄老人生活、生命质量和养老风险的重要因素。父母与子女生活居住选项共有507户填答。其中父母与子女同吃、同住的344户，占填答户数67.9%。与父母同住、不同吃的子女19人，占3.7%。与父母同吃、不同住的子女31人，占6.1%。与父母不同吃、不同住的子女113人，占22.3%。即是说，有32.1%的高龄老人家庭不完全与子女共同生活居住。

（四）被访老人日常生活困难

被访老人日常生活的主要困难大致分为三类：一是家务繁重无人帮助，121户次，占19.1%。二是看病、住院陪伴和照料困难：两个选项共197户次，占

31.0%，其中，生病、看病无人照顾112户次，占17.6%；住院无人护理85户次，占13.4%。三是心理精神孤独困苦：四个选项共305户次，占48.0%。其中，外出无人陪伴131户次，占20.6%；烦恼无人排解70户次，占11.0%；孤独无人慰藉83户次，占13.1%；发生口角无人劝解21户次，占3.3%。其他困难11户，占总户数的2.1%。

表5　被访家庭老人日常生活困难状况（限选三项，N=623）

单位：户次，%

具体困难	选择户次	占选择户次	分类	
			选择户次	占选择户次
家务繁重无人帮助	121	19.1	家务负担重,121户次	19.1
生病看病无人照顾	112	17.6	看病、住院无人陪伴和照料197户次	31.0
住院无人护理	85	13.4		
外出无人陪伴	131	20.6	精神孤独困苦305户次	48.0
烦恼无人排解	70	11.0		
孤独无人慰藉	83	13.1		
发生口角无人劝解	21	3.3		
合　　计	623	98.1		100.0

（五）被访老人日常生活照料、护理状况

表6　被访老人日常急需且缺乏的生活服务（多选）

单位：户次，%

	选择户次	占个案户	占总户数	分类合计
在社区医疗中心就近看病	227	35.7	18.9	医疗看病服务合计612户次，占个案户的96.4%，占选择家庭户的51.0%
陪同去医院看病	95	15.0	7.9	
建立家庭病房，上门送药、打针、护理	216	34.0	18.0	
提供专业护理知识和技能	74	11.7	6.2	
送餐	161	25.4	13.4	上门生活服务合计303户次，占个案户47.8%，占选择家庭户25.2%
送菜、送奶	82	12.9	6.8	
上门帮助购物	36	5.7	3.0	
帮助洗澡	24	3.8	2.0	
钟点工服务管理信息	103	16.2	8.6	提供养老服务信息合计195户次，占个案户30.7%，占选择家庭户16.2%
雇保姆服务管理信息	58	9.1	4.8	
老年公寓、养老院信息	34	5.4	2.8	

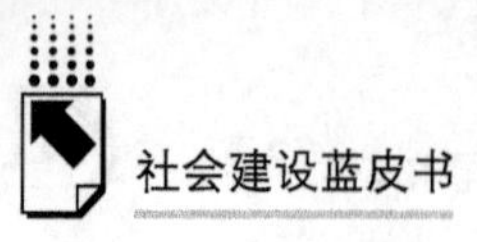

续表

	选择户次	占个案户	占总户数	分类合计
陪同出行、休闲、旅游	28	4.4	2.3	组织群体活动、交流、出行合计89户次，占个案户14.0%，占选择家庭户7.4%
组织群体活动、交流和沟通	61	9.6	5.1	
合计	1199	188.9	100.0	

共有1199户次填答。第一类是医疗看病服务，四个选项共612户次，占被访635户的96.4%，占填答1199户次的51.6%（下同）。第二类是各种上门生活服务，四个选项共303户次，分别占47.8%、25.2%；第三类是提供养老服务信息，两个选项共195户次，分别占30.7%、16.2%；第四类是组织群体活动、交流、出行，两个选项共89户次，分别占14.0%、7.4%。

二 社区托老及养老需求

（一）高龄老人入住社区托老所的需求

1. 今后五年内入住社区托老所的需求

填答的612户家庭中，有512户不需要入住社区托老所，占填答户次的83.7%；有100户需要入住社区托老所，占16.3%。北京市老龄协会根据对未来不同养老方式的预测，提出养老的“90－6－4”模型，即90%的老人居家养老，6%入住社区托老所，4%入住社会养老机构。调查数据显示，近期需要入住社区托老所的家庭比预测高10.3%。下面的调查数据显示，需要入住的老人，或是由于家庭经济条件差，无法入住，或是对托老所的各方面条件要求较高，需求难以满足，实际能入住的比主观需要入住的比例低得多。

2. 不需要入住社区托老所的原因

不需要入住社区托老所的原因（多选）主要有：夫妻都能自理86户次，占被访户数的13.5%；能得到子女照料，373户次，占58.7%；住房和生活条件较好（言外之意是托老所条件较差）71户次，占11.2%；有条件请保姆照料居家养老的127户次，占20.0%；想入住条件好的老年公寓的18户次，占2.8%。

调查数据显示，一方面，由于日间托老所的条件一时难以达到家境较好老人的要求，他们不愿意入住；另一方面，如果托老所条件改善了，服务收费势必提高，一些家境困难的老人由于经济拮据，需要但无法入住。这就需要政府进行市场调查，确定社区托老所的市场定位和主要服务对象。否则，或是托老所建起来但入住率低，难以为继；或是入住者不满意而退出；或是政府把托老所办成完全的福利性机构，一味加大贴补，背上沉重的财政负担。这些结局对社区托老事业的发展都是不利的。

不需要入住社区托老所的其他理由，共38户填写。其中，因家庭经济困难和价格高不能入住的18户；请保姆、子女照顾和不愿意入住的10户；要入住社会养老机构的2户；因本人、配偶不能自理而不能入住的5户；其他原因3户，如需要照顾残疾儿子。

3. 需要入住社区托老所的原因

需要入住托老所的原因（多选）：夫妻自理出现障碍，35户次，占被访家庭的5.2%；得不到子女照料，35户次，占5.5%；住房不宽裕，不能（无条件）请保姆，16户次，占2.5%；请不起保姆（经济拮据），25户次，占3.9%，住不起老年公寓，22户次，占3.5%。合计131户次，占20.6%。

（二）希望社区日间托老所提供的服务

表7　被访老人希望托老所提供的服务（多选）

单位：户次，%

	选择户数	占被访家庭户比例	占选择总户次比例	分类小计
早上接	49	7.7	6.1	早晚接送小计97户次，占被访家庭户15.3%，占选择总户次12.1%
晚上送	48	7.6	6.0	
吃早餐	75	11.8	9.4	吃饭小计257户次，分别占40.5%、32.1%
吃午餐	102	16.1	12.7	
吃晚餐	80	12.6	10	
需要床位休息	72	11.3	9.0	床位需要小计88户次，分别占13.8%、11%
不需要床位休息	16	2.5	2.0	
洗澡	68	10.7	8.5	洗澡、理发剪指甲等服务小计175户次，分别占27.6%、21.9%
修剪指甲	43	6.8	5.4	
理发	64	10.1	8.0	

续表

	选择户数	占被访家庭户比例	占选择总户次比例	分类小计
聊天沟通	61	9.6	7.6	
健身	21	3.3	2.6	
学习各种老年生活知识	20	3.2	2.5	
看电视、影碟	38	6	4.7	沟通、文体、学习活动小计 184 户次，分别占 29.2%、22.8%
上网	8	1.3	1.0	
打牌	13	2.1	1.6	
画画，写字	10	1.6	1.2	
做点手工活	13	2.1	1.6	
合计	801	126.4	100.0	

希望社区托老所提供的服务有 801 户次填答：列第一位的是三餐吃饭，257 户次，占总户数的 40.5%，占总选择户次（801 户次）的 32.1%（下同）；沟通、文体、学习活动 184 户次，分别占 29.2%、22.8%；洗澡、理发、剪指甲等服务 175 户次，分别占 27.6%、21.9%；早晚接送 97 户次，分别占 15.3%、12.1%；床位休息：需要的 72 户次，分别占 11.3%、9.0%，不需要的 16 户次，分别占 2.5%、2.0%。

（三）对托老所收费的看法

1. 对社区托老服务收费价格的接受程度

根据 2010 年北京市场收费标准，调查被访老人对社区托老服务收费标准的接受程度。填答结果显示，生活自理者的费用约 500 元/月（不含饭费、治疗和康复等特殊费用），能接受的占 72.2%，不能接受的占 27.8%。生活自理轻微障碍者约 800 元/月，能接受的占 70.0%，不能接受的占 30.0%。即是说，目前社区托老所的收费价格多数老人是可以接受的。

2. 对社区托老服务收费能接受的价格

不能接受上述价格的老人，能接受的价格较低。其中，对生活自理者能接受的价格在 500 元以下，对生活自理轻微障碍者在 700 元以下。这样的价格对经营社区托老所是不现实的。

三　对社会养老机构需求

（一）对社会养老机构的需求

1. 今后一段时间对入住社会养老机构的需求

共有 627 户填答。其中，需要入住社会养老机构的 587 户，占选择家庭的 93.6%，不需要入住的，28 户，占 4.5%，选择“说不清”的 12 户，占 1.9%。

2. 对社会养老机构的服务需求

表 8　被访老人对社会养老机构的服务需求（多选）

	选择户数(户次)	占总户数(%)	占总选择户次(%)	分类小计
老年慢性病治疗	307	48.4	17.8	医疗、康复服务小计 842 户次，占被访户数的 132.7%，占选择总户次的 48.9%
其他疾病的诊治	174	27.4	10.1	
恢复生活自理能力的治疗和康复	169	26.7	9.8	
针对不同疾病的营养餐	192	30.2	11.2	
有卫生间和洗澡设施的单间住房	266	41.9	15.5	服务设施小计 456 户次，分别占 71.8%、26.5%
电梯和无障碍通道	190	29.9	11	
有人陪同到室外活动	165	26	9.6	日常生活服务小计 422 户次，分别占 66.5%、24.6%
每周回家	130	20.5	7.6	
接送子女探望的班车	127	20	7.4	
合　计	1720	271	100	

问卷询问被访老人：“您入住社会养老机构还需要哪些特殊服务（多选）?”填答结果显示，老年慢性病及其他疾病的治疗、康复的需求最多，累计 842 户次，占总户数的 132.7%，占总选择户次的 48.9%。列第二的是适合老年人生活的服务设施，456 户次，分别占 71.8% 和 26.5%。列第三的是其他日常生活服务，422 户次，分别占 66.5% 和 24.6%。

（二）对社会养老机构收费的经济承受力

被访老人对社会养老机构（主要是中、低档养老院）的月收费承受力大多较低。从不同地域看，由城区到近郊区、再到远郊区，房租及其他服务价格依次降低，老人对收费的承受力也随之依次升高。

表9　被访老人对社会养老机构收费的经济承受力*

单位：户次，%

区位	自理状况分类	选择户数			占选择户数		
		能	不能	两者差	能	不能	两者差
城区	生活自理者(约1500元/月)	296	283	13	51.1	48.9	2.2
	自理轻微障碍者(约3500元/月)	125	445	-320	21.9	78.1	-56.2
	不自理者(约4000元/月)	105	458	-353	18.7	81.3	-62.6
近郊区	自理者(约1000元/月)	342	229	113	59.9	40.1	19.8
	自理轻微障碍者(约2500元/月)	161	402	-241	28.6	71.4	-42.8
	不自理者(约3500元/月)	137	420	-283	24.6	75.4	-50.8
远郊区	自理者(约500元/月)	425	143	282	74.8	25.2	49.6
	自理轻微障碍者(约2000元/月)	191	364	-173	34.4	65.6	-31.2
	不自理者(约3000元/月)	166	387	-221	30.0	70.0	-40

*城区养老机构：住房及周边空间小、绿地少，价格较高；近郊区养老机构：住房及周边空间、绿地、价格中等；远郊区县养老机构：住房及周边空间大、绿地多，价格较便宜。

从不同自理能力看，由自理者到自理轻微障碍者、再到不自理者的照料护理的劳动强度、技术支出依次提升，相应收费也依次提升，被访老人对收费的承受力随之依次降低。

四　对社区为老服务、托老和社会机构养老的建议

问卷设计开放题，询问“您对养老照料服务、特别是社区托老还有什么意见和建议，请写具体”。下面是对这些意见和建议的细分、分类和汇总。

（一）养老建议汇总

共有383户次填写对养老服务、特别是社区日间托老所的建议。课题组按照建议的要点进行细分，共有1209条具体建议，大致分为四类：对社区托老所的建议713条，占所有建议的59.0%；对社区养老服务的建议236条，占19.5%；对社会机构养老的建议212条，占18.1%；对政府的建议41条，占3.4%。

（二）对社区托老所各类建议的分类

1. 对社区托老所的建议分类

表 10　被访老人对社区托老所的建议分类

具体建议	选择户次(户次)	占分类建议(%)	占总建议(%)
离家距离近	28	12.2	7.3
环境、空间和设施	25	10.9	6.5
吃饭	13	5.7	3.4
服务	39	17.0	10.2
医疗康复	10	4.4	2.6
专业服务	14	6.1	3.7
价格及收费	59	25.8	15.4
开展适合老人的活动	29	12.7	7.6
其他	13	5.2	3.4
小　计	230	100.0	60.1

2. 对社区养老服务的建议分类

表 11　被访老人对社区养老服务的建议分类

具体建议	选择户次(户次)	占分类建议(%)	占总建议(%)
老年餐桌	12	24.0	3.1
上门购物服务	8	16.0	2.1
活动场所	12	24.0	3.1
医疗卫生	4	8.0	1
家政保姆	6	12.0	1.6
其他	8	16.0	2.1
小　计	50	100.0	13

3. 对社会机构养老的建议分类

表 12　被访老人对社会机构养老的建议分类

具体建议	选择户次(户次)	占分类建议(%)	占总建议(%)
价格收费	25	55.6	6.5
批评性意见	8	17.8	2.1
具体建议	12	26.7	3.1
小　计	45	100.0	11.7

4. 对政府的期望和建议

表 13　被访老人对政府的期望和的建议

具体建议	选择户次(户次)	占分类建议(%)	占总建议(%)
增加相关补贴	9	32.1	2.3
服务	5	17.9	1.3
其他	14	50.0	3.7
小　计	28	100.0	7.3

5. 对居家养老的认同

值得关注的是，部分被访高龄老人对社区托老及社会机构养老持否定性看法，坚持认同居家养老的建议共计 34 条，占全部建议的 8.9%。其中，对托老所的否定 2 条、对社会养老的否定 8 条，坚持居家养老的 24 条。

五　城市养老模型的建构①

建构城市家庭养老模型，目的是把老人在不同情境下对养老方式的合理选择结构化。老年人生活自理程度不同，是影响其选择不同养老方式的最重要变量。随着年事增高、生理器官老化，老年人从有劳动能力一步步发展到无劳动能力、生活自理、自理出现轻微障碍、半自理、不自理。大多数经济不富裕、住房不宽裕老年人的养老方式选择，会呈现从居家养老到社区托老（养老），再到养老院、护理院等社会机构养老的层层漏斗状。图 1 描述了依据老年人生活自理水平设计的养老流程图或漏斗图。

城市养老流程图显示，尽可能发挥居家养老有利于整合各种社会养老资源，使生活自理、轻微不自理乃至半自理老人的养老时光尽可能延续在居家养老时空中，以避免社会机构集中养老带来巨大资源投入的负担。要积极发展社区托老所、照料中心，把它作为从居家分散养老向社会集中养老的过渡方式。而社会养老主要收养生活不自理的老人。在老龄人口高峰期，养老院、老年公寓等社会养

① 城市养老模型的建构部分参见尹志刚：《我国城市首批独生子女父母养老方式选择与养老模型建构》，《人口与发展》2009 年第 3 期，本文略有修改。

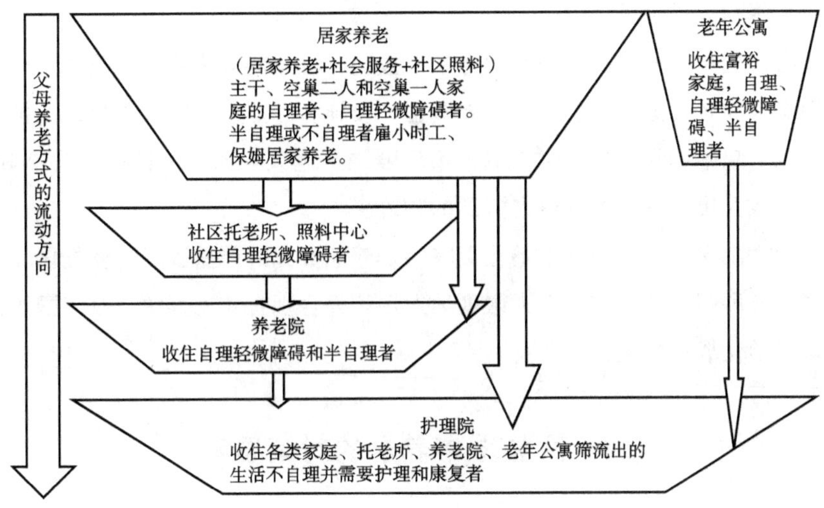

图1　城市家庭养老流程图

老机构都要增加护理功能，甚至都要转变为护理院。这样，才能最大限度地降低（无法根本避免）我国大规模扑面而至老龄化的养老风险。

建构城市养老模型，着眼于发挥不同养老方式发掘及整合各种养老资源的经济和社会效益，积极应对人口老龄化浪潮。

城市老年人获得的各种养老方式都需要货币支撑，或者说都可以通过货币置换。关键是居家养老加社区照顾可以使老人更有效地使用各种资源。比如，住房方面，可以使用现有住房，不需要社会建造大量养老机构用房；照料护理方面，通过社区各种社会助老组织，老年人得到相互关照和邻里照顾；医疗方面，在社区医疗卫生站（中心）得到全科医生对老年常见病、多发病的治疗和康复，通过社区家庭病房得到便利的治疗和康复。

在人力资源上，居家养老加社区照顾可以通过夫妻相互照顾、自我照顾，或依靠子女、邻里、社区志愿者等，提供日常照料。

在精神和心理关爱方面，居家养老加社区照顾可以获得子女、其他家人亲属及邻里的日常沟通交流。

居家养老加社区照顾是发掘和整合现有各种养老资源的最佳途径，可以最大限度地发掘和整合家庭、社区乃至社会的各种养老资源，节省货币支出，提供日常的便利照顾和医疗服务，从而大大节约时间成本。更为重要的是，它更加体现出以人为本的人性关爱。

社会机构集中养老的优势是服务的专业化、经营的规模化，也是应对生活不能自理老人养老的选择。但是它需要资金、设施和专业人力等大量投入。把生活自理的老人集中到社会机构去养老，不仅隔绝了老人与家庭和社区的自然联系，而且会导致大量家庭和社区养老资源的闲置。

我国大规模急速而至的老龄化面临的是养老资源的严重匮乏。依托居家养老加社区服务和照料的方式，最大限度地发掘和整合现有养老资源，是我国积极应对人口老龄化战略的选择。

六　实施城市养老的对策思考

实施城市养老，需要做多方位的深入对策思考。

（一）家庭养老社会化

1. 支撑居家养老的社区服务和环境

生活处于中下水平的绝大多数老年家庭，主要选择除雇保姆外的多种居家养老方式。这些方式需要以社区服务为依托。

（1）廉价且周到的社区生活服务。高龄老人的增多带来社区上门服务项目的不断增加，包括上门购物服务，如送餐、送菜、送粮、送奶、送报、送水等；各种上门生活照料服务，如打扫卫生、理发、洗澡、修脚等；各种上门修理服务，如维修水、电、气、暖、家电等。大多数老人家庭经济不宽裕，服务收费必须便宜。不具备廉价且周到的社区服务，将导致居家养老难以为继。

（2）廉价且周到的社区医疗卫生服务。社区医疗站（中心）是承担这类服务的主要机构。其功能包括：门诊及上门看病、上门送药打针、疾病预防和治疗、健康保健指导、心理咨询、家庭病房巡诊、疾病及残疾康复训练等。

（3）丰富健康的老年文体活动服务。包括老年舞蹈、太极拳（剑）、健身健美、摄像摄影、读书读报、养花养鱼、音乐美术书法学习和欣赏、旅游等各种活动的组织和指导。这些活动的组织及服务，包括健康有益的内容，组织和参与活动的领袖、骨干和积极分子，活动的规范，提高水平的业务指导等。其中，需要政府和社会提供的保障条件包括，必要的活动经费、场地和器械等。

(4) 老年人心理健康和精神慰藉服务。包括学习老年心理健康知识，参加各种健康有益的集体活动，进行心理交流或倾诉，遇到障碍时得到心理咨询和调试，子女及社区人员的心理关怀和慰藉等。

2. 支撑居家养老的社区服务的具体项目

支撑居家养老需要社区提供社会化的为老服务。具体包括六个子项目：

(1) 社区“老人餐桌”项目。一日三餐是高龄老人的基本需求和最大困难。该项目需要出台以下具体政策：①引导社区内各单位内部食堂向老年居民开放。政府要设立专项补贴资金。②鼓励周边餐饮店为老人配餐送餐政策。依据餐饮店为老人提供配餐送餐的人数、餐数，减免税收，并悬挂为老服务门店匾牌。③激励厂商深度参与老人就餐政策。利用政策与税收的导向，根据老人的分布状况，统筹建立联营的经济型餐饮连锁店。需要民政部门与各街道、社区通力合作，统筹安排用房，设立专项补贴资金，明确餐饮公司的准入、退出、服务评价、奖励与惩罚等措施，规范经营机制，明确结算补贴办法，确保服务商的积极性与服务质量。

(2) 社区医疗保健服务项目。医疗保健是高龄老人安享晚年的基本需要。社区卫生站（中心）要搭建全科医生常规坐诊、大医院专科医生定期“专科门诊”的制度；有条件的社区卫生站要配备康复保健医师，制订老年人身心保健计划，保证老年人的医疗、保健、康复等日常需求尽可能在社区卫生站（中心）得到满足。

该项目包括以下具体措施：①建立社区卫生站的支持网络。发挥综合医院、专科医院对社区卫生站的支撑作用，承担卫生站的人员培训、专业指导和专科医生轮流坐诊等功能。②创建社区卫生站联营机制和服务平台。从药品、医疗器械的统一采购、仓储和配备，人员配备和培训，财务及法律支援等，对卫生站给予全方位的服务支撑，以降低服务成本、规范服务标准、提升服务质量。③搭建“社区草根组织”支持网络。对行动不便的老人，政府要借助“社区草根组织”提供接送老人到卫生站与医院就诊的服务；对个别情况特殊的高龄或残障老人，提供人性化的上门服务。

(3)“老人互助小组”项目。在鼓励家庭成员尽责的同时，充分发掘社区潜在的人力资源优势，建立老人之间“互养、共养”的社区居家养老模式。

该项目包括以下具体措施：①扶持各种老年互助小组。民政部门、街道和社区要大力发掘、组织本社区退休的老年人发挥余热、余力。以楼门、邻里为基础，组建医疗保健、修理、日常探视、代购、出行帮扶、心理咨询等各种互助小组，实现低龄老人为高龄老人服务的循环机制。②安装互助门铃。推进老年人家家户户安装互助门铃，方便互助小组为老年人提供及时服务。③鼓励老年人发挥余热。通过建立服务信用积分等方式，激励老年人积极参与“互养、共养”，确保老人互助小组的可持续发展。邻近楼门、社区可以探索实现资源共享，互帮互助，共建和谐家园的新型社区为老服务模式。

（4）老年文体健身项目。鼓励社区的横向联动与合作，整合并用好社区活动经费，培育并壮大老年文体组织，配备所需的硬件与软件，开放公园等公共健身场所，为老年人的文体锻炼提供方便。在草根文体组织和专业健身机构之间建立长期的业务联系，聘请具有专业执教资格的教练指导健身。培育各类社区文艺、体育组织，配备必要的设备、教材、教练、场地及经费，通过连锁网络服务，最大限度地发挥草根组织的作用。

（5）家政服务规范化项目。为居家养老提供良好的家政服务，保证老年人能聘用到合格的小时工和保姆。

该项目包括以下具体措施：①规范家政服务人员培训。家政服务人员上岗前，要接受政府规定的职业培训，特别是照顾老年人需要的生活、护理、康复及基础医疗保健知识和技能的培训。培训合格者颁发职业技能证书，否则不能上岗。②建立家政服务人员的信息与信用档案。为老人提供有效的信息，帮助他们雇到合适的人员。③规范家政服务市场。家政服务公司要接受政府授权和监管，规范雇用者与受雇者的合同（包括服务项目、服务及收费标准等），保护雇佣者和受雇者双方的权利，减少双方的风险。

（6）子女敬老项目。居家养老要立足家庭。政府应当大力宣扬尊老爱老的先进典型，提倡子女对老年人的经济支持、生活照料、精神慰藉等全面赡养，激励儿女将赡养父母作为自己的责任与义务。

（二）社会养老家庭化

社会机构养老的优势在于实现服务的规范化、规模化和专业化。社会养老机构主要承接生活自理存在障碍的老年人，特别要倡导养老服务家庭化，并贯彻服务的全过程。

该项目包括以下具体措施：①居住空间家庭化。庭院和房间设计要家庭化，有散步、聊天的场所，有独立卧室和卫生间等。②环境布置家庭化。房屋装修和布置要展现家庭化，可以让老人把自己常用的家具、物件带到房间，以感受家庭的温暖。③交流沟通亲情化。老人之间要加强交流沟通，并设计一种场景，使得交流要体现兄弟姐妹般的亲情。④人员服务子女化。住在养老机构的老人期待子女的探望和照料。服务人员要扮演子女的角色，用子女式的态度和服务使老人体验到家庭的温馨。

（三）养老市场层次化

在市场经济背景下，社区托老、老年公寓、养老院和护理院等养老机构要按照不同的养老功能、服务对象进行市场定位分析，有效配置资源，实现养老市场层次化。

1. 社区托老所的功能和保障条件

从养老模式的结构功能上看，社区托老所是公益性、成本收费的照料机构，也是一种由分散居家养老向集中社会养老机构的过渡方式。托老所的功能是承担生活自理出现轻微障碍老人的日间照料。当老年人自理出现中度或严重障碍时，就需要转送到专门照料机构——养老院和护理院。托老所的硬件条件包括：老年人日间休息室，日间活动室，洗澡间，带多个抽水马桶的卫生间。软件条件主要包括：完善的服务项目和标准，合理且低廉的收费，高素质的社区托老服务社会工作者等。

为了减少服务成本，可以把托老所建在社区卫生站附近，由那里的医护人员承担老人的医疗服务。不必建食堂，由周边符合条件的餐厅承担送餐服务。如能建在社区活动中心附近，也不需要建专门的活动室。总之，托老所要挖掘并整合社区资源，减少收住成本。

老人居家养老和社区托老/养老的保障条件，需要政府为社区提供必要的房屋、经费、设施、组织管理及服务人员（特别是社会工作者）。为满足不断增加的居家养老和社区托老/养老的需要，政府相关部门要在调查研究的基础上，从长计议，加强规划，统一设计，加大投入，为不断增多的老人实现居家养老和社区托老/养老创造条件。

2. 老年公寓的功能和保障条件

老年公寓是收住经济富裕的不同自理能力老年人的机构。入住者需要享受项目齐全和高水平的养老服务，需要护理及服务人员具有较高的专业知识和技能，老年公寓的运作可以采取市场化的方式。

3. 养老院的功能和保障条件

在整个养老模式中，养老院的功能是收住生活自理出现轻度或中度障碍老人的机构。要根据这部分老人的数量、年龄和生活自理能力的变化，建设适合不同服务水平和收费标准及空间布局的养老院。

4. 护理院的功能和保障条件

在整个养老模式中，护理院的功能是收养生活不自理老年人的场所。鉴于护理院收住的是不自理的老年人，护理人员和收养人员的比例较低，即一个人员护理的老人不可能太多。同时，护理这类老人需要专门知识和技能，以及较强的体力和精力支出。即使是按成本计算，护理院的收费也会较高，家境不宽裕的老人难以入住，对经济困难的老人要制定减免费用政策。

（四）养老方式细分化

由于老年人的生活自理状况不同、经济收入不同、个人兴趣爱好不同，所以社会养老要分层细化，以满足不同需求老人的需要。养老机构的分层细化必须考虑三个因素：一是家庭经济状况，二是住房水平，三是老年人的养老观念和生活方式。

1. 经济困难且住房狭窄家庭的养老方式

经济困难且住房狭窄家庭老人的养老方式可供选择的空间不大。其中，由于条件的局限，雇小时工、保姆居家养老和住老年公寓这三种方式，都是他们难以选择的。这类家庭的老人在生活自理时，养老方式以子女照顾、相互照顾和自我照顾的居家养老为主。当自理出现轻微障碍时，可选择社区托老所和寄宿养老院。当生活不能自理时，仅能选择寄宿护理院。如图 2 所示。

2. 经济富裕、住房宽裕家庭的养老方式

经济富裕和住房宽裕家庭的老人可供选择的养老方式较多。当生活自理时，最佳的养老方式是雇小时工、保姆居家养老。当出现轻微自理障碍、半自理或不自理时，合理的养老方式包括雇保姆居家养老、住老年公寓等。如图 3 所示。

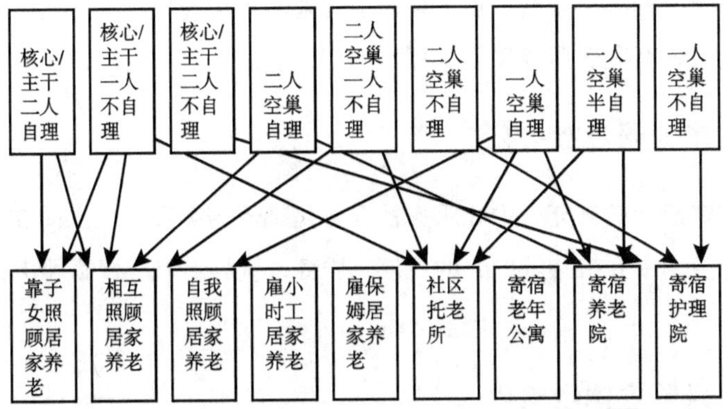

图2 经济困难和住房狭窄老人家庭的养老模式

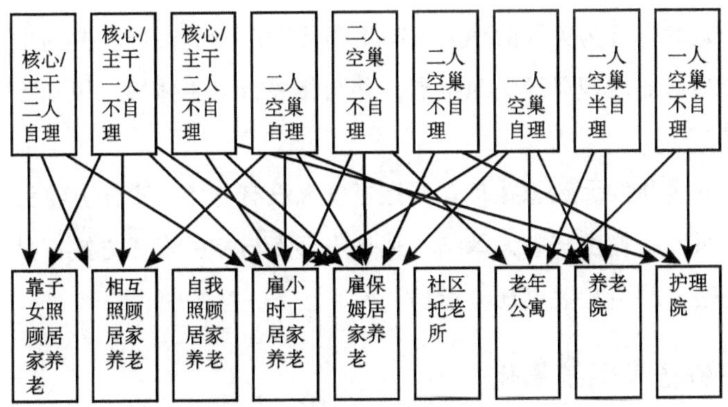

图3 经济富裕和住房宽裕老人家庭的养老模式

（五）服务项目规范化

社会养老市场要赢得老年顾客的信赖，必须规范服务项目、服务标准、服务收费，以及违约赔偿等标准。在规范服务项目时，要区分一般项目和特殊项目的服务和收费标准。

（六）连锁经营规模化

要把各种养老机构进行分类，把同类的养老机构通过股份制改造，实现连锁规模经营，这是降低服务成本、提高服务质量的基本途径。比如，实现数十家甚

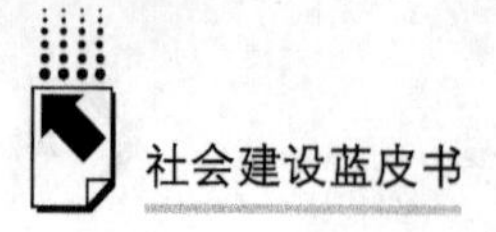

至上百家托老所的物资采购、设备维修、物业服务等连锁规模经营，不仅会大大降低成本，还将有利于服务项目和标准的规范化。

（七）中介服务社会化

作为连锁经营的补充，中介服务社会化是把不同类型、档次的养老机构的相同服务委托各个中介机构。中介的规模化服务，同样有利于降低服务成本、提高服务质量。

（八）风险主体明确化

由于老年人的身心状况，导致养老的各种具体行动都潜伏着难以预测的风险。如果不明确养老各种具体行为的风险责任主体，即便是家人也难以承受行为风险，与老人发生行为关联的他人风险更是无法厘清。因此，要列出他人与老人发生互动行为可能出现风险的时空点，并与相关行为主体签订风险责任书，明确各方的责任。

确定责任主体的大致思路是：凡是当事人没有与相关责任方签订具体行为责任书的行为风险，均由当事人承担；凡是当事人与相关责任方签订具体行为责任书的行为风险，均由相关责任方承担。

（九）资源发掘统筹化

统筹发掘养老服务资源，需要分析制约养老模式运行的各要素的功能，主要有家庭、市场及服务商、社会组织（含社工）、社区（含志愿者和居民）和政府，进而探索整合诸要素的机制。

1. 家庭资源的发掘和统筹

家庭成员如配偶、子女等的货币、劳务和爱心的相互支持，是建构和维系养老模型的基础。要从法律和道德上倡导夫妻互助、子女孝敬父母以及其他家庭成员对老人的赡养、照顾。同时，要支持社会组织和社会工作者开展家庭照料护理理念、知识和技能的培训。在社区及医疗服务站（中心）添置家庭难以购置和摆放的医疗和康复器材。

2. 市场和服务厂商资源的发掘和统筹

建立以96156呼叫系统为纽带的为老服务市场网络，通过专业连锁方式，整

合资源，规范各种相同的服务，提高质量，降低成本。例如，家电维修、自行车修理、家庭小型装修及修理、菜点、早点摊等便民利民的服务实现连锁经营，统一货物和原材料配送、服务标准、价格。通过政策引导，使个体摊点加入品牌服务厂商。为老服务市场及厂商资源的发掘和整合，可以为老年家庭提供更好、更多、更便宜的服务。

3. 社会组织和社会工作者资源的发掘和统筹

大力扶持各种提供日常养老服务的社会组织，政府立项和委托为老服务社会组织承接，并进行业务指导、执行过程和结果的监管。社会组织通过建立网络支撑，整合资源，培训专业社工，指导社区志愿者，提升他们为老服务的态度、知识和技能，广泛发掘资源、特别是人力资源，参与为老服务。

4. 社区资源的发掘和统筹

（1）社区生产和传递的养老服务。通过网络整合各个社区的助老服务小组，并购买其提供的养老服务；加强社区日常养老服务项目的设计，把有共同需求的众多社区分散的经费整合起来，实现经济和社会效益最大化；发挥社区空间临近、时间成本低、利于沟通情感等特点，通过志愿者把各楼门、院有服务能力的居民组织起来，提供培训、服务工具和器材等支撑，为周边有需求的老人提供服务。（2）社区组织生产和传递的养老服务。建立各类社区组织的联系网络和服务枢纽组织，为分散的养老服务和活动小组提供项目、器材和设备、人员培训、活动组织等服务支撑。（3）邻里互助，协助养老。

5. 政府资源的发掘和统筹

（1）立项购买服务。通过立项购买与养老相关的公共服务和公益服务，委托社会组织承接项目；（2）建立并扶持各种中介服务、联合服务的枢纽型社会组织。通过各种网络化服务，把分散的个体、互助小组、托老所、社区服务站、社区卫生站（中心）、服务厂商等资源整合起来，规模经营、规范服务，提升质量、降低成本，实现经济和社会效益双提升。（3）建立养老服务的支撑平台。包括社会组织的信息交流平台，社会组织的服务材料、工具、器械、设备的购置、租赁使用、物业、财务会计、法律等中介服务等平台。通过枢纽型服务平台的建设，优化中小社会组织的发展环境，搭建养老服务的生产及传递链条，创造联合、合作、共享、共赢的社会平台。（4）养老公共资源及项目的规划和建设。民生养老公共服务均等化的一个制度性前提，是政府不把公共服务项目及资源再划拨给某些单位或机构，否则，公共资源势必蜕化为单位资源，公众无法共享。要尽可能地把这些公共文化体育设施（全天或每天一定时间内）向老年人免费或优惠开放，提升他们的生活和生命质量。

结语　北京市第六次人口普查进一步显露养老风险

表 14　“四普”（1990 年）、“五普”（2000 年）、“六普”（2010 年）的几组数据比较

	“四普”(1990 年)	“五普”(2000 年)	“六普”(2010 年)
常住人口(万人)	1081.9	1356.9	1961.2
家庭户规模(人/户)	3.2	2.9	2.5
0～14 岁(%)	20.2	13.6	8.6
15～64 岁(%)	73.5	78.0	82.7
65 岁及以上(%)	6.3	8.4	8.7

北京市第六次人口普查的相关数据进一步显露北京人口老龄化及养老的风险。

一是家庭户平均户规模继续缩小。全市常住人口平均每个家庭户的人口为2.45 人，比“五普”的2.91 人减少了0.46 人。与全国平均家庭户规模3.1 人相比，北京家庭户规模偏低。家庭户规模缩小，预示着老年家庭的空巢和孤寡家庭的增加。

二是少儿人口比重降低、65 岁老龄人口比重上升，老龄化进程加快。全市常住人口中，0～14 岁人口为168.7 万人，占8.6%；15～64 岁人口为1621.6 万人，占82.7%；65 岁及以上人口170.9 万人，占8.7%。与“五普”相比，0～14 岁人口减少 15.7 万人，下降了 5%；15～64 岁人口增加 563.4 万人，上升4.7%；65 岁及以上人口增加 56.6 万人，上升 0.3%。60 岁及以上人口 246 万人，占常住人口的12.5%，与“五普”相比，增加75.9 万人。之所以比重没有变化，原因是外地来京人员人口年龄结构比较轻，65 岁以上仅占 1.8%，由此缓解了老龄化的进程。

翟振武教授认为，外来人口的补充可能掩盖了北京人口老龄化的实际状况。少儿人口比重降低、65 岁老龄人口比重上升，反映出北京生育率下降、老龄化进程加快的问题。如果单看户籍人口的生育率、老龄人口比例，北京老龄化问题

应该更突出。北京低生育与老龄化程度与新加坡等发达国家已经非常接近。而家庭规模缩小表明年轻人婚后独立居住非常普遍，传统家庭养老模式几乎消失，政府部门对此需要高度重视，加大投入提升北京社会养老服务的能力。①

我国扑面而至的老龄化浪潮，给政府和社会带来巨大压力，每个老年家庭也将面临诸多不测风云。应对这些风险的各种资源、特别是人力资源又极度匮乏。政府和全社会尽最大努力，也只能降低老龄社会风险，不可能完全规避风险。有必要进一步摸清城市高龄老人社区托老和社会养老现状，为应对老龄社会风险，科学建构和实施养老模型，提出相应对策。

Strategies of Old People Living Conditions, Community Day Care Center and Social Old-care Needs in Beijing

Yin Zhigang

Abstract: First-hand survey data based on the demand of Beijing City over 80-years old living conditions for the elderly, community day-care center and social pension, describing the difficulties of family life of the elderly for the elderly, home care, community services for the aged, community day-care center as well as demand for social pension and suggested that the construction of the city pension, and explore countermeasures to cope with an aging urban population.

Key Words: Urban elderly living; Community day-care center and services; Social institution endowment; City pension model

① 2011年5月5日《北京晚报》。

B.12

北京市低收入群体社会救助政策分析*

杨　荣**

摘　要： 北京市对低收入群体社会救助工作高度重视，2011 年进一步加大资金投入、提高救助标准、加强规范管理、优化服务流程，使社会救助制度更加完善、社会救助机制更加健全、社会救助模式更加科学。本文对北京市 2011 年社会救助政策实施情况进行了分析，同时探讨了社会救助未来发展趋势，在此基础上剖析了北京市社会救助制度的未来发展趋势，并对促进北京市社会救助事业健康发展提出了政策建议。

关键词： 低收入群体　社会救助　救助政策

为低收入困难群众提供基本生活救助是政府的法定责任。北京市政府对低收入困难群体生活保障问题高度重视，2011 年不仅进一步完善、落实城乡居民最低生活保障、农村五保供养等基本生活救助制度，而且不断发展医疗救助、教育救助、住房救助、法律援助等专项救助以及临时救助制度，同时稳步推进低收入家庭认定工作，有序扩大社会救助覆盖面。这些救助政策的推进和实施，对于保障低收入困难群体的基本生活发挥了重要作用。

一　2011 年北京市社会救助基本情况

北京市从 1996 年开始构建新的社会救助体系，致力于为城乡低收入困难群

* 本文为北京工业大学人才强教深化计划——骨干教师项目（项目代码 01400054R001）的阶段性成果。

** 杨荣，北京工业大学社会工作系副教授，博士。

众提供全方位、多角度、可持续的基本生活保障服务。目前，北京市的社会救助工作以居民最低生活保障、农村五保供养为基础，以医疗救助、住房救助、教育救助、流浪乞讨人员救助等专项救助为支撑，以临时救助和社会帮扶为辅助，已经形成了较为完整的制度体系。全年社会救助资金支出13亿元，各项社会救助工作进展顺利。

1. 城市低保

这项制度主要面向持有非农业户口的城市居民。凡共同生活的家庭成员人均收入低于当地低保标准的，都可以申请低保救助。救助水平为当地低保标准与家庭人均月收入之间的差额。根据2006年开始执行的分类施保政策，低保对象中的城市“三无”人员、重度残疾人、老年人、未成年人等特殊困难人员，可以根据困难程度享受更多的低保金。对于有劳动能力的低保人员，则实施“救助渐退”、“收入抵扣”等积极的生活救助和就业援助政策。截至2011年年底，北京市共有城市低保对象6.4万户、11.73万人，占全市非农业人口总数的1.2%；其中女性5.39万人，占45.95%；残疾人2.2万人，占18.25%；在职人员（含灵活就业人员）2.3万人，占19.60%；应当就业暂未实现就业人员3.1万人，占26.42%；老年人、在校学生及其他未成年人4.4万人，占37.51%。城市低保对象总数相较2007年减少了3万人。全市平均城市低保标准500元，人均月补助水平445元；分别比2007年增长了53.4%和66.7%。2011年全年共支出城市低保资金6.68亿元，比2007年多支出1.91亿元。①

2. 农村低保

这项制度主要面向持有农业户口的农村居民，制度规定和申请程序与城市低保大致相同。北京市于2002年建立农村低保制度，很快实现了全面建制。根据规定，北京市农村低保分差额享受和全额享受两种，其中全额享受的对象包括：农村五保对象，孤老烈军属等特殊优抚对象和困难户，原民政部门管理的20世纪60年代初精减退职老职工，国民党起义投诚、宽释及特赦人员等特殊救济对象，无劳动能力的重残人员以及其他特殊生活困难人员等；其他符合农村低保条件的对象，均按照其上年家庭年人均收入低于户籍所在区县当年农村低保标准的

---

① 数据来源：民政部官方网站（http://www.mca.gov.cn）。凡未注明出处的数据，均来源于此网站。

差额享受。在后来的政策调整中，对农村五保对象实现了资金单独安排，不再享受农村低保。截至2011年年底，北京市共有农村低保对象7.01万人，占农业人口总数的2.6%；其中女性2.97万人，占42.36%；老年人2.64万人，占37.66%；未成年人0.91万人，占12.98%；残疾人1.91万人，占27.24%。农村低保对象总数与2007年基本持平。全市农村低保平均标准为340元，人均月补助水平273元；分别比2008年初增长了151.9%和187.4%。2011年全年农村低保资金共支出2.34亿元，比2008年多支出1.35亿元。

3. 农村五保

这是我国一项传统的救助制度，主要针对无劳动能力、无收入来源、无法定赡（扶、抚）养人或法定赡（扶、抚）养人无赡（扶、抚）养能力的残疾人、老年人、未成年人在吃、穿、住、衣、葬或未成年人教育方面给予的生活照料和物质帮助。过去，农村五保主要由农村集体经济组织承担供养责任，2006年国务院修订《农村五保供养工作条例》后，将供养责任由农村集体经济转移到当地财政。北京市于2008年5月颁布《实施〈农村五保供养工作条例〉办法》，进一步强化了各级政府在五保供养工作中的责任，确立了财政保障体制，明确了五保供养标准的制定办法，完善了五保供养的内容、形式和审批程序。根据规定，北京市集中供养的农村五保对象所需经费，在扣除15%的医疗救助资金预算后，由区县财政按照部门预算管理要求直接拨付到五保供养服务机构；分散供养五保对象按月领取生活费，生活费发放标准为本区县农村低保标准（按月计算）的115%。其中，农村分散供养五保对象中重残人员的生活费发放标准参照城市低保标准执行；已实行城乡低保标准并轨的区县，按分类救助系数1.15的标准享受待遇。截至2011年年底，北京市共有农村五保对象4590人，集中供养率50%；供养标准分别是集中供养平均8717元/年、分散供养平均6289元/年；全年支出供养资金2706万元。根据市民政局统计，2011年农村五保最低供养标准朝阳区最高，为15224元；其次为丰台区，12089元；海淀区和昌平区也都超过万元。

4. 医疗救助

为解决低收入群众看病难题，北京市从2001年年底开始陆续建立、完善医疗救助制度。根据制度设计，医疗救助主要采取两种形式：一是资助困难群众参加城镇居民基本医疗保险或新型农村合作医疗；二是对享受城镇居民医保或新农

合报销待遇后仍无力支付医疗费用的，给予二次救助。过去，北京市医疗救助对象主要是城乡低保人员、农村五保人员。2011 年 10 月 11 日，北京市民政局会同市人力资源社会保障局、市卫生局、市财政局、市残联印发《关于资助低收入家庭中重病、重残等特困人员参加城镇居民基本医疗保险或新型农村合作医疗有关问题的通知》（京民社救发〔2011〕394 号），决定将资助参加城镇居民医保或新农合的范围，扩大到城乡低收入家庭中的重病患者、重残人员和老年人。2011 年，北京市还出台了《关于对学生儿童患白血病、先天性心脏病实行按病种付费有关问题的通知》（京卫基层字〔2011〕12 号），加大对低收入家庭子女患白血病、先心病的救助力度。截至 2011 年年底，北京市共资助 3. 38 万人参加城镇居民医保，资助 6. 58 万人参加新农合；城市医疗救助 3. 7 万人次，农村医疗救助 4. 34 万人次；全年支出医疗救助资金 6654 万元。

5. 流浪乞讨人员救助

2003 年，北京市成立市、区两级救助事务管理机构，对街头流浪乞讨人员救助帮扶，在流浪乞讨人员救助方面实现了从强制收容、遣送向自愿关爱、救助的转变。经过多年发展，北京市对流浪乞讨人员的救助已经形成规范的操作程序，救助内容也日益丰富。公安、城管对在街头发现的流浪乞讨人员采取告知、引导和护送等方式协助其到救助站接受救助；各救助管理站还成立了救助服务队上街巡视，开展主动救助。流浪乞讨人员在救助管理站可以享受免费住宿、就餐以及医疗服务。为适应物价水平总体上涨的情况，北京市将城市生活无着流浪乞讨人员救助的生活费标准从 190 元（人·月）调整为 300 元（人·月）；未成年受助人员救助的生活费标准由 220 元（人·月）调整为 330 元（人·月）。新标准于 2012 年 1 月 1 日起执行。截至 2011 年年底，北京市累计救助生活无着人员 8 万余人次，其中 2011 年救助 1. 8 万人次。①

6. 住房救助

主要通过廉租住房制度为城镇低收入家庭提供帮助，通过危旧房改造项目帮助农村困难群众解决住房问题。“十一五”时期，北京市累计开工建设、收购廉租住房 2. 3 万套，经济适用房等其他保障性住房 46. 2 万套。通过实施保障性安

---

① 《北京市民政局救助管理事务中心 2011 年工作情况和 2012 年工作重点》，见北京市民政局官方网站（http：//www. bjmzj. gov. cn）。

居工程，北京累计解决了约40万户中低收入家庭的住房困难，是“十五”时期的2.5倍。[①] 为进一步完善廉租住房制度，北京市动态调整廉租住房准入标准，逐步扩大廉租住房保障范围，其中收入标准从“十一五”期初期的人均月收入580元调整至“十一五”期末的960元。2007年年底实现申请廉租住房租赁补贴家庭“应保尽保”，2010年年底实现申请廉租住房实物配租家庭“应保尽保”。[②] 与此同时，北京市还有序开展了对农村特困家庭的住房救助，2011年累计翻建、维修农村危旧房屋1259户、4376间，支出资金2298.15万元。[③]

此外，北京市在资助低收入困难家庭孩子上学、开展司法援助、取暖补助、社会帮扶、临时救助等方面也都取得了很大的进展。比如，把对困难家庭高等教育入学救助的最高标准从4000元提高到4500元；针对低收入家庭突发性、临时性、特殊性困难的临时救助，在2011年共开展41万人次，支出资金1.3亿元。社会救助政策的稳步实施，较好地保障了困难群众的基本生活。

二　北京市社会救助工作的重要突破及当前形势分析

社会救助目前已经成为我国保障低收入困难群众基本生活的核心制度安排。从制度建设角度看，北京市的社会救助项目已经较为齐全，覆盖基本生活、教育、住房、医疗、取暖、突发事件等各个方面。纵观2011年北京市社会救助工作情况我们可以发现，该市已经将工作重心从制度建设向机制完善、规范管理转变，以确保各项救助政策能够得到较好的落实。近年来北京市重点加强、完善了五项机制建设，这对于更好地实施低收入困难群众救助政策具有深远意义。

第一，完善社会救助标准动态调整机制。救助标准是社会救助制度的核心，既决定着困难群众基本生活的保障水平，也是救助制度能否可持续发展的重要保证。北京市利用抽样调查数据，根据低收入家庭消费结构和食品消费数量确定当年食物贫困线，再采用恩格尔系数法确定非食物贫困线，最后按照城乡不同分别计算出低保标准。这种方法，既保证了标准测算的科学性，也保证了标准调整的

---

① 《北京市“十二五”时期住房保障规划》（2012年1月）。

② 《北京市“十二五”时期住房保障规划》（2012年1月）。

③ 《北京市民政局社会救助处2011年工作情况和2012年工作重点》，见北京市民政局官方网站（http：//www. bjmzj. gov. cn）。

及时性。同时，又能够使低保标准随经济发展和物价变动情况适时提高，形成动态调整机制。2011 年北京市根据调查数据，两次上调社会救助相关标准，使城市低保标准达到家庭月人均 500 元，农村低保最低标准达到家庭月人均 340 元，在全国率先建立、健全了社会救助标准的动态调整机制。

第二，建立社会救助和保障标准与物价上涨挂钩的联动机制。食品类价格持续高位运行，是过去两年我国物价的基本走势。如何保障在基本生活必需品价格持续上涨情况下低收入困难群众的基本生活，是社会救助制度必须回应的一个问题。2011 年 3 月，国家发改委会同民政部、财政部、人力资源与社会保障部、国家统计局下发《关于建立社会救助和保障标准与物价上涨挂钩的联动机制的通知》（发改价格〔2011〕431 号），要求各地按照“短期波动、发放补贴，持续上涨、调整标准”的原则建立低保标准与物价上涨挂钩的联动机制。北京市根据五部委通知要求，修订、完善了本市的基本生活消费品价格变动应急救助预案，建立并及时启动了联动机制。2011 年北京市根据物价波动情况，两次启动联动机制，为低收入困难群众发放临时生活补贴，支出资金 7200 余万元，共有 23 万人从中受益。

第三，建立社会救助家庭经济状况核对机制。准确认定低收入困难家庭，是社会救助政策能否公开、公正实施的关键。过去，北京市基层社会救助管理部门在接受低收入困难家庭的救助申请后，主要采取入户调查、邻里走访、信函索证、社区公示等办法审核其家庭经济状况，以决定是否列入救助范围。随着社会救助水平不断提高，隐瞒家庭收入和财产、单位出具虚假收入证明等以骗取低保待遇现象越来越突出。为从根本上解决这一问题，北京市政府办公厅转发市民政局《关于北京市社会救助家庭经济状况核对办法和认定指导意见的通知》（京政办发〔2011〕63 号），明确了家庭经济状况核对工作的基本原则、工作机制、部门职责以及核对部门的管理制度，规范了社会救助家庭经济状况核查的认定内容、认定范围和认定标准。这一机制的建立，使得民政部门在接到社会救助申请后，可以通过与市住房、人保、公安、工商、公积金等部门的信息比对交换，实现对救助对象住房、保险、户籍、车辆、金融资产等收入和财产的客观审核，大大提高了对社会救助对象认定的准确性。

第四，完善基层社会救助能力保障机制。个案管理的工作特点决定了社会救助的重心在基层。为加强基层保障能力，北京市以专业化建设为着力点，不断提高人员素质，壮大救助力量。全市 327 个乡镇（街道）都成立了综合性的社会保障事务所，统一受理社会救助事务；城市社区建立了社区服务站，部分还设立了专职社会救助协管员，初步建立起了覆盖市、区（县）、街（乡镇）和社区居（村）委会的低保管理和服务网络。为整合资源、提高效率，北京还加快推进社会救助信息化建设。城乡社会救助信息管理服务系统市、区、街三级连接贯通，实现低保救助网上登记、审批、管理和信息查询与统计分析等。同时，北京市还加强对基层工作人员的教育培训，实行业务考核和持证上岗，推行社会保障规范化建设等，大大提高了基层社会救助保障能力。

第五，完善社会救助多部门协调机制。社会救助是一项综合性工作，涉及的部门和机构比较多，这就需要建立有效协调机制，加强制度衔接配套，促进整体发展。为此，北京市建立了社会救助联席会议制度，明确各部门职责。凡涉及制度完善、标准调整等重大问题，都要通过联席会议研究、讨论。同时，北京市还强化了街道（乡镇）的综合救助职能，所有救助项目经街道和乡镇审核后，报送不同的救助管理部门分头审批或联合审批，所有救助活动统一由街道（乡镇）实施，各种救助款物由街道（乡镇）调配发放，实现了社会救助“一口上下、规范有序”的运行机制，确保了救助项目有效衔接和落实。

从总体上看，2011 年北京市社会救助事业继续保持良好的发展势头，制度更加健全，机制更为完备，救助项目更加齐全，低收入困难群众的各项救助措施得到了较好的执行。在世界金融危机持续发酵的大背景下，2011 年北京市经济和居民收入继续提高。其中，地区生产总值达到 1.6 万亿元，比上年增长 8.1%；地方公共预算收入 3006 亿元，增长 27.7%；城镇居民人均可支配收入 32903 元，增长 7.2%；农村居民人均纯收入 14736 元，增长 7.6%；[①] 城镇居民人均消费支出 21984 元，增长 10.3%；农村居民人均消费支出 11078 元，增长 9.6%。[②] 分析发现，2010 年以来低收入困难群众各项收入数据都在大幅提高。比如，2011 年同 2010 年相比，城市低保标准由 430 元提到 500 元，增长了

① 郭金龙：《北京市 2012 年政府工作报告》，中央人民政府网站（http：//www. gov. cn）。

② 《去年北京市人均消费支出 2.2 万元，比上年增长 10%》，人民网，http：//politcs. people. com. cn/GB/70731/16924177. html。

16.27%；农村低保标准由210元提高到340元，增长了61.9%。但是，如果与居民收入和消费支出相比，则城镇增长幅度不大，农村提高较快。2011年北京城市低保标准占城镇居民人均可支配收入的比例为18.2%，占人均消费支出的比例为27.3%，分别比2010年提高0.45%和1.41%；2011年北京农村低保标准占农村人均纯收入的比例为27.7%，占人均消费支出的比例为36.8%，分别比2010年提高8.7%和11.87%。这符合城乡一体化发展的要求，但在如何提高低收入群体收入水平方面，还有很长的路要走。同时，北京2011年全年社会救助资金支出13亿元，比2010年仅增加1.56亿元，远低于财政增长幅度。因此，如何进一步健全、完善社会救助体系，加强对低收入困难群众救助保障能力，使之更好分享改革发展成果，对于北京市小康型社会建设至关重要。

三　北京市社会救助发展趋势及政策建议

2011年是国家“十二五”规划纲要实施的开局之年，北京市在部署安排未来5年经济社会发展目标的过程中，把民生保障放到了更为突出的位置。为了适应全面建设小康型社会的发展目标，北京市提出“先保险、再救助、后福利”的工作思路，逐步推进城乡一体化，增加制度的包容性和延展性。未来北京市社会救助发展呈现如下趋势。

（一）城乡一体化速度明显加快

根据“十二五”时期城乡经济社会一体化发展规划，北京市将在2015年实现城乡低保标准的统一，届时农村贫困群众将会得到更多的实惠，城乡收入差距也将进一步缩小。目前，北京市朝阳区和海淀区已经率先统一了城乡低保标准。从2012年1月1日起，北京市又实现了城乡低收入家庭认定标准的统一，即城乡均提高到人均月收入740元；统一后农村居民低收入家庭认定标准最高增长了298元。今后几年，预计北京市将依据社会救助标准动态调整机制的有关规定，逐步缩小城乡低保标准差距，直到2015年完全统一。

（二）梯次救助格局更为突出

在低收入家庭的概念提出前，北京市救助工作的重点是城乡低保对象和农村五保对象。随着低保制度的健全、完善，北京市多个部门出台了针对低保对象和农村五保对象的优惠政策，涉及住房、就医、取暖、用电、燃气、交通、日常休闲等各个方面，这使得低保对象身份的“含金量”日益增加。2009 年 10 月北京市民政局颁布《低收入家庭认定暂行办法》（京民救发〔2009〕443 号）后，低收入家庭逐步被纳入救助范围。《北京市社会救助家庭经济状况核对办法》和《北京市社会救助家庭经济状况认定指导意见（试行）》的出台，将极大地推动低收入家庭认定工作的开展。包括医疗、教育、住房在内，“十二五”时期将会有更多的社会救助政策向低收入家庭延伸，从而形成梯次救助格局。

（三）制度衔接、优化进一步加强

作为社会保障体系的一部分，北京社会救助工作将与社会保险、社会福利等实现对接，最大程度发挥制度优化和资源整合的优势。在与社会保险制度衔接方面，人力资源与社会保障部、民政部、财政部刚刚发布了《关于做好新型农村和城镇居民社会养老保险制度与城乡居民最低生活保障、农村五保供养和优抚制度衔接工作的意见》（人社部发〔2012〕15 号），北京市在审批或复核低保、五保对象资格时，将不再计算中央确定的基础养老金，同时还将研究具体办法，资助困难群众参加新农保或城居保。在与社会福利制度衔接方面，随着高龄津贴、孤儿生活保障、困难家庭儿童津贴、残疾人生活补助等政策的实施或“扩容”，社会救助的分层、分类救助措施也将进一步加强，并且呈现出福利化倾向。

（四）社会救助管理能力大幅提高

社会救助家庭经济状况核查机制的建立将大大增强民政部门认定低收入家庭的能力，从而提高救助对象的瞄准率和财政资金的使用效益。通过开展社会救助规范化建设，北京市将制定社会救助工作人员配备和机构建设标准，充实基层救助力量；同时出台政策鼓励和支持社会组织参与社会救助，引导专业社会工作者介入社会救助，拓展社会救助服务内涵。

根据规划，“十二五”时期北京市社会救助将进一步完善政策，丰富内容，提高水平，加速建设城乡统筹的社会救助体系，为低收入困难群众提供更多、更好的救助服务。要实现上述目标，需要重点做好以下五个方面的工作。

第一，加快社会救助立法。《北京市实施〈城市居民最低生活保障条例〉办法》（北京市人民政府第58号令）是2000年6月颁布的，距今已经近12年，许多规定已经与实际情况不相符合。比如，审查低保对象家庭财产在法律上目前没有明确的规定。农村低保、医疗救助、低收入家庭救助、临时救助等救助制度目前都没有行政规章，仅靠相关部门的政策文件予以规范。只有加快社会救助立法工作，尽早制定《城乡居民最低生活保障办法》、医疗救助办法以及相关社会救助规章，才能为社会救助城乡统筹发展奠定法规基础。

第二，完善社会救助制度。今后一个时期，北京市社会救助制度完善的重点应当放到对流动人口的救助政策设计上，逐步加大对以在京务工人员为主体的流动人口的救助力度，特别是住房保障、子女教育以及重特大疾病医疗救助等方面。同时，应探索以居住地为基础申请审批社会救助，下决心摆脱户籍条件的限制，进一步促进社会救助服务的均等化。

第三，持续增加社会救助投入。财政资金是社会救助事业发展的基础，也是确保困难群众基本生活的根本保障。加大财政资金投入，不仅有助于提高对低收入困难群众的救助水平，对于平衡居民收入差距、促进困难居民消费水平等都有着重要意义。因此，应当建立社会救助财政投入保障机制，明确规定社会救助资金增长幅度不低于财政收入增长幅度，同时定期调整市、区（县）财政社会救助资金的配比，明确各级政府的财政责任。

第四，开展社会救助绩效评估。新公共管理学认为，绩效评估是提高政府绩效的有效工具。开展社会救助绩效评估，不仅可以查找现有救助工作中存在的问题，从而改进社会救助政策实施方法，而且有助于赢得公众支持，推动社会监督。建立社会救助绩效评估机制，首先要科学设计评估指标和权重体系；其次要制定详细的评估办法。社会救助绩效评估的结果应当及时向社会公开。

第五，促进慈善事业与社会救助衔接。慈善事业是社会救助的重要力量，是政府救助的重要补充。以医疗救助为例，政府在设计救助政策时，必须考虑制度的公平性。无论设置救助封顶线、报销比例，还是扩大救助人群，都必须遵循公平性原则。而对于救助对象而言，永远会有一些非常特殊的个案，或者支出非常大，或者不符合救助条件，是当前救助制度所无法负担或不能涵盖的。民间慈善的个案性特征恰好可以弥补政府的不足。因此，政府在开展社会救助同时，应积极鼓励和引导慈善力量参与、补充政府救助的不足，在财政支持、信息分享、资源筹集、实务开展等方面给予更多的支持。

Study on the Social Assistance System for the Low-income Population in Beijing

Yang Rong

Abstract: The government of Beijing has paid more attention to the social assistance for the low-income population. In 2011, the government increased the investment and improved the standard of assistance, meanwhile, enhancing the management and service process. The system of social assistance became better and more scientific in Beijing. The article analyses the practice of the social assistance system and discusses the trend of development in the future. Some suggestions on policy have been pointed out to improve the development of the institution of social assistance in Beijing.

Key Words: Low-income Population; Social Assistance; Social Assistance System

B.13

北京市事业单位养老保险制度改革分析*

杨桂宏**

摘　要： 北京市事业单位养老保险制度改革议及多年，但却进展缓慢，原因何在？本文试从养老保险制度、北京市经济社会结构和其他省市事业单位养老保险改革试点情况三个方面进行分析，探讨北京市事业单位养老保险制度改革进展缓慢的原因，最后根据目前北京市事业单位养老保险改革存在的问题提出改革建议。

关键词： 事业单位　养老保险　制度改革

一　北京市事业单位养老保险制度改革的历程

根据北京市"十二五"规划，北京市将在"十二五"期间由市编办牵头，研究制定本市事业单位养老保险制度改革实施意见，积极稳妥地推进事业单位养老保险制度改革。北京市事业单位将进行分类改革——对主要承担行政职能的事业单位，逐步转为行政机构或将行政职能划归行政机构；对主要从事生产经营活动的事业单位将其转为企业；对主要从事公益服务的事业单位，强化公益属性，完善法人治理结构，加强政府监管。"十二五"期间，将完成前两类改革。这已是迄今为止北京市关于事业单位养老保险制度改革最为明确的表态。这与北京市在养老保险其他领域的改革（如农村新型养老保险、城乡居民养老保险一体化

---

* 本文是北京市市委组织部优秀人才培养资助 D 类项目的研究成果之一，项目编号：Q0014013201001。

** 杨桂宏，北京工业大学人文学院社会学系，副教授，硕士生导师。

等）比较而言，事业单位的养老保险制度改革略显保守和滞后，“十二五”规划未能对事业单位养老保险制度改革作出实质性的推进。

事业单位养老保险制度改革的启动，北京市早在1997年就出台了《关于在北京市事业单位进行养老保险制度改革试点的暂行办法》，对自收自支的事业单位进行养老保险制度的改革试点；2002年又颁布了《北京市自收自支事业单位基本养老保险制度改革暂行办法》（京政办发12002260号），将北京市行政区域内的自收自支事业单位及其工作人员纳入企业基本养老保险；在2006年《北京市基本养老保险规定》（北京市人民政府令第183号）中，将这部分事业单位和城镇个体工商户、灵活就业人员一起纳入了城镇养老保险的体系中。细观北京市对于养老保险体系的改革思路，是逐步把不同社会群体逐步纳入社会养老保险体系之下。但为何事业单位职工养老保险制度改革却呈现制度改革启动早，进展缓慢现象呢？事业单位养老保险推进缓慢并不单是北京市一个直辖市的原因，这是全国的一个普遍性问题。事业单位养老保险制度改革被提及多年。从20世纪90年代初企业职工社会养老保险制度改革开始，这项改革就已经提出来。近二十年过去后，这项制度的改革推进十分有限。2009年年初，国务院为加快推动这项改革，专门在广东、浙江、上海、重庆和山西5个省市进行试点。从各地试点的调研来看，大多没有实质性的进展。① 从2010年10月出台的《社会保险法》来看，“我们正在按照法律的授权和国务院的规定，加强和加快这方面的研究。”② 由此可见，不论从近一两年各地改革实践，还是从社会保险立法来看，这项改革的推进仍然十分有限。

随着人口老龄化和经济快速发展，人们对养老问题越来越关注。尤其是中央决定加快推进这项改革后，社会各界对这一问题的关注越来越多，事业单位养老保险制度改革成为近年养老保障制度改革关注的焦点问题。如中国劳动学会薪酬专业委员会会长苏海南从促进社会公平的角度，提倡对事业单位养老保险制度进行改革，以便建立统一的社会保障制度。③ 当然这也是目前企业单位职工的一种“呼声”。但就事业单位职工而言，这次改革没有把公务员一起纳入，使得目前利用社会公平这一利剑进行改革的合法性大大减弱。因此，社科院郑秉文研究员

① 姜爱林：《制约事业单位养老保险制度改革试点的主要因素与破解对策》，《当代社科视野》2010年第7期。

② 《社会保险法》全文 http：//www. china. com. cn/policy/txt/2010 - 10/29/content_ 21225907. htm.

③ http：//www. 51test. net/show/581363. html.

提出“三个联动”建议①，一是事业单位别划出三六九等，一起联动改革；二是事业单位和公务员一起改革；三是要把制度改革结合起来。这种改革建议是从社会养老保险制度整体发展视角提出的。如果说社会统筹+个人账户的社会养老保险模式是适合中国特色社会主义市场经济条件下的一种养老保障制度模式，那么覆盖社会各个群体的社会养老保险制度的一体化趋势就是必然的。如果说，目前企业职工养老保险制度改革还存在一系列的问题，而且这些问题的存在会在根本上否定这种制度模式，事业单位职工养老保险制度改革就缺少必然性。因此，就这一点也有反对的声音②。此外，也有研究者认为“从整个全球的形势并结合我国的经济形势来看，我觉得这不是个好时机。”因此，事业单位改革须三思而行，谋定而动。③

对于事业单位养老保险推进缓慢方面，比较有代表性的观点有：改革时机不成熟；社会保障刚性特点与改革后事业单位职工养老待遇有可能降低的矛盾；只改事业单位，不改公务员，让改革失去公信力；民众缺乏参与权和表达权，对自上而下的改革不认同；双轨制使然；法律法规和政策不健全；人员众多，单位结构复杂等因素。④ 纵观这些观点，大多从改革过程中的现实问题来阐释，没有从养老保险制度模式的转换，不同养老利益群体对这项改革的影响等方面进行宏观视野分析。本文以这些经验层面的分析为基础，探析阻碍北京市事业单位社会养老保险改革的原因。

二　改革推进缓慢的原因分析

（一）从养老保障制度的视角分析

1. 历史上形成的双轨制

目前，北京市企业单位职工与国家机关和事业单位职工实行的是不同的养老

① 王毕强：《事业单位养老金改革的关键是建立职业年金：“三个联动”建议——专访中国社科院拉美所所长郑秉文教授》，2009年2月9日《经济观察报》。

② 高书生：《社会保障：我们该走哪条路》，2004年1月13日《中国证券报》（网络版）

③ http：//cn. mag. chinayes. com/Content/20091026/696ebc65472c4f29970225df3a5c74fc_ 2. shtml.

④ 姜爱林：《制约事业单位养老保险制度改革试点的主要因素与破解对策当代社科视野》，2010/7~8；唐钧：《解析事业单位养老保险制度改革方案》，http：//blog. sina. com. cu/s/blog－3eb12b129od0100e3gx. html；韦朝烈、黄炳：《境事业单位养老保险制度改革必须遵循的基本原则——基于对改革阻力的分析》，《经济与管理》2010年第6期。

保障制度。企业单位职工实行的是社会养老保险制度，而国家机关和事业单位职工仍然实行计划经济时期的退休制度。两种不同的制度模式不仅仅源于20世纪90年代的企业单位职工养老保险制度改革，也与建国初期这两个群体就实行不同的养老保障制度相关。

1951年5月1日，北京市正式实施《中华人民共和国劳动保险条例》，实行由企业缴费的社会统筹机制，费率为工资总额的3%。劳动保险的长期待遇由工会负责支付，其费用来源于企业缴纳的劳动保险金。劳动保险制度是计划经济时期城镇职工的综合劳动保险制度，是传统社会保障制度的核心。然而，当时由于国家财政经济困难，国库难以负担国家机关和事业单位的劳动保险费用，因此针对机关事业单位职工颁布的一系列保障条例没有实行缴费机制。尽管对机关事业单位工作人员在遇到生、老、病、死、伤、残时所享受的待遇作出与《劳动保险条例》相应的规定。但与它比较，待遇还是略有差异。如企业职工退休养老金最高为本人标准工资的70%，而机关事业单位职工同一标准却只有60%。这样，从新中国成立起，两者就没有实行同一制度规定。尽管1957年试图实行城镇统一的劳动保险制度，但是由于后来的一系列政治运动，没能实现。

市场经济体制确立后，企业单位职工的养老保险制度改革作为经济体制改革的配套改革主要是围绕国有企业而进行的，而事业单位没有配套经济改革的需要。尽管当时提出改革议程，但时至今日，养老保障在企业与机关、事业单位职工间一直实行“双轨制”。退休制度和社会养老保险制度转变是两种不同的养老保障模式，这是导致目前企事业单位职工养老待遇不断扩大的一个主要原因，也是阻碍事业单位养老保险制度改革的一个主要原因。

2. 退休制度与统账结合的养老保险制度的比较

退休制度作为养老保障制度的一种，主要是采取现收现付制度模式，其理论前提是阿伦条件①。简单的理解，这种制度模式主要是用在职职工的缴费基金去支付已退休职工的养老金，即通过代与代之间的再分配实现社会公平。而统账结合的养老保险制度实行的半积累制的养老保险制度，其理论前提是基金收益率大

① 1966年，阿伦（Henry J，Aaron）在他的《社会保险悖论》（*The Social Insurance Paradox*）中证明，如果萨缪尔森的“生物报酬率”（人口增长率+实际工资增长率）大于市场利率，先守先富之养老金制度能够在代际之内进行帕累托有效的配置。

于通货膨胀率（或工资增长率），当该条件成立时，基金积累制养老金制度是可持续的。20 世纪 70 年代，由于人口老龄化和全球市场竞争的加剧，西方国家的现收现付制养老金制度面临危机。以智利为代表的完全积累制养老金改革获得了一定的成功。此后，包括拉丁美洲的大部分国家，欧洲大陆国家在内的世界许多国家纷纷引入包括现收现付制公共养老金、基金积累制养老金在内的多支柱养老金模式。我国企业职工养老保险制度改革从国际社会养老保障制度变迁到大背景来看，就是在这种情况下做出了统账结合的制度模式选择。北京市企业职工养老保险制度改革不过是全国的一个缩影。

在计划经济时期，为了快速实现工业化和发展经济，国家在职工就业上主要实行的是低工资、高积累的经济发展模式。由于工资自身不过就是保障职工基本生活的一个标准。因此，养老保障的工资替代率一直非常高。当时企事业单位间尽管实行不同的养老保障制度，但由于都是现收现付制下的待遇确定型养老保障的制度模式，两者之间的养老待遇几乎没有什么差异。企业职工养老保障制度由退休制度变为养老保险制度后，制度模式的设计就改变了原来代与代之间收入再分配的制度模式，逐步过渡为不仅有代与代之间的再分配机制（社会统筹部分），还有每个人不同生命阶段收入再分配机制（个人账户模式）在其中起作用。也就是说在职缴费的这一代人，不仅要为已退休的上一代人进行缴费，也要为自己年老储蓄养老基金。当然，从理论上来看，这一代人不能为两代人买单，政府应为转制承担责任。但是，目前来看，国家财政尽管每年也都进行大量的投入，可这与历史形成的隐性债务之间的差距巨大。因此，尽管目前我国企业养老保险缴费比例较高，但是企业职工的养老金待遇依然低于事业单位职工的养老金待遇。

在我国经济飞速发展的 30 年中，事业单位与企业在养老保障制度上两者改革的步骤并不一致。企业单位职工的养老保障为了配合国有企业的经济改革，早在 90 年代初就进行了养老保险制度的改革；而事业单位职工的养老保险改革由于各种原因迟迟没能进行改革。由于待遇确定型养老保障的工资替代率不变，随着经济发展，工资水平的提高，事业单位职工养老保障的水平也随着工资同步提高。在这种模式下，只要符合条件，现有确定权益的养老保障并不具有排他性，其公共性质、福利色彩是很明显的。同时，由于机关、事业单位本身的公共性，财政作为职工养老保险的托底责任无法转移。因此，机关、事业单位职工养老保障水平基本上与在职职工的平均工资水平相差不多，每月3000～5000元的水平。

企业单位职工的社会养老保险由于进行了统账结合模式的改革，实行的是缴费确定型的养老保障，其养老保障水平主要由两部分构成，即社会统筹与个人账户。社会统筹作为公共养老金，其公共性也是存在的。但是由于这种模式的改革改变了国家—单位制下的国家在养老保障上的无限责任，统筹资金主要来源于社会，即企业与个人的社会养老保险缴费。在社保资金入口确定的情况下，其资金支出会因为享受个体的增加而减少平均受益水平，因此具有一定的排他性，养老保障的公共性减弱。同时，由于在其制度模式中还增加了个人账户模式，其私有性质进一步削弱社会保障的公共性。企业职工养老保险的这种模式改革使政府在降低职工养老保险待遇这一问题上有了法理上的根据。因此，企业单位职工养老保险社会统筹支付水平主要由国家根据改革中的实际情况通过行政决定所确定的。尽管国务院1997年的文件确定了企业退休职工养老金的目标替代率为58.5%，但在实际操作中，这一目标并未转为具有强制性要求的硬性规定。个人账户养老金虽然所有权的私有性质是很明晰的，但是由于转制成本问题没有根本解决，个人账户空账运行的问题严重。从投资收益率来看，2010年国家审计资料显示，全国五项基本保险基金年平均收益率不到2%。没有跑过CPI基金收益率，很难通过这部分来提高养老保险待遇。同时，国家财政也没有通过国有资产划拨等方式对历史形成的养老保险隐性债务进行投入。因此，企业单位职工养老保险的工资替代率逐步降低，由1999年之前总体维持在75%工资替代率以上逐渐下降到目前的50%以下。从这一点来看，实行半基金积累制的养老保险制度，基金保值增值的制度环境和经济条件并不成熟。

3. 北京市企业职工养老保险制度运行状况

企业养老保险运行状况直接关系到事业单位养老保险制度的改革。一方面企业职工养老保险制度改革为事业单位职工的养老保险制度改革提供经验，另一方面企业养老保险基金的运行还为事业单位改革后的基金运行提供基础。但是，由于北京市人口老龄化现象严重，企业职工养老保险自身运行还存在着一系列的问题。这在一定程度上阻碍了北京市事业单位职工养老保险制度改革。近年来，由于北京市加大对非户籍在职职工社会养老保险缴费鼓励政策，如社会保险缴费满足一定年限才可以在北京购房、购车等政策的出台。这在一定程度促进了非京户籍企业职工在京缴纳养老保险。这样，北京市企业职工养老保险制度多年来一直

面临的困难才得到一定的缓解。

从户籍人口分析，北京市人口老龄化问题依然比全国严重（见表1），这对在职职工养老保险负担系数，养老保险替代率以及基本养老金支付的安全系数都有直接影响。随着人口老龄化的加快，北京市离退休、退职人员的也明显增加。如果在职人员增加的速度没有退休人员增长的速度快，那么在岗职工的负担系数（离退休、退职人数/职工人数）和参保人员的负担系数（领取基本养老金人数/缴纳基本养老保险费人数）会不断增大，给基本养老金的按时足额发放带来巨大压力。全国城镇职工基本养老保险制度内赡养比由1994年的4.12下降到2008年3.13就是一个很明显的例证。与全国相比，北京市的情况有一个变化。1994年北京市城镇基本养老保险制度内赡养比为2.51，2004年下降到2.09。此后，北京市的这一数据便一直快速提高，至2008年达到了3.20，超过全国的数据。城镇基本养老保险制度内赡养比的高低直接关系到退休人员的养老金发放以及养老保险替代率。

表1　2006~2008年北京市与全国人口老龄化程度

年份	区域	"60+"人口数（万人）	"60+"占总人口的比例（%）	"80+"人口数（万人）	"80+"占总人口比例（%）	"80+"占老龄人口比例（%）
2006	全国	14901	11.3	1550	1.2	10.4
	北京市	202.4	16.9	26.3	2.2	13.0
2007	全国	15340	11.6	1626	1.2	10.6
	北京市	210.2	17.3	27.1	2.3	12.9
2008	全国	15989	12.0	1805	1.4	11.3
	北京市	218	17.7	29.6	2.4	13.6

事业单位养老保险制度改革的一个重要目标是实现不同单位性质职工的养老保险制度一体化，实现养老保障制度的社会公平，为市场经济人才自由流动提供制度基础。因此，事业单位养老保险制度改革不可能脱离目前企业单位职工的养老保险制度另起炉灶。而一旦把行政事业单位人员纳入城镇基本养老保险，会加大原有基金的缺口和恶化基金运行状况，进而增加养老基金支付压力。因为新纳入的机关、事业单位人员会形成难以消化的"转制成本"。同时，这部分人员的人口结构相对于现有参保人员的年龄结构更呈现出老龄化趋势，使基本养老保险制度内在职人员和退休人员的赡养比更低。目前北京市城镇基本养老保险运行中

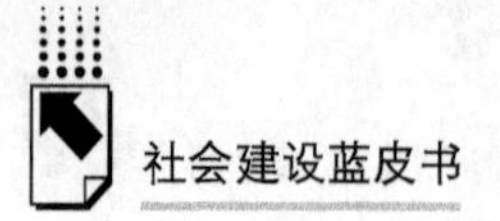

存在的问题还没有很好解决，而事业单位职工的加入无疑会加重企业职工养老保险存在的问题。

（二）从北京市经济社会结构分析

北京作为首都的特定地域和来自改革对象的呼声也成为事业单位养老保险制度的改革进展缓慢的一个重要因素。

北京市作为国家首都，在维持社会稳定方面有着较之其他地区更高的要求。近年来，随着社会养老保障利益群体的结构分化，对于事业单位职工养老保险制度改革，越来越成为敏感问题。因这项改革涉及的群体具有高学历、掌握信息多，有话语权，维护自身意识强等特点，这都要求在对关涉这一群体利益的改革要慎重，不能激进。同时目前对事业单位养老保险制度改革与20世纪90年代对企业单位职工养老保险制度改革的目的和时代背景都不一样，这都增加了北京市事业单位养老保险改革的难度。

在改革时机上，事业单位养老保险制度改革不具有20世纪90年代初企业职工养老保险改革的优势。当时企业职工养老保险制度改革主要目的不是为了社会保障制度的根本转型，而是为了配合国有企业改革。因此，对于改革过程中的模式选择、模式运行、养老权益等问题，企业职工没有过多的关心。这一方面是因为在他们当时看来养老保险待遇改革前后没有什么差异，另一方面已经养成的计划经济养老保障思维在当时还起着主导作用，他们没有意识到改革后企事业单位职工间的养老待遇会有这样大的差异。如果企业单位职工在改革之初就知道今天这样的结果，作为同一利益群体，对改革政策的推行也会采取各种办法进行阻挠。但是这种模式在改革运行20年后，其与机关事业单位职工的保障待遇差异逐步显现出来。但是作为企业职工，他们不理解自己当年与事业单位职工同样为国家建设做贡献，老了之后为什么养老保障差异会这么大？这也是目前企业职工一直呼吁对事业单位职工进行养老保险制度改革的一个原因。作为企业职工，当年的国有企业制度改革打破所谓的“铁饭碗”就是在某种程度上改变了职工对政府的强依赖关系。更不用说在养老保险制度改革过程中，政府原来的无限养老保障责任变为有限养老保障责任。改革的推行与实施在某种程度上说明这样一种制度改革是获得了合法性的。

作为事业单位的职工，当企业单位职工养老保险制度改革运行了20年之

后，制度改革的成效与结果已然很明显。在这种情况下，事业单位职工不论是从养老保险刚性特点还是从改革合法性的角度都不认同。改革最大的阻力来源于这一群体对改革的质疑。担心利益受损是阻碍改革推行的一个主要原因。如果说目前的机关、事业单位职工与企业单位职工的养老待遇没有差异，改革的阻力会小得多。呼声最大的是要求改革后不能降低养老保险的标准。而众多的改革建议中，若要企业单位职工与事业单位职工养老保险的模式相同，但同时要实现养老权益不减，可能的办法就是两个，要么提高企业单位的养老待遇水平，要么对于事业单位职工建立职业年金制度，补齐与企业单位的养老待遇的缺口。但是这两项改革措施，政府都是不愿接受的。因为改革的初衷是为了减轻财政压力，而这两项改革无疑都会加大财政压力，这与改革功利化理性不符。事业单位养老保险受益群体大部分作为社会的中产阶层，在对信息的把握上具有绝对的优势。因此，在影响政府制定改革决策的力度上也要远远超过企业职工。

北京市由于高校和科研院所比较多，事业单位职工在北京市的社会阶层结构中较之其他地区人数多、比例大，而且他们学历高，关心时政，对社会的影响力较大。如果没有一个能够得到这一群体普遍认同的理由，这项改革很难得到这一群体支持。从保障社会公平的角度来看，公务员群体的例外使这一说法没有说服力；从减轻财政负担来分析，由退休制转为养老保险制的企业养老改革还不能说完全成功之时，这样的理由也不能成立。因此，企业养老保险改革问题还没有彻底解决之前，把事业单位职工养老保险纳入到企业职工基本养老保险制度中，只会使原有的养老保险问题更为突出。

（三）从各地的事业单位养老保险制度改革试点分析

2009 年 1 月 28 日，人力资源和社会保障部正式下发《事业单位养老保险制度改革方案》；并在广东、重庆、山西、浙江、上海试点，但各地都在犹豫与观望，改革试点谨小慎微，进展迟缓。上半年很热，下半年变冷。[①]

尽管各地试点进展缓慢，但还是取得一些成效和经验。深圳市作为广东省第

① 姜爱林：《事业单位养老保险制度改革的基本状况、制约因素与破解对策研究》，《高校社科动态》2010 年第 4 期。

一个事业单位分类改革的试点城市，早在2006年7月就启动了事业单位分类改革。但是由于对分类归属、工资薪级、退休待遇等问题持不同意见，深圳市一些被改制事业单位的员工不断上访、怠工怠课，或签名讨要加班费及社会保险费等。基于此种情形，深圳市一些区属事业单位迟迟不愿启动分类改革。广州市在事业单位分类改革实施意见中，将高中和大学划为经营服务类事业单位，大方向是进社保，而义务教育阶段的小学、初中则被划为公益类事业单位，向行政靠拢，遭到高校教师的强烈反对。佛山市进展情况比较顺利，对行政类事业单位，逐步转为行政机构或将行政职能划归行政机构；对经营服务类事业单位，逐步转为企业；对公益类事业单位分为一类、二类、三类，强化公益属性。上海市的事业单位养老保险改革，如果以养老保险参保入口（收缴）算作试点，上海的事业单位养老保险1993年就已经启动。如果是以养老保险的出口（计发）算作试点，上海市正在酝酿事业单位养老保险的第二支柱职业年金的改革，目前依然没有公布具体的政策和方案。至于山西、浙江、重庆尽管改革的具体方案不同，但大都还处于改革的初始阶段，即对事业单位分类的探索阶段。

北京市“十二五”期间主要完成对承担行政职能的事业单位，逐步转为行政机构或将行政职能划归行政机构；对主要从事生产经营活动的事业单位转为企业。

三　北京市事业单位养老保险制度改革推进的可行性分析

对于事业单位养老保险制度改革的争论自这项改革被提议就伴随其始终，但是从目前的发展趋势来看，不论是从国家的“十二五”发展规划还是北京市的“十二五”社会发展规划，事业单位养老保险制度改革都是我国社会保障改革推进的一个必不可少的环节。因此，围绕北京市事业单位养老保险制度改革，需要在以下几个方面作出努力，为事业单位养老保险改革奠定基础。

首先，要进一步完善城镇企业职工养老保险制度改革，为事业单位养老保险改革奠定坚实的基础。目前，企业养老保险制度改革从全国来看，其替代率逐步降低的趋势没有改变。在我国劳动力流动频繁的情况下，北京市一地养老保险基金运行好转（见表2）也并不意味着企业职工养老保险改革的成功，还必须有全国养老保险整体运行良好来支撑。目前，全国范围内的养老保险个人账户空账运

行，养老基金收益率低于通货膨胀率，这些都基本上违背了养老保险积累制的原理。因此，如何消解养老保险的转制成本，做实个人账户，实现养老基金的保值增值，提高养老保险工资替代率，缩小企业单位职工与事业单位职工养老待遇差距，逐步完善企业年金制度，这些都成为进行事业单位养老保险制度改革必须解决的问题。郑秉文教授提出的事业单位养老保险改革与企业养老保险制度改革联动起来，也是从这一角度出发的。

表 2　2001～2010 年北京市养老保险基金收入、支出、结余情况

单位：万元

年份	基金收入	基金支出	累计结余
2001	1167000	1106000	61000
2002	1280238	1313869	-33631
2003	1664949	1476996	187953
2004	1918493	1746463	172030
2005	2414352	1959790	454562
2006	2890762	2287473	603289
2007	3571646	2744689	826957
2008	4424783	3566108	858675
2009	5289032	4169656	1119376
2010	6592428	4827017	1765412

其次，事业单位养老保险改革要在建立“社会统筹＋个人账户”基本养老保险的同时，构建职业年金制度（20%左右的工资替代率）。从全国各地事业单位改革实践和北京市事业单位养老保险改革的争论来看，阻碍这项改革推进的一个重要原因就是事业单位职工对改革后养老待遇降低的预期。尽管有专家和官员认为这是对事业单位养老保险改革的误读，但从现实来看，事业单位职工作为相关利益群体有这样的担心和考虑，也是可以理解的。因此，在改革过程中，为了减少相关利益群体对这一问题的顾虑，必须通过制度设计保证改革后的企事业养老保险制度的统一，又没有损害任意一方的利益。事业单位职工养老替代率不降低，必须通过养老保险的第二支柱即职业年金来补齐。因此，事业单位职工养老保险制度顺利推进，必须要在建立基本养老保险制度的同时，也必须构建一套完善的职业年金制度。

最后，北京市的事业单位养老保险制度改革，要想取得社会各界对这项改革的支持，必须对每个群体一视同仁。改革既然是为了构建市场经济条件下的养老保险制度的统一，实现社会公平，那就必须对包括目前还没有纳入这一制度的社会群体一起进行改革，包括不同性质的事业单位和国家机关的公务员。只有不同社会群体都纳入社会养老保险统一制度之下，才能逐步完善这一制度，实现社会公平的改革初衷。在市场经济体制确立起来以后，北京市企业单位职工、城乡居民、自由职业者群体都纷纷加入到社会养老保险制度的大潮中，事业单位职工和国家公务员也要通过养老保险改革逐步纳入这一体系。

Analysis on Pension System Reform of Beijing Undertaking Institutions

Yang Guihong

Abstract: Beijing institutions Pension System Reform has been discussed for many years. But its progress is slow. why is it? This paper attempts to analyze the reasons from the pension insurance system, Beijing's economic and social structure, and other provinces practice of Institutions Pension System Reform . Finally, according to the current existing problems of Beijing institutions Pension System Reform, this article puts forward the reform proposal.

Key Words: Institutions; Pension Insurance; Reform

B.14

北京市城乡基本医疗保障制度的整合与衔接研究*

刘金伟**

摘　要： 目前北京市的医疗保险制度是按照不同户籍、职业、地域等标准建立起来的，具有碎片化，公平性差，不同制度之间转换、衔接困难等特点，不利于北京市经济社会发展和社会公平目标的实现。未来北京市应该积极借鉴国内外先进经验，以社会公平为主要原则，以职业和居民为分类的标准，整合分散的医疗保险制度，建立以职工基本医疗保险制度和居民基本医疗保险制度为主的，以商业医疗保险为辅的统一的医疗保险制度，并在这两种医疗保险制度之间建立有效的转换机制，实现制度上有效整合与衔接。

关键词： 医疗保障制度　整合　衔接

2009年北京市启动了新一轮医疗体制改革，“医改”3年来，北京市共投入540亿元用于医疗卫生事业建设，整个支出增长速度高出政府公共预算支出数字。医疗体制改革取得多项比较大的进展。特别是在推进城乡医疗保障全覆盖方面，取得比较大的成就。新型农村合作医疗参合率已经从2004年的74.69%上升到2011年的95%以上，筹资水平从2007年的220元提高到2011年的520元。2010年又整合了原来的“一老一小”、“无业居民”医疗保险，建立了一体化的“城镇居民医疗保障制度”。最引人关注的是2011年在北京市属公务员和事业单位人员中，废除了沿用60年的公费医疗制度，纳入统一的职工医疗保险制度。

---

* 本研究是北京市教委科研计划项目“北京市卫生体制改革的公平性研究”（JE14102201001）的成果。

** 刘金伟，博士，北京工业大学人文社会科学学院副教授。

北京市医疗保障制度改革有力促进了城乡之间和不同人群之间的待遇差别，提高了医疗服务的公平性。但是与外国一些发达国家和国内一些地区相比，北京市的整个医疗保障体系还存在一些问题，需要在“十二五”期间进一步整合和调整。

一　北京市城乡医疗保障制度的现状及特点

近几年，北京市在统筹城乡和整合不同社会群体医疗保障制度方面取得比较大的进展，但目前医疗保障体系构成比较复杂，不同医疗保障制度之间转换比较困难，不同社会群体在享受医疗保障待遇水平上存在比较大的差别。主要呈现以下三个特点。

（一）碎片化明显

目前，北京市医疗保障体系按照不同人群的职业、户籍、地域等标准，基本可以划分成以下5种类型。

（1）公费医疗制度。1952年开始实施，分成两块：一是中央在京单位的机关、社会团体、高校学生和事业单位人员；另一块是北京市属机关、社会团体、高校学生和企事业单位人员。目前，北京市属机关、社会团体和事业单位的公费医疗制度改革已经基本完成，中央在京机关、社会团体和事业单位的公费医疗制度改革也已经纳入议事日程。但在公费医疗之中还存在一些人群，没有与城镇职工基本医疗保险对接：一是在京高校大学生，目前还继续享受公费医疗，改革的趋向没有明确。二是干部保健制度，对象主要是行政13级和技术3级以上的干部、专家，根据级别不同享受医疗待遇不同。二是医疗照顾制度，1986年开始实施，对象主要是级别在十五级以下的离退休干部。①

（2）城镇职工基本医疗保险制度。2001年在废除原来劳动保险制度的基础上建立。根据职工的性质不同分为两块：一是具有城镇户口的本地职工和退休职工。考虑到没有正式工作单位的职工没有被纳入医疗保障体系，2008年北京市规定具有本市城镇户口、符合法定就业年龄、从事个体劳动或者自由职业，在市、区职介中心，人才中心以个人委托存档的人员以及享受社会保险补贴人员，

① 陆学艺等：《北京社会建设60年》，科学出版社，2008，第607页。

纳入城镇职工医疗保障制度。二是没有本地户口的外来务工人员。2004 年开始实施，范围是指在国家规定的劳动年龄内，具有外省市农业户口，有劳动能力并与本市城镇用人单位形成劳动关系的人员。但是大量没有正式职业、没有与单位签订劳动关系和自主就业的外地务工人员未被纳入到医疗保障体系之中。

（3）城镇居民医疗保险制度。该制度是在原来“一老一小”和“无业”人员医疗保险的基础上合并建立的。主要包含三类人群：未纳入城镇职工基本医疗保险范围，且男性年满 60 周岁和女性年满 50 周岁的城镇居民（城镇老年人）；本市行政区域内的各类学校就读的非在职学生和非在校的青少年儿童（学生儿童）；在劳动年龄内未纳入城镇职工基本医疗保险范围，且男年满 16 周岁不满 60 周岁，女年满 16 周岁不满 50 周岁的城镇无业居民。

（4）新型农村合作医疗制度。2002 年北京市开始新型农村合作医疗的试点工作，2003 年正式实施。对象主要是具有农村户口的农村居民，没有参加城镇居民医疗保险、具有农村户口的学生，没有改变农村建制、仍从事农业生产劳动的小城镇居民，以及“村改居”后身份变成城镇户口，但没有正式职业的人员。

（5）医疗救助制度。按照户籍分为城乡两部分：农村医疗救助制度覆盖的人群包括农村“低保”人群、农村“五保户”、民政部门管理的 20 世纪 60 年代初精简退职老职工。城市医疗救助制度覆盖的人群包括低保人群、家庭人均收入高于“低保”但低于职工最低工资的家庭。

由此可见，北京市整个医疗保障体系从大的方面来说分成五块，五块内部按照户籍、职业、年龄等又有分类，整个医疗保障体系“碎片化”严重。

（二）体制之间转换不顺

现代社会是高流动性的社会，不同社会群体之间的职业、身份、地位经常出现变化，这要求社会保障制度的建立要适应现代社会和市场经济的特点，尽量减少制度之间的差异，以利于整个社会的流动和发展。北京市目前这种按照户籍、职业、本地与外地、年龄等因素建立的医疗保障制度，使不同群体之间的转换非常困难。

目前，随着北京市城乡一体化进程加快，人口结构快速变化，参保人员身份经常在城镇职工、城镇居民和农村居民中发生转换，但分散的“医保”制度之间缺乏统筹，当参保人员身份发生变化时，医保待遇难以衔接。例如随着北京市城市化进程的推进，每年都有大量人口从农村进入城市，从农业户口变为城市户口，还有大量农村户口的青壮年劳动力实际在城市工作和生活。但是由于历史的原因，北京市在农村推行了新型农村合作医疗制度。农村合作医疗制度的资金是以县作为统筹单位的，门诊类的基本医疗以乡镇为统筹单位，这就造成农村合作医疗非常强调区域性。例如在本社区和乡镇卫生院、县医院报销的比例比较高，如果跨区域治疗，往往不能报销或者报销的比例比较低，报销的程序也比较烦琐。为保证“新农合”的参合率，地方政府还强调以家庭作为参合单位，这更增加了本地农民工参加其他医疗保险的难度。另外，近年来随着近郊区和新城大量农村居民整体“农转居”，“农转居”居民应该参加什么类型的医疗保险，目前还存在很大的模糊性，给管理带来很大困难。

在管理方面，城镇居民的“医保”由社会保障部门管理，而新型农村合作医疗由卫生部门负责，基本医疗保险由不同管理部门分块负责，给整个制度体系的完善带来一定的阻力。以农民工的参保为例，一方面，农民工可以以农民的身份在农村按家庭为单位参加新型农村合作医疗；另一方面，还可以由用人单位为其办理参加农民工基本医疗保险或城镇职工医保。① 城镇居民的医疗保险制度是全市统筹，统筹层次高，基金分散风险的能力强，而新型农村合作医疗的统筹层次是区县统筹，统筹层次低，基金分散风险的能力有限。对一些特困人群的医疗救助制度则由民政部门负责。不同的管理体制之间很难进行衔接，例如农村居民变成城市居民，由卫生部门管理的医疗保险基金很难转移到社会保障部门，两种体制在疾病的治疗、报销的标准和程序上也存在很大的差别。

另外，随着全国统一的劳动力市场逐步形成，人员流动越来越频繁，但“医保”关系跨地区转移与接续困难重重，成为制约人才流动的因素之一。随着独生子女制度的推行，“异地”养老人员增多，在医疗保障制度上如何进行衔接目前也存在一定的问题。

（三）筹资水平和待遇差别大

北京市不同医疗保障制度之间，筹资水平职工之间差别比较大，最优越的是

① 王秀峰：《北京市城镇居民基本医疗保险制度和新型农村合作医疗制度的比较分析》，《北京劳动保障职业学院学报》2010 年第 1 期，第 11 ~ 12 页。

享受公费医疗制度的公务员和事业单位人员，个人不需要缴纳任何费用，全部由财政拨款。职工基本医疗保险筹资水平较高，总的筹资水平是上年职工月平均工资的11%，按照2010年北京市职工月平均工资4201元的标准，每月需要缴纳的资金是462.11元，每年的平均总筹资水平是5545.32元。其中个人需要缴纳上一年本市职工月平均工资的2%，每年平均需要缴纳1008.24元。灵活就业人员需要缴纳上一年本市职工月平均工资的4.9%，每年缴纳2470.19元，全部由个人缴纳。同样作为职工的外来农民工筹资水平很低，只有单位缴纳上一年本市职工月平均工资1.2%，按照2010年的标准，每年缴纳605元，筹资水平只有本地职工的11%左右（见表1）。

表1　不同医疗保险制度筹资水平的比较

保险类型	单位缴纳	政府补助	个人缴纳	总筹资水平
公费医疗	无	全部政府补助	无	根据财政预算较高
职工基本医疗保险	一般职工:全部职工缴费工资基数的9%;灵活就业人员:无	无	一般职工:上年月平均工资2%;灵活就业人员:上一年本市职工月平均工资4.9%	一般职工:上年月平均工资的11%;灵活就业人员:上一年本市职工月平均工资4.9%
外来农民工医疗保险	上一年本市职工月平均工资1.2%	无	无	上一年本市职工月平均工资1.2%
城镇居民医疗保险	无	老人:1500元;学生:50元;无业居民:100元	老人:300元;学生:50元;无业居民:600元	老人:1800元;学生100元;无业居民:700元
农村合作医疗	无	密云县:470元;朝阳区:700元	密云县:50元;朝阳区:120元	密云县:520元;朝阳区:820元

作为没有正式职业的居民，不同群体之间差别也很大，城镇居民医疗保险中的老人总的筹资水平是1800元，政府补助1500元，个人缴纳300元；学生是100元，政府补助50元，个人缴纳50元；无业居民总的筹资水平是700元，政府补助100元，个人缴纳600元。新农合2011年的筹资水平是520元，政府补助470元，个人缴纳50元。但由于新型农村合作医疗的筹资在区县一级，因此筹资水平与当地的经济发展水平相关，内部差别比较大。例如远郊的密云县与近郊的朝阳区相比，筹资水平差别就比较大。2011年朝阳区“新农合”的筹资水平达到820元，政府补助700元，个人缴纳120元（见表1）。

由此可见，作为职工和居民两大社会群体，医疗保障水平在内部及其之间差距非常大，突出表现在体制内职工与体制外职工之间，外来农民工与本地职工之间。同样作为北京市的居民，应该享受相同的待遇，政府的财政补贴应该一视同仁，但实际差别较大，例如北京市没有就业的成年人与农民群体差别就较大，这不利于社会公平目标的实现。

由于筹资水平不同，不同医疗保障的社会群体所能享受的医疗待遇差别很大，例如在职工群体内部，公务员和事业单位的职工享受超国民待遇，无论门诊和住院都能够报销，报销水平达到90%以上，并且没有起付线和封顶线。职工基本医疗保险虽然门诊和住院能够报销，但有起付线和封顶线。职工基本医疗保险有个人账户和大额互助解决门诊和大额医疗费用的问题，总体保障水平也较高。灵活就业人员在报销比例上低于职工基本医疗保险，并且没有个人账户。而外来务工人员只有大病才能报销，并且每年最高只能报销5万元，报销比例低于职工基本医疗保险。由此可见，在职工中，公务员和事业单位群体享受的待遇最高，其次是职工基本医疗保险的群体和灵活就业人员群体，最差的是外来农民工群体（见表2）。

表2　不同医疗保险群体的报销待遇

保险类型	报销范围	起付线	封顶线	报销比例	总的报销比例
公费医疗	门诊与住院	门诊:无;住院:无	门诊:无;住院:无	门诊:90%;住院:95%	90%以上
职工基本医疗保险	门诊与住院	门诊：在职1800元，退休1300元；住院：1300元	门诊：2万元；住院10万元，大额互助20万元	门诊起步线以下个人账户，以上社区90%，非社区70%，退休人员80%；住院：三级医院85%、二级87%、一级90%，退休人员自付部分是在职的60%	85%以上，但有起步线和封顶
灵活就业人员	门诊与住院	门诊：1800元；住院：1300元	同上	门诊：没有个人账户，医院50%、社区70%；住院：同上	门诊低于职工基本医疗保险
外来农民工医疗保险	住院	1300元	5万元	三级医院80%以上，二级医院82%以上，一级医院85%以上	无门诊、住院80%以上，最高5万元
城镇居民医疗保险	门诊与住院	门诊：650元；住院老人与无业居民1300元，学生650元	门诊：2000元；住院：老人与无业人员15万元，学生17万元	门诊:50%；住院：老人与无业人员60%，学生70%	60%左右

续表

保险类型	报销范围	起付线	封顶线	报销比例	总的报销比例
农村合作医疗（密云县）	门诊与住院	门诊无，限定在社区医疗机构；住院：乡镇卫生院无，县级医院500元，域外定点医院1000元	门诊无；住院：18万元	门诊药费减免35%，治疗费全免，检查费减免50%；住院：卫生院70%以上，县级医院65%以上，县域外医院55%以上	住院68%，门诊40%
农村合作医疗（朝阳区）	门诊与住院	门诊：社区卫生服务中心（站）100元，二三级医院550元；住院：一级医疗机构300元、二级1000元、三级1300元	门诊：3000元；住院：18万元	门诊：社区卫生服务站不低于55%，社区卫生服务中心不低于50%，二三级医疗机构不低于35%；住院：0.3万~5万元报销60%，5万元以上报销70%	门诊50%；住院65%

注：数据的标准按照2011年城镇居民的收入水平。

在居民群体内部，享受的待遇差别也比较大，最典型是农民与市民之间的区别。大部分区县的农村新型合作医疗不管门诊，只管大病，目前随着筹资水平的提高，对在本地社区就医的农民门诊费给予一定比例的减免，但与城镇居民的待遇相比还存在一定差距。另外在治疗的地点上，参加农村合作医疗的农民受到的限制比较多，选择权比较低，而城市居民的选择权比较大。在参加农村合作医疗的不同地区之间的农民由于不同区县的经济能力不同，享受的待遇差别也比较大。例如朝阳区和密云县，由于朝阳区的经济发展水平较高，农村合作医疗筹资水平较高，除了享受大病统筹医疗保险外，朝阳区还筹资400元，为本地农民建立了基本医疗保险制度，主要负责门诊医疗费用的报销。一些财政收入比较好的乡镇和村集体，还为农民建立了补充医疗保险，用于新农合报销后自己负担部分的报销，待遇水平超过了城镇居民。

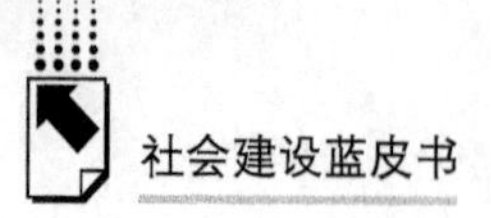

二　统筹城乡医疗保障制度的国际经验与国内实践

医疗保障是社会保障体系中一个重要而敏感的部分，直接关系到社会文明、经济发展乃至社会的稳定，始终备受各国政府的高度重视。但在不同国家，形成了各具特色的医疗保障制度。近年来，我国一些经济相对发达的地区，在建立全民统一的医疗保障体系方面进行了一定探索。

（一）统筹城乡医疗保障制度的国外经验

世界上有多种医疗保障模式，其中全民医疗保障模式和社会医疗保险模式最典型。

日本的全民健康保险制度。日本现行的全民健康保险制度发端于1961年并于1990年代成型，现行健康保险以三种形式覆盖全民：（1）农村居民及没有固定工作的人及其家庭，纳入“国民健康保险”，占总人口40%（简称“国保”）；（2）在大企业工作的人及其家属，纳入企业健保组织。公务员，教师等非营利性单位工作人员及其家属，纳入类似的健保组合，此类组织共1500多家，加入者占总人口35%（简称“组合”）；（3）在中小企业工作的人员及其家属，纳入相应的保健协会，如“东京计算机行业健保协会”，这类加入者占总人口20%左右（简称协会）。国保的50%由财政负担（其中中央财政50%，县级45%，基层政府5%），个人所交保费很少。各种企业组合由企业负担一定的费用，个人按其月收入2%左右交纳保费。各种协会由财政负担13%，剩下的由企业联合出资，个人按月收入的2%左右缴费。以上各种组织都是家属不用交费。就医时个人负担一般都是30%。一次生病费用超过一定限额的超过部分只负担1%。

德国的社会医疗保险制度。德国医疗保险分为法定医疗保险和私人医疗保险。参加医疗保险的人均由法律规定，主要分为三类：一是强制参保人，一般是有收入者及其雇主；二是自愿参保人，一般是收入超过一定上限的人；三是连带参保人，主要是指强制参保人的配偶和子女，可以免缴医疗保险费而连带成为法定医疗保险参保人。德国的法定医疗保险覆盖了约90%的人口。保险费依据个人收入提成，高收入者多缴纳、低收入者少缴纳。保险费根据雇主和雇员各付50%的原则，从被保险人的工资中扣除。法定医疗保险的缴费基数设有封顶线和

保底线，收入超过封顶线的部分不再征缴。收入在保底线以下者可豁免缴费义务。对于收入低于一定限度的雇员，只由雇主缴纳；对于退休人员及失业人员，其保险费由养老基金和失业保险金承担。德国社会医疗保险待遇享受范围很广，包括疾病预防、疾病治疗、护理、住院、看牙医、病假工资、家庭补助金、孕妇补助金及死亡补助金等。参保病人基本上不用花钱，医疗保险待遇水平很高。

巴西的统一医疗体系。1988 年，巴西颁布的新宪法决定建立“统一医疗体系”，以改变医疗卫生领域存在的不平等状况。新宪法规定，健康是所有公民的权利和国家的责任，不论种族、宗教信仰和社会经济状况如何，每一个巴西公民都有权利得到政府各级医疗机构的免费治疗。[①] “统一医疗体系”覆盖了巴西 90% 的人口，加上私人医疗保险的补充，巴西人都能享有基本的医疗服务。巴西医疗保险经费的筹集经历了以职业为基础的税收筹资到总税收为基础的全民税基制的发展过程。巴西宪法规定：筹资为公共筹资，由三级政府（国家、州和地区）共同筹集。联邦政府按 GDP 的 1% ~2% 安排医疗保健费用；州、市两级政府按不低于 15% 的年度财政预算安排医疗保健费用。联邦政府将通过税收筹集的基金转移给州、市，州、市按照所辖县人口及其健康情况，把一部分基金转移给县。由政府举办的公立医院和卫生所向持有巴西身份证的公民提供免费基本医疗。

日本、德国和巴西的医疗保障体系各具特点，都有值得北京借鉴之处，例如日本的全民医疗保险制度，主要按照有无工作分成两类，有工作的保险费主要由雇主和个人缴纳，没有工作的主要由政府财政负担。德国的社会医疗保险主要由法律作为保障，保险费的缴纳按照收入的高低，体现了社会的公平性。巴西的统一医疗体系，不分职业和人群，所有人均享受免费的医疗服务，保险费主要通过税收实现，统筹的层面和公平性都比较高。

（二）国内城乡医疗保障统筹发展实践

近年来，随着我国经济发展步伐加快，一些经济比较发达的地区开始探索实施全民或城乡统一的医疗保险模式，改变不同人群在享受医疗保障制度上的差

---

① 马丹、任苒：《巴西医疗保障体系》，《医学与哲学（人文社会医学版）》2007 年第 10 期，第 1 ~3 页。

别，实现社会的公平和公正。本文主要介绍陕西神木县全民免费医疗模式和四川省成都市城乡医疗统筹模式。

神木全民免费医疗模式。2009 年 3 月，陕西省神木县人民政府下发了《神木县全民免费医疗实施办法（试行）》，规定从当年 3 月 1 日起，在城乡 40 万人口中全面实施“免费医疗”。神木医疗保障体系主要由两部分构成：城镇职工基本医疗保险和城乡合作医疗，城乡合作医疗实际上就是“城镇居民基本医疗保险”，包括农民和城镇非就业人口。享受全民免费医疗的对象是全县干部职工和城乡居民。具体包括县属党政机关和事业单位的干部职工，县属国有企业、社会团体、民营企业、私营企业中神木籍户口的职工，神木籍户口的城乡居民。但未参加城乡居民合作医疗和职工基本医疗保险的人员不予享受免费医疗。资金来源包括：县“医保办”收缴的基本医疗保险基金，县“合疗办”收缴的合作医疗基金，社会募捐的资金，县财政拨付的资金。

在享受医疗费用报销的待遇上，实施范围内，每人每年可享受 100 元门诊补助。全年住院报销设定起付线，起付线以下的住院医疗费用由患者自付，起付线以上部分，每人每年累计报销费用不超过 30 万元的予以全额报销。经过 1 年的运行，神木县每人每年免费医疗花销 330 元，这个数字多数地方政府都能够承担。北京目前的农村合作医疗，人均经费平均达到了 520 元，有的区县达到了 820 元，筹资水平已经超过了神木的水平。

成都城乡统筹模式。2007 年之前，成都市建立了城镇职工基本医疗保险制度、农民工综合社会保险制度、新型农村合作医疗制度、失地农民社会保险制度、少儿住院医疗互助金制度、城镇居民基本医疗保险制度、市属高校大学生基本医疗保险制度。通过七种医疗保险实现了医疗保障制度对各类人群的全覆盖。后来成都市把少儿住院医疗互助金制度和市属高校大学生基本医疗保险制度纳入城镇居民基本医疗保险制。成都市虽然实现了医疗保障的全覆盖，但这些制度不仅覆盖的对象不一致，而且区县之间、险种之间政策差异均较大。2007 年开始，成都市围绕“人人享有医疗保障”的目标，在全市打破城乡居民身份界限，建立全市统一的城乡基本医疗保险制度。

成都市首先将农民工和失地农民的医疗保障待遇全部与城镇职工基本医疗保险统一，同时将原城镇居民基本医疗保险制度、新型农村合作医疗和大学生基本医疗保险归并为城乡居民基本医疗保险制度。其次是统一全市医疗保险政策，将全

市基本医疗保险的参保范围、缴费标准、待遇水平、管理办法全部统一。最后是全面实行基本医疗保险基金市级统筹，有效解决过去统筹层次不一、统筹层次较低导致的全市基本医疗保险政策不一、管理多头和基金分散、抗风险能力较弱等问题。

为适应城乡劳动力自由流动的需要，成都市规定，城镇职工基本医疗保险参保人员失业后，按规定参加城乡居民基本医疗保险，原个人账户继续使用，住院医疗费报销无等待期；城乡居民基本医疗保险参保人员与用人单位建立劳动关系后，参加城镇职工基本医疗保险，不受待遇支付期限制；进城务工农村劳动者转为城镇居民后，按规定参加城镇职工或城乡居民基本医疗保险，原农民工医疗保险门诊医疗个人账户继续使用，享受新的保险待遇无等待期；各类参保人员医保关系转移前后的缴费年限，按规定累计计算。通过人性化的制度设计，成都市在医疗保险关系上实现了城乡衔接。①

三　统筹北京城乡基本医疗保障制度的对策

2011年北京市的人均GDP总值达到12447美元，已经接近富裕国家水平。城乡一体化工作取得积极进展，城乡差距进一步缩减，农民居民所占的比例不断下降，医疗体制改革取得重大成就。这在一定程度上缓解了“看病难、看病贵”的问题。从目前各种条件看，北京市已经具备了进一步实施医疗体制改革，在更高的层面上统筹和整合目前多种医疗保障体制的可能性。

（一）原则

北京市未来医疗保障体制改革应该坚持公平的原则。所谓公平就是保证所有的社会群体能够公平、公正地享受基本上相同或相似的医疗保障水平。按照罗尔斯的差异公平的理论，对社会弱势群体比如老人、儿童、残疾人、低收入群体等实施更加优惠的医疗保障制度也体现了一种公平。从大的方面来说，未来的医疗保障制度改革应该做到：在相同的条件下，对不同户籍的群体一视同仁；对相同条件下的外地人和本地人同等待遇。

---

① 龚文君等：《成都市统筹城乡医疗保障制度的现状与问题》，《中国卫生政策研究》2009年第12期，第11～14页。

但是考虑到北京目前社会群体的复杂性，在坚持公平导向的前提下，未来医疗保障制度的设计也要具有一定的灵活性，给一部分人具有自由选择的机会。北京在目前的条件下，不能实现完全统一的全民医疗保险，享受免费的医疗服务。这种制度虽然体现了更好的公平性，但也存在效率低下、激励过度使用等问题。但在相同制度内部和不同制度之间，要尽量缩小差距，体现公平的原则。

（二）框架设计

在整个制度的设计上，按照就业与非就业分成两大体系，两大体系内部实行统一的政策。就业群体无论是公务员、事业单位、本市职工、外地职工还是自由职业群体，都按照法律加入职工基本医疗保险制度。非就业群体如学生和儿童、老人、无业居民、农民加入居民基本医疗保险制度。另外，对一些高收入群体，提供其选择的机会，可以选择加入商业保险（见图 1）。

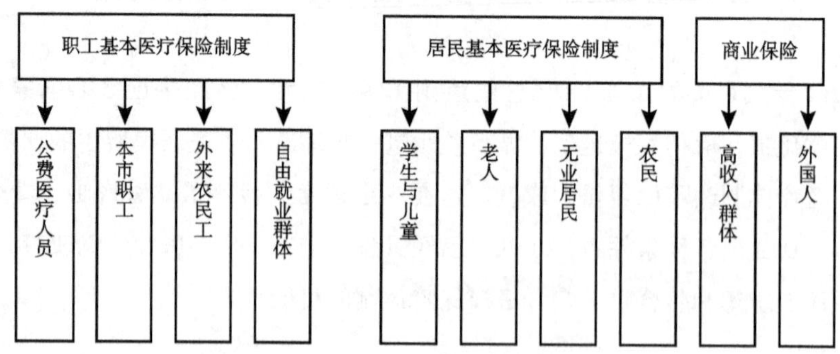

图 1　北京市医疗保障制度的基本框架

（三）整合与衔接的措施

在目前的制度框架下，如何进行整合？整合后不同的制度之间如何进行衔接？需要北京市相关部门进行科学研究和设计。

目前北京市的医疗保险制度主要由职工基本医疗保险制度、外来农民工医疗保险制度、自由职业者医疗保险制度、中央单位的公费医疗制度、农村合作医疗制度、城市居民医疗保险制度 6 种医疗保险制度构成。在未来的设计中应该整合成两大类。

第一类是以在职的职工为主要群体建立职工基本医疗保障制度。包括具有本地户籍的城镇职工、外地户籍的城镇职工、农村户籍的外地农民工、本地农民工和享受公费医疗的公务员和事业单位群体。目前要把外地农民工、本地农民和公务员、事业单位人员整合进职工基本医疗保险制度当中。从法律层面上，北京市应该出台强制性的法令，规定参加工作的人员必须参加职工基本医疗保险制度。在资金的来源上，主要由单位和职工个人负担。统一筹资的标准，按照本人月收入水平的比例，由企业和个人缴纳。为了体现保险风险分担的功能，建议未来的职工基本医疗保险制度取消个人账户，在基本医疗保险基金之外建立大额医疗基金，用于解决超过封顶线的重大疾病的资金需求。

对于一些收入水平较高的群体，在职工基本医疗保险制度之外，还可以提供一些选择的余地，以便享受更高水平的服务。例如对于一些收入超过一定水平的社会群体和在中国工作的外国人，可以选择参加商业医疗保险。同时，参加职工基本医疗保险制度的人，也可以自愿参加商业保险作为补充，以便可以享受更好的服务和更高的报销水平。

第二类是以农民和非就业群体为主的居民基本医疗保险制度。包括农民、老人、学生、儿童和无业城市居民。目前要以城镇居民医疗保险制度为基础，把农村合作医疗制度整合进来。首先要把目前由卫生部门管理的“新农合”与劳动保障部门管理的城镇居民基本医疗保障进行合并，由劳动保障部门统一归口管理。其次要把目前“新农合”由各区县统筹上升为市级统筹。在纳入统一的居民基本医疗保险制度的基础上，制定统一的政策。居民基本医疗保险制度的资金主要来自于政府的财政，除了市级财政补助外，县（区）和乡镇（街道）按照本地财政收入总体水平，按照一定的比例向北京市提供资金，纳入整个居民基本医疗保险基金，退休职工的资金由社会保障基金提供。基金在全市范围内统一使用，这样就避免了各地因经济发展水平差距造成享受医疗保障待遇的差别。居民本人也要缴纳一定比例的资金，老人、儿童、低收入家庭和其他社会弱势群体不需缴纳。各类群体在利用医疗服务和费用报销水平上一致，但老人、儿童、低收入群体等可以享受更高比例的报销。

生活条件较好的居民除了参加居民基本医疗保险之外，也可以参加各类商业医疗保险，享受更好的服务和更好的报销水平。

现代社会是流动性比较快的社会，建立两种医疗保险制度之间的有效衔接非常重要。特别是由农民变成职工，职工失业后变成无业居民后，两种医疗保险制度要有顺畅的衔接机制。在制度设计上，应该规定当居民基本医疗保险转为职工基本医疗保险，或者职工基本医疗保险变为居民基本医疗保险时。除了管理部门要及时登记变更外，还要给予一定的时间间隔，例如农民成为职工后，在新的工作单位，可以在一定时间内继续享受居民基本医疗保险，以保证两者之间有比较好的衔接。对于失业人员也要给予他一定的缓冲时间，便于寻找新的工作单位。外地农民工失业后，如果不就业或者在一定的期限内找不到工作，则不享受北京居民基本医疗保险制度。

目前北京市已经具备了对不同医疗保障制度进行整合的基础和条件，北京市政府也制定了“十二五”期间城乡社会保障一体化的规划。希望未来北京市医疗保障制度在城乡统筹、一体化改革方面走在全国的前列，为其他地区未来医疗保障制度改革提供经验。

The Research on Beijing Urban and Rural Basic Medical Insurance System Integration and Convergence

Liu Jinwei

Abstract: Beijing's medical insurance system is set up in accordance with the different domicile, occupation, geography and other standards, with fragmentation, fairness, and convert between different systems, convergence difficulties and other characteristics, not conducive to Beijing's economic and social development and social equity objectives implementation. Beijing should actively learn from the advanced experience at home and abroad, for the main principles of social equity, career and residents for the classification standards, integration of decentralized health insurance system, to establish a basic medical insurance system for workers and residents basic medical insurance system-based, supplemented by commercial health insurance uniform medical insurance system, and between these two medical insurance systems to establish an effective conversion mechanism to achieve the system effective integration and convergence.

Key Words: Medical Insurance System; Integration; Convergence

B.15

聚焦“打车难”：2011 年北京交通热点分析[*]

朱 涛[**]

摘 要：2011 年北京“打车难”问题的凸显引起了全社会的广泛关注和热议，本文在回顾2011 年北京交通发展的基础上，从“打车难”的现状出发，从出租车司机、乘客、出租车运营体制等方面分析了北京“打车难”的若干原因，并尝试提出了化解北京“打车难”的政策建议，以引发对出租车行业健康发展的深度思考。

关键词：打车难 交通拥堵 运营体制

2011 年，北京的交通继续成为市民生活关注的热点。从“限购”政策的执行到停车费的全面上涨，从依然拥堵的交通到地铁新线的开通，2011 年是北京交通热点频频的一年。在这诸多的交通热点中，“打车难”则以一种特别的方式，将北京 2011 年交通生活的各个热点集中呈现出来。在“打车难”的现状中，是北京交通发展的无奈和机遇；而在“打车难”的背后，则蕴含着北京交通发展的新契机。

当前，出租车还是北京城市公共交通的重要组成部分，“打车难”直接影响到北京市民生活的便利，关系到北京的宜居质量，是不可小视的民生问题；同时出租车也是城市形象的重要窗口，“打车难”直接影响北京的首都和国际形象。

---

* 本文为：2011 年北京工业大学基础研究基金项目“交通社会学：新兴交叉学科的探索性研究”成果。

** 朱涛，博士，北京工业大学社会学系讲师。

一　2011年北京交通发展概况

2011年北京交通的发展有如下一些事件值得关注：

（一）交通建设多点推进

延续前几年的发展态势，2011年北京交通建设继续全面推进。北京市2011年230项重点工程中，涉及交通项目共有52个。这其中，首先是轨道交通项目数超历年，2011年轨道交通以及配套工程达20项，其中，包括13项续建项目和7项新开项目，年度投资292亿元。其次，京张城际铁路北京段、京沈铁路客运专线北京段、京石高速第二通道、京台高速公路北京段等项目也在2011年也纷纷开工。同时，北京还有22项城市道路在建，其中丽泽金融商务区南区道路工程及交通环廊等6项工程为新开项目。除了四惠交通枢纽、宋家庄交通枢纽以外，苹果园交通枢纽在2011年第二季度开工建设。这三大枢纽的总投资超过40亿元。同时，2011年北京完成中心城5240套交通标志、600公里交通标线、924公里交通隔离护栏增设任务，建设1700处信号灯，并全部配建违法监测设备。

（二）交通拥堵多管齐下

2011年北京采取了一系列措施治理交通拥堵，例如加快轨道交通建设，3条线路顺利开通，① 新增运营里程36公里，总里程达到372公里；加大城市次干道、支路建设力度，完成15项微循环、110项疏堵工程建设；在确保安全前提下，进一步缩短地铁发车间隔，② 平均运力提高10%；启用京通快速路公交通勤走廊，实现市郊铁路公交化示范运营，开通了一批“袖珍公交”和社区通勤快车。③ 另外，2011年5月24日北京开辟了公交专用道，使得高峰时段公交车速

① 2011年12月31日下午2时，北京地铁8号线二期北段、9号线南段（含房山线剩余段）、15号线一期东段开通试运营。至此，北京地铁运营线路达到15条，轨道交通总里程从336公里增至372公里。

② 如13号线最小发车间隔由3分钟缩短至2分40秒；1号线由2分15秒缩短至2分5秒；4号线由2分30秒缩短至2分15秒，机场线行车最小间隔缩小为10分钟。

③ 连接通州新城、回龙观、天通苑等地居民小区与北京商务中心区、中关村等重点功能区。

度由原来的每小时 24 公里，提高到每小时 52 公里，沿线地面公交线路日均客运量提高了 10% 左右。①

与 2010 年相比，总体上北京中心城区交通运行状况有所好转，主要体现在“二升”和“二降”。一升：公交出行比例升至 42%。2011 年，本市公共交通出行比例为 42%，比 2010 年增长了 2.3%，而小汽车出行比例首次下降，占 33%。二升：轨道客运量增两成。2011 年，全市客运量共达到了 84.2 亿人次，比 2010 年增长了 4.6%，其中轨道交通增加了 18.8%。一降：六环内出行减少 31 万人次。2011 年，六环以内地区出行总量为 2873 万人次（不含步行），比 2010 年底减少了 31 万人次。二降：日拥堵时间减一半。2011 年全日拥堵持续时间（包括严重拥堵、中度拥堵）为 70 分钟，比 2010 年同期减少了 75 分钟，降幅达 51.7%。工作日高峰平均交通指数②为 4.8，比 2010 年下降了 21.3%，拥堵程度从“中度拥堵”下降到“轻度拥堵”，由此早晚高峰市区路网速度分别提高 10.5% 和 13.2%。③

（三）小客车“限购”

2010 年底北京市公布的“治堵”新措施中，小客车“限购”成为市民关注的焦点。根据《北京市人民政府关于进一步推进首都交通科学发展加大力度缓解交通拥堵工作的意见》（京政发〔2010〕42 号）规定：“十二五”期间，本市各级党政机关、全额拨款事业单位不再增加公务用车指标……实施小客车数量调控措施。按照公开、公平、公正的原则，对符合条件的企事业、社会团体法人和个人，以摇号方式无偿分配小客车配置指标。为此，北京市政府确定 2011 年度小客车总量额度指标为 24 万个（平均每月 2 万个）。指标额度中个人占 88%，营运小客车占 2%，其他单位占 10%。

2011 年是北京小客车“限购”的首个完整自然年。自规定执行以来，2011

① 《北京坐一次公交车平均耗时 66 分钟》，http：//fashion. ifeng. com/health/detail_2011_ 10/24/10088439_0. shtml。

② 交通指数是交通拥堵指数或交通运行指数（Traffic Performance Index，TPI）的简称，是综合反映道路网畅通或拥堵的概念性指数值。交通指数取值范围为 0 ~10，分为五级，其中 0 ~2，2 ~4，4 ~6，6 ~8，8 ~10 分别对应“畅通”、“基本畅通”、“轻度拥堵”、“中度拥堵”、“严重拥堵”五个级别。数值越高表明交通拥堵状况越严重。

③ 参见 2012 年《北京市政府工作报告》，http：//news. sohu. com/20120112/n332000003. shtml。

年北京机动车保有量同比少增 61.7 万辆。截至 2011 年底，本市机动车保有量为 498.4 万辆，2011 年净增 17.5 万辆，增幅 3.6%，创 2000 年以来最低值。若以 2011 年平均月净增 1.5 万辆的速度计算，北京市机动车 2012 年 2 月进入“500 万时代”。而按照 2010 年年净增 79 万辆计算，500 万辆应早在 2011 年 3 月就已突破。同时，若按 2011 年增速预期，本市机动车保有量达到 600 万辆之日，将可能推迟至 2016 年。①

（四）停车费全面上涨

2010 年底北京市正式发布《北京市非居住区停车价格调整方案》，此方案于 2011 年 4 月 1 日起正式实行。根据方案规定，此次停车收费调整将按照“中心高于外围、路内高于路外、地上高于地下”和差别化原则，进一步调整停车收费标准。一类地区为三环路（含）以内及 CBD 商业区、燕莎地区、中关村核心区、翠微商业区等现有 4 个繁华商业区；二类地区为五环路（含）以内除一类地区以外的区域；三类地区为五环路以外区域。路侧停车、路外露天停车、停车楼（库）停车价格实行阶梯价格，居住区及夜间停车收费价格原则保持不变。其中，一类地区占道和路外露天停车收费标准为每小时 10 元和每小时 8 元，地下停车费标准为每小时 6 元；二类地区占道和路外露天停车收费标准为每小时 6 元和每小时 5 元，地下停车费标准为每小时 5 元；三类地区占道和路外露天收费标准为每小时 2 元，地下停车收费标准为每小时 2 元。

北京市区自 2011 年 4 月起调整停车费后，限流效果初显。数据显示停车费调整后，路内路外停车场每个车位平均停放车辆数分别降低 12% 和 19%，监测路段小客车进入中心城区流量下降 12%，停车费对一类地区的限流作用更为明显。②

（五）新政策法规的施行

一是“酒驾入刑”的全面执行。自 2011 年 5 月 1 日起，《中华人民共和国刑

① 《北京机动车数量下月达 500 万辆》，http：//news. sohu. com/20120112/n331998566. shtml。

② 《北京坐一次公交车平均耗时 66 分钟》，http：//fashion. ifeng. com/health/detail_ 2011_ 10/24/10088439_ 0. shtml。

法修正案（八）》正式实施，醉酒驾驶作为危险驾驶罪被追究驾驶人刑事责任。“开车不喝酒，喝酒不开车”在市民心中更获得了“合法性”，再加上交通管理部门全面严查酒驾，越来越多的市民选择不开车，而用出租车等方式参加酒席聚会。

二是 2011 年 8 月底到 10 月中旬，北京市交通运输部门开展提升出租汽车服务质量集中整治行动。主要集中在王府井、两站一场（北京站、北京西站、首都机场）等重点地区，行动目的是加大对出租汽车违法违章行为的查处力度，坚决打击拒载、绕路、议价行为，缓解乘客打车时间长问题。特别是在节假日、恶劣天气，北京交通运输部门提出要“保持 95% 以上的出车率”，以方便市民出行。

总体上，2011 年全年与市民生活息息相关的交通事件接连不断，而“打车难”则以一种特别的方式，将北京 2011 年交通生活串联了起来。更进一步，“打车难”已成为市民 2011 年关注的焦点问题。

二 “打车难”的现状

节假日“一车难求”，早晚高峰“望眼欲穿”，下雨下雪天“众里寻她千百度”……2011 年的北京，稍不留神，“打车难”问题就切切实实发生在身边。在北京的类似情形同时也在很多国内很多城市上演。在有些情况下，出租车司机路太远了不去，路太近了也不去，路难走的不去，方向不对不顺路的也不去，总之不去的理由很多。有时乘客好不容易打上车了，也有诸如不打表、议价等违规情况出现。

（一）何时何地打车难?

在北京，每天有两个时段，即早晚高峰，是雷打不动的“打车难”高发期。这段时间大致为早上 7～9 点，晚上 17～19 点。在这四个小时，甚至更长的时间内，乘客在路边很难打到车。在路边等上半个小时没有拦上一辆出租车是常有的事，唯有“望车兴叹”。客观来说，有些出租车的确是载有客人，有些则是闪着“暂停”营运的告示，而有一部分则是空乘不停。

到了节假日，特别是重大节日期间，如国庆、元旦，“打车难”的情况则有加重之势，原本早晚高峰的用车潮，在节假日有向全天蔓延的趋势。

早晚高峰，节假日，如果再加上恶劣天气，在北京的街上要打上出租车则是“难上加难”。突然的一场降雨、深夜的一场降雪，都会令北京的交通承受不起，在交通拥堵的同时，打到出租车更是难上加难。

如果说上述这些特殊的时段，是北京“打车难”的集中爆发时点，那么在北京的某些地点，则是“打车难”的集中爆发地。京城市区比较有名的“打车难”地点是：北京站、北京南站、北京西站、各大著名医院附近等等。而在北京郊区，则很少能见到正规的出租车。

（二）黑车的生存之道

在“打车难”的同时，在正规出租车的空白地带或灰色地带,[①] 北京的黑车有了用武之地，大量的黑车不仅出现在通州、昌平这些京郊地带，而且在回龙观、望京、天通苑、亦庄等新兴大型住宅区附近也常年运营。在五环之外，交通出行除了公交，黑车占了很大的比重，黑车横行已成常态。尤其是在公交车停止运营时段，黑车俨然成为当地交通的主导。的确，黑车有许多被诟病、被批判的地方，特别是在公共交通安全、乘客人生安全方面有极大的隐患，而且更加剧了当地交通秩序的混乱，形成了交通状况的恶性循环：交通状况差—交通出行不便—黑车多—交通状况更差—交通出行更不便—黑车更多……但平心而论，在某些地方如果要彻底消灭黑车，就必然会使附近的居民出行不便。因此在解决这些地方市民出行难问题之前，黑车显然有市场需求。正规出租车不愿意来，而市民又有出行需求，这导致尽管黑车年年严打，但黑车年年不绝，甚至有越来越多的趋势，黑车司机也对“整顿”行动并不特别上心，治理黑车陷入了两难的境地。

那么，北京究竟有多少黑车在非法运营，承担着准出租车的角色？从查处黑车数来看，仅 2010 年 4 月 24 日至 12 月 31 日，全市共查扣非法营运等各类车辆 39400 余辆，查获各类违法人员 47400 余人次。[②] 而根据对出租车司机和黑车司机的访谈，一般都认为目前北京的黑车不会少于正规出租车的数量，甚至比正规

① 本文将五环外正规出租车很少的地方称为出租车“空白地带”，同时将市区内出租车不愿意去的地方，如各火车站称为出租车“灰色地带”。

② 崔晓林：《穷忙：出租车业权利博弈调查》，《中国经济周刊》2011 年第 38 期。

出租车要多。需要说明的是，黑车也分好多种。有些黑车是职业性的，全天在“趴活”或运营，有些则是业余性质的，只有在晚上或节假日才出来“趴活”或运营，因此黑车的确切数目并不容易把握。

在市区部分路段、部分区域（如火车站、地铁出口、大型住宅区），黑车挤压正规出租车的情况比较严重，这突出表现为：争抢客源，导致正规出租车不愿意去这些地方。有些地点特别是游客比较多的地方，黑车漫天要价的情况较多；但在有些地点，特别是在大型住宅区，黑车的价格基本上比较稳定，甚至黑车有了较为固定的顾客群体，出现了所谓“熟人黑车”的现象。

（三）出租车多不多？

一个城市大概需要多少出租车？这并不是一个简单的数字问题。从本质来说，需要多少出租车和这个城市的发展性质、对出租车的定位等有关。例如，若将出租车定位为市民出行的公共交通的重要组成部分，需要的出租车就相对较多；而该城市如果是著名的旅游城市，则需要的出租车也会相对较多。在我国，依据《城市道路交通规划设计规范》规定，“城市出租汽车规划拥有量根据实际情况确定，大城市每千人不宜少于 0.5 辆”。而根据 2006 年国家评比文明城市的规定，风景旅游城市标准每千人应拥有出租车 5 辆。一般来说，人口在 50 万 ~ 100 万就是大城市，北京显然属于特大城市。

随着经济和社会的快速发展，城市规模的大幅增加，在人口数量急剧增长和地域飞速扩大的同时，作为城市公共交通组成的一分子，北京出租车数量近些年却变化不大。根据北京市统计局 2010 年公布的数据，截至 2008 年年底，北京客运出租汽车营运车辆是 66646 辆。再根据 2010 年第六次全国人口普查主要数据公报，北京常住人口为 1961.2 万人（以 2010 年 11 月 1 日为时间节点），那么北京市出租车平均每千人有 3.5 辆。另根据对一些出租车司机访谈给出的信息，目前全北京的出租车可能已超 7 万辆。与北京相对照，上海出租车平均每千人拥有 2.2 辆。东京平均每千人拥有出租车 3.3 辆，伦敦 2.7 辆，香港 2.6 辆，都比北京低。①

因此，从上述标准和数据来看，大体上，如果将出租车长期定位为市民出行

① 《北京出租车少不少》，http：//news.xinhuanet.com/fortune/2011 -08/24/c_ 121901050.htm。

的公共交通的重要组成部分，加之北京又是一个著名的风景旅游城市，那么北京的出租车数量显然是偏少的；但是如果考虑到像纽约、东京、香港等城市都将出租车定位为“小众”消费，那么两相比较，北京的出租车并不少。因此，总体上，从长远来考虑出租车在公共交通中的角色，特别是考虑到北京地铁、公交的大发展，当前北京出租车的数量处于一个比较适中的位置。

那么，究竟是什么原因导致北京出租车“打车难”呢？

三 “打车难”原因分析

（一）依然拥堵的北京交通

北京市交通拥堵状况令市民深感困扰，为此，北京市推出了多项治理交通拥堵措施，尤其是2010年底发布的《关于进一步推进首都交通科学发展 加大力度缓解交通拥堵工作的意见》，进一步明确了北京治理交通拥堵的方向和决心。2011年，根据多家媒体的报道，北京的治理拥堵有了明显成效，如“2011年上半年，北京市五环路内平均拥堵时间从之前的两个小时减少为1小时”。① 但从市民的直观感受来说，北京交通拥堵的状况依然严重，治理拥堵的形势也依然很严峻。

交通拥堵，出租车就难以在路上流动起来。一到早晚上下班高峰期，很多空驶的出租车根本开不过来，而正载客的出租车也下不了客人。在交通拥堵时段，平时十分钟可以开完的路程，可以耗时半个小时，甚至一个小时。直接造成了“打车难”。同时，交通拥堵对出租车司机来说，又是一笔不折不扣的经济账。在调查中，所有的出租车司机都一致认为在交通拥堵时段上路，是赔钱的买卖。因为车堵在路上很耗油，堵车时候越拉活就越赔钱。对于拥堵时段、路段，司机唯恐避之不及。也正因为如此，高峰时段对路边打车的乘客视而不见，趴在繁华地段对乘客“挑活”就见怪不怪了。又例如，一般工作日下午4点半后，大量的出租车就纷纷往城外方向开，有的是去交班，有的是去歇脚的地儿休息，一致的目的是要避开接下来两三个小时的下班高峰期。在交通早晚高峰期，在北皋、马甸、德胜门桥下、六里桥，京顺路北京草场地加油站附近都能看到壮观的遍地

① 《央视聚焦打车难》，http：//news. xinhuanet. com/2011 -10/23/c_ 111117641_ 2. htm。

都是出租车场面，司机们三五成群的聊天、打牌、休息，很多出租车就停在这里。司机选择交通高峰期交班的行为被主管部门严令禁止，不少出租车企业还与司机签订了承诺书，但实际情况是这类禁令难以严格执行，高峰期交班已成为出租业界的常态。对于出租车司机来说，选择在高峰时间休息、吃饭或是交接班，是一种最不耽误挣钱的方法。

可见，交通高峰期打不到出租车与出租车的总量并没有直接的关联，一旦交通拥堵严重，再多的出租车也到不了需要它们的地方。即使强行要求大量在此期间休息的出租车上路，是不是也会因此增加了上路车辆反而会给道路再“添堵”呢？因此，乘客在交通高峰期抱怨“打车难”可以理解，但高峰期增加出租车供给也不见得是一个好办法。只有进一步缓解交通拥堵，使出租车有更好的流动环境，才是解决之道。

（二）出租车司机方面的原因

虽然北京目前出租车总量约有 7 万辆，但考虑到司机出车时间的差异，在路上实际行驶的出租车并没有那么多。同时很多出租车司机采取传统的“扫街”方式载客，使出租车的载客效率不高。与此相对应，北京虽然有电话叫车的热线业务，但由于交通拥堵等原因，在市区要通过电话成功叫到出租车的难度很大，更不能保证随叫随到，所以北京出租车的车辆调配效率并不高，基本上还停留在“伸手打车”的时期。在调查中，有出租车司机说自己平均 100 公里中有 60 公里左右是载客的，剩下的是跑空车找客人。如果能完善电话调度，将能提高很大一部分出租车供给量。

此外，对司机而言，在恶劣天气愿意出车的不多。这是因为大雪天、大雨天虽然生意比平日好，但路滑车堵，要是不小心剐了蹭了赔个万儿八千的，那就得不偿失了，因此在恶劣天气司机感觉还不如在家歇着为好。北京市 2011 年 8 月开始的整治出租车行动要求恶劣天气出租车的出车率要在 95% 以上，实际上很难执行，司机们往往会以车辆故障等种种理由予以回避。其实在恶劣天气，司机为避风险不愿出车也情有可原，源头上如果不能解决恶劣天气行车的风险赔付问题，或者给予司机一些行车补贴，恶劣天气的出车率恐怕无法从根本上保证。当然，不可否认是，也有部分出租车司机存在“挑活”的情况，这既和司机本身的职业素养有关，也是被当前人多车少的情况“惯”出来的。

（三）出租车定价方面的原因

北京市出租车的车费定价相对低，而油价上涨增速快，收益下降导致司机积极性受挫。2005年夏末，北京“打车难”的呼声也曾一度高涨，主因就是当年7月发改委上调了成品油价，北京地区93号汽油“破四”涨为4.26元/升。2005年，北京市职工年平均工资为32808元，出租车运价是每公里1.6元。现在，北京93号汽油涨至7.85元/升，而2010年北京职工年平均工资为50415元，出租车运价为每公里2元。这三项数据分别为2005年的1.84倍、1.54倍和1.25倍。相比之下，出租车的定价偏低。①

在油价不断上涨过程中，成本的增加大部分由消费者和出租车司机承担了。就消费者而言，出租车涨价后还有坐公交车、地铁出行的选择。而出租车司机则始终在行业中处于弱势地位，只能被动等待乘客在公共交通运营市场中的选择。但是，出租车公司的利益却因将成本转嫁而丝毫无损。从长远看，若单纯将运营成本转向消费者和出租车司机会造成了两方面的结果：一方面，运营提价将造成消费者的流失，司机营运收入降低，反而不利于保护司机收入水平，直接影响司机经营热情；另一方面，提价后政府虽然减轻了财政负担，却影响到整个出租车行业的正常发展。

（四）居高不下的“份子钱”

在调查中，出租车司机反映最多的还是“份子钱”问题。在政府、市民、司机和出租车公司这四者之间，因为“份子钱”的存在，使得运营成本无论怎样变化，出租车公司基本上能做到“旱涝保收”。北京出租车司机的“份子钱”因不同的出租车公司差异较大，最低的，某些公司的单班车司机每月3000多元。按规定，目前北京市出租车“份子钱”的上限是单班每车每月5175元，双班单人不超过80%，即双班上限5175元×80%×2=8280元。为了“份子钱”，许多司机不得不加班加点拼命工作。一些出租车司机反映，“份子钱”再加上油耗、车辆维修保养等费用，每天司机如果拉不到300块钱就在赔钱。这300块钱在司

---

① 《高油价逼出的“打车难”》，http://epaper.bjnews.com.cn/html/2011-09/15/content_275557.htm?div=-1。

机一天的运营收入中占去了很大比例。近些年来"份子钱"并未降低，但油价却一直蹭蹭往上涨。出租车司机每天还没出车，"份子钱"已经压在肩上了，而出租车公司则每天都有稳定的"份子钱"进账。因此，大部分出租车司机不敢轻易有休息日，出租司机普遍反映出租车这个行业太辛苦，一周工作 7 天，常年无休，吃饭不定时，司机大多有胃下垂、颈椎炎、腰椎炎等职业病。

（五）乘客方面的原因

"打车难"的问题，事实上与乘客出行方式的选择也息息相关。出租车的定价和市民收入的比例，影响着打车作为出行方式的选择。像纽约、东京、巴黎这些国际大都市，出租车的价格较高，没有特殊情况，市民一般出行很少选择出租车，多选择地铁出行。但北京的情况有所不同，当前北京地铁的出行便捷程度与乘车环境难以与纽约这类城市相比，而出租车的定价也没有高到市民难以承受的程度，市民选择出租车出行自然较纽约这些城市要多得多。

除了出行方式的选择，"打车难"和市民的出行强度也紧密相关。出行强度受制于城市的人口总量、面积、城市规划布局、经济发展水平等因素。近些年北京市的出租车没有增长，而城市规模不断扩大、市民出行量持续上升。目前北京市每天约有 3600 万人次出行，相当于每位居住在这座城市的人每日平均出行 1.8～2.2 人次。其中，大约 190 万人次出行依靠出租车解决。[①] 出行的人多，而出租车相对紧张，导致部分司机"挑活"，甚至"拒载"，这也是"打车难"的原因。

此外，"打车难"也和市民打车时段集中有关。出租车需求最旺的早晚上下班时段，恰恰是大量出租车的"不载客"时段，这种结构性矛盾，并不是单纯增加出租车辆可以解决的。另外，部分乘客打车的方式也影响到"打车难"的程度。例如长安街沿线，出租车是不能停车载客的，但很多乘客并不知情，经常站在长安街边向来往的出租车招手。还有在一些路口、公交车站附近，按规定出租车都不能随意停车载客，因此乘客在打车时也应注意一些技巧，如在宾馆、写字楼下打车就相对容易。

---

① 王帏：《北京出租车每日空驶油费 600 余万乘客却打车难》，2011 年 10 月 28 日《北京青年报》。

（六）出租车的运营体制原因

探寻“打车难”，最终不能不从出租车本身的运营体制去寻找原因。目前国内出租车运营存在三大模式：车辆承包经营制的北京模式、出租车司机雇佣制的上海模式、营运权个人私有的温州模式。在这三种运营模式中，实际运营的出租车司机往往都处在利益链条的最末端。目前全国约85%的城市采用了北京模式，出租车经营权与所有权分开，政府向特定出租车公司下发牌照，司机为出租车公司打工，每辆车每月上缴公司管理费，即“份子钱”。这种模式的结果是出租车司机不但要出钱购车，出力气拉活，还要按月向公司缴费，而出租车公司因其手里掌握稀缺的运营牌照资源，则被司机看做是“坐而取利者”。同时，出租车公司不参与直接运营，不承担运营风险，凭借其垄断经营地位，在不透明的成本和收益之间博取巨大的利润。这种风险和收益不成正比、劳动付出和所得不成正比的垄断经营的北京模式，使得出租车公司和司机之间的利益分配长久失衡，司机在利益博弈中谈判能力很弱，矛盾日益增加。国务院参事、北京市人大代表沈梦培曾用“富了公司，亏了国家，苦了司机，坑了百姓”来描述北京的出租车行业。①

“份子钱”是出租车司机和出租车公司的利益分割、矛盾集聚的焦点。近些年来，要求降低“份子钱”的呼声不断，但由于出租车公司拥有运牌照的稀缺性，使得司机对“份子钱”缺乏谈判能力。有司机用三个1/3来概括自己的工作情况：上午为石油公司干，下午为公司干，晚上才是为自己干。② 高昂的“份子钱”、拥挤的交通、飙升的油价已成为威胁一线出租车司机生存的三大杀手。记者崔晓林认为，政府对出租车行业进行管制，这本身并没有错，但是政府通过出租车经营权审批制度来控制出租车数量，使得经营权指标成了“稀有资源”，这客观上导致了“份子钱”的产生，如此管制，最终催生了垄断经营的既得利益群体，司机运营成本不断升高，收入降低。与此同时出现的是拒载现象较为普遍，群众打车难，黑车泛滥，公众利益受损。在出租车司机、出租车公司、乘客和政府构成的四方格局中，司机收入下降，工作、生活压力大；乘客打车难，遭

---

① 《各地出租车罢工停运，倒逼体制改革》，http：//economy. caixun. com/content/20110804/CX01tigr. html。

② 《降“份子钱”涨起步费　沪出租车行业仍陷困局》，http：//gzdaily. dayoo. com/html/2011－06/14/content_ 1383784. htm。

遇劣质服务；政府迫于物价上涨压力，或不敢调运价，或硬着头皮调运价，对出租车市场特别是黑车缺乏有效管理手段，导致其能力受公众质疑。可以说，司机、乘客、政府这三方是“共输”，而赢家只有一个：出租车公司。[①]

可见，出租车行业的利益格局是存在问题的，这是一个脆弱的行业，矛盾的不断激化容易引发问题。出租车行业的运营现状亟待改进，仅靠提高运价的方式并不能解决所有的难题，事实上有不少出租车司机认为，一旦提高运价，“份子钱”必会相应调高，出租车公司不仅不会分担成本，反而会扩大收益。因此，唯有改革出租车公司的垄断经营模式，否则出租车行业的体制性顽疾依然存在。2011 年，全国出现了上百起出租车停运事件。这对城市管理敲响了警钟。一个城市的出租车停运，不但影响该城市本身交通的畅通，也容易引发其他城市出租车同行，甚至其他行业的效仿，最终催生整个社会的不稳定因素。出租车行业运营体制的改革已不仅仅关乎出租车行业本身，也关系到城市管理的良性运行和社会的稳定发展。

（七）其他交通政策的影响

2011 年，北京“打车难”的愈演愈烈，除了上述原因，也不能忽视 2011 年出台执行的几项和交通有关的政策。一是小客车“限购”，导致部分没能摇到号的市民选择出租车以弥补没能自驾出行的便捷；二是“酒驾入刑”的全面执行后，市民聚会都会考虑以出租车代步，以避免喝酒自驾的风险；三是城区停车费的上涨，使得去停车热点地区办事的市民选择出租车出行。这三项政策都间接推高了北京出租车的需求量。

四　“打车难”的对策建议

“打车难”，表面上是出租车的有效供给跟不上消费者的需求，实际上关乎出租车运营的管理体制。那么，如何化解“打车难”？至少，从直接和间接两大层面来讲，需要多管齐下，“打车难”才有希望得到缓解，并最终得到根治。

---

① 崔晓林：《穷忙：出租车业权利博弈调查》，2011 年第 38 期（9 月 26 日）《中国经济周刊》。

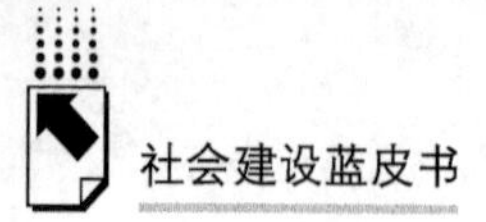

（一）直接层面的对策

首先要探索出租车行业合理的运营利益分配机制。政府应推动出租车公司的成本和收益的透明化，将运营的收益在政府、司机、出租车公司之间合理分配。同时，政府对出租车行业的补贴要更侧重一线司机和普通市民，在考虑调价方案时尤其要慎重。

其次是加强出租车服务和管理，更新道路运营方式，挖掘客运潜力。出租车公司应合理配置运力，将现有的出租车道路运营从“满街转”过渡到合理调配、定点投放、区域发展，以做到自主运营与统一调配相结合。例如，在城区某些打车热点地区（不仅仅限于火车站）建立出租车“趴活”站点，使出租车排队等活，乘客定点乘车。同时对北京出租车禁限行路线、停靠站点设立醒目的统一标识以提醒乘客。特别是停靠站点的设置要更加人性化，给予出租司机和乘客方便。此外，对客流量较大的医院、高档酒店和办公、娱乐聚集区等，应由出租公司统一调度，提前做出当日运营预案，根据客流定时定点投放出租车，扩大电话叫车服务的便捷性和可靠性，这样既能满足乘客需求，又可减少出租车空驶，缓解这些地区“打车难”的状况。

再者，乘客在出行时也要做好规划，提前考虑出行地点的公共交通状况，尽量避免在交通高峰期打车，做好地铁、公交等出行工具的备选方案。同时，对出租车司机的管理应该宽严结合，在拒载、加价议价这些原则性问题上，应该加大处罚力度，使处罚着实能起到震慑作用。

（二）间接层面的对策

化解“打车难”要从整个北京的交通发展的宏观视野去考虑。

首先是继续大力治理城市交通拥堵。如从“点”入手，优化交通拥堵节点的管理；从“线”延伸，北京的城市路网交通要进一步普及智能交通管理系统的应用；全“面”开花，在合理规划交通布局的基础上，从大交通的范围综合考虑地铁、轻轨、铁路延长线、水运、空运的运力，缓解市区道路交通的压力。①

---

① 朱涛：《首“堵”之困：2010 年北京交通热点分析》，载陆学艺主编《2011 年北京社会建设分析报告》，社会科学文献出版社，2011。

其次，化解“打车难”还需要在未来的城市发展战略中更注重区位布局。政府应加强土地混合利用，使产业区域和居住区域邻近，减少远距离通勤，使得市民有机会就近上班，减少“职住分离”现象。这将减少市民的出行强度，使当前出租车的供给和市民的交通需求间的矛盾得到缓解。

再者，真正关心出租车司机的工作和生活状况，如政府发起建立出租司机专用资讯平台，通过资讯平台发布信息，以专家对话、文娱节目、主持人互动等方式对司机实时进行心理疏导、普及防病健身知识、指导个人谈吐仪表等。出租车公司则要注重对司机的管理，培养和提高出租车司机各方面素养，而不是简单地以罚代管。特别是出租车公司作为当前城市出租车运输的承运和管理部门，应该在减轻出租司机经济压力与打击拒载之风、有效缓解“打车难”之间发挥平衡调节的作用。

总之，2011 年北京交通“打车难”的状况，集聚了当前交通发展的多项热点，化解“打车难”需要政府、企业、司机、市民多方面的合力，只有真正将出租车行业推到一个良性发展的轨道，才能树立起首都出租的良好形象。

Focus on Taxi Hard: Traffic jams in Beijing in 2011

Zhu Tao

Abstract: The phenomenon of "Taxi Hard" in Beijing has been attached grand attentions in 2011. Based on the lists of "Taxi Hard" in Beijing, this article analyzes some important reasons for "Taxi Hard" in the view from drivers, passengers and operation system, etc. Then, this article also suggests some advices to solve "Taxi Hard" and hope to get more public attention on develop taxi industry well.

Key Words: Taxi Hard; Traffic Jams; Operation System

社会管理篇

Reports on Social Management

B.16

北京社会服务管理创新进展情况分析

岳金柱*

摘　要： 本文从社会建设体系构建形成新框架、社会公共服务体系建设取得新进展、各类群体服务管理探索新模式、社区规范化建设取得新成效等方面，总结回顾了“十二五”开局之年北京市社会服务管理创新进展情况，以出台市委加强和创新社会管理意见和社会建设“十二五”规划为标志，首都社会建设迈上新的起点、进入新的阶段；从完善社会服务、创新社会管理、动员社会参与、创建社会文明、构建社会和谐、加强社会领域党建等方面，明确了“十二五”第二年社会建设重点任务；提出理念观念创新、管理体制创新、运行机制创新、政策法制创新、手段方法创新等对策，在加强和创新社会管理中不断推进社会建设全面协调发展。

关键词： 社会服务管理　社会建设　创新　对策

* 岳金柱，博士，中共北京市委社会工作委员会研究室主任；研究方向：社会建设和社会管理。

2011 年北京市把加强和创新社会管理、全面推进社会建设摆在更加突出的重要位置，以先后出台《中共北京市委关于加强和创新社会管理全面推进社会建设的意见》和《北京市“十二五”时期社会建设规划纲要》为主要标志，社会服务管理创新站在新的历史起点，实现了“十二五”开局良好，为今后全面推进首都社会建设奠定了良好基础。

一　北京社会服务管理创新工作进展情况

（一）社会建设体系构建形成新框架

中共北京市委十届九次全会审议通过《中共北京市委关于加强和创新社会管理全面推进社会建设的意见》及《加强和创新社会管理全面推进社会建设 2011～2012 年度折子工程》；编制发布《北京市“十二五”时期社会建设规划纲要》，明确提出了今后五年全市社会建设的指导思想、基本原则、奋斗目标、主要任务，初步形成北京社会建设体系框架。健全市社会建设工作领导小组及其办公室工作机制，扩大领导小组成员单位至 46 家。健全区县社会工委、社会办工作协调机制、“枢纽型”社会组织工作协调机制、社会建设信息协调机制、社会建设决策咨询工作协调机制。初步形成纵向从市、区县延伸到街道（乡镇）、社区，横向通过“枢纽型”社会组织覆盖 80% 的社会组织、街道（乡镇）覆盖到全市商务楼宇的工作网络。

（二）社会公共服务体系建设取得新进展

完善社区服务体系，协调 34 家市级主责部门和各区县，完成首批 645 个社区基本公共服务全覆盖试点建设任务。印发《关于推进“一刻钟社区服务圈”建设工作的意见》，新建成 243 个“一刻钟社区服务圈”建设示范点，覆盖 97 个街道（镇）、316 个社区、305 万名社区居民。制定并试行“购买社会组织服务指导目录”，向社会组织购买 363 个公共服务项目。商务楼宇社会工作站实现全覆盖。社会公共服务体系进一步完善。制定《政府购买社会组织服务项目实施指引》，首次对项目征集、申请、评审、立项、批复、实施等六个环节进行了规范，并严格按程序实施，形成了政府购买社会组织服务的政策体系框架。

（三）各类群体服务管理探索新模式

加快推进网格化服务管理试点工作，在深入调研的基础上，形成《关于推进社会服务管理网格化工作的调研报告》，起草《关于推进社会服务管理网格化工作的指导意见》，确立社会服务管理网格化基本工作框架；指导各试点区县结合各自实际，探索实践各具特色的网格化社会服务管理模式。加快推进村庄社区化试点工作，形成调研报告，提出下一步工作思路和措施。推广石景山经验，加快推进新居民互助服务站建设。推广朝阳经验，实现16区县“阳光中途之家”全覆盖。推广牛街经验，开展民族团结创建系列活动。

（四）社区规范化建设取得新成效

完成700多个社区规范化建设任务，从而使全市2700个城市社区基本实现社区建设规范化。完成首批325个社区办公和服务用房建设项目，启动第二批631个社区建设项目，加上原有458个已达标和各区县自行解决的611个社区，全市共有2025个城市社区办公和服务用房达到350平方米以上，达标率为74%。制定《关于加强城乡接合部社会建设工作的意见》，加强城乡接合部50个“城中村”社区规范化建设。制定《关于进一步推进村庄社区化建设工作的意见》，全市城乡接合部地区和城镇中心区668个村庄已全部完成社区化建设。推广东城区社区居民会议常务会等经验做法，进一步完善社区民主自治机制。深化共建共享，推动驻区单位服务资源向社区居民开放。

（五）村庄社区化建设取得新进展

成立由市社会建设工作领导小组办公室牵头，首都综治办、市公安局、市民政局、市农委、市社会办等部门参与的专题调研组，先后深入昌平等5个区县调研，实地考察了近20个乡镇、村，召开座谈会8次，全面了解北京市村庄社区化建设的进展、成效等基本情况，深入剖析存在的主要问题。在此基础上，研究制订了《关于进一步推进村庄社区化建设工作的意见》，并形成了相关调研报告。截至目前，全市城乡接合部地区和城镇中心区确定的668个村庄已全部完成了社区化建设。

（六）社会组织“枢纽型”工作体系实现新突破

新认定12家市级“枢纽型”社会组织，使之达到22家，并对市级登记注册的社会组织服务管理覆盖达到80%，各区县认定“枢纽型”社会组织110多个，全市初步形成“枢纽型”社会组织服务管理网络。市社会组织孵化中心全面运转，吸纳13家社会组织入驻接受孵化，东城、西城、朝阳、顺义等区县相继成立了社会组织服务中心或培育基地，全市“一中心、多基地”的社会组织培育扶持体系初步形成。举办第二届“社会公益活动周”，评选表彰2010年北京市社会组织公益服务10大品牌，社会组织影响力进一步提升。

（七）社会工作队伍专业化职业化又有新发展

起草《首都中长期社会工作人才发展规划纲要（2010～2020年）》《关于“首善之区社会工作人才发展工程”的实施意见》。市、区县分别公开招考社区工作者，进一步推进年轻化和职业化。开展分层次有针对性地培训，共培训社会工作者4.6万人次。顺利组织社会工作者职业水平考试，全市获得职业水平证书人员达7505人。社会工作事务所达到38家，实现16区县的全覆盖。制订《购买专业社会工作岗位实施方案》，开展购买社会工作者服务岗位试点工作，聘请200个专业社会工作者到街道、事务所开展工作。与北京城市学院联合启动“北京社区工作者硕士研究生培养计划”。进一步提高社区工作者待遇，建立社区工作者薪酬与所在区县全额拨款事业单位职工工资（不含教师）同步增长机制。

（八）志愿服务规范化长效化打开新局面

召开落实《北京市志愿者管理办法》推进工作座谈会。加强市志愿者联合会建设，发展团体会员416家。新认定10支专业志愿者组织，各级各类志愿者达200余万名。推广市民劝导队经验，成立市民劝导队近1300余支，发展队员近42800余人，在改善社区环境、维护社区秩序、倡导文明风尚、化解各类矛盾、促进社会和谐等方面发挥了积极作用。志愿服务项目体系建设不断完善，“志愿北京”信息平台包括城市运行、社区服务、文化教育、绿色环保、关爱服务、应急救援和赛会服务七大类、1300多个项目。市志愿者联合会开展“阳光阶梯计划”志愿者培训项目，直接培训志愿者骨干1300余人，间接培训42000余人。

（九）社会领域党建工作全覆盖迈上新台阶

全市141个街道及128个乡镇建立社会工作党委，街道已实现全覆盖。社会组织党建工作扎实推进，17家市级“枢纽型”社会组织建立党建“3+1”工作机制。实施“非公有制经济党建推进工程”，规模以上非公经济组织党建工作基本实现全覆盖，“五个好”示范点建设扎实开展。加快推进党务、政务、社务工作进商务楼宇，全市1249座商务楼宇“五站合一”基本实现全覆盖，已覆盖6.9万余家商户、83.5万就业人员和4.3万余名党员。

二 “十二五”第二年北京社会建设工作重点任务

2012年，是在新的起点上加强和创新社会管理、全面推进北京社会建设的关键年，总体思路和要求是努力践行“爱国、创新、包容、厚德”的北京精神，全面落实《中共北京市委关于加强和创新社会管理全面推进社会建设的意见》和《北京市“十二五”时期社会建设规划纲要》，坚持各项工作稳中求进，积极推进社会公共服务、社会管理创新、社会动员参与、社会环境氛围、社会和谐关系等“六大体系”构建，努力开创创新社会管理与推进社会建设新局面，以优异成绩迎接党的十八大和市第十一次党代会的胜利召开。

（一）进一步完善社会服务体系

完善社会服务才能保障和改善民生。完成第二批1300多个社区基本公共服务全覆盖试点，使总量达到2000个。新建150个“一刻钟社区服务圈”示范点，使总量达到560个。协同有关部门进一步完善社区基础设施管理的相关配套政策，启动第三批社区办公和服务用房项目，使2700多个城市社区全部达标。进一步拓展政府购买社会组织服务领域、层次和影响力，进一步完善商务楼宇“五站合一”建设体系，不断加强和完善社会组织、非公有制经济组织服务管理。

（二）进一步完善社会管理体制

创新社会管理才能保证社会规范有序。进一步完善社会建设工作领导小组及其办公室工作体制，完善统筹协调机制，加强综合协调、宏观指导、督查考评，

形成合力。在基本实现城市社区规范化的基础上，进一步提高社区工作规范化、信息化水平。进一步推广村庄社区化经验，健全村庄社区化服务管理，推进农村乡镇社区服务中心和农村社区服务站全覆盖，逐步推动农村社区建设与城市社区相衔接。着力抓好网格化社会服务管理体系推广、“枢纽型”社会组织工作体系完善等重点工作和流动人口服务管理、互联网新媒体服务管理等难点工作。

（三）进一步完善社会动员机制

动员社会参与才能激发社会活力。加快推进社会工作专业化、职业化，建立社会工作人才工作联席会议制度，成立市、区县社会工作者联合会；以社区党组织、社区居委会换届为契机，进一步优化社区班子结构、增强队伍整体能力；实施万名社工培训计划，每年培训 1 万名，3 年时间把现有社工培训一遍；新成立 10 家社会工作事务所；购买第二批 300 个专业社工岗位；加快推进社会工作者队伍建设立法，出台社会工作者职业水平评价、登记管理、专业技术职级体系与薪酬待遇、岗位设置、教育培训等系列文件。进一步促进志愿服务常态化，继续贯彻落实《北京市志愿者管理办法》，建立健全志愿服务长效机制；加强市、区县志愿者联合会建设，统筹志愿服务资源的整合与发展；启动志愿者注册登记系统，打造一系列专业志愿者队伍。继续推广社区居民会议常务会、“市民劝导队”等做法，进一步完善社区民主自治机制。进一步完善全市“一中心、多基地”社会组织培育扶持体系，培育扶持社会组织健康发展；通过“枢纽型”社会组织推动企业履行社会责任，推动各类经济组织在社会建设中发挥更大更好作用。

（四）进一步完善社会文明创建机制

创建社会文明才能优化社会环境。深入开展理想信念教育，不断加强市民思想道德建设。大力弘扬“爱国、创新、包容、厚德”的“北京精神”，开展以“爱国奉献、创新实践、包容发展、厚德诚信”为主题的“践行北京精神，喜迎党的十八大”系列宣传教育活动。采取积极有效措施，广泛开展群众性社会文明创建活动。积极推动社会诚信体系建设、学习型城市建设。深入开展学法用法、科学普及活动，进一步推进社会领域依法办事和科学理性工作生活。成立社会心理工作者联合会，健全社会心理服务网络，加强社会心理研究和服务工作。

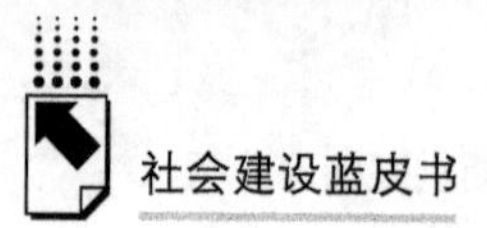

（五）进一步完善社会和谐构建机制

协调社会关系才能促进社会和谐稳定。以社区、商务楼宇、社会组织和非公有制经济组织为主要对象，以“理性诉求、平等协商、保障权益、化解矛盾、促进和谐”为主题，健全和完善党和政府主导的、社会各界积极参加的维护群众权益机制，进一步加强和改进新形势下群众工作，不断健全群众利益协调机制、群众诉求表达机制、社会矛盾调处机制、社会稳定风险评估机制、社会和谐创建机制，及时发现、总结、宣传、推广先进经验，切实维护首都和谐稳定，为推动首都科学发展营造和谐环境。

（六）进一步完善社会领域党建工作机制

坚持党建工作创新引领社会服务管理创新。出台《街道（乡镇）社会工作党组织若干规定（试行）》，进一步完善街道（乡镇）社会工作党委工作机制，健全社区党建区域化工作格局。进一步完善“枢纽型”社会组织党建“3+1”工作机制，实现社会组织党建工作全覆盖。进一步完善商务楼宇“五站合一”工作机制，规范商务楼宇工作站服务项目和管理办法，进一步提升服务管理水平。继续实施“非公有制经济组织党建推进工程”，加快非公有制经济组织党建工作全覆盖。探索成立街道（乡镇）社会工作党委书记联谊会、“枢纽型”社会组织党组织负责人联谊会、非公经济组织党组织负责人联谊会，使之成为联系基层社会工作党委书记、“枢纽型”社会组织党组织负责人、非公经济组织党组织负责人的“枢纽”，进一步提升社会领域党建工作水平。

三 “十二五”时期加强和创新社会管理的几点对策

社会管理是社会建设的重要组成部分，只有创新社会管理才能推动社会建设。加强和创新社会管理，是当前我们面临的一项重大而紧迫的工作任务。必须按照中央的指示要求，紧密结合自身实际，针对当前社会管理创新面临的新情况、新挑战，在具体工作实践中创新理念观念、创新管理体制、创新运行机制、创新政策法制、创新手段方法，从而在创新社会管理中不断推进社会建设全面发展。

（一）创新理念观念

正确的社会管理理念是社会管理创新的先导，是确保社会管理创新实效性和持续性的重要基础。从新的管理思想或者观念的产生开始，直至新的社会管理方法、机制和制度得以运用转化，整个过程既是社会管理创新，也是既有社会管理的发展。社会管理是复杂的系统工程，而社会管理创新过程更为复杂，其作用也往往难以判定，短期效益不明显，涉及管理范围和管理对象的利益调整，因而难免遭遇各类阻力，影响其发挥应有的作用。

更新社会管理理念才能推动社会管理创新。更新社会管理理念，不仅要强调“亲情化服务、人性化管理、市民化待遇”，更为重要的是转变全能统制型政府治理范式，实现从“国家本位”到“社会本位”的转换；不仅要强调寓管理于服务、以服务促管理，实现由防范型管理向平等型、服务型、无偿型管理转变，让公众在社会管理创新中感到更快捷、更便利、更文明、更和谐、更幸福，更要强调多元主体协调，培育和发展社会组织，推动基层民主自治，助推社会自律，保障社会多元主体的利益诉求；不仅要强调以人为本，更要强调把“国家尊重和保障人权”的宪法规范及时准确地转化为各类法规制度，转化为国家机关及其工作人员的基本价值追求，转化为各类社会管理主体的价值理念和决策判断的基本准则；不仅要强调政府职能的合理定位，更要强调社会和社会组织自身的发展和完善，承认、保护和促进自主性社会的发展，推进社会结构的优化配置，包容社会的异质性和多样性，正确认识和化解社会矛盾纠纷，致力于多元性、常态化社会管理参与机制及其制度的建构和完善。

在思想观念上，要从重经济建设、轻社会管理向更加重视社会管理和经济社会协调发展转变，下大力解决经济建设“一手硬”、社会管理“一手软”的问题，切实把加强社会建设、创新社会管理作为重大而紧迫的战略任务，精心谋划、统筹推进、协调发展，不断提高政府社会管理的能力和水平，不断提升公众参与的积极性和主动性，努力使加强和创新社会管理有新突破，促进经济社会协调发展。

（二）创新管理体制

在管理主体上，要从重政府作用、轻多方参与向政府主导型的社会共同治理转变。改变政府在社会管理中包揽一切的做法，解决好越位、错位和缺位问题。

既要发挥政府主导作用，又要鼓励和支持社会各方更加积极、有效地参与社会管理，发挥多元主体的作用，尽快从传统管理转向时代发展要求的“治理”。

社会管理机制和制度变革是完善和发展社会管理的基石。党的十七大提出：“健全党委领导、政府负责、社会协同、公众参与的社会管理格局，健全基层社会管理体制。最大限度激发社会创造活力，最大限度增加和谐因素，最大限度减少不和谐因素。”按照这一原则，健全分工明确、各司其职又相互配合的社会管理格局，必须完善基层社会管理体制，最大限度激发社会创造力，形成能够促进社会协调运转，对社会系统的组成部分、社会生活的不同领域以及社会发展的各个环节进行组织、协调、服务、监督和控制的新型社会管理体制。

社会管理体制与政治经济制度联系紧密，是国家制度的重要组成部分，也受到传统文化和核心价值观的深刻影响。因此，改革创新必须从国情出发，既要强调时代特征，也要体现中国特色，更要突出首都特点。但是，随着全球化的日益发展，国际交往的日益扩大，各国面临的社会问题也越来越具有相似性，共性问题不断增多，为此也需要我们注重学习借鉴国外先进经验和做法。

（三）创新运行机制

管理主体创新是社会管理机制创新的关键。社会管理机制创新，首先应该对各类主体的职能范围进行明确界定，按各自职能来分别设计管理机制，构筑相应的法律规范制度。在多元主体的社会管理格局中探索一种持续互动的运行模式，更需要坚实的机制作为支撑。

社会管理改革创新的核心不是强化政府管理，而是改善治理，从加强和改进公共服务入手完善和创新社会管理。各国经验表明，不仅要减少对市场的管制，还要减少对社会的管制。通过改善治理，既避免政府干预过多、负担过重，也扩大社会协同、公众参与，充分发挥各社会主体在社会管理中的积极性和创造性。要建立公众广泛有序参与的多维度的利益表达机制，为社会各阶层提供顺畅的利益表达制度平台，形成规范的对话、协商、协调和处理问题的机制，真正从源头上预防和降低社会风险。

在管理运行方式上，要从重管制控制、轻协商协调向更加重视协商协调转变。要改变主要靠行政手段通过管、控、罚等传统方式实施社会管理，更加善于运用群众路线方式、民主方式、服务方式、法制方式，通过平等对话、沟通、协

商、协调等办法来解决社会问题，反映和协调各个方面、各个层次、各个阶段的利益诉求和社会矛盾，既要“左顾右盼”又要“瞻前顾后”，更要统筹兼顾和体现公平正义，使社会管理体现维护公平正义的“刚性”、协调各方利益的“柔性”、应对新情况新问题的“弹性”、体现社会主义的优越性，有效化解社会矛盾纠纷，确保社会和谐稳定和国家长治久安。

（四）创新政策法制

社会管理机制制度创新，是社会管理创新的根本、支撑和保障。无论是社会建设、社会管理，还是社会管理创新，都必须有法规作支撑、制度作保障。特别是针对当前社会建设、社会管理方面政策法规总体滞后，不能完全适应社会发展需要的现实，加大政策创新，推进法制建设，加快立法进程。因此，为了推进社会管理创新健康发展，确保社会管理创新的实效性和持续性，必须切实致力于相关法规和制度的建立和完善，解决好权、责、利的统一问题，用法规和制度来规范引导和促进社会管理及社会管理创新，切实做到有法可依，依法管理和服务，形成善治，形成解决问题和创新发展的长效机制。

社会管理既要为每个公民提供均等的公共产品、公共服务，也要为其全面自由发展提供有力的保障。社会管理归根到底是对人的管理，要以人为本，以民意为导向，最大限度地畅通民意渠道，顺应民意，保障民权，使社会管理决策真正符合人民群众的意愿和需求，把群众呼声作为“第一信号”、转化为第一行动。在管理环节上，要从重事后处置、轻源头治理向更加重视源头治理转变，从人治向法治轨道转变，努力摆脱事后应对、不依法办事的被动局面，更多地把工作重心从治标转向治本、从事后救急转向源头治理，更加重视民生和制度建设，使社会管理关口前移，尽可能使社会矛盾纠纷少产生、少激化。这些都需要相应的制度性保障，必须把社会管理各项措施更加规范化、制度化，将政策措施尽快落实并以法律形式固定下来，加强社会管理方面立法，同时给予相应的资金、资源支持，为公众行使管理权创造良好环境。

（五）创新手段方法

社会管理创新的突破口或启动点，往往是社会管理方式方法创新，亦即社会管理手段创新。不论体制机制创新还是方式方法创新，都必须充分准确、全面客观地掌握社会建设以及社会成员实际，一切从实际出发是第一前提。要避免“行政方法不能用、经济方法不好用、法律方法不会用、思想教育不顶用”的尴尬，必须明确规定各方主体的职能任务、权利义务和职责。唯有在法律规范和制度支撑下，才能使社会管理形成完整的系统，各要素之间相互联系、相互影响，共同作用于社会事务的管理。目前，社会管理方式方法创新即是完善社会管理手段，实现由单一的行政手段向综合运用法律、政策、经济、行政、教育等手段转变。

在管理手段上，从重行政手段、轻法律道德等手段向多种手段综合运用转变，努力改变社会管理手段单一的问题。在运用行政手段进行社会管理的同时，更多地运用法律规范、经济调节、道德约束、心理疏导、舆论引导等手段，充分发挥党的政治优势，规范社会行为，调节利益关系，减少社会问题，化解社会矛盾。随着人们需求多元化、交往方式多样化、组织方式松散化，社会管理需要更加精细化、科学化，要善于运用科技创新来完善社会管理和服务，充分发挥以信息网络技术为代表的现代科技手段在社会管理中的作用。

因此，概括起来说，社会管理创新，就是要从以政府为单一主体、以单位管理为主要载体、以行政办法为主要手段、以管控为主要目的的传统管理模式，向政府行政管理与社会自我调节、居民自治管理的良性互动，社区治理、社会组织自治与单位管理有机结合，多种手段综合运用，管理与服务融合，有序与活力统一的多元治理、共建共享的新模式转变，构建与发展社会主义市场经济、民主政治、先进文化以及和谐社会要求相适应的中国特色社会管理体系、社会服务体系、社会动员体系、社会环境扭转、社会和谐关系及其体制机制、法规制度、方式方法。

Analysis on Beijing Social Services Management Innovation Progress

Yue Jinzhu

Abstract: This article formed from the social-building system to build a new framework, the social public service system to make progress, all kinds of groups and service management to explore a new model, the Community standardization of building new achievements, the village community to make progress in social

organization "hub-work" system to achieve new breakthroughs in the social work team and specialized professional development, volunteerism standardized long-term technology to break new ground, a review of the progress of social services management innovation, planning to the introduction of municipal strengthening and innovation in social management advice and government social-building "the 12th five-year" as a symbol of social-building in the capital to a new starting point, enter a new stage; involving improving the social services, innovation and social management, social mobilization, creating social civilization and building a harmonious society, to strengthen the social sphere of party building, clear the second year of "the 12th five-year" of social construction and key tasks; put forward the idea of the concept of innovation, management, institutional innovation, operational mechanism innovation, policy and legal innovation, the means of innovative approaches and other measures, to strengthen, innovate and promote the social-building.

Key Words: Social Services Management; Social-building; Innovation; Countermeasures

B.17

北京市外籍人口服务管理模式创新

——以朝阳区为例

马晓燕 *

摘　要： 中央和北京市将朝阳区作为社会管理创新试点综合区域。针对全区外籍人口数量大、外籍人口服务管理问题突出的现实，在社会管理体制创新的大背景下，朝阳区通过积极尝试，不断探索，提出对外籍人口服务管理工作要坚持注重社会公平、关注个性需求和推动社区融合的工作理念，在“党委领导、政府负责、社会参与”工作思路下进行了全面创新，形成了对外籍人员服务管理工作的新做法和新经验。

关键词： 外籍人口　服务管理　模式创新

随着全球化的日益深入和北京世界城市的功能定位，北京市的外国人出入境人数呈逐年增长态势。在出入境外国人总量增加的同时，常住和定居北京的外国人数量也越来越多。这些数量庞大的外籍人口群体无论在人员结构上，还是存在状态上都呈现出与以往不同的特征，传统的对外籍人口的服务管理模式愈益不能满足形势发展的需要。作为城市社会的管理主体，北京市政府及相关管理部门面临愈益繁重的外籍人员服务管理的挑战和压力。

一　在京外国人特征体现

与改革开放初期的在京外国人不同，进入新世纪，在北京的外国人呈现如下特征。

---

* 马晓燕，社会学博士，北京社会科学院副研究员，主要研究方向为城市社会学与社区研究。

（一）出入境外国人数量庞大，常住、定居外国人日益增多

从数量上看，根据北京出入境边防检查总站的统计，2011 年上半年，北京外国人出入境逾 410 万人次，其中入境外国籍旅客人数达 199 万之多，创下历史新高[①]。从居留时间看，改革开放初期，来京外国人大部分以旅游、探亲为目的，人员数量少、停留时间较短。与此不同，现今来华外国人中任职、务工、经商等活动的人所占比例越来越大，停留时间也越来越长。2011 年在京常住外国人数量达 12 万。在京外国人活动范围和涉及领域不断扩大，已越来越多地融入当地城市的社会生活，外籍人口已经成为北京城市人口的重要组成部分。

（二）在京外籍人员结构日益复杂化

首先，在京外国人的国籍范围比改革开放初期更加广泛。根据北京出入境边防检查总站统计，2011 年上半年，北京的入境外国人当中，韩国旅客入境人数超过 30 万人次，占全部入境外国旅客的 15%，成为入境外国旅客中人数最多的国家；位列第二位的是美国，入境 28 万人次；日本以 18 万人次排名第三。其他进入前十位的国家分别是俄罗斯、加拿大、德国、英国、法国、澳大利亚、瑞典[②]。其次，在京外国人身份构成日益多样化。从公安部外籍人口管理处的统计分类看，外国人来华居留事由日趋复杂，由以往主要从事旅游、探亲等扩展为在跨国机构任职、商务、务工、访问、会议、观光、探亲、就业、学习、定居等活动。在京工作的外国人主要集中在 IT 业、制造业、通讯业等行业的大型跨国公司，也有部分外国人在华投资、自主创业以及在其他行业工作；同时，来京工作的外国人群中，创新型高层次人才所占的比例越来越高。

（三）居住方式多样化，外国人散居与聚居现象同时并存

21 世纪前后，国家的两项政策改变了在京外国人的居住方式。一是 1996 年

① 首都之窗，北京市政务网，2011 年 7 月 15 日，http：//zhengwu. beijing. gov. cn/bmfu/bmts/t1186378. htm。

② 首都之窗，北京市政务网，2011 年 7 月 15 日，http：//zhengwu. beijing. gov. cn/bmfu/bmts/t1186378. htm。

公安部针对境外人员只能就住涉外酒店或其他专门接待单位的住宿限制被取消，外国人可以在中国自由选择居所；二是 2002 年中国商品房出售对外国人开放，外国人可以在中国的城市自购房居住。从此以后，进入中国的外国人居住方式多样化。一方面，进入中国的外国人，根据其身份和经济状况的不同，选择不同的居留形式，散居在中国各大城市不同区域的酒店、公寓、出租房屋、普通民宅或其自购房屋中；另一方面，在北京、上海、广州等发达城市，出现了一些规模大小不等的外国人聚居区，例如北京市朝阳区麦子店街道、望京韩国人社区，东城区东直门涉外使馆区、建国门外街道，海淀区的五道口地区，顺义的后沙峪地区，还有上海的虹桥地区、广州的天河地区等。在这些外国人聚居区当中，既包括主要由外交、商务人员构成的高端外国人社区，也有普通经商、务工人员及其家属自由选择最终聚合而形成的外国人聚居区，还出现了一些主要由来自经济不发达国家来华谋生的低端外国人聚居区。从北京的情况来看，散居在京的外国人以城六区为核心居住区，同时随着其工作地点的变化和生活便利的需要，变更住所的现象增多和流动性增强，并存在向顺义、昌平、通州等开发区新城扩散的现象，外国人在京散居已经遍布全市。

（四）对外国人的服务管理重点日趋生活化

随着越来越多的外国人日益走进当地社区和居民当中，以往外国人生活方式的面纱被逐步揭开。当地人发现，想象中与别墅、俱乐部、高尔夫等概念紧密相关的外国人生活方式与身边的外国人生活方式相距甚远。越来越多的来华外国人处于社会的底层，因此，他们常常面临更多属于日常生活领域的问题，如语言问题、寻找住房、了解政策法规、获得合法就业等。地方或城市的管理者对他们服务管理的重点也日趋生活化。

二　对外籍人口服务管理存在的主要问题

面对在京外国人在结构特征和存在状态等方面的变化，相形之下，北京市对外国人的服务管理在理念、制度、体制、机制等方面远远不能适应形势发展的需要，对外国人服务管理还存在较大的问题。

（一）思想观念还不够适应

外籍人口在短期内的大量增加以及在部分地区集中居住在中国是一个比较新颖的现象，相关管理部门和工作人员的思想观念还不能很好地适应社会形势的发展。首先是相关部门工作人员对国际人口流动的巨大影响及可能造成的问题缺乏充分的认识，对北京世界城市的目标定位给基层服务管理工作带来的巨大变化准备不足，对其服务管理对象在数量、结构、活动特点等方面的变化缺乏系统的统计和科学的分析预测。其次，部分工作人员由于受传统思维模式的影响，把外国人或一律奉为上宾，不敢管理；或一律严加防范，过分限制。习惯的思维、固有的管理观念和工作惯性，使得在面对大规模外籍人口服务管理问题时显得被动。

（二）制度建设相对滞后

一方面，国家对外籍人口服务管理的相关法律法规明显滞后，使新形势下的外籍人口服务管理工作面临严重的制度障碍。我国现行外国人管理法规的制定大多已有10～20年的历史，在改革开放初期，这些法律法规发挥了其应有的作用。在经济社会形势已发生巨变的今天，面对大量外籍人员在京居留、工作、生活的现状，现有外国人管理法规已不能适应形势的需要。另一方面，北京市作为国家的首都，作为外籍人口大量聚集的国际化大都市，也没有及时制定相应的地方性政策、法规对外籍人口服务管理加以规范，因此，对入境外国人的众多行为表现的确定明显“无法可依”。

（三）管理机制不顺畅

外籍人口一旦在一地长期居留或定居，对其服务管理就应当视同地方实有人口而加以规范。但现有的外国人管理机制不顺畅，涉及外国人管理的外事、公安、安全、房管、税务、工商、教育、城管、街道等各管理部门之间的责权重叠交叉，缺乏必要的协调配合。机构、管理体制的不统一，各个部门信息不对称、不共享，不同系统工作对接不顺畅，长期以来这种混乱的体制直接导致对外籍人口管理的无序，不利于城市对外开放的整体布局，与首都城市的国际化进程极不适应。

三　朝阳区对外籍人口服务管理的模式创新

北京市朝阳区面积470.8平方公里，常住人口354.5万人，是北京市面积最大、人口最多的城区。由于政策环境、地理位置、人文条件、生活资源等多种有利因素的影响，朝阳区常住外国人数量众多，国际资源高度聚集，社会结构国际化程度高，是首都的城市功能拓展区，承担着“国际交往的重要窗口、中国与世界经济联系的重要节点、对外服务业发达地区、现代体育文化中心和高新技术产业基地”的功能。2011年的统计数据显示，北京市常住外籍人口12万人，其中常住朝阳区5.3万人，占全市外籍人口的44%，占朝阳区总人口的1.25%。[①] 2010年，中央和北京市确定朝阳区为社会管理创新综合试点区域。

针对在外籍人口服务管理方面普遍存在的问题和朝阳区自身的特点，朝阳区将创新外籍人口服务管理工作作为一个新的任务和课题，选取区内外籍人员相对集中的望京、麦子店、亚运村、建外、三里屯等街道为试点，积极尝试，不断探索，在工作原则、工作理念、工作内容上进行了全面创新，形成了对外籍人员服务管理工作的新理念和新经验。

（一）对外籍人口服务管理工作的理念创新

一是坚持社会公平的原则。对外籍人口服务管理的社会公平原则即按照“国民待遇”，实施“趋同管理”，这也是国际上各国政府管理外籍人员的通行做法。外籍人员作为首都城市人口的重要组成部分，要将其纳入城市人口管理范畴，纳入政府各部门的日常管理范畴。同时，将对外籍人口服务管理的基本单位放在社区，搭载、利用好社区这一平台。在社区资源的分配上，朝阳区坚持在同等条件下，本地居民与外国籍居民平等享有社区资源。同时，通过挖掘基层的社会组织、社会团体、企事业单位和社区群众资源，共管共赢，构建立体式、多层次的工作网络，切实提高对外籍人口服务管理的实效。

二是坚持个性需求的原则。即强调对外籍人员有差异性的个性化服务管理。由于不同的生存环境、历史沿革和宗教习俗等方面影响，各国公民形成具有独特

---

① 数据来自朝阳区流动人口管理办公室。

个性的国民性。居民国籍的多样化会带来社区需求的多样化，国际化社区不但应提供一般社区公共服务，也应尽可能照顾到外籍居民的特殊需要，为其日常生活的正常运转提供便利。比如，不同国民对于同一法律条文的认知、理解及执行方面表现的差异较大。这是因为个体储备起来的生活经验是他解释各种新事物和新活动的前提条件。这个生活经验首先意味着每一种生活的形成阶段都是以一种独特的方式实现的。每个人在他的生活中都始终会持续不断地根据由他的特殊兴趣、动机、欲望、抱负、信仰以及意识形态承诺构成的视角，解释他在这个世界上遇到的东西①。因此，通过对外籍人员的国情文化、民族特性、宗教习俗等国民性的综合研究，细化具有不同国民性人员的需求层次，通过灵活、个性化的服务管理工作理念，在满足境外人员独特需求和服务的同时，与常态的服务管理工作有效结合，切实提高对外籍人员服务管理工作的针对性。

三是坚持社区融合的原则。国际化社区会带来语言、风俗、宗教、生活方式等诸多方面的差异。在社区生活与公共事务的处理中，坚持求同存异，通过吸引与扩大不同国家居民对社区公共事务的积极参与，引导各方居民在社区事务中发挥作用。同时，政府和基层管理部门充分发挥职能作用，依据现有法律武器，严格依法办事，坚持公正文明规范执法，积极推进完善涉外法律法规，在依法维护外籍人员的合法利益的同时，严厉打击涉外违法犯罪活动，在确保为构建和谐社会首善之区创造良好的社会环境的同时，使外籍人员充分享受中国繁荣进步带来的机遇和成果。

（二）外籍人口服务管理的创新性做法

1. 建立“党委领导、政府负责、社会参与”的外籍人口服务管理新格局

外国人服务管理是一项综合性工作，仅靠个别部门难以发挥作用。因此，朝阳区积极构建“党委领导、政府负责、社会参与”的外籍人口服务管理新格局，形成多部门齐抓共管、综合治理、标本兼治的外籍人口服务管理新局面。在朝阳区委、区政府统一领导下，由外事部门统一组织外籍人口服务管理工作的整体规划和协调指导，明确各有关部门的职责和任务，争取各项工作得到有力落实。在外籍人聚居的街道，成立了街道外籍人员服务管理领导小组，由街道工委、办事

① ［德］阿尔弗雷德·舒茨：《社会实在问题》，华夏出版社，2001，第91页。

处主要领导任组长，派出所牵头，各科室各负其责，社区居委会、物业和社会单位共同参与，明确各级责任，制定工作制度，各部门之间建立联席会议制度，定期分析、研究工作中发现的新问题，协商具体工作措施，形成了严密、统一、高效的外籍人口服务管理工作组织领导体系和工作网络。

2. 加强制度建设，以完善的制度规范对外籍人员的服务管理工作，提升服务管理质量

完善的制度是加强外籍人口服务管理工作的保障。根据外国人大规模聚居朝阳区的现状，朝阳区制定了涉外服务管理部门及工作人员的岗位职责、行为规范、首问责任、监督考核等制度；调整完善有关城市安全稳定、城市建设与管理、社会保障、文化建设、社区公共服务、公共卫生等包含外籍人口在内的实有人口服务管理工作体系，逐步建立起责任分工明确、综合协调的工作机制；制定了《国际化社区规范化手册》《国际化社区服务站站务公开制度》《国际化社区发展规划纲要》等一系列涉外社区服务管理工作制度和相关规定，包括居民自治、管理组织建设以及物业管理部门行为规范及职责的确定等，以健全的制度引导国际化社区的建设与发展，提升对外籍人口的服务管理质量。

3. 夯实基层基础，推进外籍人口聚居区为民便民服务体系建设

一是建立国际化标示识别系统。由于各国语言文字上的差异和文化背景的不同，外籍人口对当地各类公共场所公共标志的认知障碍引发了不少问题。为此，朝阳区针对外国人对当地公共标志认知所存在的问题进行探索与改进，一方面对重要标志尽可能依据国际化标准进行统一性规范使用；另一方面，在外籍人口聚集较多的地区和场合，设立多文字的公共标志、商业标志和多文字公告，方便外籍人员日常生活和实践活动的展开。二是将外籍人口服务管理纳入当地社区为民便民服务体系建设。通过推进“一刻钟”便民服务圈建设，努力实现社区基本公共服务、基本公益服务、基本便民服务项目对中外居民的全覆盖。三是在外籍人口聚居区建立了“外籍人口服务管理站”，实现外籍人员管理工作由粗放型向精细化转变。外籍人员服务管理站对接辖区派出所，开展临时办公、咨询等服务工作，为外籍人口提供住宿登记、办事指南、生活咨询和文化交流等全方位服务，功能辐射到全区外籍人口聚居较多的各社区，以达到对外籍人口服务与管理并重、促进社会和谐的目标。四是为外籍人员提供信息服务。在社区服务站、商务楼宇服务站设立外国人服务窗口，在外籍人员服务管理站配备电子触摸一体机

和大型电视屏幕，向外籍人提供住宿登记、留学、法律、旅游咨询等多方位信息查询服务，切实解决外籍人口在当地日常生活中面临的信息障碍等难题。

4. 加强管理，将日常管理和重点管理相结合，采取多种手段，逐步实现将常住、定居外籍人口纳入实有人口服务管理系统

一是注重日常管理，建立外籍人员警务站，实现日常服务管理专业化。警务站工作人员坚持动态勤务工作模式，让工作人员真正下沉到社区居委会，定期走访社区内各单位，通过建立工作联络制度，并对社区群防群治力量开展业务指导和技能培训，切实提高服务管理的能力。同时，朝阳区公安部门推出“外事民警驻所制”工作机制，每日选派一名专门从事出入境工作的民警轮流进驻外籍人员聚居的重点派出所，全程负责指导涉外案件、事件处置和外国人服务管理工作，努力实现“零出警时间、零距离指导、零环节上报、零障碍交流”的效果。在提高对外籍人员服务管理水平的同时，进一步增强社区中外居民的安全感。二是强化对重点场所、重点群体、重点情况的管理，以维护国家的政治安全和良好的公共秩序。对外籍人员的组织团体、大规模聚会、集体行动各项行动等保持高度警觉，防止部分外籍人员通过各种形式从事非法传教、组织煽动群众等妨碍国家公共安全和社会公共秩序的行为。通过吸收外籍非政府组织负责人或者具有一定身份及影响力的外籍人员参与社区管理，使更多外籍人员了解中国的法律法规，自觉配合当地对外籍人口的服务管理工作，共同维护良好的社会秩序和治安环境。三是通过调整产业结构，规范和控制对低端劳动力需求的行业，减少低端外籍人口的流入或滞留。除了在入口上对来京不具备高端技能的外国人要采取限制措施（对低端劳动力包括无正当生活来源、无固定职业、无固定住所的外籍人员拒发签证，减少非学历教育的留学生），以便从源头上加以控制外，朝阳区坚持“以业控人”的思路，加大对低端劳务市场、加工行业、服务行业的整顿力度，提高对“三非”外国人的发现能力并加大清理遣送力度，将其挤压出境，净化社会环境。

5. 在服务管理手段上，应用高科技，推进外籍人员服务管理综合信息平台建设，实现管理水平跨越式发展

一是积极建立外籍人员管理与服务工作综合信息平台。政府各部门切实履行法定职责，将外籍人员入出境、购房、居住、办证、工作、学习、纳税以及婚姻和生育情况等信息整合共融，实现信息共享和关联查询，形成协调联动、运转高效、齐抓共管新机制，为提升在京外国人服务管理的能力和水平提供支撑。二是利用技术手段，实现信息对接和实时掌控。朝阳区首倡研发的国内《外籍人员临时住宿登记管理系统》，实现了开发内容、采集项目与全市系统数据模块的全面对接。比如，外籍人服务管理站前端采集的住宿登记信息数据，经自动加密后即可上传北京市公安局外籍人员住宿登记数据库，在确保信息数据安全的情况下，属地派出所根据市局信息系统可以实时查看服务站录入数据，能够第一时间掌握辖区入住外籍人员情况并及时展开工作。三是建立多环节、多渠道的外国人信息收集和更新机制，在充分掌握社区外籍人员基本情况和各类信息的基础上，加强社区民警和基层管理人员在日常工作中对重点人、重点问题和突出情况的关注度，及时更新数据信息并通过网络实现信息共享，实现对外籍人员服务管理的动态化。

6. 在服务管理队伍建设上，坚持专职机关与群众路线相结合，加强对外籍人员服务管理的力量培养

一是加强对专职服务管理人员的素质提升。对现有的社区民警、外事管理员等基层服务管理人员开展涉外法律知识、涉外管理工作技能和外语等培训；同时，向他们介绍不同国家、民族的生活方式、风俗习惯、文化特征，提高服务管理人员的业务素质和综合素质，增强其工作能力。二是向全社会公开招聘综合素质高、精通外语的外事管理员和外籍志愿者，通过培训，使他们能够尽快熟练开展各项服务管理工作，利用他们自身的优势实现与外籍人员的无障碍交流，满足对各类外籍人员的个性化服务管理需求。三是充分发动群众，调动辖区机关、企事业单位、社会组织和社区居民等各种力量的积极性，将其统一纳入群防群治队伍，强化社会管理综合治理。通过调动等各方面人员的积极性，随时收集动态性、预警性信息，及时掌握巡逻防控中发现的第一手信息，构建覆盖全地区的情报信息网络，做好治安防范；定期召开街道例会，针对发现的涉及外籍人口的重点情况和问题进行研讨，制定措施，及时消除各类安全隐患。

7. 在促进社区融合方面，采取多种措施，提升外籍人员归属感，积极构建国际化和谐社区

一是畅通沟通渠道。通过开设中英文网站、英语专栏、社区英文报纸、外籍居民论坛、微博、BBS、QQ 群等方式，方便与外籍人沟通交流，畅通外籍人诉求表达渠道；二是积极搭建中外文化交流平台。比如，在望京韩国人聚集的重点

社区成立韩国人居民小组，组织开展国际文化艺术周、中外邻居节、文化节等活动，加强了中韩居民之间的文化交流。在驻区涉外企事业单位与社会组织当中，通过组织“外国人在京过大年”、开展企业冠名文体活动等方式，引导外籍员工积极参与社区活动，以文化交流构筑起各国人民友谊的桥梁，促进地区中外居民的交流融合。三是吸收外国人参与社区涉外服务管理。派出所、社区警务室会同街道、社区，吸收社区常住外籍志愿者参与社区公共事务的管理，强化他们的认同意识、地缘意识、参与意识和公共服务意识。比如，吸收外籍志愿者参与社区治安防控，涉外法律法规宣传，协助调解社区邻里纠纷，担当涉外信息员、翻译员等，社区内的多元化服务管理方式使外籍人员尽快了解社区、融入社区，提升了外籍人对社区的认同感和归属感，推动和促进了外籍居民与本地居民的交流与合作，增进了中外居民之间的相互理解和信任。

Model Innovation on Service Management of Foreigners in Beijing

Ma Xiaoyan

Abstract: Faced the status of large foreign population and service management problems, as a pilot of social management innovation, Chaoyang district has innovatived on principles, concepts and content of work, and formed some new ideas and new experiences on service management of foreigners.

Key Words: Foreigner; Service and management; Model innovation

B.18

"四有"工作机制：大兴区征地搬迁农民安置的新探索

何雪梅　张学才*

摘　要： 近年来，随着北京市郊区城市化进程的加快，征地搬迁村民大量出现。在妥善安置搬迁村民的工作中，大兴区开创了"四有"工作机制：强调安置就业有岗位，经营增收有资产，稳定生活有保障，服务管理有组织。这一新工作机制体现了认识上的三个突破：一是坚持生产生活方式相互促进，推动搬迁农民市民化；二是坚持资源与机会的合理配置，实现公平和效率最大化的原则；三是坚持强化服务与创新管理相结合，推动搬迁农民利益保障机制科学化。

关键词： 征地搬迁　社会建设　城市化

一　妥善安置征地搬迁村民的新思路

近年来，在不少地方征地搬迁过程中，因为没有妥善安置好被征地搬迁的村民而引发的社会不稳定事件时有发生，严重影响社会秩序与和谐，成为当前经济社会建设中面临的突出问题。

随着北京市南城开发战略的实施，位于北京市南部的大兴区进入新一轮的快速发展期。经济的发展与城市化的快速推进，征地搬迁农民随之大量出现，截至2011年7月底，大兴区共有9个涉及搬迁的镇，123个搬迁村，涉及3.8万户，9.8万人。面对如此大规模的征地搬迁农民群体，如何妥善安置，大兴区对此高度重视，积极探索。在实践过程中，日益清晰了三条基本工作思路。

* 何雪梅，中共北京市大兴区委党校教师；张学才，中共北京市大兴区委党校教师。

（一）坚持生产生活方式相互促进，推动搬迁农民市民化

生产方式决定生活方式，生活方式反作用于生产方式。“四有”工作机制的建立正是尊重了这一客观规律。把解决搬迁农民就业作为头等大事来抓，就是通过搬迁农民生产方式的转变促进其向市民生活方式的转变。通过教育培训和丰富多彩的文化活动，加强对搬迁农民就业观念、文明礼仪、个人修养等方面的教育引导，积极促进搬迁农民市民化，促进了社会和谐。

（二）坚持资源与机会的合理配置，实现公平和效率最大化

“四有”工作机制，一方面，在资源配置上提出了“经营增收有资产”，使搬迁农民在利益分配上得到充分的尊重与保护。另一方面，在机会的配置上提出了“安置就业有岗位”、“稳定生活有保障”，着力解决根本性问题，确保搬迁农民持续发展，在资源的分配上实现效率最大化，在机会的分配上，体现了公平最大化，充分做到效率与公平的统一，搬迁农民的根本利益得到保障，保证了搬迁工作顺利推进。

（三）坚持强化服务与创新管理相结合，推动搬迁农民利益保障机制科学化

在涉及10万人搬迁的重大问题上，坚持以人为本，创新社会管理，围绕搬迁农民最关心的长远发展以及当前安置问题，创造性提出了保障搬迁农民长远利益的“四有”工作机制，完善了服务管理措施，推动了保障搬迁农民利益长效机制的制度化、规范化、科学化，让搬迁农民充分及时享受到经济社会发展成果。

二　“四有”工作机制：妥善安置征地搬迁农民的新举措

在上述三条思路的指导下，大兴区在妥善安置搬迁农民实践中，探索性地开创“四有”工作机制，即安置就业有岗位，经营增收有资产，稳定生活有保障，服务管理有组织。在“四有”工作机制中，“有岗位”是关键，“有资产”是基础，“有保障”是根本，“有组织”是保证，“四有”是一个相辅相成、不可分割的有机整体。

（一）安置就业有岗位

就业是民生之本。近年来，大兴区坚持“劳动者自主就业、市场调节就业和政府促进就业”的基本原则，创建了三个方面的就业体系，在解决搬迁农民就业问题上取得明显成效。

（1）建立强有力的政策支撑体系。出台了《大兴区关于促进搬迁劳动力就业暂行办法》及实施细则，各镇研究制定适合本镇劳动力就业奖励政策，通过以上政策的落实，确保搬迁农民培训有补贴、就业有奖励、创业有政策。

（2）建立全方位就业服务管理体系。创建积极的劳动力市场机制，提高劳动力市场配置效率。成立区、镇、村三级“一科、两所、一中心”、“一站一员”的就业服务管理体制。采取建立区级信息服务和搬迁村就业管理“两个系统”等多项措施，加强就业服务、管理与监管，提高就业服务质量。与驻区高校签订合作协议，建立实训基地，加强就业技能的培训。采取开通就业与招聘直通车、派劳动力到企业参观学习等措施推动就业。

（3）建立多元化就业安置体系。研究制定《关于促进新区劳动力就业融合工作机制》，按照“高科技产业带动、相关产业联动，重大项目与就业安置充分对接”的思路，不断拓宽就业途径，形成了本地企业“腾”岗位、公益性组织“买”岗位、开发区企业“要”岗位、自主创业“带”岗位、区外企业“找”岗位、灵活就业“创”岗位、一产就业“留”岗位7种就业安置模式，积极促进就业。

截至2011年7月底，全区9个涉及搬迁的镇共组织专场招聘会近300场，提供岗位2万余个，3万余人次参加，6000余人达成就业意向，到开发区就业4191人，有就业意愿的劳动力就业率75.1%，“4050”人员就业率75.3%。

（二）经营增收有资产

有资产是保障搬迁农民生存权、实现发展权的物质基础。大兴区结合实际，积极创新，探索出了“两管、两留、四集中”8种资产经营模式。

（1）“两管”即管理挖潜模式、委托代管模式。管理挖潜模式即通过调整合同，提高租金，完善村集体资产、资金、资源管理，增加集体收入。2010年，全区通过提高合同租金增加集体收入500万元，招标出租增加集体收入286万元。委托代管模式即聘请专业公司对搬迁农民富余回迁房实行统一委托代管经

营，使搬迁农民获得长久、稳定的收入。

（2）“两留”即留土地、留设施。留土地是在货币补偿基础上，为搬迁村预留部分产业用地，拓宽搬迁村的发展空间，保障搬迁农民的土地增值收益。留设施是由镇级统一管理商业设施，租赁收益权归村集体所有。

（3）“四集中”即集中理财、集中购买商业设施、集中联合入股、集中经营建设用地。发挥资产规模效应，实现利益最大化，确保集体资产有收益，家庭资产能收益。截至2011年7月底，全区集中理财资金74亿元，集体资产收益2.2亿元，实现了资产的保值、增值。

（三）稳定生活有保障

社会保障是稳定器、减压阀。解决好保障问题是破解搬迁农民生存与发展难题、维护稳定、促进和谐的根本措施。

（1）建立社会保险体系，实现“参保”全覆盖。健全城乡覆盖、有效衔接的社会养老、医疗保障体系；加大宣传力度，建立续保追踪机制，建立统一数据库实行监控，督促续保；完善城乡居民养老保险和新型农村合作医疗制度，实现应保尽保。

（2）建立社会救助体系，实现“救助”广覆盖。全区统筹，建立以最低生活保障为基础，以医疗、住房、教育、就业、司法、临时救助等为辅的城乡一体化社会救助体系，实现社会救助广覆盖。

截至目前，全区已实现新型农村合作医疗参合率100%，城乡居民养老保险参保率94%，整建制转非人员参加企业职工社会保险参保率99.9%，各类救助群体社会保障覆盖率100%。

（四）服务管理有组织

有组织是保障，党组织是领导核心。面对搬迁农民遇到的各种问题，区委、区政府明确指出，解决搬迁农民长远发展问题是党委、政府的重要职责。围绕搬迁农民的服务管理，着力强化“三项建设”。

（1）加强组织建设，发挥战斗堡垒作用。探索搬迁安置不同时期“1106”、“2+1+N”等党员联系群众模式，创建就业指导站、群众需求工作室、手机短信平台等多种服务模式。充分整合城乡经济、社区、党建等资源，探索村居对接组织设置模式，积极促进搬迁村组织向社区组织过渡。

（2）加强队伍建设，发挥先锋模范作用。抓队伍建设，围绕“四带头”（带头宣传、带头做好思想工作、带头搬迁、带头创业就业），充分发挥党员干部的标杆作用，积极维护搬迁村的和谐稳定。

（3）加强文化建设，发挥文化引领作用。规范设施建设，按规划预留不少于350平方米的办公用房，提供良好的硬件设施。创新组织形式，动员社会积极参与，充分发挥报纸、电视、网络和业余演出团队等宣传作用，引导搬迁农民积极转变观念，适应新的生活方式。重视文化传承，通过修缮整理镇志村史、征集老物件、深挖武吵子等非物质文化遗产，凝聚精神力量，共建精神家园。

三　四有工作机制进一步完善的对策

“四有”工作机制，解决了城市化进程中的重大问题，找到了农民市民化、农村社区化、郊区城市化的有效途径。但这只是初步尝试，仍存在一些问题需要完善。

一是关注搬迁农民就业安置较多，长远就业规划有待加强。尤其是对传统技能优势关注不足，大部分从事保安、保洁、绿化等临时工作，普遍存在岗位不稳、待遇偏低、发展空间有限的问题。

二是教育培训系统性不足，教育培训资源有待整合。搬迁过程中，超前教育引导不足。搬迁后，全区教育培训缺乏统筹整合，无法形成合力，亟须创新机制，整合资源，增强教育培训的实效性。

三是农民增收渠道比较单一，增效创收措施有待探索。部分搬迁农民失去了原有“吃瓦片”、出租厂房的增收渠道，南部镇村多数农地流转机制难有突破，多数村民靠补偿款利息增收，搬迁农民增收的途径亟待拓宽。

四是社区服务管理任务加重，社会管理措施有待创新。村民回迁后，生产生活方式、思维观念与社区环境难以适应，社区环境、文化、安全、便民服务等新的问题大量出现。现有社区管理与专业化社区服务管理的要求尚有差距，村居对接任务较重，社区服务理念、服务内容、管理措施亟须完善。

五是传统文化宣传缺乏统筹，拯救文化遗产需加大力度。文化遗产的保留对

搬迁农民的精神文化生活具有重要的意义。部分搬迁村对传统文化的保留关注不足、管理不规范、标准不统一，需加大引导，统筹规划。

对此，进一步完善"四有"工作机制，妥善安置好搬迁村民的生产与生活，可以从以下几方面着手。

（一）探索就业新途径，创新搬迁农民就业模式

依托本区优势，兼顾当前与长远，制定搬迁农民中长期就业发展规划，创新就业体系和途径。（1）规划就业，依托开发区、生物医药基地、新航城等重大项目建设，提前规划就业培训，大力培养区内急需人才，提高就业层次。（2）集体创业，积极探索建立创业型社区模式，加强社区与企业联合，通过典型引路、培训宣传、政策支持等多种方式，鼓励社区集体创业，开发社区就业岗位，实现社区充分就业。（3）公益岗位开发，统筹整合公益性岗位，大力开发市政、协管、治安、文化宣传等公益性岗位，帮助搬迁农民再就业。（4）挖掘村民技能优势，创造条件，鼓励部分种植能手到农业园区、生态基地等农业科技示范园就业。（5）区外就业，借鉴青云店镇劳务输出到钓鱼台国宾馆就业的经验做法，政府搭桥，拓宽渠道，支持劳动力区外就业。

（二）统筹就业培训规划，完善就业培训体系

（1）整合全区师资、设施、教材等培训资源，避免重复交叉，资源浪费。（2）超前培训，搬迁前教育培训提前介入，进行预期引导培训。（3）就业引导，尤其要关注搬迁农民身份转化中的心理转变，加强心理和理念上的引导，帮助搬迁农民树立正确的就业观。（4）基础教育，加强在校生的就业技能培训，为将来就业做准备。

（三）探索资产经营新模式，完善搬迁农民增收机制

（1）创新土地增值收益返还机制，保障搬迁农民长久收益。借鉴北臧村"虚拟留地"经验，建立土地增值收益返还制度，按土地征占比例，由占地企业或项目所属部门按标准返还搬迁镇或更大的区域，统筹安排，统一分配，实现搬迁农民长久收益。

（2）探索多种集中理财新模式，实现民间资金保值增值。与国有公司合作，

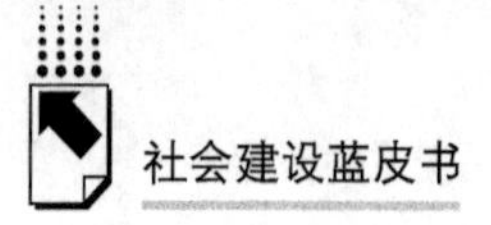

以国投公司为载体，通过融资担保，吸引民间资本参与项目建设。建立民间资本银行，与商业银行合作，吸纳民间资金，开展信贷投资。银行和政府合作，引进民间资金参与工业区、市政项目的投资建设。

（3）探索农民增收措施，拓宽农民增收渠道。大力发展专业合作社，依托区内科技示范农业资源，坚持内引外联的思路，支持经营效益较好、带动能力较强的专业合作社或企业，大力发展高附加值农业，走集约经营之路。打造品牌经济增长点，大力发展观光、休闲、生态农业，注重结构转化和升级，借鉴龙熙顺景、留民营等成功经验，实施品牌战略，通过产业带动和文化驱动，提升休闲设施品位，培育新的经济增长点，走品牌战略之路。大力支持本地致富经营带头人，加大政策倾斜力度，不断增强其辐射带动致富的能力，走精英带动之路。

（四）尊重搬迁农民多种权益需求，推进和谐社区建设

1. 建立民主参与机制，实现居民自我管理

建立广泛参与机制，使政府、社会、社区居民等社会主体，参与社区规划、治安、文化、医疗卫生等，推动社区合理规划建设。建立民主决策机制，在社区规划建设过程中，建立村民听证会等民主决策机制，充分尊重搬迁农民的话语权和管理权。建立村居组织对接机制，将原有村级党组织转为社区党组织，原村委会转为社区居民委员会，原村经联社转为股份经济合作社，实现原有村级组织与社区组织的有效衔接和社区居民的自我管理、自我教育、自我服务。

2. 完善政府购买服务机制，推动社区服务专业化

引进政府购买服务机制，借鉴广东、浙江等发达地区社区管理经验，政府购买服务，引进社会力量，以合同方式承接政府机构委托的养老、健康教育、生活照料等多项社会服务项目，满足社区多元化需求。加强机构建设，借鉴西城区经验，适时成立社会工作事务所和社区工作者联合会，发挥智力优势，指导完善社区建设专业化组织程度，壮大社会组织力量。加强队伍建设，完善社区工作者招聘制度，加大对社区工作者的培训力度，提高社区服务专业化水平。联合清华、北工大等著名学府，培养高层次、高素质的社会管理专业研究生，定期举办高层次社会建设研讨会，用先进理念引领大兴社会建设的实践。依托驻区高校，大力引进专业社区工作志愿者，推进社区服务专业化。

（五）加强文化传承与发展，创新公共文化服务机制

建议成立专门机构，出台扶持政策，建立"大兴区搬迁村纪念馆"和"新市民活动馆"，搭建展示平台，倡导文明理念。统筹规划，通过整理镇志村史、收藏珍贵史料、祖传物件等形式，对有历史纪念价值的物品进行妥善保管，保持传统文化的延续性。借助新市民活动馆，为搬迁农民搭建展示平台，倡导积极向上的文明理念，引领搬迁农民保持阳光向上的健康心态，提升公共文化服务效率。

Da Xing District "Four Haves" Working Mechanism: The Exploration of the Villagers of Land Acquisition in Beijing

He Xuemei　Zhang Xuecai

Abstract: Recent years, with the acceleration of Beijing suburban urbanization, many villagers of land acquisition have appeared. With the replacement of the villagers, Da Xin district created "Four Have" work mechanism: focusing on employment, capital, security, and organization. The new work mechanism has shown three breakthroughs: one is keeping on the interaction of production model and the urbanization of the peasants; the second is keeping on the appropriate configuration of the resource and opportunities and the maximization of justice and efficiency; the third is keeping on the combination of service and creativity management and the scientification of the villagers security system.

Key Words: Land acquisition; Society-building; Urbanization

B.19

北京市高校学生心理危机现象分析*

胡建国**

摘　要： 近年来，高校学生因学习、生活、人际关系、家庭等方面出现的问题所导致的心理危机现象呈现上升趋势。本文基于北京市高校学生的调查，分析了其心理危机状况、特征及其求助对象与过程特征。结果表明，有51.5%的被调查者在最近一年内有过心理危机，这些群体的个体特征较难识别，但是家庭特征与生活习惯存在明显的特征。在心理危机求助关系网络体系中，主要是友缘关系网络和血缘关系网络。对此，需要针对性的加强心理危机干预。

关键词： 心理危机　社会秩序　高校学生

近年来，青年群体因学习、生活、人际关系、家庭等方面出现的问题所导致的心理危机现象呈现上升趋势，日益引起社会的关注。尤其是心理危机下的心态失调、精神崩溃和过激反应等因素导致的自杀或对他人造成伤害，更引起人们的忧虑。对此，我们以北京市高校在读学生为研究对象，调查高校学生心理危机的状况与特征，探讨心理危机的成因与变化过程，进而提出心理危机干预的对策取向。①

---

* 本文为北京市教育科学规划项目（项目号：CFA09085），北京工业大学博士研究启动基金项目。

** 胡建国，博士，北京工业大学社会学系见习教授。

① 本次调查于2010年9~10月进行。由于调查涉及个人隐私，因此，我们选择隐秘性较强的互联网调查方式，通过北京高校公共政治课教师提供的各高校学生的电子信箱地址，利用互联网将电子问卷发往学生电子信箱，希望收到问卷的学生按要求填答问卷回邮给我们指定的信箱。最后，一共回收有效问卷421份。问卷样本的人口学特征为：男性57.8%，女性42.2%；平均年龄21.3岁，年龄标准差为1.5岁；学生党员为11.5%，学生干部为59.6%；大一和大二年级学生为27%，大三和大四年级学生为73%。

一　高校学生心理危机群体特征

高校学生中心理危机易发群体有着什么样的特征，这是教育机构与研究者所关注的问题，因为这对于及时发现心理危机潜伏群体，提早介入心理危机干预有着重要的意义。图1列出了被调查高校学生心理危机的发生情况。从调查结果来看，在被调查的高校学生中，有51.5%表示在大学期间遇到过心理危机。一半左右的高校学生在心理上出现过危机，这是需要引起关注的。

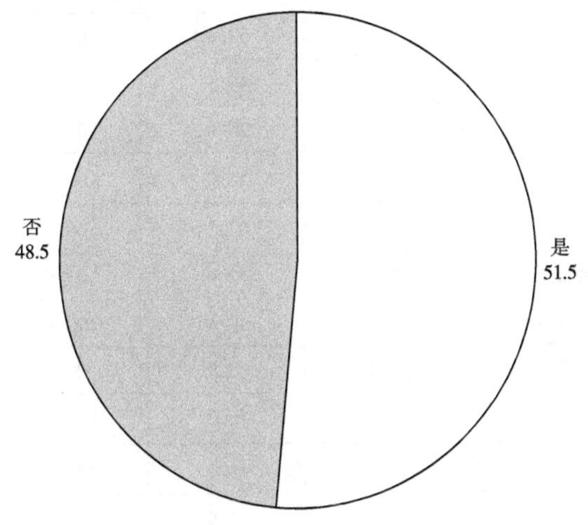

图1　您是否遇到过心理危机

（一）个体特征

从表1的统计结果来看，从性别、年级、生源地、政治面貌、是否学生干部身份以及学习成绩等因素来看，很难识别出高校易患心理危机学生群体的特征。虽然我们试图通过性别、年级、生源、是否学生党员、学生干部这些个体特征，来分析高校心理危机学生群体的识别特征，但是调查结果并不能证明这种差异的客观存在。

上述结论与人们通常的观点相左。例如通常人们认为心理危机引发学生学习困难，那些患心理危机的学生通常学习成绩不太乐观，但是调查结果并不支撑这一结论。原因可能在于并非所有心理危机的学生都会陷入学习困境，例如，在我

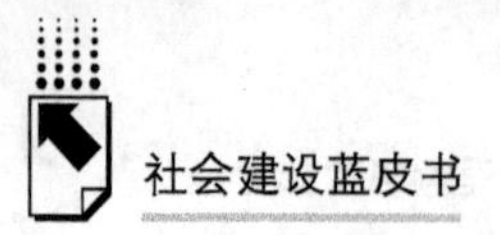

们的个案调查中，有些学生在遇到心理危机时，往往也会表现为在学习上的极端发奋，以此作为摆脱心理危机的途径。

表1 高校心理危机学生群体的个体特征

单位：%

个体特征		是否遇到心理危机			x^2 检验
		是	否	总计	
性别	男	53.4	46.6	100.0	$x^2=0.146$ $P>0.05$ $df=1$
	女	50.0	50.0	100.0	
年级	大一	—	100.0	100.0	$x^2=3.2$ $P>0.05$ $df=4$
	大二	46.4	53.6	100.0	
	大三	56.9	43.1	100.0	
	大四	50.0	50.0	100.0	
生源	农业户口	45.0	55.0	100.0	$x^2=0.405$ $P>0.05$ $df=1$
	城市户口	52.7	47.3	100.0	
政治面貌	中共党员	57.1	42.9	100.0	$x^2=0.528$ $P>0.05$ $df=2$
	共青团员	50.9	49.1	100.0	
	群众	33.3	66.7	100.0	
学生干部	是	54.8	45.2	100.0	$x^2=0.782$ $P>0.05$ $df=1$
	否	55.7	44.3	100.0	
学习成绩	获得奖学金	57.1	42.9	100.0	$x^2=1.762$, $P>0.05$ $df=1$
	没有获得奖学金	45.5	54.5	100.0	

（二）家庭特征

一般来看，家庭成长环境对于一个人的心理健康有着重大影响。对此，表2～5列出了高校心理危机学生群体的家庭特征情况。

第一，从是否单亲家庭情况来看。一般认为，单亲家庭成长的学生有可能面临因家庭不健全而导致的某些心理偏差，致使心灵遭受创伤，容易产生一系列的心理问题，如忧郁、自卑等。① 从表2的结果来看，在单亲家庭的学生中，有

① 胡望中：《单亲家庭孩子的心理危机警惕》，《心理与健康》2001年第3期。

83.3%遇到过心理危机，而在非单亲家庭学生中，有55.6%遇到过心理危机。x^2检验结果表明这种差异是显著的。

第二，从家庭关系来看。多数观点认为，家庭关系好坏与一个人心理健康有关。家庭关系融洽更有利于人的健康成长。反之，在遇到变故与困难时，得不到家庭关怀，往往易引发心理危机。不过，表2的结果并不支持这一观点，家庭关系是否融洽与高校学生心理危机的发生情况没有直接的关联，x^2检验结果不显著。

第三，从家庭负担来看。最近一年有亲人病重住院的被调查的学生中（见表2），有62.5%遇到过心理危机，而没有发生这种情况的学生中，只有46.7%遇到过心理危机。x^2检验结果表明这种差异在总体上是显著存在的。另外，在最近一年有亲人病故的学生中，有64.7%的学生遇到过心理危机，而没有发生这种情况的学生中，只有46.9%学生遇到过心理危机。x^2检验结果表明这种差异在总体上同样是显著存在的。

表2　高校心理危机学生群体的家庭特征

单位：%

家庭特征		是否遇到心理危机			x^2检验
		是	否	总计	
单亲家庭	是	83.3	16.7	100	$x^2=1.774$ $P<0.05$ $df=1$
	否	55.6	44.4	100	
家庭关系	很不融洽	50.0	50.0	100	$x^2=2.187$ $P>0.05$ $df=4$
	不太融洽	25.0	75.0	100	
	一般	57.1	42.9	100	
	比较融洽	46.3	53.7	100	
	十分融洽	55.7	44.3	100	
是否有亲人病重住院	是	62.5	37.5	100	$x^2=2.780$ $P<0.05$ $df=1$
	否	46.7	53.3	100	
是否有亲人病故	是	64.7	35.3	100	$x^2=3.196$ $P<0.05$ $df=1$
	否	46.9	53.1	100	

第四，从与父母关系来看。与父母的关系越好，心理危机发生率越低，反之越高，这一差异性很显著。而这其中，与父亲的关系好坏的影响要远远大于母亲。可能解释在于，一般在家庭教育中，父亲和母亲各自扮演着不同的角色。相比较而言，母亲承担的是抚养角色，而父亲承担的角色是帮助子女社会化。如有观点认为：在孩子越小时，母亲的作用越大，而随着孩子慢慢长大，父亲的作用就显得越来越重要。母亲更多地代表自然、生理、心理；父亲代表的是外在的秩序的世界，他懂得社会上的竞争规则与价值标准，对社会的分工、变化，父亲的感受要深一点，孩子通过父亲的肩头走向社会。母亲则不同，母亲的本性并不完全适合社会再生产，而更适合人类自身的再生产。孩子多是通过父亲来了解这个他将要进入的人类社会，因此，父亲是孩子从家庭走向社会的一座桥梁。①

表3　高校心理危机学生群体与父母关系情况

单位：%

与父亲关系	是否遇到心理危机		总计	与母亲关系	是否遇到心理危机		总计
	是	否			是	否	
十分亲密	36.7	63.3	100	十分亲密	53.9	46.1	100
比较亲密	40.5	59.5	100	比较亲密	47.6	52.4	100
一般	39.1	60.9	100	一般	44.4	55.6	100
有点疏远	75.0	25.0	100	有点疏远	100.0	—	100
十分疏远	60.0	40.0	100	十分疏远	100.0	—	100
$x^2=8.075, P<0.05, df=4$				$x^2=3.560, P>0.05, df=4$			

第五，从被调查学生的家庭经济状况来看。一般认为在高校学生中，家境贫困、经济负担重、自卑感强烈是引发贫困学生出现心理危机的重要原因之一。从表3～5的结果来看，遇到心理危机的学生的家庭月收入为5980.39元，低于被调查学生总体的平均收入7622.33元，不过F检验结果表明这种差异是不显著的。这表明，家庭的富裕贫困与心理危机并没有直接的关系，在调查中，我们也发现有些学生面对逆境不断奋斗，能以积极的心态面对现实，有的学生则情况相反。因此，要具体问题具体分析。

① 佚名：《父亲的角色与母亲不同》，http：//www.fx120.net/baby/200502/baby_363540.html，2005a。

表 4　高校心理危机学生群体的家庭经济情况

单位：元/月

学生群体	Mean	Std. Deviation	95% Confidence Interval for Mean	
			Lower Bound	Upper Bound
心理危机学生组	9232. 7	20915. 5	3409. 8	15055. 6
普通学生群体组	5980. 4	4630. 3	4678. 1	7282. 7
Total	7622. 3	15228. 6	4646. 1	10598. 6

注：$F=1.176$，$P>0.05$。

表 5　高校心理危机学生群体的父母职业情况

单位：%

父母职业		是否遇到心理危机			x^2 检验
		是	否	Total	
父亲职业	党政干部	50. 0	50. 0	100. 0	$x^2=14.417$ $P>0.05$ $df=9$
	企业家	100. 0	—	100. 0	
	部门经理	75. 0	25. 0	100. 0	
	技术人员	47. 4	52. 6	100. 0	
	办事员	33. 3	66. 7	100. 0	
	服务员	25. 0	75. 0	100. 0	
	工人	—	100. 0	100. 0	
	工人	53. 8	46. 2	100. 0	
	农民	27. 3	72. 7	100. 0	
	无业或失业	50. 0	50. 0	100. 0	
母亲职业	党政干部	15. 0	85. 0	100. 0	$x^2=23.631$ $P<0.05$ $df=8$
	部门经理	61. 9	38. 1	100. 0	
	技术人员	56. 3	43. 7	100. 0	
	办事员	80. 0	20. 0	100. 0	
	服务员	60. 0	40. 0	100. 0	
	工人	50. 0	50. 0	100. 0	
	工人	42. 1	57. 9	100. 0	
	农民	30. 8	69. 2	100. 0	
	无业或失业	83. 3	16. 7	100. 0	

第六，我们考察了高校心理危机学生群体的父母职业情况。一般来看，父母的职业代表着社会地位的高低，而这又与高校学生的学习生活环境质量有着直接关系的话，那么他们面对心理危机的风险也会存在着差异。但是，从表 3 ~ 6 的

分析结果来看，心理危机群体的父亲职业的分布的差异性是不显著的，但是母亲职业分布差异是显著的。母亲的职业地位越高和越低，高校学生心理危机发生率都要相对的低，而母亲职业地位处于中间位置，心理危机发生率则相对要高，这一现象比较奇特，对此，我们尚不能给出充分的解释。

（三）生活特征

第一，从生活费用来看，表6列出了高校学生的月均生活费用。我们将学生分为两组，一组是遇到过心理危机的学生，即心理危机学生组；另一组是没有遇到过心理危机的学生，即普通学生组。从结果来看，被调查学生月均生活费用为801.2元。其中心理危机群体平均费用为820.1元，高于平均水平，而其他学生为780.6元，低于平均水平，不过两者差异性不显著。但是，从标准差来看，心理危机学生群体的标准差要大于其他学生。这表明，比较而言，心理危机组学生的生活水平的差异性要大一些，因此他们的经济状况也要相对复杂些。从经济状况来直接识别心理危机学生，尚缺乏充分的依据。以往认为贫困是高校学生产生心理危机的重要原因之一的说法，只是个别现象，而非普遍特征。

表6　学校学生心理危机群体的月均生活费用

单位：元

学生组	Mean	Std. Deviation	Std. Error	95% Confidence Interval for Mean	
				Lower Bound	Upper Bound
普通学生组	780.6	364.4	46.3	688.1	873.2
心理危机学生组	820.1	409.8	50.1	720.2	920.1
总计	801.2	387.7	34.1	733.6	868.7

注：$F=0.333$，$P>0.05$。

第二，从恋爱情况来看，表7列出高校学生的恋爱情况。其中，没有谈过恋爱的学生中，遇到心理危机的学生占到39%，而在谈过恋爱的学生中，这一比例上升到了57.3%，差异性十分显著。可以看出，恋爱状况与高校学生心理危机的发生有着直接的关联，因为恋爱作为社会化的一种表现，必然也会带来诸多问题与烦恼。

我们进一步考察高校学生失恋引发心理危机的情况。许多人认为失恋是引发

高校学生心理危机的重要原因之一。从表8的结果来看，失恋又与心理危机并没有直接的关联。没有失恋过的学生群体中，心理危机发生率为57.5%，而在失恋过的学生群体中，这一比例为51.3%，x^2 检验结果表明两者的差异性不显著。但是，我们进一步分析发现，失恋后引发的痛苦与心理危机是有着直接的关系的。失恋后越痛苦，心理危机发生率就越高。这表明，失恋与心理危机没有直接的关系，但是一些学生由于陷入失恋的痛苦中，往往极易引发心理危机。

表7　高校心理危机学生群体的恋爱及失恋情况

单位：%

类别		是否遇到心理危机			x^2 检验
		否	是	总计	
恋爱经历	没有	61.0	39.0	100.0	$x^2=3.755$ $P<0.05$ $df=1$
	有	42.7	57.3	100.0	
失恋经历	没有	42.5	57.5	100.0	$x^2=0.402$ $P>0.05$ $df=1$
	有	48.7	51.3	100.0	
失恋后痛苦程度	不痛苦	88.2	11.8	100.0	$x^2=18.785$ $P<0.05$ $df=3$
	有点痛苦	46.3	53.7	100.0	
	比较痛苦	30.8	69.2	100.0	
	十分痛苦	—	100.0	100.0	

二　心理危机群体的求助过程

高校学生心理危机发生后有着什么样的求助行为特征，我们从求助对象与求助行动进行分析。

（一）求助对象

表8列出了被调查高校学生在遇到心理危机后的求助对象的变化情况。从结果来看，在遇到心理危机后，高校学生首选的求助对象是朋友，第二求助对象依然是朋友，第三求助对象是父母。这表明友缘关系网络对于高校学生的心理危机求助具有重要意义，这种重要性甚至超过了血缘关系网络地位。

表8　高校学生遇到心理危机后的求助对象

单位：%

求助对象	第一求助对象	第二求助对象	第三求助对象
父　母	27.3	21.5	26.9
亲　戚	—	—	12.8
同　学	18.2	22.8	17.9
朋　友	40.3	38.0	3.8
老　师	—	5.1	3.8
心理医生	3.9	6.3	14.1
报刊媒体	1.3	—	1.3
其　他	9.1	6.3	19.2
总　计	100.0	100.0	100.0

当然，我们更要看到的是，与友缘和血缘关系网络在心理危机求助中的重要地位相比，学缘关系网络被边缘化了——在高校学生遇到心理危机后，他们的求助对象首选并非朝夕相处的同学与老师。主要原因是心理危机或因人际关系紧张，或因难言之隐，多不便向熟悉的人求助，因此，在高校学生心理危机求助对象中，同学与老师被列在了求助对象的边缘位置。

（二）求助途径

表9列出高校学生在遇到心理危机后的解决办法的变化过程。在遇到心理危机后，高校学生首选和次选的解决办法是找亲朋好友，向他们寻求帮助。这与我们在前文分析的高校学生的求助对象首选是一致的。第三选择的解决办法则是和当事人沟通。

可以看出高校学生在遇到心理危机后的求助行动逻辑呈现出以下特征：

第一，在遇到心理危机后，选择自我消化解决的学生比例并不高，不到20%，这表明面对心理危机，多数高校学生会积极寻求摆脱心理危机的求助行动，这对于进行心理危机干预是个积极的信号。

第二，在解决心理危机的各种方法诉求中，高校学生缺乏与当事人的直接沟通。从调查结果的统计来看，高校学生解决心理危机的首选和次选方法都不是与当事人进行直接的沟通。而从本研究报告的第四部分的分析来看，高校学生心理危机的主要诱因主要是情感问题与人际关系问题，这些心理危机的诱因都是存在

当事人的。不难看出，在高校学生解决心理危机的行动中，回避与当事人沟通是较为明显的倾向。

表9　高校学生遇到心理危机后的解决办法

单位：%

解决办法	第一解决办法	第二解决办法	第三解决办法
自我消化解决	19.5	9.2	10.4
找亲朋好友	51.9	44.7	23.4
和当事人沟通	13.0	23.7	31.2
找媒体	—	1.3	2.6
找学校相关部门	2.6	1.3	—
报复对方	2.6	1.3	2.6
自杀	2.6	2.6	5.2
上网发泄	6.5	14.5	16.9
其他	1.3	1.3	7.8
总　计	100.0	100.0	100.0

第三，过激行动倾向在高校学生的心理危机的解决方法中占有一定的比例，这需要引起重视。从表9的统计中可以看出，在解决心理危机的首选方法中，有5.2%的学生分别选择了“自杀”和“报复对方”这两种过激行为。并且，在解决心理危机的次选和第三选择方法中，这一比例呈现出总体上升的趋势。也就是说，当解决心理危机的首选和次选方法不能奏效时，即在向朋友寻求帮助未果后，这种过激行为的发生率会随之提高。

总体来看，在高校学生心理危机求助关系网络体系中，作用由大到小依次是友缘关系网络、血缘关系网络和学缘关系网络；由于高校学生心理危机多为私密性原因引发的，因此他们的求助对象首选，多回避周围的同学与老师。在寻求朋友不能有效摆脱心理危机阴影时，高校心理危机学生产生过激行为倾向的几率在上升。

三　高校学生心理危机的干预取向

总体来看，高校学生心理危机的发生率呈现高位水平，这一情况极不乐观，需要引起重视。根据我们的调查研究，提出高校学生心理危机干预的对策取向。

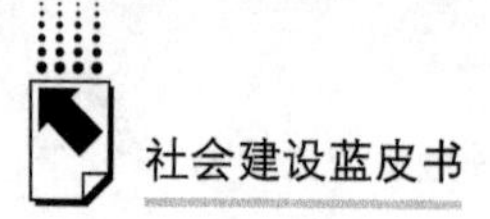

第一，细化对象干预。心理危机的预防干预，首先需要明确预防干预的对象，尤其是重点对象。根据我们的调查，虽然从性别、年级、生源、学习，社会活动参与等几个维度来看，很难从个体特征识别出心理危机学生群体，但是，从家庭状况来看，可以一定程度识别出心理危机学生群体。其中，需要重点关注是否单亲家庭、家庭关系融洽程度、与父母关系状况、家庭变故、父母的职业地位等变量，这对于开展高校心理危机预防具有帮助识别对象的意义。另外，从高校学生的校园生活来看，我们可以从生活习惯、人际关系紧张以及失恋后的情绪反映等情况，识别出心理危机潜在群体，这对于建构和完善心理危机干预对象识体系有重要的参考价值。

第二，在建构心理危机干预体系中，要充分发挥友缘、进一步强化学缘关系网络的作用。虽然在高校学生心理危机的求助中，学缘社会关系网络处于边缘化的位置，但是，我们的调查研究结果提示我们强化学缘社会关系网络求助的重要性：高校心理危机学生在向朋友寻求摆脱心理危机帮助未果后，心理危机学生群体中出现过激行为倾向的几率随之提高。因此，如何使学缘关系网络作用能够及时地发挥作用，对于防止心理危机学生朝着恶性方向发展有着重要的意义。

第三，在建构校园心理危机干预救助体系时，需要加强具有私密性距离的求助网络体系。我们的调查研究结果表明，由于高校学生心理危机多具有个人私密性特征，因此，在求助对象的选择中，他们一般倾向于回避同学和老师。对此，在建构校园生危机干预救助体系时，可以考虑如何更好保护心理危机学和私密性。如发挥互联网的救助功能，再如可以在高校间互换心理干预救助人员，使得学生在寻求心理危机帮助时，担心私密被暴露的忧虑最小化。

Analysis on Beijing College Student's Psychological Crisis

Hu Jianguo

Abstract: In recent years, college student's psychological crisis caused by learning, life, interpersonal relationships, family problems presents the trend of escalation. This

paper based on Beijing College Student's Investigation, analysis its psychological crisis situation, characteristics and recourse and process characteristics. The results showed that, 51.5% of the respondents have psychological crisis in a recent years, these groups of individual characteristics is difficult to identify, but family characteristics and living habits of obvious characteristics. In the mental crisis turn relationship network system, mainly friendship networks and kinship network. For this, need to strengthen the psychological crisis intervention.

Key Words: Psychological Crisis; Social Order; College Student

B.20 北京市高校青年教师的职业期望与心理困扰状况

赵丽琴*

摘　要： 高校青年教师有着多方面的职业期望，如较高的工资和物质待遇、强烈的职业成就感、较多的发展机会、良好的教学科研环境、健康和谐的工作氛围。由于期望和现实的落差，导致教师在不同程度上表现出失落感、挫折感、压力感、倦怠感和低幸福感。学校管理部门应密切关注教师的切身需要，尽可能地创造各种条件来满足教师的合理需要。

关键词： 高校青年教师　职业期望　心理困扰

高校青年教师作为有活力的知识分子，学校建设和长远发展的生力军，在教学和科研方面发挥着越来越重要的作用。近年来高学历人才在高校教师中所占比例越来越高，这些年轻教师大多对个人的职业发展有着较高的追求，希望能够在学科领域有所成就，希望在教学科研中扮演重要角色。但是，一些研究表明，青年教师也面临着比较严峻的困境和压力。他们的职业期望往往得不到满足，从而产生一系列心理困扰，并将对其个人发展及高等院校的教育教学质量、学术水平及学生发展产生消极的影响。因此，关注青年教师的职业期望和心理需求，了解他们的工作状态，并尽可能地创造促进青年教师发展的工作环境，对学校的长远发展和人才培养具有重要的现实意义。

关于青年教师概念的界定，目前国内尚无明确统一的界定。教育部 2003 年将优秀青年教师的年龄限制放宽至自然科学类不超过 40 周岁，社会科学类不超

---

* 赵丽琴，北京工业大学人文学院社会工作系，副教授、博士，主要研究方向：社会心理、青少年心理咨询、学习动机。

过45周岁。本文认为高校青年教师是指40岁以下的在高校从事教学、科研和教育管理工作的专业技术人员。

一 青年教师的职业期望

（一）较高的工资和物质待遇

近几年，虽然教师的工资和福利待遇有所提高，但同其他不少行业相比仍然偏低。面对日渐上涨的消费支出和居高不下的房价，年轻教师在经济方面的需求普遍较高，而目前的现状很难满足他们的实际生活需求。调查表明，北京市高校教师对于福利报酬的满意度最低，而生存需要总体位于高校教师需要的第一位。[①] 青年教师（35岁以下）对工资津贴、福利待遇等方面的需要尤为突出。生存需要随着学历升高而强度增加，说明学历越高对工作报酬的期望越高[②]。福利待遇和工资水平在很大程度上制约了广大教职工的工作积极性，直接影响到教师对自身社会地位的认知，影响到对教师职业地位的认同。

张华、曹洪涛等人对北京市市属市管16所高校907名40岁以下青年教师（首都医科大学、北京第二外国语学院、北京工业大学、北京印刷学院、北京农学院）的调查表明，46.1%的人对目前的工资收入不太满意和不满意，感到"满意和比较满意"的仅占12.7%。有17.4%的青年教师收入不足3000元[③]。在消费水平居于全国前列的首都，高校青年教师的收入水平的确偏低。国内某三线城市的乡镇中小学教师（年龄在36岁左右）的月收入近3000元，而当地的房价最高为4000元/平方米。相比之下，首都高校的青年教师的收入可谓捉襟见肘。以某教师为例，副高职称，博士，年龄为40岁，2011年8月工资收入为2880.55元（假期没有岗位津贴），9月份加上绩效工资后收入为3828.83元。

---

① 张利：《首都高校教师工作满意度的结构、现状及影响研究》，对外经济贸易大学工商管理硕士学位论文，2007。

② 倪晓红、吴远、王玲：《基于高校教师需要心理的有效管理对策》，《河海大学学报》2008年第10卷第4期。

③ 倪晓红、吴远、王玲：《基于高校教师需要心理的有效管理对策》，《河海大学学报》2008年第10卷第4期。

2011年年底工资作调整后为5500元。

任静、张革采用问卷调查的方式，对北京某高校411名教师的需求进行了调查（调查共有问卷578份，回收有效问卷411份，有效率为75%）。在调查的有效问卷中，正高级专业技术职务教师84人，副高级专业技术职务教师175人，中级及以下专业技术职务教师152人。调查结果显示，提高薪酬待遇在教师的各项需求中位居首位。总的来说，76.89%的教师希望能够提高薪酬待遇，而不同专业技术职务的教师在需求表现上有很大差异。副高及中级职称以下的教师在提高薪酬待遇的需求上更为强烈，78.86%的副高职称的教师希望提高工资待遇，中级及以下职称的教师中比例为80.92%。①

在对10名个案的深入访谈中发现，青年教师对自己的工资待遇并非期望过高，他们的基本需要定位是合理的，但是目前的现实状况与教师的期望之间有着巨大的反差：较高的社会地位与较低的经济地位的反差；较高的学历层次与低福利待遇的反差；实际成就与报酬所得的反差；高校教师职业与其他职业的待遇反差。② 这些反差是影响青年教师全身心投入教学和科研工作的重要因素，也是造成教师职业倦怠的主要原因。事实上，工资待遇不单单是对教师基本生存需要的满足，实质上它是一种隐含成就激励、地位激励等因素在内的复杂的激励方式，③ 是对教师这种特殊劳动方式和价值的充分肯定。

以北京某高校2011年绩效工资调整为例，调整后教师的工资待遇普遍提高，但是在对不同院系青年教师的个案访谈中，不少教师反映虽然纵向比工资有所增长，但是目前的工资收入差距很大，教师的满意度仍然不高。这个问题值得关注。在调查中发现，在工资调整后，北京某高校青年教师的（30岁讲师职称）的月收入为4000元以上，而在假期中扣除岗位津贴后只有2000多元。

最近网上的一份对104名北京高校教师薪酬满意度调查表明，其中45岁以下的教师占82.69%，副教授职称以下教师占93.27%，月收入在5000元以下的占到

---

① 任静、张革：《基于高校教师需求现状调查的激励对策研究》，《黑龙江高教研究》2011年第5期。

② 于海波：《高校青年教师心理特点分析与培养机制的研究》，《内蒙古财经学院学报》2009年第2期。

③ 彭顺平、彭兴富：《论当代高校教师需求心理》，《湖南经济管理干部学院学报》2006年9月第5期。

75.96%。在对高校的薪酬体系进行评价时，51.92%的教师认为薪酬普遍较低，93.27%的教师认为高校教师薪酬缺乏弹性，对教师的激励作用不大（见表1）。

表1　高校教师薪酬体系存在的问题

选项	小计	比例
薪酬普遍较低	54	51.92%
高校教师薪酬缺乏弹性，对教师激励作用不大	97	93.27%
对教师的工作业绩评价和考核不够科学	91	87.5%
过于偏重老师的科研奖金，而忽视教师的教学能力	65	62.5%
其他	0	0%
本题有效填写人次	104	

数据来源：http：//www.sojump.com/report/252705.aspx。

（二）强烈的职业成就感

高校教师作为一个特殊的职业群体，他们具有较高的自我实现动机，重视工作中自我价值的体现和个人才能的发挥。大学教师是学术职业的最主要从业者。学术职业对于从业者的要求远远高于一般职业，它要求从业者对知识的继承与创新保持高度的热情，从业的动机不仅是满足物质报酬的需要，还是个人终极价值的自我实现。①

在访谈和调查中我们发现，对于受过长期高等教育的青年教师、尤其是学历层次较高的教师来说，他们特别希望自己在教学和科研方面能够有所作为，能够得到学校领导、同事和学生的尊重与认同。在教学方面，绝大多数青年教师认真备课，精心准备教案，不仅是为了完成工作任务，而且更重要的是希望在工作中获得一种成就感。他们渴望自己的课堂教学能够获得学生的好评，希望自己的劳动能够使学生受益。在科研方面，多数教师希望自己能够成为本学科领域的专家。他们希望从事具有挑战性的工作，希望自己承担重要的科研课题，希望工作中有较大的成就。但是，对于青年教师而言，在科研课题的申请、职称的评定等方面并无太多优势，因此很难在工作中获得所期望的成就感。

① 林杰、吴亚丽：《普通高校专任教师职业发展的需求及影响因素分析——基于北京地区高校的抽样调查》，《教育学报》2011年第3期。

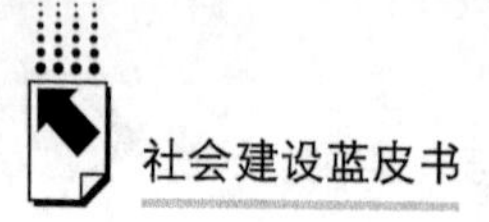

（三）较多的职业发展机会

发展需要是个人成长、发挥潜能、实现理想的需要，是推动个人进步的内在动机。年轻教师普遍重视自身的长远发展，希望自己在工作环境中有较多的发展机会和空间。由于在教学和科研等方面经验不足，他们希望自己在业务上得到更多的指导，能有机会在国内外进修，获得学科前沿的知识和技能，有职称和职务晋升的机会。近年来，一些高校积极采取各种途径和方式给年轻教师创造成长的机会，但是总的来说，年轻人的机会相对较少。由于青年教师资历浅，不易被人重视，在竞争环境中论资排辈，使青年教师难以脱颖而出。

林杰、吴亚丽对北京地区 19 所普通高校 1400 位专任教师职业发展的需求进行了问卷调研，发现当前普通高校专任教师对于职业发展的需求程度普遍较高，其中专业发展需求居于首位，教学发展需求居其次。其中，年轻教师和初级职称教师的发展需求更为迫切。在影响高校教师职业发展需求的个体因素和社会因素中，学校教师培训和发展的管理状况与领导的态度对高校教师职业发展的满意度影响最为直接。①

在任静、张革的调查研究中，58.55% 讲师以下职称的教师希望能够获得出国进修培训的机会，其次是提升学术空间和改进科研环境。②

（四）良好的教学科研环境

争取科研课题、获得科研经费、发表科研成果不仅是教师的重要任务，也是考核教师工作业绩的重要指标。年轻教师由于资历浅、经验不足，在课题申请方面会遇到很多困难。虽然目前一些学校内部科研项目的申请相对容易，但在高校行政化日益凸显的校园环境中，课题经费，尤其是重点项目很难落到年轻群体身上。青年教师希望学校能保护他们的科研热情，创造平等民主的学术空间，使其通过自己的努力有机会争取到科研课题。

高校青年教师往往承担着多种角色，除了教学、科研之外，很多年轻老师可

---

① 林杰、吴亚丽：《普通高校专任教师职业发展的需求及影响因素分析——基于北京地区高校的抽样调查》，《教育学报》2011 年第 3 期。

② 任静、张革：《基于高校教师需求现状调查的激励对策研究》，《黑龙江高教研究》2011 年第 5 期。

能还要承担班主任或辅导员的工作，或者在党组织、工会、教代会等组织中承担一定的职责。目前不少年轻教师反映，除了完成教学和科研任务之外，经常需要参与其他各种活动，尤其是名目繁多的会议。以北京市某高校为例，2011 年 12 月，一名年轻教师在一周内参加的学校及院系会议达 6 次之多。有些会议效率很低，绝大多数教师对过多的会议十分反感，但是有关行政部门及领导却常常不考虑教师的实际需求，以记考勤的方式要求教师必须参加。这种要求无异于老师在课堂上点名，虽然对学生有一定的约束，但并不能保证学生真正投入到课堂的学习中。可以想象，教师的宝贵时间都用于无聊、低效的会议上，又能有多少时间潜心于科研和教学呢?

在对上海、浙江等地一些高校的调研中发现，有些高校能够创设良好的学术氛围，为教师的科研活动开展创造有力的环境，如请学术水平高、科研项目多的教师分享课题申请的经验，积极组建科研团队，注重工作的效率，行政工作努力配合教学和科研等，这些做法能给教师提供更多的时间来做学术研究，从而受到广大教师的欢迎和好评。

（五）健康和谐的工作氛围

工作环境中的硬件设施固然重要，但人际氛围对教师工作积极性和情绪状态的影响更为重要。对于刚走上工作岗位不久、涉世不深的青年教师来说，他们希望自己与周围同事和领导的人际关系是和谐的，希望能够在宽松、信任、相互支持、平等竞争的环境中工作，希望能够得到周围同事和领导的关心、支持和帮助。目前有些高校管理行政化的倾向十分突出，缺乏对于广大教师工作积极性的有效激励机制，而在制度的建设上更倾向于给予教师严格的控制。访谈中，一些青年教师反映，在高校必须学会与领导、同事好好相处，尤其是与那些掌握实权的人交往时，更需要小心翼翼，千万不能轻易表达意见建议之类，否则在职称评定、课题申请、出国进修等方面就会受到影响。有位刚参加工作的教师说，自己有想法但绝对不能在公开场合表达，尤其不能向领导表达。在职称评定、课题申请、出国进修和绩效考核等切身利益方面，有些学校、院系缺乏平等民主的工作环境，教师没有反映自己心声的正常渠道，教师之间钩心斗角、相互拆台、矛盾重重，这对于青年教师的健康成长非常不利。

二　青年教师的心理困扰

前面对青年教师的职业期望进行了大致的分析，这些期望有其合理之处，但限于个人和环境等方面的种种原因，目前一些教师的期望往往只是一种理想，理想与现实之间有着较大的差距，因而导致年轻教师出现了一系列心理困扰。

（一）失落感

近年来高学历教师在年轻教师中所占比例越来越高，新入职的教师大多为博士或有博士后科研经历。对于受过长期高等教育的老师，他们对自己的职业有着较高的期望，尤其是在工资和福利待遇方面。刚走上工作岗位的教师，需要承担更多的家庭经济负担和责任，但是，在高校内部，青年教师和职称高的年长教师相比，收入相差甚远；在外部，与社会上同等人力资本的职业或同等人力资本的同龄人相比，青年教师的收入相对较低。在以经济收入和权力衡量个人能力的时代，对自己期望很高的青年教师常常会感到工作的失落感。①

另外，作为知识分子群体，多数人希望有所作为，工作能够带来成就感，但是现实中许多教师很难体验到这种职业的成就感。个人价值得不到充分体现是导致教师产生失落情绪的重要原因。

目前，一些高校行政化的倾向十分突出，缺乏应有的大学精神，普通教师在学校中找不到自己的尊严，甚至感觉自己的地位很低，这在一定程度上也是导致教师感到失落的原因。

（二）挫折感

教师的自尊心较强，他们希望得到领导、同事，特别是学生的肯定和认可。在教学方面，学生的学习积极性是影响教师工作成就的重要因素。调查中发现，许多教师都认为学生的学习状态是影响自己工作积极性的因素。目前随着高校招

① 于海波：《高校青年教师心理特点分析与培养机制的研究》，《内蒙古财经学院学报》2009 年第 2 期。

生规模的扩大，一些学校的学风很难让教师产生工作的成就感，相反课堂成为挫伤教师积极性的阵地。近年来，大学校园中学生对教师的尊重远不如中小学生，不少教师因为学生不尊重自己的劳动（如上课不听讲，师生关系淡漠）而产生强烈的挫折感。学生对学习的消极情绪和倦怠行为十分突出，显性逃课和隐形逃课（虽然人到课堂但心不在焉，睡觉、玩游戏、聊天等）的人数比例较高，尤其是公共课，大学生学习动力不足，对教师的教学表现出消极的态度和行为反应，在一定程度上也挫伤了教师的积极性。一位上公共课的年青教师说自己每次都精心备课，积极采取各种策略来调动学生的学习兴趣，但往往效果不理想，上完课后有一种挫败感，更不用说成就感了。此外，90 后大学生思维活跃、接触信息渠道广泛、追求个性自由与独立，对老师授课内容的前沿性、学术观点的独到性、教学内容与实践结合的紧密性、课程的新颖性与吸引力都有较高要求。但青年教师由于从业时间较短，未必能满足学生的需求，导致一些对自己教学能力不太自信的青年教师产生强烈的职业挫败感。

工资收入低、学术地位不高、难以获得职业成就感、不被学生尊重等客观原因，以及个人的心态、性格等因素，导致一些年轻教师出现较强的挫折感。

（三）压力感

高校青年教师正处于职业生涯发展的开创阶段，面临来自多方面的压力考验，如工作的压力、人际关系的压力、生活的压力等。在工作方面，高校对教学、科研过高的要求，过分追求量化的考核指标，使青年教师深感职业负担过重。以北京某高校为例，讲师一般需要完成 360 学时的教学工作量，教学工作量是考核教师是否业绩达标的基本指标。一些青年教师为了完成任务不得已在完成专业课教学之外，利用晚上时间开设选修课。有的教师需要在同一学期上三门以上不同课程。同时青年教师由于教龄短，在对学科内容的处理、教学方法的适应方面亟待提升。在承担大量教学任务之外，科研的负担与日俱增。学校有硬性的科研经费，对论文的发表也提出了一定的要求，这对年轻教师无疑是巨大的挑战。从人际层面来说，他们要处理与院系领导、学科带头人、中老年教师、管理人员、学生以及同代教师之间各个层面的人际关系，而由于青年教师社会阅历浅，社会交往经验不够，进入高校以后，感觉没有什么地位，即使有意见和建议也不敢轻易表达。在生活方面，组建家庭、购买住房等刚性需求也是他们必须面

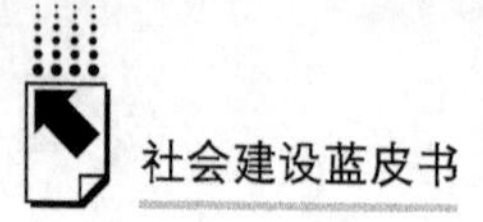

临的重要压力。

张华、曹洪涛等对青年教师的调查发现，压力来源居于第一位的是“个人发展的压力”，占68.4%；“科研压力”居于第二位，为60.8%；“生活压力”居于第三位，为37%；“教学压力”和“家庭压力”分别占22.9%和8.8%。分类别比较，青年教师中职称和学位越高、工作年限越长，“科研压力”呈递增趋势，“个人发展压力”呈递减趋势；31～35岁年龄段的青年教师“生活压力”较其他两个年龄段大。①

（四）倦怠感

职业倦怠是指人们在紧张和繁忙的工作中由于社会及个体内在的压力而产生身心疲惫的现象。青年教师对自己的职业有着较高的期待，希望在许多方面出人头地。而理想与现实的落差，诸多主客观因素的制约，使教师自我发展的期待和客观条件常常产生冲突，进而导致他们对工作产生消极厌倦的心理，成为职业倦怠的高发人群。青年教师的职业倦怠通常表现为对工作满意度低、缺乏职业成就感、工作热情兴趣丧失，严重的甚至怀疑当初职业的选择，进而会产生悲观失望的心理②。

一项对国内11所高校教师1234名教师进行的工作倦怠的研究表明，50岁后工作倦怠水平显著下降，究其原因，50岁以下的教师相比较而言职业成长和生活压力较大，职业素养和社会地位有待提高，因此体现了很高的工作倦怠。然而对于50岁以上的教师群体而言，他们往往功成名就、安于现状，工作经验丰富、学术成就高、享受待遇较好，因此倦怠程度最低。中级和副高教师显著高于正高教师，教师的职称越高，职业倦怠感越低，这与实际情况基本相符。讲授公共课的教师显著高于讲授专业课的教师，可能是因为公共课教师主要从事学校通识课教学工作，不大容易被专业教师和大学生所认可，加之科研项目和成果相对较少，在关注专业背景和学术成果的大学环境这一群体表现出低成就感。③

---

① 张华、曹洪涛、赵学智等：《北京高校青年教师心理状况分析与调适》，《首都医科大学学报》社会科学版增刊（2010年）。

② 邬德林、吕智操：《谈高校青年教师职业初期的职业倦怠》，《高教论坛》2008年第12期。

③ 刘乐功、王鹏、高峰强：《高校教师工作倦怠状况及相关因素研究》，《中国健康心理学》2011年第6期。

（五）低幸福感

在常人的眼中，高校教师是一份体面的职业，有着受人尊敬的社会地位，不但收入丰厚，而且享受较长时间的寒暑假，工作自由，没有初高中教师那样升学的压力，高校教师的职业应该是幸福感很高的。然而，访谈中发现，高校教师认为自己并非像人们想象的那般闲适与幸福。一些任课教师经常抱怨自己承担着繁重的教学任务，虽然工作相对自由，不需要坐班，但常常是业余时间都用于备课、完成科研项目等，熬夜是常有的事。青年教师正处于物质需求较为强烈的时期，但工资待遇偏低、压力偏大的状态，无疑会使青年教师的职业幸福感大打折扣。

马秀敏、陈大超对121名高校青年教师做了调查。调查结论为：高校青年教师职业幸福感的总体现状不容乐观。在高校青年教师职业幸福感的7个维度（职业本身，薪资待遇，人际关系，工作成效，工作情感，工作环境，身体健康）中，薪资待遇成为影响高校青年教师职业幸福感获得的首要因素。高校青年教师职业中能够体验到更多职业幸福感的年龄段集中在36～40岁，幸福感最低的为31～35岁年龄段的教师；从学历看，学历越高，幸福感越低，学历越低，幸福感越高；从职称看，职称越低，青年教师的职业幸福感越低；职称越高，青年教师的职业幸福感越高；从学校性质看，公立学校的青年教师职业幸福感高于私立学校青年教师职业幸福感；从工作历程看，最不幸福的时段为工龄15年以上的和工龄为1～5年的青年教师。①

影响教师幸福感的原因是多方面的。如教学科研压力负担过重，长期的紧张和劳累，收入偏低，劳动付出与回报不相称，工作得不到客观、公正的评价与回报，工作环境不佳，学校规章、制度与要求不合理，缺乏成就感，个人的主观体验等。

在高等教育大扩张的今天，大学管理虽然拥有了更自主的自由空间，但大学教师的权益却得不到有效保障。超负荷的工作量、僵化的管理制度和冷漠的组织文化成为大学教师职业幸福感的“三大杀手”。②

---

① 马秀敏、陈大超：《高校青年教师职业幸福感的调查研究》，辽宁师范大学硕士论文，2010。

② 王祝青、曾智：《高校教师职业幸福感的缺失与重构》，《市场周刊》2010年第11期。

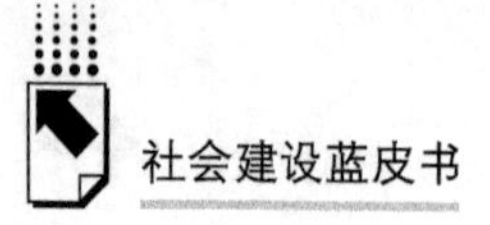

三　促进青年教师发展的几点建议

重视青年教师队伍的培养，关心他们的切身需要，注意创造各种条件尽可能满足他们的基本职业期待，是影响学校长远发展的一项系统工程。这项工程需要学校统一规划，各级领导共同关心，逐项实施，使培养工作落实到实处。一方面，建立健全科学、合理、公平的激励机制是根本；另一方面，营造以人为本、情感激励的工作环境也是必不可少的。

（一）建立相对公平合理的薪酬激励体系

合理需要的未能满足常常是导致人们心理失衡的重要原因。薪酬不仅是满足个人基本生活需求的保障，也是衡量自我价值的重要尺度之一。高校青年教师追求比较高的收入，在一定意义上是从某种角度上来体现自我价值。他们更注重付出与收获的平衡，希望自己所从事的工作，可以获得一份与自己的贡献相称的报酬。根据马斯洛的需要层次理论，要想激励员工，必须满足人的基本需要。学校应该进行广泛深入的调研，了解广大教师的基本诉求，建立科学合理的薪酬激励体系，在保证相对公平的基础上，按个人能力以及贡献的大小，实施有效的激励措施。

公众往往认为高校教师收入很高，事实上，一些高校教师的收入的确很高，有的是课题经费富足，有的是课外的兼职收入很高，但多数青年教师的收入还是比较偏低的。青年教师的薪酬与实际贡献不相匹配是目前高校薪酬管理制度的症结之一。调查显示，薪资待遇居于影响教师职业幸福感因素的首位。国内高校青年教师薪酬管理上主要存在以下问题：对外不公平性，主要体现为高校青年教师的薪资待遇、薪酬体系与市场水平相比不合理；对内不公平性，主要体现为学校内部岗位工资差距过大；个人不公平性，主要是青年教师个人的薪资待遇没能合理反映其劳动价值。对此，公平理论认为，高校只有建立一个兼顾内部公平性、外部公平性和个人公平性的青年教师薪酬管理体系，才能稳定青年教师队伍、调动青年教师工作积极性、提升青年教师职业幸福感。①

与薪酬激励体系相配套的是一项科学、有效、合理的考核制度。对教师的考

---

① 阮超、陈再生：《高校教师薪酬改革理论与实践研究》，天津大学硕士论文，2010。

核涉及教学水平、科研成果、公共服务等方面。如何确定各项工作的比重，如何确立多数教师认同的评价体系，让考评科学化、客观化、公平化，真正起到激励的作用，需要深入研究。

（二）建立完备的青年教师培养制度

教师发展机会是教师获得专业成长的根本保障，也是影响教师心理健康的主要因素。教师发展机会的获得既与个人努力有关，也与学校的培训有很大的关系。目前各个高校尽管都组织各种培训，但培训的针对性不强，很少关注个体的需要和个性的发展。学校应该给青年教师制订有针对性的培养计划和体系。培训类型应该多样化，如高层次的学历教育、双语师资培训、计算机能力培训、骨干教师培训等等。

访谈中发现，目前不同学校都在开展针对不同教师的培训活动，但活动的针对性不强，并未从教师的真正需要出发，因而很难起到应有的成效。如某高校聘请工科教授对全校老师就某门课程的教学做培训，用考勤的方式要求教师必须参加。结果是，文科、体育、艺术类的教师都参加了，但教师们反映听这样的报告收效甚微，甚至根本听不懂老师在讲什么。而有些工会组织的学术沙龙、某高校教师群体自发组织的学术沙龙对于教师教学水平和科研水平的提升都有重要的意义。正如教师的教学要考虑学生的学习基础和学习动机一样，在针对青年教师的培训和发展上一定要针对教师的需求，做到有的放矢。无效、低效的培训既是人力资源的浪费，也会对教师产生负面的影响。

（三）完善教学和科研的激励机制

青年教师是高校可持续发展的有生力量，提高这支队伍的教学科研水平是关系到高校发展和高等教育质量的大事。首先，有关领导和行政部门在大学的管理理念上要有所转变，要给予教师充分的尊重，在对青年教师进行管理的时候，不应使其感到处于规章制度的束缚之下而被动工作，而应该建立起能够真正激励其投身于高校教学与科研工作之中的机制。其次，在教学和科研团队的建设上，要吸纳青年教师参与进来，并加强对青年教师的培训和指导，发挥他们的积极作用。再者，在有关政策的制定和实施方面，对青年教师群体要有所倾斜。如可以加大青年教师科研基金的力度，设立教学研究基金、学术著作出版资助基金等项目。要鼓励青年教师积极参与项目申报与研究，并给予他们必要的技术性支持与指导。最后，要为青年教师提供更多学术交流的平台，如参加学术交流会、到国内外著名高校做访问学者等，开阔他们的学术视野。还可以考虑给青年教师安排合理的学术假期，在一定程度上，满足青年教师创造与成就的需要。

（四）关注青年教师的期待

期待是一种未满足的需要，是人的行为的主要原动力。高校年青教师对自己的职业有着特殊的期待，既包括物质方面的需要，如工资、福利待遇，也包括个人发展、个人成就的实现等高层次需要。每个教师的需要既有共性，也有个体差异。作为管理部门的领导，不仅要考虑大多数教师的基本需要，也要考虑到需要的个体差异性。高校的行政管理和人事部门要深入实际，进行广泛深入的调研，要在分析高校青年教师需要现状与特点的基础上，运用各种手段，来满足教师的合理期待。目前，青年教师基本上都是高学历者，多数属于大龄青年。因此，要在生活上为青年教师排忧解难，关心他们，尽可能地帮助他们解决一些实际困难，使之全身心投入到教育教学工作中。建议学校工会多组织青年教师开展丰富多彩的联谊活动，改善青年教师的办公和生活条件。要针对青年的特点开展各种有益活动，创造一个良好的工作、学习氛围。

（五）创造民主和谐的工作环境

教师的工作环境既包括客观的物质环境，如办公条件、硬件设施等，也包括心理环境，如干群之间、同事之间、师生之间的人际关系和情绪状态。从物质环境来说，要尽可能地改善教师工作的客观环境，如创造安静、舒适的办公环境，提供丰富的图书资料和先进的实验设备等。从心理环境来说，学校各级领导要重视感情投资，为教师创造一个和谐融洽的工作氛围，使他们感到集体的温暖，从而将自己的身心融于教育事业中。相比之下，心理环境比客观环境更为重要，影响更大、更为持久。访谈中发现，教师更注重心理环境，更希望自己的工作环境是以人为本、民主管理的人性化的环境。因此，高校的管理者在注重营造良好物理环境的同时，更应注意健康、和谐的心理环境的建设。如加强与广大教师的沟通与联系，尊重、理解教师的合理要求，在学校营造尊重知识、尊重人才的良好氛围，关心青年教师的成长与提高，引进合理而公平的竞争机制，合理选拔和使

用人才，让教师有发言权和参与权，使绝大多数教师都能产生归属感、责任感与自豪感。

（六）重视教师心理健康的维护

许多研究表明，大学教师存在一定程度的心理困扰，如人际关系敏感、焦虑、抑郁、压力过大、职业倦怠、期望值过高等，青年教师也不例外。而教师的心理健康直接影响到学生的培养，影响到学校的长远发展。因此学校领导和管理部门应加强对教师心理健康的重视力度，建立高校教师心理健康的保障机制，把提高教师心理健康水平作为一件事关高校发展的大事来抓。可以通过各种宣传途径，配备专门的教师队伍，开展各种有益于教师身心健康的活动。另外，要从根本上重视满足教师的合理期待，改善福利待遇，形成尊师重教的良好氛围。

Career Expectations and Psychological Distress Conditions of Young University Teachers in Beijing

Zhao Liqin

Abstract: Young teachers of universities have many career expectations, such as higher wage and material treatments, strong feeling of career achievement, more development chances, better environment of teaching and research, healthy and harmony working atmosphere. The state of being lost, frustration, stress, career burnout and poor well-being appear in some teachers of universities to some degree due to the gap between their expectation and reality. School management should pay more attention to the needs of teachers and create conditions to meet their reasonable needs as possible as they can.

Key Words: Young teachers of Universities; Career Respect; Mental Obsession

B.21

2011年北京互联网舆情分析报告*

鞠春彦**

摘　要： 纵观2011年北京互联网舆情，与百姓生活质量相关的民生问题依然是社会热点。以微博为载体的政务建设和政民互动，北京出台社会管理新规以及微博实名认证有关规定的发布，都是2011年北京市社会管理创新的新亮点，标志着北京市对虚拟社会的管理进入了新阶段。

关键词： 虚拟社会　舆情　社会秩序　社会管理

根据第29次中国互联网报告数据，截至2011年年底，北京网民人数为1379万人，互联网普及率为70.3%，居全国首位。2011年，中国网民互联网应用习惯发生显著变化①，北京互联网场域同样如此。与上年相比较，政府在互联网场域中的角色扮演和功能发挥更为突出。2011年，北京市政府网站"首都之窗"在省级政府网站绩效排名中继续占据首位。

表1　2010年、2011年北京市政府网站评估指标对比表

项目/年度	总分	教育服务指数	社保服务指数	就业服务指数	医疗服务指数	住房服务指数	交通服务指数	企业开办指数	资质认定指数	信息公开指数	互动交流指数	日常监测指数
2010年	74.47	0.68	0.97	0.78	0.83	0.56	0.63	0.85	0.98	0.80	0.84	0.76
2011年	75.25	0.62	0.92	0.56	0.49	0.58	0.72	0.54	0.68	0.80	0.76	0.89

* 基金项目：2012年北京市自然科学基金资助项目"虚拟社会背景下的社会管理模式研究"（项目号：9122002）。

** 鞠春彦，博士，北京工业大学人文社科学院讲师。

① 参见《第29次互联网报告》，"网民互联网应用状况"部分。

一　2011 年北京互联网舆情盘点

（一）交通热点事件

自首都被网友戏称为“首堵”，如何走出“首堵之困”成为政府与公众、网上与网下共同关注的社会热点。2011 年，北京市政府出台了一系列“治堵”新政，网络舆情围绕此展开。

表 2　交通热点事件及追踪

时间	热点事件	事件关注及后续发展
1 月 1 日	北京限车摇号	博客标签“申请火爆，租车紧俏 京牌车或提价”
1 月 3 日	为抵制车库涨价，北京丰体时代花园小区百余户业主将私家车停在小区外道路上，导致 300 余辆社会过往车辆爆堵丰体南路 5 小时	开发商同意协商解决车库涨价问题
1 月 26 日	首轮购车指标摇号，电视网络双直播	
	北京制定交通拥堵收费方案，大幅度提高中心城区停车费，鼓励市民乘公交出行缓解交通拥堵	北京价格杠杆治堵，巨额停车费去向遭质疑 北京市“公务车免费停车证”，引发网友不满，多家机关否认
3 月 31 日	北京市财政公布全市公务用车数量：截至 2010 年底 62026 辆。	网友质疑北京公车数量。发言人称，在京公车不等于北京市公车
5 月 9 日	高晓松成酒驾入刑后首位犯案人	凤凰网由此发起的调查，94.4% 的人认为“法律面前人人平等，触犯法律就要严惩”。11 月 8 日，高晓松获释，参演公益广告受热议
5 月 26 日	北京公车专项治理具体方案出台	
6 月	媒体传发改委申请调整汽车限购	北京发公告，车辆丢失后再购车须重新摇号
7 月 5 日	北京地铁四号线电梯事故，1 死 30 伤	奥的斯电梯恢复运行
9 月 8 日	北京道路拥堵，拥堵路段达 146 条。公交车至少迟到半小时，有焦急乘客翻车窗而入	网友上传国贸翻窗上车照
12 月 30 日	北京市交通委员会发布新的摇号购车指标配额新规定	
12 月 31 日	12 月 31 日，北京地铁 8 号线二期北段、9 号线南段、15 号线一期东段开通试运营。至此，北京地铁运营线路达到 15 条，日均客流预计突破 700 万人次	

网友对于北京市出台的一系列治堵措施反应不一。以“限车摇号”为例，反对者认为：北京限制购车其实是让没车的给已经有车的让路。用限制他人购买的权利，为有车人谋利。谐音“北京缓解拥堵”的摇号网站 www. bjhjyd. gov. cn，被网友恶搞为“北京还将拥堵”。“限车摇号”暂时延缓了汽车拥有量的增长速度，北京机动车保有量突破 500 万的时间迟来 11 个月，但交通形势依然不容乐观。针对轨道交通早晚高峰客流集中、运力与运量矛盾突出的问题，北京市拟研究实施轨道交通高峰平峰差别化收费政策，引导乘客错峰出行。据此，人民网发起“地铁提高票价引导乘客错峰出行如何看”的调查，截至 2011 年 6 月 23 日，调查结果：“变相涨价，出行成本加大”占 87. 8%，“决策需要科学数据验证”占 6. 9%，“可以有效缓解客流压力”占 4. 8%，“其他”占 0. 5%。调查结果显示了网友对于治理与民生质量的关注。2011 年，北京市还出台了针对公务用车专项治理工作的具体方案，此轮治理中“北京党政机关原则上不配越野车”的规定，引发了网友广泛关注。另外，2011 年“打车难”成为突出问题，市民对此反应强烈，媒体、学者等也进行了多方的分析和探讨。除了市内交通，节日期间的交通出行也是网络上的热点话题。火车票实名制是 2011 年的大事。春节期间，北京实行最严火车票限购令，每人限购 3 张卧铺票、5 张硬座票。微博推出“求票转票”活动，专设求票、转票信息板。尽管如此，一票难求状况仍在上演。春运期间，“北京白领从北京取道泰国曼谷回昆明老家，全程价格与直飞持平，而且顺利买到两段的机票”的帖子在网上热传，“曲线回家”成网络热词。

（二）人口调控与北京城市建设

按照国务院批复的《2004 年至 2020 年北京市城市总体规划》要求，到 2020 年，北京市实际居住人口应为 1800 万。但是到 2010 年底，北京市的实际居住人口已经突破了 1972 万人，提前 11 年超过人口控制指标。北京人口规模已接近甚至超过北京资源承载极限。由此，北京调控人口规模、进京户籍指标的配置、流动人口管理及待遇等问题不但成为政府工作的重点，也成为网友热议的焦点。

表 3　人口调控与城市建设热点事件及追踪

时间	热点事件	事件关注及后续发展
1 月 11 日	北京市新闻办举行"十一五"规划总体实施情况暨"十二五"展望新闻发布会	"三类政策管理人口，控制人口过快增长"受关注
1 月 13 日	石景山老首钢正式停产。北京市市长郭金龙鞠躬致谢	首钢石景山厂区将建创意商务区
1 月 16 日	北京市十三届人大四次会议上，《北京市国民经济和社会发展第十二个五年规划纲要草案》提交会议审议	"北京将调控人口规模，在执行准入政策的同时配置进京户籍指标，实行户籍指标调控"，引发广泛关注
1 月 20 日	央视财经频道制片人柏松的新浪微博中，转发了一张农民工妇女在北京西站给孩子喂面的照片，配发评论建议"清退进京的'四无'人员"，惹争议	21 日上午，柏松先在微博中对此事作出说明，称这是由于个人账号被盗造成的误会。当晚柏松的微博已更名为"CCTV 柏松"，微博中关于该争议的澄清等都已删除
3 月 14 日	北京"十二五"规划正式发布，"合理调控人口规模和控制户籍指标"成关注热点	"十二五"规划新闻发布会上，市发改委重点解读了人口调控，并表示"不会把低端人群挤出去"，目前北京户籍开放尚不具备条件，拟实行工作居住证制度
4 月	行政编制冻结令发布	为事业单位改革开道
5 月	北京外来人口政策由松转紧，媒体称百万人可能被挤出	人口分布被指失衡，核心区密度百倍于远郊
6 月 23 日	北京遭遇十年来最大降雨，致交通大面积瘫痪	网友调侃"新燕京七景"；城市内涝暴露城市"富贵病"
7 月 14 日	北京市水务改革发展工作大会召开，市委书记刘淇首次提出"以水控制人口规模"	北京将落实最严格的水资源管理制度，建立以水控制居住人口规模的制度

（三）住房热点事件

2011 年，北京在房价控制方面执行严格调控政策，至年底"稳中有降"的楼市调控总体目标初步显现，投资性购房得到抑制。春节假期，北京出现了三年以来第一次春节七天商品房"零成交"。在"不保证人人买得起房，但保证人人有房住"的目标下，北京市保障房"四房"供应体系开始确立，伴随公租房政策体系的基本建立，保障性住房正向"以租为主"进行转变。

表4 住房热点事件及追踪

时间	热点事件	事件关注与后续发展
2月	媒体称京版“国八条”拟出台,调控更为严厉	2月16日,北京市办公厅发布楼市调控,“京十五条”,规定外地人购房须提交5年内完税证明
2月	网友传住房限购政策致房租过快上涨	北京市住建委称房租未出现异常上涨,波动在正常范围
4月	北京拟出招抑制房租上涨,中介或参与公租房管理	7月12日,北京市政府公布《北京市人民政府关于修改〈北京市房屋租赁管理若干规定〉的决定》,规定从公布之日起立即施行:政府可干预房租异常波动,禁止擅自涨租金
4月11日	北京朝阳区五里桥附近两楼开盘,一夜每平方米涨4000元	购房者集体写标语牌到售楼大厅讨说法
5月28日	媒体曝北京现最贵楼盘:钓鱼台7号院,每平方米30万元	6月3日,北京住建委叫停钓鱼台7号院,称此楼盘从未审批,精装修违规开工被罚171.9万元。6月18日,7号院恢复销售,每平方米降16万元
5月	媒体曝“房价假摔”,低价房总数稀少条件苛刻	2011年楼市十大关键词,“楼市假摔”成明日黄花
6月	北京限购半年房租上涨,个别媒体散布“北京正在研究放宽限购政策,拟放宽对高端项目的限购”传言	6月21日,北京市住房和城乡建设委员会负责人明确表示:北京市坚决贯彻国家和本市制定的包括限购在内的一系列房地产市场调控政策,限购政策绝不放松,没有调整的安排,也不会按照房屋档次、价格区别对待
6月23日	网友爆料海淀区四季青桥附近“地震避难公园变身高尔夫球场”	所在街道负责人回应称此举是探索“以绿养绿”模式的一次尝试
7月3日	《北京市国有土地上房屋征收与补偿实施意见》发布,明确“先补偿后拆迁”	12月15日,北京朝阳区曙光西路与太阳宫南街交会处,两户坚守8年的“钉子户”被强制拆除,两户的拆迁补偿协议还没有达成一致
7月9日	CBD地块中标结果公布	中信遭内定质疑
8月5日	北京试点限地价竞房价,行政干预价格升级	12月15日,伟业“我爱我家”市场研究院数据发布,2011年北京住宅成交用地创五年来新低
9月14日	天涯网友发帖称,中国农业科学院原用于农业科研培训的四层科技培训楼变成十层洗浴中心艺海国际商务会馆	—

续表

时间	热点事件	事件关注与后续发展
10 月 6 日	潘石屹调侃乔布斯，遭网友反调侃，新房地产计价单位产生"1 潘 = 1pan = 1000 元人民币/平方米 = 1000 ¥/m^2"	网上热传以"潘"为单位的 2011 全国最新房价排行榜 26 日，潘石屹正式在其新浪微博上推出了"潘币"正反面，并向大家征求意见。在媒体报道"潘币"触犯了中国法律之后，潘石屹宣布"潘币一说就此打住"
10 月 19 日	《关于加强本市公共租赁住房建设和管理的通知》发布，该通知从 12 月 1 日起施行。北京公租房首次向非京籍开放，无收入限制但不能有房产	12 月 27 日，北京海淀区公租房摇号，2369 户三房（廉租房、经适房、限价房）轮候家庭参与本次摇号。这是北京市公租房政策实施以来最大规模的公开摇号配租活动。本次摇号配租的公租房项目 933 套，租金预计比市场价格低 15% 左右
12 月 24 日	北京市住房保障工作总结大会上，住建委相关负责人表示，限价房的实际价格仅为市场房价的 50% 甚至更低，使其有可能成为投资工具，北京市将根据实际情况，对限价房定价机制进行调整，减少以限价房来投资牟利的空间	12 月 26 日，北京市住建委在微博上辟谣称，2012 年不会上调"两限"房价格

（四）文化与教育热点事件

北京作为中国的文化中心，首都智库、北京文化创意产业交易平台、北京文化产权交易所、中国艺术品交易中心等都是网友的关注点，但并未就此形成舆论焦点。2011 年，北京文化教育领域的舆情热点主要围绕北京大学、清华大学、中国人民大学等国内知名高等院校展开。同时，打工子弟学校、孔子像、"故宫十重门"、北京精神等也是 2011 年北京互联网文化教育领域中的热词。

表 5　文化教育热点事件及追踪

时间	热点事件	事件关注与后续发展
1 月 1 日	北京天安门广场东侧国家博物馆门前矗立起高 9.5 米的孔子青铜雕像，引发普遍关注。国博馆长吕章申说："国家博物馆北广场有着特殊的地理位置，国博作为积累与传承中国历史文化的国家最高殿堂，理应为这一重要区域增添光彩，增加与这一宏伟而庄严的建筑相应的文化含量。"	4 月 20 日深夜，孔子像被撤走。国博工作人员解释称，"在馆内西侧南北庭院设立了雕塑园，将放置中华文化名人塑像。第一尊完成的是孔子像，但当时庭院没有完工，就放在了国博北门外小广场。现在庭院已建完，就将孔子雕塑移到西侧北庭院里去了。"

续表

时间	热点事件	事件关注与后续发展
1月6日	90后中国人民大学女生苏紫紫裸体写真曝光引争议	1月17日,苏紫紫接受媒体采访,回应炒作质疑,解读人体艺术背后的辛酸。网友先质疑其身世,又爆出幕后推手为西单女孩制造者
1月23日	北京大学首次回应"不鼓励招收偏才怪才"质疑,同时开始公示"中学校长实名推荐制"学生名单	
3月	报称北京大学将在5月后推广实施对"思想偏激"、"生活独立"等十类"重点学生"进行学业会商制度	网友质疑"思想偏激"的定义背离北大的老传统
4月	清华大学百年校庆 刘道玉等五名人致信清华,蒋方舟揭学生阴暗面,称北大清华学子是教育和体制的既得利益者	4月8日,清华百年校庆新闻发布会上,清华大学党委常务副书记陈旭宣布了清华大学新的目标,清华计划在2020年达到世界一流大学水平,并在2050年跻身世界一流大学前列。校方也回应"蒋方舟信件",称值得反思
4月26日	北大教师夫妇隐居山中十余年,为儿子要回归社会	隐居因为愤世嫉俗
5月4日	北京大学东门改建设计方案公示,风水概念惹争议	
5月23日	清华大学第四教学楼挂上"真维斯楼"的匾额,在清华学生和网友中掀起极大的波澜。有网友杜撰了一段记者对清华大学某院长的采访内容,称该院长这样解释"真维斯楼":"确切含义并不是企业的名称,而是'真理维护者居于斯楼'的意思"	清华大学新闻中心24日表示,为校园建筑物命名是国内外学校筹资助学的通行做法。教育部禁止冠名规定成一纸空文
6月	24所打工子弟学校相继收到关停通知	8月16日,北京市教委召开新闻通气会称已制定学生分流方案;8月26日数百名分流学生到新校报到
7月	文理科头名选择香港大学,再受关注	
7月28日	清华再次遭质疑,美院录取未上线考生	清华大学正式回复称,破格录取不占正常招生名额
8月15日	北京大学生命学院院长饶毅撰写长篇博客文章,呼吁"在对科学工作者增加支持的情况下,降低职称"	8月18日,饶毅止于中科院院士第一轮评审,饶毅宣称不再参评
8月18日	媒体在报道2011青少年性教育国际论坛时,提到了一本北京市小学生性教育校本课程试点教材——《成长的脚步》	北京小学生性教育试点教材《成长的脚步》引发争议,因尺度过大,家长批其为"黄色漫画"

续表

时间	热点事件	事件关注与后续发展
8 月 25 日	北大教授指控情人敲诈 30 万元，引关注	2012 年 1 月 7 日，云南女孩无罪释放
8 月 31 日	多家媒体报称，大兴区西红门镇 31 所没有办园许可证的打工子弟幼儿园接到关停通知，要求 9 月 1 日前关停，否则强制执行	西红门镇对此作出回应，称西红门 31 所关停幼儿园均为违章建筑，属非法办园。大兴教委表示计划为打工子弟提供 15000 个学位
9 月 15 日	清华大学法学院研究生李燕起诉三部委，要求公开副部长分工	10 月 10 日，李燕告诉记者，三部委已经公开了副职信息。李燕表示将不再起诉。同时，李燕在微博中表示，“尽管获取了政府信息，但‘法律之门’却没有向我敞开，一中院没有受理、也没有驳回本案起诉”
10 月 11 日	北京大学公布 2012 年中学校长实名推荐细则	网友在新浪微博发起“你如何看待北大把孝敬父母作为推荐条件”，结果：69%“支持，应该作为推荐学生的考量标准”；26%“反对，是否孝敬父母无法界定”；5%“无所谓”
10 月 26 日	“北大博士挂职调查官场生态”报道引发关注	
10 月 28 日	中国人民大学推出 2012 自主招生“圆梦计划”，“三代无大学生”条款引发热议	11 月 1 日，人大回应歧视质疑，称“给最贫困学生一个机会”
11 月 2 日	“爱国、厚德、包容、创新”北京精神发布	热议、解读、践行
11 月	热点人物：北京大学校长周其凤——学校出钱支持做好事遭讹诈的学生	“撑腰体”诞生
11 月 7 日	北京大学教授孔庆东微博曝粗口骂记者	未名 BBS 上“挺孔派”整体转向，一些学生给校长信箱写信希望辞退孔庆东。网友微博投票，57% 不支持解聘，称北大应发扬包容文化；20% 支持解聘；17% 幽默认为应将孔调至东门当保安
12 月 5 日	搜狐微博博主“村头树”发布了一组图片，称“‘这是一本书，专为 6 ~ 12 岁天天被家长骂的小孩编的’，独家放出《斗妈大全》”	《斗妈大全》在微博和网络上迅速蹿红，作者是两位北京的四年级小女孩，里面记录了二十余招“斗妈”招式，引来众多网友围观和热议
12 月 14 日	北邮学生打死清洁工，折射生命教育缺失之殇	

（五）社会管理热点事件

2011 年，北京警方和政府部门利用现代网络技术，尤其是利用微博推进社会管理创新的举措引人注目。

表 6　网络社会管理热点事件

时间	热点事件
2月20日	北京公安局微博晒“警察街舞迎新春”视频，网友称女警跳舞很严肃，领舞男警出名
3月3日	北京女警高媛现身微博讲网络安全，截至10月粉丝80余万，获好评被誉为“传说中的女网警”
4月13日	北京市委党校消息：选修课《新兴信息平台——博客与微博的使用》开班，原计划的40人班次有82名局处级干部参加
6月3日	北京出台社会管理新规，以加强互联网新媒体管理
8月22日	刘淇到新浪网、优酷网，就“加强新技术研究应用，推动网络及新媒体文化健康发展”进行调查研究
8月22日	北京网络媒体协会向广大网友发出倡议：抵制谣言，文明微博
9月25～26日	公安部举行“公安微博：实践与前景”研讨会，北京模式——以省级公安政务微博建设为主
10月10日	国家互联网信息办公室召开“积极运用微博客服务社会经验交流会”。电子政务是新时期政府管理手段转型的标志。微博问政和政务微博已经成为政民推进政民网络互动的重要渠道和平台
11月17日	北京市开通全国首个省市级政务微博发布群——北京微博发布厅，20个委办入驻。6名新闻发言人开通个人微博
12月16日	北京市发布《北京市微博客发展管理若干规定》，规定任何组织或者个人注册微博客账号要用真实身份信息，否则只能浏览不能发言。相关网站需在3个月内完成对用户的规范。此后，几大门户网站相继启动微博实名认证
12月28日	北京警方透露，将通过“首都网警”实名微博警示，制止微博上传播、散布有害信息。网络警察在网上发现传播违法犯罪信息后，对于情节轻微的违法行为依法进行警示处置，对于情节严重的需要追究治安、刑事责任

网友对社会管理问题的关注点聚焦在政府治理的走向，以及政府的公信力建设等方面。首先，居民社会保障、医疗、社会治安等关乎民生的社会管理与服务依然是热点问题。以下新闻的关注率居高不下：7月28日，北京医管局挂牌，实现医疗资源“管办分开”，公立医院改革进入实质阶段。北京所有二级以上的综合医院开设儿科门诊。北京22万公职人员（市属公务员、事业单位、公立医院、高校教职工）取消公费医疗，自2012年1月1日，缴纳医保费，持医保卡就医。自2012年1月1日，北京城乡低收入家庭标准首次统一，家庭人均月收入低于740元即为低收入家庭。自2012年1月1日起，全市6项社保待遇将联动上调，惠及265万人，北京最低工资涨到1260元。

其次，网友对政府政策连续性和配套性的关注：住房、购车限制令出台后，限购令能否确保实施成为网友关注的重点：面对限购令下的投资需求，市场上出现了“可代缴 5 年社保证明”的广告。3 月 4 日，政府有关部门发布公告：严查违规补缴社保购房者，个人账户将被清空。

再次，政府的自身建设是舆论的核心话题之一：国务院常务会议要求 2011 年 6 月各级政府向全国人大常委会报告中央财政决算时，“三公”经费支出情况要纳入报告内容并向社会公开。政府“三公”经费支出情况及何时公布成为网友关注重点。6 月 24 日，北京市加强人大预算监督工作推进预算绩效管理制度建设研讨会受到关注：“预算绩效管理和预算绩效审计工作”；财政管理观念将从“重分配”转向“重管理”，从“重项目”转向“重效益”，从“力争资金”到“用好资金”转变；预算绩效问责制等成为主要议题。各大网站也积极推动“三公”经费支出平台的建设：7 月 15 日，人民网公布《中央部门“三公”经费公开时间排行榜》，腾讯网也制作了《中央各部门费用公开情况表单》，门户网站联手敦促中央各部门财政公开。7 月 22 日，北京市财政局公布市级“三公”经费情况。8 月 14 日，北京 44 个部门公布 6.9 亿元“三公”经费。就全国的“三公公开”而言，北京在公开“三公”上带了个好头，在公开口径、公开时限上都有进步。

北京市在政府自身建设方面的新举措也受关注：11 月 5 日，西城区第十一次代表大会召开，公开 164 张区委各级领导权力运行图，这是北京首次公布区级领导干部“权力清单”。11 月 25 日，北京召开全市深入推进廉政风险防控管理大会，计划用五年时间（2012～2017 年）逐步建立规范权力运行的三大体系，公开权力运行流程图，推动决策权、执行权和监督权三权的相对分离。

最后，相对负面的舆情仍然存在：3 月 11 日，市人力社保局下属北京市实验技工学校“近千万元围墙改造”公示，惹争议。4 月 29 日，北京朝阳区政府为争创文明城区，向居民派发政府职能部门服务质量调查问卷。网友曝：豆各庄乡民众发现问卷答案都已填好，且多数是“满意”、“了解”、“支持”的词汇，认为政府此种做法有“造假”之嫌。8 月 2 日，网友再曝北京昌平存在截访黑监狱。8 月 4 日，网友又曝五六十人因到某部门办事被关押。9 月 15 日，河南男子进京旅游被当做上访者押回打伤。9 月 19 日，《新京报》曝：驻京办是真正“钉子户”，“换马甲潜伏”。

（六）物价热点事件

“北京纽约比物价”是2011年关于北京物价最热议的话题。2011年7月，美国美世咨询公司公布了一份2011年全球生活成本调查的报告。该报告从衣食住行、家庭用品、娱乐等生活各方面，对全球214个城市进行了调查比较。最终结果显示，北京排名全球第20位，虽然较上年排名下降四位，但俨然成为中国大陆生活成本最高的城市，而且其排名已高过纽约。随后，北京与纽约物价对比的帖子广为流传，网上认同与反对的声音也甚嚣尘上。回顾2011年上半年，北京市在年初出现“CBD菜农”，北京白领办公室种菜引发风潮，物价问题再惹争议之后，有不少缓解买菜难的措施：4月份北京为了稳定菜价，提出“将收购菜市场，发展直营店缓解买菜难”的措施。8月28日《新京报》报道：商务部和北京市政府正联手推出“周末车载蔬菜市场”工程，海淀北航社区是首批四个试点之一，此外还有望京街道、丰台方庄和石景山五里坨街。商务部先在北京试点车载菜市，拟向全国推广。

与物价相关的另一个热点就是中秋节期间的“月饼税”问题：北京地税局称，按照《个人所得税实施条例》公司所发月饼需缴税，月饼免税违法。人民网就此发起“公司发放中秋节月饼要缴税，您咋看？”调查结果：54.1%网友认为“让民众产生不满情绪”，26.8%认为“有助于规范个人收入”，17.6%认为征税应先征求民意，1.5%的网友选择“其他”。

8月18日，正在北京进行访问的美国副总统拜登忙里偷闲，携带孙女前往小店品尝炸酱面。美驻华大使骆家辉等5人一行陪同，用餐消费总共79元。这个新闻一经播出引发网络躁动，“拜登吃面”成为网络新词，网友释义为“一切从简、崇尚朴素的作风，以远低于价值的价格采购到商品。引申义为形容一切企图以极小代价换取最大利益的、不切实际的想法”，新词产生背后是面对现实物价无奈的情感流露。

（七）就业热点事件

“非京籍生源就业”、“低端就业人员”等词是与就业有关的热词，就业问题涉及的不仅仅是职业本身，它与户籍制度、同城待遇等体制性问题高度相关。抛却这些议题，2011年就业舆情热点与就业观念的变化相关度增强。

3 月 17 日，首场大学生保姆服务权拍卖会在京举行，10 人参加有 4 人流拍，6 人获得了 1 年的保姆工作权，年薪最高价为 4.15 万元。

3 月 29 日，北京第 19 届国际服装博览会上“美女苦力”受关注。网友称：北京航空航天大学大四女生黄文静，打破人们对 90 后娇生惯养的偏见。“北大女硕士回家乡当油漆工，称精神很放松”的帖子也受到网友追捧。

4 月 4 日，北京师范大学房地产研究中心主任、教授博导董藩在微博上对研究生要求：“当你 40 岁时，没有 4000 万身价不要来见我，也别说是我学生。”针对其“身价论”，网友砖头无数。新浪对此展开调查，结果显示：质疑教师不应用金钱来衡量学生的网友占 48.4%，表示“理解，是激励方式，鼓励学生创造财富”的占 46.0%，“不好说”的占 5.6%。

2012 年 1 月 1 日，北京市教委的消息给应届毕业生们无限的憧憬：2012 年北京地区高校毕业生预计 22 万人，其中北京生源高校毕业生 9.6 万人，同比减少 2000 人。目前，市属各单位需求毕业生 11 万余人，呈现研究生供不应求、本专科生供求平衡略有过剩的局面。同时，各高校将对家庭经济困难、就业困难、残疾毕业生和少数民族毕业生等特殊群体进行就业帮扶，优先向就业单位推荐。但在“逃离又逃回北上广”的现实悖论中，就业压力依然持续。

（八）其他

“地沟油”、“香精包子”等与食品安全有关的议题、央视网女记者央视门前遭割鼻出现的“随机伤人”事件，以及环境质量等问题也是网友关注的热点。其中，北京空气质量问题在 2011 年的舆情榜上最为惹眼。

11 月末至 12 月上旬，我国华北平原、黄淮、江南等多地频发大雾天气。12 月 4 日，雾气扩展到京城，北京市气象台当天下午发布大雾黄色预警，久而不散的雾霾使空气质量随之变糟。连续的烟霾造成航班停飞、高速公路关闭，还让医院内因呼吸系统疾病就诊的人数大增。口罩和空气净化器成为市场上热销的产品。几场大风吹走了笼罩北京天空的雾霾，人们对北京空气质量的质疑却无法轻易散去。网友曝料称：北京市环保局对北京空气质量水平的评估为“三级轻度污染”，而同期美国驻华大使馆监测站数据的显示则为“危险”水平。双方数据的巨大反差把北京环保局推到风口浪尖上。专业词汇“PM2.5”走进公众视野并越来越多地被公众提及。11 月 16 日，国家环境保护部门对外公布《环境空气质

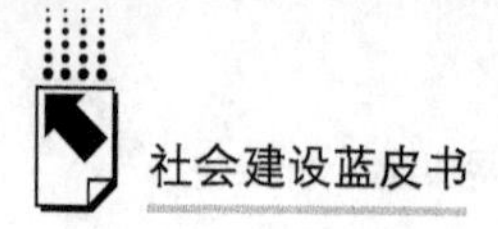

量标准》，向全社会公开征求意见。12 月 7 日，《环境空气质量标准》二次征求意见稿完成公众意见征集。二次征集意见稿的最大调整是将 PM2. 5、臭氧（8 小时浓度）纳入常规空气质量评估，这是中国首次制定 PM2. 5 标准。新标准拟于 2016 年全面实施，此外还调整了环境空气功能区分类方案。雾锁首都，最终促成了环境监控指标的升级。

二　2011 年度北京互联网舆情特点分析

通过对 2011 年度北京互联网舆情热点的回顾，可以将其特点归纳为以下几个方面。

（一）2011 年度北京互联网舆情热点继续围绕民生问题展开，网民对于社会建设和进步的期待从一元走向多元

在社会发展与社会建设方面，公众对政府的期待与关注从未改变。通过舆情分析看到，精英群体的社会责任担当和公众的社会参与也越来越成为舆论关注的热点。

以教育领域内的社会热点为例：网上一旦出现“北京大学”、“清华大学”等名校字样的新闻总是会备受关注，从学校招生、学生管理到教授言行等都会引发热议，甚至“北大法律系毕业生连勇为泄私愤勒死 11 岁男孩受审判”的新闻都会赢得更多的点击率。毕竟，北大、清华、人大等院校是中国社会精英的聚集地和培育场。在社会问题的讨论中，“北大人”之类的言论也是一个风向标。如在对“老人跌倒该不该扶”的讨论中，北大校长周其凤的微博言论：“你是北大人，看到老人摔倒你就去扶。他要是讹你，北大法律系给你提供法律援助，要是败诉了，北大替你赔偿?”此为网络上走红的“撑腰体”的缘起。“撑腰体”体现的是网友对人性和良知回归的呼唤，呼唤法律和公众为道德撑腰，社会不缺乏向善的渴望，缺少的是如何对良善提供有力的后援。作为社会精英的知识分子确应多一些公共意识，应从自身开始反思“校长”到“笑长”的变身。

学界对于信息时代政务工作的与时俱进给予了积极的关注，一系列基于信息化的政务研究评估报告发布，如：2011 年 9 月 28 日，北京大学公众参与研

究与支持中心发布《中国行政透明度报告》。2011 年 12 月 26 日中国信息化研究与促进网联合各支撑单位组织开展的 2011 年中国优秀政府网站推荐及综合影响力评估结果发布。2012 年 2 月 8 日，国家行政学院电子政务研究中心发布《2011 年中国政务微博客评估报告》。人民网舆情监测室与某微博平台一起发布我国首份“政务微博年度报告”，等等。研究报告表明了知识精英的现实关切和价值立场，满足了公众一定程度的知情权需求，也进一步引导了网民的新关切。

网友对于公众参与问题的态度也让我们看到：公众缺乏的不是社会参与的热情与兴趣，个人疑虑指向的是诚信缺失的社会里个人权益的保障。“老人摔倒扶不扶”、“以孝敬父母作为上北大的推荐条件该不该”等问题的热议就是这一社会心态的反映。而一些具有所谓炒作性质的新案例也反映公众社会关注和参与的某种转向：网友到北京海淀区马甸桥东南角地下通道送温暖，看望在那里卖菜的、30 年仅见清华儿子一面的“八旬果蔬奶奶”。2011 年 12 月 24 日平安夜，一名身穿低胸紧身衣、头戴面具的女子现身北京街头，给街头流浪人员送上棉衣，并发微博自称“北京紫荆侠”，短时间内粉丝过万。这类以做公益慈善活动为名进行的炒作，比芙蓉姐姐、凤姐或者郭美美之流真是进步多了。

（二）政府微博问政和虚拟社会管理的系列举措，是 2011 年北京社会管理创新中的亮点，也是互联网上的新热点

2011 年是“中国政务微博元年”，这个“元年”的出现是技术进步、理念创新以及社会力量参与共同推动的结果。技术进步、商业营销、时尚追求诸要素使得微博成为 2011 年用户增长最快的互联网应用模式。微博让公众的话语表达渠道增加，“人人手握麦克风，有实时直播权”，喧嚣的互联网助燃了社会舆论，公众的关注和专家社会评估的介入促使政府更加积极地应对互联网舆情，与时俱进打造网络时代的政府亲民新形象。2011 年初北京公安局微博晒“警察街舞迎新春”的视频，让人们眼前一亮。尽管女警跳舞很严肃、放不开，但还是让网民看到了警察们公务生活以外的另一面。接下来，“传说中女警”高媛的走红，平安北京成为“民众的贴心交通台”，对于改变公众对公务人员的传统刻板印象都有一定作用。

“中国政务微博2011年度报告”显示：北京是全国拥有政务微博最多的城市，也是一年间微博数量增长最快的城市。2011年11月17日上线的北京微博发布厅，集合了北京市21个政府的“官微”，是全国政务微博中的首个“微博群”，这种发布厅模式打破了传统政务服务的模式、格局，代表着未来“微博问政”的新趋势。目前，北京包括党政机构微博和公务人员微博在内的政务微博超过2000个，其中党政机构的微博数量超过500个，公务人员的微博数量则超过1400个。在人民网舆情监测室根据微博数量、粉丝数、微博活跃度、微博传播力、微博引导力等指标分析计算排定的座次中，“平安北京”坐上头把交椅。“巴松狼王”——北京市环保局副局长杜少中的微博，跻身全国十大公务人员微博之列。

北京市在省级政府行政透明度、省级政府网站和综合影响力的总体排名中都是第一名，“平安北京”在公安系统机构微博客排名和党政机构微博客排名中也是第一名。评估结果说明北京在2011年信息化建设中所取得的可喜成绩，也标志着北京在虚拟社会管理和制度建设方面先全国其他地区一步。另外，2011年6月《中共北京市委关于加强和创新社会管理全面推进社会建设的意见》出台，社会管理明确十项重点任务，“着力提高信息网络服务管理水平”是其中重要一项。北京加强互联网新媒体管理以及虚拟社会管理的基调由此确定。12月16日《北京市微博客发展管理若干规定》发布实行，规定了十一类违法内容，并要求相关网站在3个月内完成对用户的微博客实名认证。这些举措在全国均属首例。

（三）政府加大了对网络舆情的关注引导，但政府现有的引导模式与网民期待之间的差距客观存在

回顾2011年的互联网，政府通过网站、媒体等进行的民意调查和意见征集活动明显增多。试举两例：

“首都治安状况群众调查”于4月28日启动，5月15日结束。此次民意调查通过网站、媒体、平安北京网络平台及民警走访等形式进行。据统计，共300多万人参与此次调查，其中百余万份有效问卷进入警方分析统计库。统计分析结果显示：超九成受访群众对当前北京治安状况表示认可，76%参与调查的群众认为首都治安状况良好且稳定。群众最关注的治安问题，主要涉及黑车、扒窃、酒驾、犬类管理等八大类。其中对黑车、黑摩的的关注度最高，近12%的群众认

为应加强整治黑车。调查结果对公安部门的治安管理提供了重要参照。

11 月 2 日发布的“北京精神”在广泛征求民意的基础上提炼完成：第一阶段——自 2010 年 5 月以来，中科院、清华、北大、中国人民大学等 20 余所高校、科研院所的哲学、历史、文学、城市建设管理等领域的知名专家学者受邀，参加了本市的 7 次研讨会，提出了 30 多种北京精神初步表述语。第二阶段——北京精神提炼培育工作领导小组办公室通过会议和书面形式反复征求各区县、各系统意见，进一步丰富了表述语内容，之后又组织专家学者对候选表述语进行认真梳理、推敲、修改，最后确定 5 条候选表述语。第三阶段——2011 年 9 月 16 ~ 25 日，五条候选表述语面向公众征集意见。第四阶段——2011 年 9 月 29 日召开征询意见会，向市人大代表、政协委员征询意见，通报了北京精神前期总结提炼和社会广泛征求意见的情况，并听取意见。第五阶段——2011 年 11 月 2 日北京精神正式发布。

政府主导多方参与的虚拟社会管理框架正在建立之中：政府一方面利用现代传媒手段与传统媒体联动的方式加强官民互动，一方面通过政府监控、市场规范和网民自律等手段推动互联网秩序建设。网民对政府工作作风的务实转变普遍持欢迎态度。但是对于以网络管理实名认证外代表的虚拟社会管理走向持一定的质疑态度。《北京市微博客发展管理若干规定》发布实施后，新浪对此进行了系列调查，结果如下。

表 7　新浪网针对“微博实名注册”的网络调查

	网友意见
问题 1:北京微博实名注册您支持吗	网友的意见是:73% 反对,认为“微博刚开始,如此会制约微博的发展”;18% 支持,认为“实名制便于管理,更利于健康真实言论”;9% 持中立态度,认为“微博只是一个消遣平台,无所谓”
问题 2:微博必须实名注册,你是留下还是离开	33% 的投票者选择离开
问题 3:现在有微博“实名制”,会影响你发布的东西吗	45% 的投票者认为“有影响”,55% 则选择“不会影响”

但由于网络安全问题，世界上第一个实行网络实名制的韩国正逐步取消实名认证之现实，使网民对隐私保护的担忧加剧。

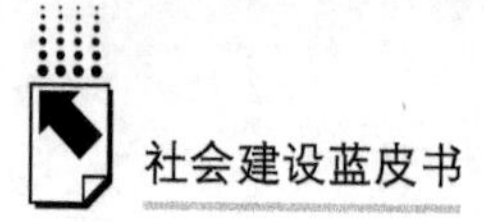

三　对2011年度北京互联网舆情状况的思考与建议

2011年北京互联网场域仍是风起云涌，热闹非凡。面对政府与网民互动平台增加、互动需求增强的整体趋势，笔者的思考与建议如下。

（一）政府在虚拟社会建设和社会管理方面的创新举措令人喜忧参半，创新应以民生需要为本

政府与时俱进应对信息化时代民意表达的新趋势，彰显了政府的务实与开明，也表达了政府通过管理创新推动民生进步的决心。但政府要在信息公开、公告服务的社会需求面前塑造自己的形象，展示自身内在的基本品质，还有相当多的课题需要攻克。

首都经贸大学于2012年1月17日公布“2011北京社会经济生活指数”：居民对社会的“诚信指数”持续五年不及格，且再度滑坡创新低。2011年度北京市城镇居民幸福指数为72.28，“幸福感”比2010年略有降低。报告分析认为，幸福指数持续创新低的原因主要是“对收入不满”①。这组信息提示我们：虚拟社会是现实社会实体的反映，它不会脱离现实世界独立生存和发展，也不会自发生成与现实世界截然分离的价值观念体系。如果社会建设和社会管理的创新只是靠技术更新不断上位，而没有进行制度和技术层面的总体安排和设计，那么这样的创新注定会以失败而告终。民生的需求要得到关注，民生的需求更要得到切实的满足。所以，如何在管理方式和理念创新的基础上，踏踏实实解决民生问题才是社会建设和社会管理的根本。

同时，网络管理的一些新政也让网民感到前所未有的压力和不便利：网民发现一些敏感议题的相关网站和搜索引擎被严格管控，帖文屏蔽，通过网络获取内幕信息的渠道受限。网络实名制让网民个人信息安全的隐忧增加，网络巡警制度让网络减压阀的功能锐减。上网、围观，是因为仍然关心；是否发言，是否参与，关乎网民的素质，也取决于舆论生态的状况。管理不等于控制，人性化的、与公共服务共生的管理才是21世纪的大趋势。否则，管控了信息传播的渠道，管控不了人心的走向，只是扬汤止沸罢了。

① 《北京人幸福感降低，多对收入不满》，2012年1月17日《新京报》。

另外，在现有微博客的发展和政府透明度排名中，北京虽然位居第一，但这个第一是总体发展处于中低端发展的第一。如北京行政透明度得分为 79.5 分，微博客“平安北京”的综合得分只有 73.76 分，北京政府网站建设的总分为 75.25 分。这个分数尚未达到良好，离优秀的标准还有很大距离。

（二）在虚拟社会建设中，政府不能单纯充任管理者，更要担当好保护者和疏导者角色

时代在变，社会的观念在变，政府的角色与职能必须随之而变。从“学习赖宁”到“禁止未成年人参与救火”的立法，社会规范发生了一些根本性变化。人们面对变化的不适再正常不过，需要政府讲求方式的引导。所以，作为政府管理者首先要把民众的心理变化与不适了解清楚。一直以来，官民之间的信息不对称客观存在，如何“扭转官民间的话语失衡，打捞沉没的声音”是政府为充当好保护者和疏导者角色首先需要做的事。民众对政府的信任和期望是毋庸置疑的。但网民对官网在初期的试探性态度也是客观存在的，网民与官网的互动往往会这样：试探性发帖询问政策——反映个人困难，寻求解决办法——反映共性问题，为社会发展出谋划策。从了解了解、试试看，到提供建设性意见、成为一个自愿参与社会建设的优秀公民绝不是一朝一夕之功。政府有责任让民众把他们“不会表达”、“不敢表达”、“不能表达”的意见用合理合法的方式和途径表达出来。

还有，在北京市互联网规定出台后，欢迎与反对的声音一直并存，质疑的声音不容忽视：有网民对微博客的实名认证持不赞成态度，网友对网警的巡逻制度也缺乏认同，觉得现有的管理让自己受到了干预和限制。现实情况要求政府在推出微博实名认证的同时，必须保障网民的言论自由，并通过加强网络安全建设以解决网民的后顾之忧。有关部门应以更加开放的心态和更加解放的思想来进行互联网的建设和管理。网络的发展有其固有的逻辑，“外交小灵通”仅因其招聘启事用“淘宝体”发布便受到热捧，足以令人反思。政府可以尝试着让互联网成为言论自由的特区和试验场，通过涵养公民的网络媒介素养来进一步培育公民的参政议政能力。公民面对各种网络信息时的选择能力、理解能力、质疑能力、评估能力、创造和生产能力以及思辨的反应能力提高了，对负面信息的鉴别力和免疫能力增强了，他们在现实生活中的社会参与能力也会提升。

（三）网民的整体素质亟待提升，意见领袖可以成为官民互动的桥梁

网络社会在发展中逐渐成熟，网民也应该在互联网的场域中走向成熟。既然现实生活中惯行的规矩如人际交往原则等，仍然有助于网络空间顺畅沟通和良性互动的实现，网民不该把网络的虚拟社会看得与现实世界有多么的不同。互联网可以充当减压阀和出气筒，但也不可以疯狂言论、任意胡为。以凤姐为例：雷倒众生的凤姐，她曾高喊的择偶标准、“我要去找奥巴马了”、“我拿到美国绿卡了”之类，让她在网络上一夕成名、风光无限。在中国，凤姐只是增加了人们饭后的谈料而已。2011 年 12 月底，凤姐在微博上的一句“我要烧了美国移民局”的言论却遭人控告，被美国安全局记录在案。一句漫不经心近乎玩笑的威胁却使法律程序启动，凤姐面临为自己不负责任的话付出代价的窘境。“凤姐遭控”不能不发人深省：即使号称“言论自由乐土”的美国，依然奉行“政治正确性”，主流价值观念不容置疑和践踏。“越是言论自由的地方，个体越要对自己的言论负责。”这是网民必须牢记的真理。有良好公民素质的网民会有理性精神和责任意识，不管在哪里也不会不负责任乱说一气。网民不是狗仔队，好网民也应该不屑于做狗仔队。

在网络的自组织空间中，意见领袖的作用不容忽视。意见领袖的偏好影响着网民们的关注和兴趣点，政府也越来越重视意见领袖在舆论引导中的作用。意见领袖应该珍视自己的拥有，不能为了吸引眼球而做特立独行之举，也不可满足自己的沽名钓誉后转而放弃了原有的公心与价值追求。在民生问题的改善方面，政府与草根的心愿是一致的。有耐心讲方法、求同存异，在沟通中协商，在参与中推进，是网民的明智之选。只要互联网中的主体有了自觉净化网络戾气怨气、营造良好网络文化环境的意识与行动，和谐而有活力的生活世界就会更好更快地实现。

Analysis on Internet-based Public in Beijing in 2011

Ju Chunyan

Abstract: In 2011, livelihood issues is still the public opinion hotspot. The micro-blog as the carrier of the construction of government affairs and politics civilian

interactive, Beijing introduced new rules of social management, as well as a micro-blog real-name authentication provisions relating to release, is the new bright spot about social management innovation in 2011, which marked the virtual community management has entered a new phase in China.

Key Words: Virtual Community; Public Opinion; Social Order; Social Management

B.22

2011 年北京郊区县社会建设评估报告

王丽珂*

摘　要： 继“十二五”规划提出建立健全基本公共服务体系之后，北京提出要把提供公共服务与创新社会管理摆在更加突出的位置，更加强调统筹经济与社会的协调发展，进一步明确了基本公共服务范围和标准。北京郊区县社会建设评估体系正是以此为依据建立的。文章通过对北京郊区县近两年社会建设历史数据的比较来分析现状、总结成就与问题，并提出政策建议。

关键词： 北京郊区县　社会建设评估

一　社会建设评估的概念与理论

做好任何一项工作都离不开理论的指导。作为中国特色社会主义伟大事业的重要组成部分，加强社会建设既是我国新形势、新任务的迫切需要，又是发展中国特色社会主义事业的内在要求，更关系着国家的长治久安和人民的幸福安康。因此，致力于社会建设的研究工作具有重大意义。由于北京的社会建设已经率先在全国形成统筹协调的新格局，定量分析北京郊区县的社会建设，为各地区在社会建设方面所做出的努力进行评估，比较成绩与差距，优化结构与效率，这对进一步做好社会建设工作具有重要意义。

（一）社会建设评估及其要素组成

社会建设评估是一个宏大的系统工程，这个系统包含了许许多多纷繁复杂的

---

* 王丽珂，博士，毕业于北京工业大学，华北水利水电学院讲师，研究方向：社会建设与社会管理。

要素。北京郊区县的社会建设大体上由如下九个方面的主要组成要素。

公共教育要素，反映了政府提供公共服务的状况和人均教育资源的获得情况，是社会性基础设施状况的一部分。评价指标主要由人均教育事业费、小学每一专职教师负担学生数与中学每一专职教师负担学生数组成。

医疗卫生要素，反映了政府提供公共服务的状况和人均医疗资源的获得情况，是社会性基础设施状况的一部分。评价指标主要由人均医疗卫生支出、每千人拥有床位数和每千人拥有医护人员数组成。

就业服务要素，反映了人力资源充分利用程度与居民收益和福利状况，评价指标主要由从业人员数、城镇居民平均每一就业者负担人数、从业人员人均劳动报酬和失业率组成。

社会保障与社会救助要素，反映了政府维护社会公平、促进社会稳定的制度保障状况，评价指标主要包括优抚、救济对象人数占比、城乡最低生活保障人数、生活救济总人数、人均社会保障支出额等。

收入分配要素，反映了居民的生活水平状况与物质福利情况，评价指标主要由居民收入占 GDP 比重、城镇居民人均可支配收入、农村居民人均纯收入与城市农村收入比组成。

公共交通要素，反映了公民生产生活出行便利程度，评价指标主要包括人均汽车拥有量、人均公路里程与经营性停车场车位总数等。

住房保障要素，是公益性基础服务的物质形态特征，评价指标主要包括商品房价格、住宅价格、居民房价收入比等。

环境保护要素，反映了区域内与居民生活生产密切相关的一些外界自然与社会人工环境，评价指标主要包括人均环保支出、生活垃圾无害化处理率、林木绿化率等。

社会治安管理要素，反映了地区的社会和谐稳定状况，评价指标主要包括万人刑事案件立案数、刑事案件立案增长率、当年刑事案件破案率等。

（二）经济与社会建设测度指标

为了能够对北京郊区县的社会建设作出更加全面的评价，需要将北京郊区县的经济发展情况与社会建设情况进行比较，以判定其协调程度。在此，我们首先设计了计量北京郊区县经济发展情况的测度指标，这是一套显示性指标体系，原始数据均来自于北京市统计局的客观数据（见表1）。

表1　北京郊区县经济发展显示性指标体系

解释性指标名称	指标衡量方法	指标说明
经济规模	GDP总量　人均GDP　地方财政收入	反映地区货币收益的规模，并能够用于社会建设投入的能力，这里用于反映北京郊区县社会建设的服务潜能
经济增长速度	GDP增长率　第三产业增长率　地方财政收入增长率	经济发展速度是反映地区经济增长潜力的关键指标，由于资源环境等约束并不是越快越好，考虑到北京郊区县的经济发展程度与中心城区还存在一定差距，这里取增速高者为优

通过前文对社会建设评估组成要素的分析，可以得到一套定量评估北京郊区县社会建设情况的测度指标体系，如表2所示。

表2　北京郊区县社会建设测度指标体系

一级指标	二级指标	一级指标	二级指标
就业服务	从业人员数 城镇居民平均每一就业者负担人数 从业人员人均劳动报酬 失业率	社会保障与救助	优抚、救济对象人数所占比例 城乡最低生活保障人数 生活救济总人数 人均社会保障支出额
收入分配	居民收入占GDP比重 城镇居民人均可支配收入 农村居民人均纯收入 城市农村收入比	公共教育	人均教育事业费 中学每一专职教师负担学生数 小学每一专职教师负担学生数
医疗卫生	人均医疗卫生支出 每千人拥有医院床位数 每千人拥有医护人员数	公共交通	人均汽车拥有量 人均公路里程 经营性停车场车位总数
住房保障	商品房价格 住宅价格 房价收入比	环境保护	人均环保支出 生活垃圾无害化处理率 林木绿化率
社会治安管理	万人刑事案件立案数 刑事案件立案增长率 当年刑事案件破案率		

注：指标原始数据的计算中：①居民收入占GDP比重＝（城镇居民人均可支配收入×城镇人口＋农村居民人均纯收入×农村人口）/GDP总量；②房价收入比＝商品房价格/城镇居民人均可支配收入。

（三）数据来源与评价方法

1. 数据样本

北京郊区县社会建设评估也就是对当年北京各郊区县政府社会建设情况的产出测度，样本包括北京主要 9 个郊区县，亦即：房山、通州、顺义、昌平、大兴、怀柔、平谷、密云、延庆。

2. 数据来源

在社会建设评估体系中，所有的指标均为客观指标，指标的原始数据来源于北京市统计部门，并根据 2011 年《北京统计年鉴》、《北京区域统计年鉴》数据计算整理得出。

3. 测度方法

由于构成社会建设评估体系的各项指标数据量纲不尽相同，因此所有指标数据必须进行无量纲化处理之后才能进行综合集成。客观指标分为单一客观指标和综合客观指标，本文对单一客观指标的原始数据无量纲化处理主要采用 0 ~ 1 标准化和阈值法两个方法。

阈值法的计算公式为：$X_i = \frac{x_i - x_{min}}{x_{max} - x_{min}}$，$x_i$ 为原始数据，x_{max} 为样本最大值，x_{min} 为样本最小值，X_i 为转换后的值。

对于综合客观指标原始数据的无量纲化处理是：先对构成中的各个单项指标进行标准化无量纲化处理，然后再依据各个指标的重要性赋予不同的权重，加权求得综合指标值。在权重调查中，笔者本着严谨负责的态度向学术界、理论界专家学者和政府相关部门负责人发出了《社会建设综合评价指标的权重体系》的专家意见调查表，本研究采用在德尔菲专家调查的基础上构造出各级指标层的判别矩阵，计算出其对应的特征根和特征向量，得到各指标层在北京郊区县社会建设评判中的权重水平。

二　2010 年度北京郊区县经济发展与社会建设排名

（一）2010 年北京 9 个郊区县经济发展评估

数据分析表明，2010 年北京郊区县经济总量排在前五位的是顺义、大兴、房山、通州和昌平。经济增速排在前五位的是房山、顺义、通州、大兴和昌平。根据经济总量和增速所得到的经济综合排名前五位是顺义、房山、大兴、通州和昌平。排在后四位的是密云、平谷、怀柔、延庆（见表3）。可见，经济排名靠前的基本上是北京区域规划中的新城，而靠后的基本上是限制工业发展的生态涵养区。北京郊区县经济发展的状况与北京市的定位是相符合的。

表3　2010年北京郊区县经济发展排名

	房山	通州	顺义	昌平	大兴	怀柔	平谷	密云	延庆
经济总量	0.4375	0.3978	0.8175	0.3439	0.4974	0.1225	0.0943	0.0846	0.0000
排　名	3	4	1	5	2	6	7	8	9
经济增速	0.9312	0.2265	0.2293	0.1826	0.1990	0.0535	0.1174	0.1477	0.0289
排　名	1	3	2	5	4	8	7	6	9
综合得分	0.6019	0.3408	0.6216	0.2902	0.3980	0.0995	0.1020	0.1056	0.0096
排　名	2	4	1	5	3	8	7	6	9

（二）2010年北京9个郊区县社会建设评估

经济发展并不一定必然带来社会建设的快速推进，根据郊区县就业、社保、收入分配、教育、医疗、交通、住房、环境保护、社会治安9类指标的综合排名。2010年北京郊区县社会建设成效排在第一位的是怀柔、第二位是平谷、第三位是延庆、第四位是昌平、第五位是顺义。社会建设排名前三位的都是远郊的生态涵养区。排名后四位的是大兴、密云、房山和通州。从经济与社会协调发展的角度来看，怀柔、平谷和延庆社会建设优于经济发展水平；昌平和密云社会建设与经济发展水平基本协调；顺义和大兴社会建设滞后于经济发展；房山和通州社会建设严重滞后于经济发展水平（见表4）。

表4　2010年北京郊区县社会建设排名

	房山	通州	顺义	昌平	大兴	怀柔	平谷	密云	延庆
就业服务	0.2495	0.4857	0.7461	0.6021	0.6914	0.3750	0.3732	0.2474	0.3209
排　名	8	4	1	3	2	5	6	9	7
社保救助	0.2238	0.4849	0.8500	0.8619	0.5327	0.6412	0.4440	0.4543	0.4917
排　名	9	6	2	1	4	3	8	7	5

续表

	房山	通州	顺义	昌平	大兴	怀柔	平谷	密云	延庆
收入分配	0.6155	0.7132	0.6451	0.7859	0.6623	0.5060	0.4224	0.3325	0.2425
排　名	5	2	4	1	3	6	7	8	9
公共教育	0.3701	0.0259	0.4005	0.4819	0.6164	0.8370	0.8870	0.3223	0.8395
排　名	7	9	6	5	4	3	1	8	2
医疗卫生	0.5022	0.0084	0.3544	0.3219	0.2131	0.7584	0.5542	0.2655	0.5734
排　名	4	9	5	6	8	1	3	7	2
公共交通	0.1061	0.2612	0.2392	0.6059	0.3829	0.3211	0.0766	0.1772	0.4003
排　名	8	5	6	1	3	4	9	7	2
住房保障	0.3384	0.1925	0.0000	0.1783	0.2264	0.4324	1.0000	0.7703	0.9583
排　名	5	7	9	8	6	4	1	3	2
环境保护	0.4603	0.0597	0.2272	0.6349	0.0921	0.6521	0.8810	0.6128	0.5315
排　名	6	9	7	3	8	2	1	4	5
社会治安	0.2569	0.3061	0.3425	0.0973	0.2903	0.7639	0.6524	0.5120	0.8267
排　名	8	6	5	9	7	2	3	4	1
综合得分	0.3602	0.3136	0.4996	0.5179	0.4629	0.6217	0.5695	0.3791	0.5605
排　名	8	9	5	4	6	1	2	7	3

（三）北京 9 个郊区县社会建设评估历史回溯

从近两年纵向的比较来看，顺义、通州、昌平、平谷、延庆五个郊区县的经济排名没有发生变化。密云县的排名上升了两位，超过了平谷和怀柔；房山区的排名上升了一位，超过了大兴；而怀柔下降了两位、大兴下降了一位。从社会建设的排名来看，名次没有发生变化的是通州、顺义、昌平、怀柔四个区；名次上升两位的是大兴，上升一位的是平谷，延庆、密云和延庆都下降了一位。从中发现，经济发展的速度与社会建设的成绩呈负相关的关系，例如房山、密云、大兴、怀柔和平谷。特别是密云经济发展上升了两位而社会建设却下降了一位（见表 5）。

表 5　北京郊区县社会建设评估 2010 年与 2009 年比较

地区	房山	通州	顺义	昌平	大兴	怀柔	平谷	密云	延庆
2010 年经济发展	0.6019	0.3408	0.6216	0.2902	0.3980	0.0995	0.1020	0.1056	0.0096
2010 年排名	2	4	1	5	3	8	7	6	9

续表

地区	房山	通州	顺义	昌平	大兴	怀柔	平谷	密云	延庆
2009 年经济发展	0.2698	0.2574	0.4863	0.1981	0.2959	0.0743	0.0734	0.0513	0.0099
2009 年排名	3	4	1	5	2	6	7	8	9
排名变化	+1	0	0	0	-1	-2	0	+2	0
2010 年社会建设	0.3602	0.3136	0.4996	0.5179	0.4629	0.6217	0.5695	0.3791	0.5605
2010 年排名	8	9	5	4	6	1	2	7	3
2009 年社会建设	0.4737	0.3205	0.5688	0.5703	0.4506	0.7008	0.6391	0.5243	0.6464
2009 年排名	7	9	5	4	8	1	3	6	2
排名变化	-1	0	0	0	+2	0	+1	-1	-1

三　北京郊区县社会建设 2010 年度述评

（一）北京郊区县社会建设的现状与格局：社会建设总体规模不变，差距缩小

在对北京郊区县构成社会建设总体规模的分项组成要素进行综合描述统计分析可以发现，各地区的社会建设综合指数均值由 2009 年的 0.5348 下降为 2010 年的 0.4761，指数加总由 4.895 下降至 4.285。换句话说，2010 年北京郊区县总体的社会建设规模与 2009 年相比略有下降但差别不大，这表明各地区在社会建设方面所做的努力持续增强，产出与往年总体持平。统计分析还显示标准差由 2009 年的 0.1341 下降为 2010 年的 0.1053，意味着各地区的社会建设综合数值离散程度有所下降，这说明各地区更加注重基本公共服务的均等化发展，进一步加强基本民生与社会保障建设，从而其区域间社会建设产出的差距在缩小（见表 6）。

表 6　北京郊区县 2009 年、2010 年社会建设综合指数

指标	均值	标准差	最大值	最小值	总值
2010 年经济发展综合指数	0.4761	0.1053	0.6217	0.3136	4.285
2009 年经济发展综合指数	0.5348	0.1170	0.7008	0.3208	4.895

（二）北京郊区县社会建设的区域比较：生态涵养区的社会建设总体优于城市发展新区

北京 9 个主要郊区县从区域分布来看，房山、通州、大兴、顺义和昌平五区

在北京的发展规划中属于城市发展新区，平谷、怀柔、密云、延庆是北京的生态屏障和水源保护地，规划中属于生态涵养区。通过表 4 可以看出，在社会建设综合得分位居前三位的区域是怀柔、平谷和延庆，均属生态涵养区；在社会建设综合得分位居第四位至第六位的区域中，昌平、顺义和大兴占据五个城市发展新区中的三席，社会建设综合得分位居最后两位（即第八位和第九位）的房山和通州也均属城市发展新区。因此，总体来看，生态涵养区的社会建设要优于城市发展新区。

（三）北京郊区县经济发展与社会建设的协调发展程度：经济规模总体上升，社会建设逐步完善，但社会建设与经济发展程度相比还不协调

为了能够对北京郊区县经济发展与社会建设的协调程度有一个更加直观的认识，笔者先将各地区 2010 年经济发展情况按照从小到大的顺序依次排列，得到图 1 所示各地区经济发展综合指数的分布线，这条曲线显示从延庆到顺义各地区经济发展情况呈单调递增状态，然而对应的社会建设综合指数分布线却呈现从开始的单调递减到上下波动状态，并不与各地区的经济发展情况相协调。具体而言，经济发展排名前三位的顺义、房山和大兴，其社会建设分别位居第五、第八和第六；经济发展排名位居第四、第五和第六的通州、昌平和密云，其社会建设分别位居第九、第四和第七；经济发展排名第七、第八和第九的平谷、怀柔和延庆，其社会建设分别位居第二、第一和第三（见图 1）。

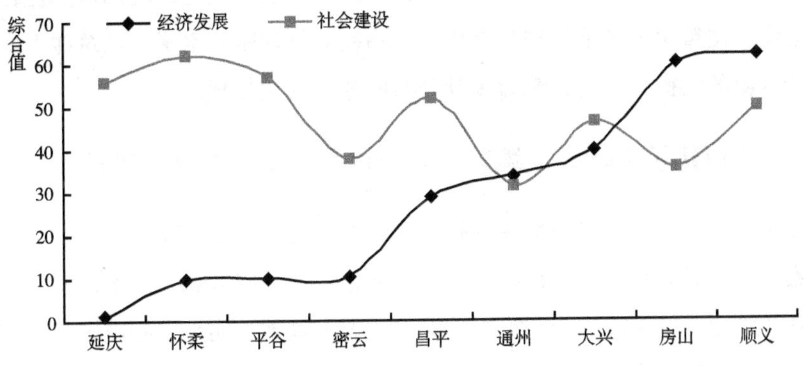

图 1　北京郊区县 2010 年经济发展与社会建设情况分布图

四　结论与政策建议

通过以上分析可以看出，2010年北京郊区县的社会建设进展虽然相对顺利，并且在总体上较过去已经取得了长足的进步，但是由于首都社会建设在全国的率先垂范作用，北京郊区县的社会建设对于首都实现民生保障与改善、推进社会建设与管理创新、形成城乡经济社会发展一体化的新格局而言，在一定时期依旧是挑战。因此，下一步如何深入推进北京郊区县的社会建设和管理仍将受到高度关注。

（一）以管理为突破口，努力为北京郊区县配置更多的优质公共资源、提供更好的公共服务

优质公共资源主要以教育资源、公共交通、医疗卫生资源、公共住房以及文体娱乐购物设施等为主要代表。随着奥运设施及其带动的基础设施建设，北京中心城区已经成为北京乃至全国公共服务能力和环境最好的地区之一。北京郊区县经济基础相对薄弱，加上长期以来投入偏少和公共服务设施历史欠账较多，服务水平偏低。生态涵养区与城市发展新区之间的发展也不平衡，特别是社会建设综合得分较低的顺义、房山等城市新区，究其原因是由于其社会建设的发展速度低于人口的增长速度。要想破解这些难题，需要北京市政府统筹安排，顾全大局，对北京郊区县，特别是社会建议综合得分排名已经落后的城市新区加大优质教育、医疗卫生资源的配置力度，加快公共交通便利性的实现，增加保障性住房数量的建设，注重生态环境保护与美化，提高社会管理服务水平，从总体上实现优质公共资源的均衡化配置，着力提升公共服务的优质化程度。

（二）以建设为基础，继续加大城市发展新区的社会建设投入力度

教育科研机构与医疗卫生等设施向郊区县搬迁的动力不足导致的资源短缺，交通难，通勤时间长，公交路线、轨道交通相对中心城区少，是城市发展新区居民遇到的难题，解决这些难题需要政府以建设为基础，实现中心城区与城市发展新区的功能对接，完善北京郊区县的区域城市职能。具体措施上应继续加大城市发展新区的社会建设投入力度，将北京中心城区核心职能的配套设施、特别是

人口承载等功能向郊区县转移。优先向城市新区配置重大公共项目和公共资源，通过降低郊区县生活成本与提高郊区县的生活便利程度来减少中心城区与城市发展新区之间的恶性竞争，促进新区实现规划功能。在做法上应建立中心城区与郊区县相统筹的社会事业用人机制与公共财政机制，从根本上解决社会资源存在的部门分割与地方分治的症结，达到北京中心城区与郊区县之间社会要素的畅通流动，此外，还应加大城市发展新区的公共服务设施建设，推进社会服务体制改革，通过税费减免、政府补贴、人才引进以及土地政策吸引优质教育医疗卫生资源向城市发展新区倾斜，高标准规划和建设一批城市发展新区社会设施。

（三）以创新为动力，推进北京郊区县经济与社会的协调发展

推进经济与社会的协调发展不是一个自发的过程，它首先需要以制度与政策为外力保障，在此前提下还要通过推动管理与服务的创新才能得以实施。因此，北京郊区县经济发展程度较好的地区要积极推动管理与服务创新，在实践中要更加注重经济发展与社会建设的协调性，创新管理理念，准确把握当前社会建设与社会管理领域出现的新情况与新问题，根据区情、县情调整措施，创新管理主体、管理方式、管理环节、管理手段与管理制度，更加重视政府与社会共同治理的结合，鼓励支持社会各方面的积极参与，把管理控制与服务协商有机地结合起来，重视多种手段的综合运用，并加强服务体系和治理体系的建设，构建相互联系、相互支持的规范与制度体系，建立适当、务实、全面的绩效考核制度，实现经济与社会更加协调的发展。

参考文献

北京市统计局：《2011年北京区域统计年鉴》，北京统计信息网，http：//www.bjstats.gov.cn/sjfb/bssj/ndsj/201108/P020110823342094689167.xls。

北京市统计局：《2011年北京统计年鉴》，中国统计出版社，2011。

北京市统计局：《2007～2010年北京区域统计年鉴》，同心出版社，2010。

北京市统计局：《2007～2010年北京统计年鉴》，中国统计出版社，2010。

陆学艺：《中国社会建设与社会管理：探索·发现》，社会科学文献出版社，2011。

魏礼群:《社会建设与社会管理》,人民出版社,2011。
倪鹏飞:《中国城市竞争力报告》,社会科学文献出版社,2011。

Social-building Assessment and Analysis of Beijing Outskirts County in 2011

Wang Like

Abstract: Following the "12th Five-Year Plan" proposed the establishment of a sound basic public service system, Beijing has put forward that the public service and innovative social management is placed in a more prominent position, more integrated and co-ordination of economic and social development, to further clarify the basic scope of public services and standards. The Beijing outskirts county social-building evaluation system is as a basis for the establishment. The article seeks to analyze the status quo through the past two years on the outskirts of Beijing county social-building of historical data comparison and summary of achievements and problems in order to make policy recommendations.

Key Words: Beijing ourskirts county; Social building; Assessment

中国皮书网

发布皮书研创资讯，传播皮书精彩内容

引领皮书出版潮流，打造皮书服务平台

栏目设置

关于皮书：何谓皮书、皮书分类、皮书大事记、皮书荣誉、
皮书出版第一人、皮书编辑部

最新资讯：通知公告、新闻动态、媒体聚焦、网站专题、视频直播、下载专区

皮书研创：皮书规范、皮书选题、皮书出版、皮书研究、研创团队

皮书评奖评价：指标体系、皮书评价、皮书评奖

互动专区：皮书说、皮书智库、皮书微博、数据库微博

所获荣誉

2008年、2011年，中国皮书网均在全国新闻出版业网站荣誉评选中获得“最具商业价值网站”称号；

2012年，获得“出版业网站百强”称号。

网库合一

2014年，中国皮书网与皮书数据库端口合一，实现资源共享。更多详情请登录www.pishu.cn。

权威报告·热点资讯·特色资源

皮书数据库

ANNUAL REPORT(YEARBOOK) DATABASE

当代中国与世界发展高端智库平台

所获荣誉

- 2016年，入选“国家‘十三五’电子出版物出版规划骨干工程”
- 2015年，荣获“搜索中国正能量 点赞2015”“创新中国科技创新奖”
- 2013年，荣获“中国出版政府奖·网络出版物奖”提名奖
- 连续多年荣获中国数字出版博览会“数字出版·优秀品牌”奖

www.pishu.com.cn

成为会员

通过网址www.pishu.com.cn或使用手机扫描二维码进入皮书数据库网站，进行手机号码验证或邮箱验证即可成为皮书数据库会员（建议通过手机号码快速验证注册）。

会员福利

- 使用手机号码首次注册会员可直接获得100元体验金，不需充值即可购买和查看数据库内容（仅限使用手机号码快速注册）。
- 已注册用户购书后可免费获赠100元皮书数据库充值卡。刮开充值卡涂层获取充值密码，登录并进入“会员中心”—“在线充值”—“充值卡充值”，充值成功后即可购买和查看数据库内容。

社会科学文献出版社 SOCIAL SCIENCES ACADEMIC PRESS (CHINA) 皮书系列

卡号：923972734695

密码：

数据库服务热线：400-008-6695

数据库服务QQ：2475522410

数据库服务邮箱：database@ssap.cn

图书销售热线：010-59367070/7028

图书服务QQ：1265056568

图书服务邮箱：duzhe@ssap.cn

皮书起源

“皮书”起源于十七、十八世纪的英国，主要指官方或社会组织正式发表的重要文件或报告，多以“白皮书”命名。在中国，“皮书”这一概念被社会广泛接受，并被成功运作、发展成为一种全新的出版形态，则源于中国社会科学院社会科学文献出版社。

皮书定义

皮书是对中国与世界发展状况和热点问题进行年度监测，以专业的角度、专家的视野和实证研究方法，针对某一领域或区域现状与发展态势展开分析和预测，具备原创性、实证性、专业性、连续性、前沿性、时效性等特点的公开出版物，由一系列权威研究报告组成。

皮书作者

皮书系列的作者以中国社会科学院、著名高校、地方社会科学院的研究人员为主，多为国内一流研究机构的权威专家学者，他们的看法和观点代表了学界对中国与世界的现实和未来最高水平的解读与分析。

皮书荣誉

皮书系列已成为社会科学文献出版社的著名图书品牌和中国社会科学院的知名学术品牌。2016 年，皮书系列正式列入“十三五”国家重点出版规划项目；2012~2016 年，重点皮书列入中国社会科学院承担的国家哲学社会科学创新工程项目；2017 年，55 种院外皮书使用“中国社会科学院创新工程学术出版项目”标识。

法律声明

“皮书系列”（含蓝皮书、绿皮书、黄皮书）之品牌由社会科学文献出版社最早使用并持续至今，现已被中国图书市场所熟知。“皮书系列”的LOGO（ ）与“经济蓝皮书”“社会蓝皮书”均已在中华人民共和国国家工商行政管理总局商标局登记注册。“皮书系列”图书的注册商标专用权及封面设计、版式设计的著作权均为社会科学文献出版社所有。未经社会科学文献出版社书面授权许可，任何使用与“皮书系列”图书注册商标、封面设计、版式设计相同或者近似的文字、图形或其组合的行为均系侵权行为。

经作者授权，本书的专有出版权及信息网络传播权为社会科学文献出版社享有。未经社会科学文献出版社书面授权许可，任何就本书内容的复制、发行或以数字形式进行网络传播的行为均系侵权行为。

社会科学文献出版社将通过法律途径追究上述侵权行为的法律责任，维护自身合法权益。

欢迎社会各界人士对侵犯社会科学文献出版社上述权利的侵权行为进行举报。电话：010－59367121，电子邮箱：fawubu@ssap.cn。

社会科学文献出版社